# ハンナ・アーレント「人間の条件」入門講義

Nakamasa Masaki
仲正昌樹

作品社

目次

# ハンナ・アーレント
# 「人間の条件」入門講義

本書は、連合設計社市谷建築事務所で行なわれた全六回の連続講義（2013年2月9日〜2013年7月13日）に、適宜見出しで区切り、文章化するにあたり正確を期するべく大幅に手を入れた。なお講義の雰囲気を再現するため話し言葉のままとした。また講義内容に即した会場からの質問も、編集のうえ収録した。

講義で、主に、取り上げたのは、原著は、英語版 *The human condition* University of Chicago Press, 1985、ドイツ語版 *Vita active*, Piper, 1960である。

邦訳は、志水速雄訳『人間の条件』(中央公論社, 1973年／筑摩書房［ちくま学芸文庫］, 1994年)を、主に引用並びに参照したが、適宜変更をした。

本書は、テキストの精読を受講生と一緒に進めながら、読解し、その内容について考えていくという趣旨で編集しています。決して“答え”が書いてあるわけではありません。きちんと原書並びに邦訳のテキストを自分で手に取られ、自分自身で考えるための“道具”になるよう切に願っております。

最後に、来場していただいたみなさま並びにご協力いただいた連合設計社市谷建築事務所スタッフの方々、心より御礼申し上げます。【編集部】

rengoDMS

本書は、連合設計社市谷建築事務所でおこなわれた、著者が主催する勉強会の講義を収録し編集・制作しました。

［講義］第一回

# 宇宙世紀の「人間の条件」!?――「プロローグ」と「第一章」

人間の条件」を読む

## ハンナ・アーレント

ハンナ・アーレント（一九〇六－七五）とは誰か？　最初に人物を紹介したいと思います。アーレントはユダヤ系ドイツ人で、もともとはハイデガー（一八八九－一九七六）、フッサール（一八五九－一九三八）、ヤスパース（一八八三－一九六九）等の下で哲学を学び、教父アウグスティヌス（三五三－四三〇）の愛の概念について博士論文を書き、その後、ラーエル・ファルンハーゲン（一七七一－一八三三）というユダヤ人女性の伝記的研究に取り組みます。ファルンハーゲンは一九世紀初頭、ロマン主義の時代に様々な有名な知識人と付き合い、文化的なサークルを主催し、知識人たちとの文通で文学的・思想的に興味深い書簡を残しています。一九世紀初頭に、ユダヤ人であり、かつ女性であるという二重の困難の中で、自己表現しようとした、自らの声を公衆に聞かせようとした人物として興味を持ったようです。

一九三三年のナチス政権の政権掌握に際して、フランスを経由してアメリカに亡命し、大戦後はアメリカで教鞭を執ります。専門も政治哲学にシフトします。朝鮮戦争が続いていた一九五一年に、ナチズムやスターリン主義等の「全体主義」の起源を歴史的・思想史的に解明した『全体主義の起源』を出版して、有名になります。その七年後の五八年に、今回読む『人間の条件』を刊行します。これがアーレントの主著です。

## タイトル『人間の条件』〈The Human Condition〉と「人間」〈The Human〉について

この本のドイツ語版は、英語のオリジナル版が出版された二年後の一九六〇年に、アーレント自身の翻訳でコールハンマー（Kohlhammer）とピーパー（Piper）という二つの出版社から刊行されています。現在も版を重ねて読むことができるのは、ピーパーの方の版です。ドイツ語版はタイトルからして違いますし、英語よりもかなり詳しく書かれている部分もあります。アーレントは、ドイツ語の方がネイティヴなので、言いたいことが書きやすかったのかもしれません。

英語版のタイトルは、日本語訳の通り、〈The Human Condition〉です。日本語の「人間の条件」というタイトルを見て、人情的なことを連想する人は少なくないでしょう。映画かドラマのタイトルにありそうですね。実際、五味川純平（一九一六―九五）に旧満州国を舞台とした『人間の條件』（一九五六―五八）という小説と、それを映画化した作品（五九―六一）がありますし、森村誠一（一九三三―　）の『人間の証明』（一九七六）なんかにも同じような響きがありますね。

当然アーレントの著作は、人間であるための「決死の闘い」のようなものを奨励しているわけではありません――深い意味では、そうかもしれませんが、少なくとも、表面的には〝ヒューマン・ドラマ〟的な話は出てきません。むしろ、「人間」を相対化するような冷たい話です。

少し遠回りになりますが、先ず〈human〉の意味について考えてみましょう。英語の〈human〉の系統に属する〈humanity〉や〈humanism〉には、日本語の「ヒューマン」からは想像しにくい意味の系譜があります。〈humanity〉は、基本的には、「人間性」という意味ですが、これを複数形にした〈humanities〉

は「人文諸科学」という意味になります。また、日本語の「ヒューマニズム」には通常、「人道主義」の意味しか念頭に置きませんが、世界史の教科書にあるように、ルネサンスの時代の〈umanismo ＝ humanism〉は、「人文主義」の意味でした。ペトラルカ（一三〇四－七四）やマキャベリ（一四六九－一五二七）も「ヒューマニスト＝人文主義者 umanista」でした。何故、「人文」なのか、どうして「文」が付くのかというと、この時代に「ヒューマニスト」と呼ばれたのが、古代ギリシアやローマ時代の〈humanitas〉に関する古典のテクストを読解し、紹介した人たちだったからです。

〈humanitas〉というのは、当然、〈humanity〉の語源のラテン語です。古代ローマで、「人間らしさ＝市民として身に付けておくべきたしなみ」という意味合いで使われていました。具体的には、修辞学とか文法、論理学など、弁論術に関わる素養を指していました。他の市民たち＝公衆の前で自らの考えを披露し、相手を説得することが、市民としてのたしなみだったわけです。そうした意味での〈humanitas〉に関連するキケロ（前一〇六－四三）やセネカ（前四－後六五）等のテクストを読むのが、本来の意味での「ヒューマニズム」です。

ローマの末期になると、〈humanitas〉のために必要な七種類の科目が特定されるようになりました。その七つとは、言語に関わる修辞学、論理学、文法と、自然界の法則に関わる算術、音楽、天文、幾何です。これらは、自由人＝市民のための知的素養という意味で、「自由七科」と呼ばれました。これが私たちが、「教養科目」と呼んでいるものの起源です。先ほどの〈humanities（人文諸科学）〉という名称も、〈humanitas〉に由来します。哲学とか文学などの人文系の学問が、自由七科等の〈humanitas〉的な知──自由な市民のための知──から発展してきたからです。こうしたことは、拙著『教養主義復権論』（明月堂書店）で論じましたので、詳しくはそちらをご覧下さい。

要約すると、〈humanitas〉は生得的なものではなく、知的訓練を通して獲得できるものです。「教養」

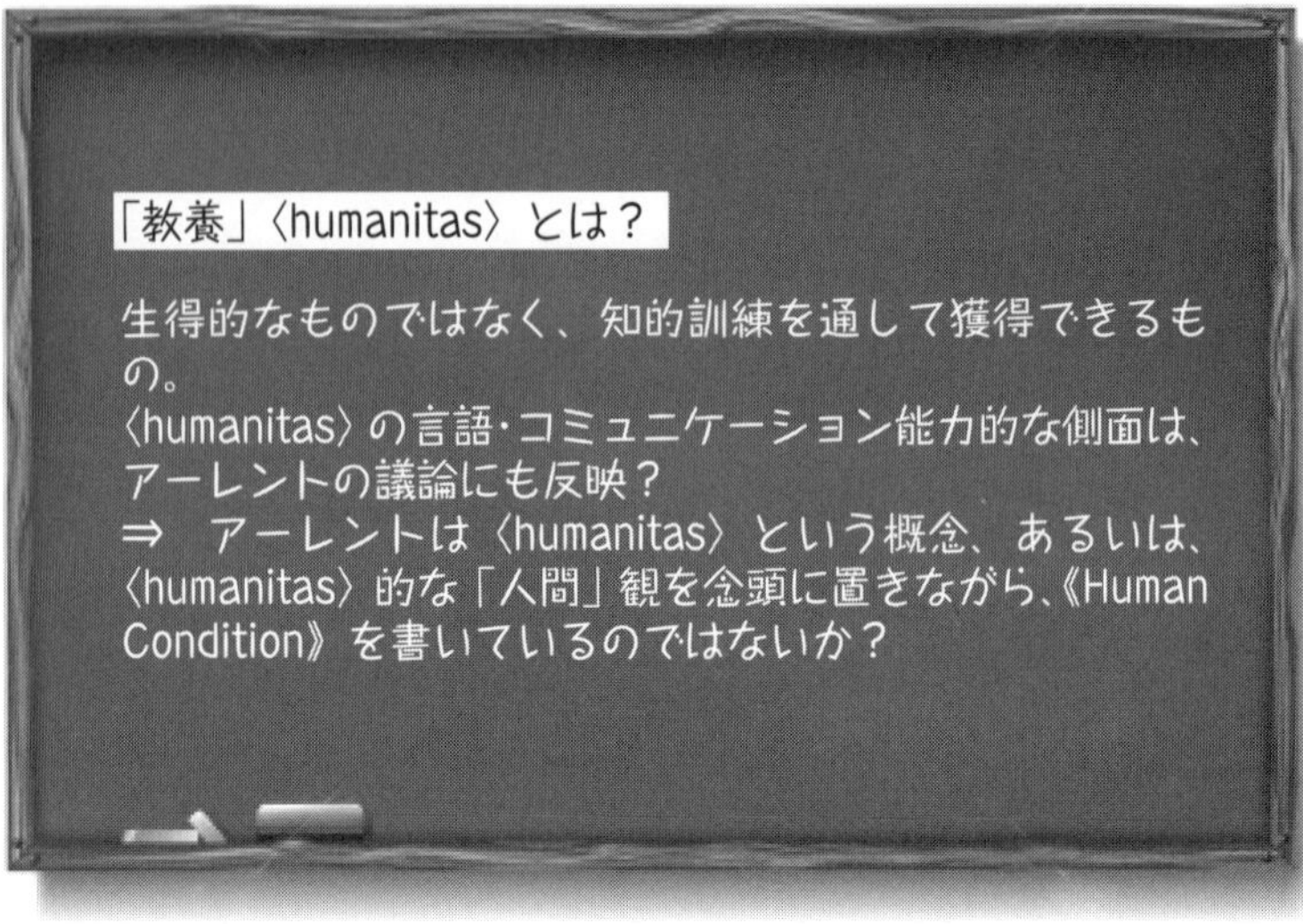
「教養」〈humanitas〉とは？
生得的なものではなく、知的訓練を通して獲得できるもの。
〈humanitas〉の言語･コミュニケーション能力的な側面は、アーレントの議論にも反映？
⇒　アーレントは〈humanitas〉という概念、あるいは、〈humanitas〉的な「人間」観を念頭に置きながら、《Human Condition》を書いているのではないか？

です。〈humanitas〉の言語・コミュニケーション能力的な側面は、アーレントの議論にも反映していると思います。私は、アーレントは〈humanitas〉という概念、あるいは、〈humanitas〉的な「人間」観を念頭に置きながら、《Human Condition》を書いているのではないか、と思っています。

## ドイツ語版のメインタイトル〈Vita Activa〉

本のタイトルの話に戻りましょう。ドイツ語版のメインタイトルは、〈Vita Activa〉です。これは、ラテン語で「活動的生活」という意味です。副題は、〈oder vom tätigen Leben〉、訳すと、「あるいは、活動的生活」です。ドイツ語で言い換えているわけです。

この本では実際、古代のギリシア・ローマにおける「活動的生活」に焦点が当てられています。この〈activa〉という言葉は、日本語のカタカナ語の「アクティヴ」と意味がズレているのは当然として、英語の〈active〉の通常の意味ともかなり違います。全然「アクティヴ」とは思えない話になっていくのですが、それは本文を読んでいくうちに明らかになっていきます。

それと連動して、「生活」という言葉にも注意が必要です。今ではそういうことを連想する人はあまりいないかもしれませんが、一昔前のやや左翼的な言説で、観念や言葉ではなくて、「生活」に根ざしていることが大事だという言い方がありました。「活動」とそういう意味での「生活」がくっつくと、まるで左翼的な思想を生活の中で実践しているかのように聞こえますが、アーレントの思想はそういうのとは真逆です。一つの思想を絶対視して、それの実現のために生活の全てを捧げるというのは、アーレントとは真逆の考え方です。そのことも読んでいけば、分かるでしょう。

もう一つ本の作りのうえで細かいことを言っておきます。英語版の「プロローグ」にはエピグラフ（題辞）は付いていません。エピグラフというのは、本文の前に、自分以外の――大抵の場合、かなり昔の――有名な著者の詩とか警句のようなものを引用して、どういう内容になるのか暗示するものです。英語版から翻訳した、このちくま文庫の訳には、当然エピグラフは付いていません。ドイツ語版にはエピグラフが付いており、ブレヒト（一八九八―一九五六）の詩が引用されています。

ブレヒト

ブレヒトはアーレントより少し年長のドイツの劇作家で、現代演劇に強い影響を与えた人です。マルクス主義に共鳴して、演劇を「労働」あるいは「生産」の視点から捉える理論を展開し、第二次大戦後は東ドイツで活動しています。

アーレントはマルクス主義的な人間観とは対極的な見方をしているのですが、それは裏を返して言えば、マルクス主義的な人間理解を強く意識し、それとの違いを出そうとしていると言えます。これから見ていくように、「労働」についてはマルクス主義と対立する見方を示しています。その一方で、疎外論的な議論と問題意識についてはかなり共有しており、人間の本来のあり方からの疎外ということを深く

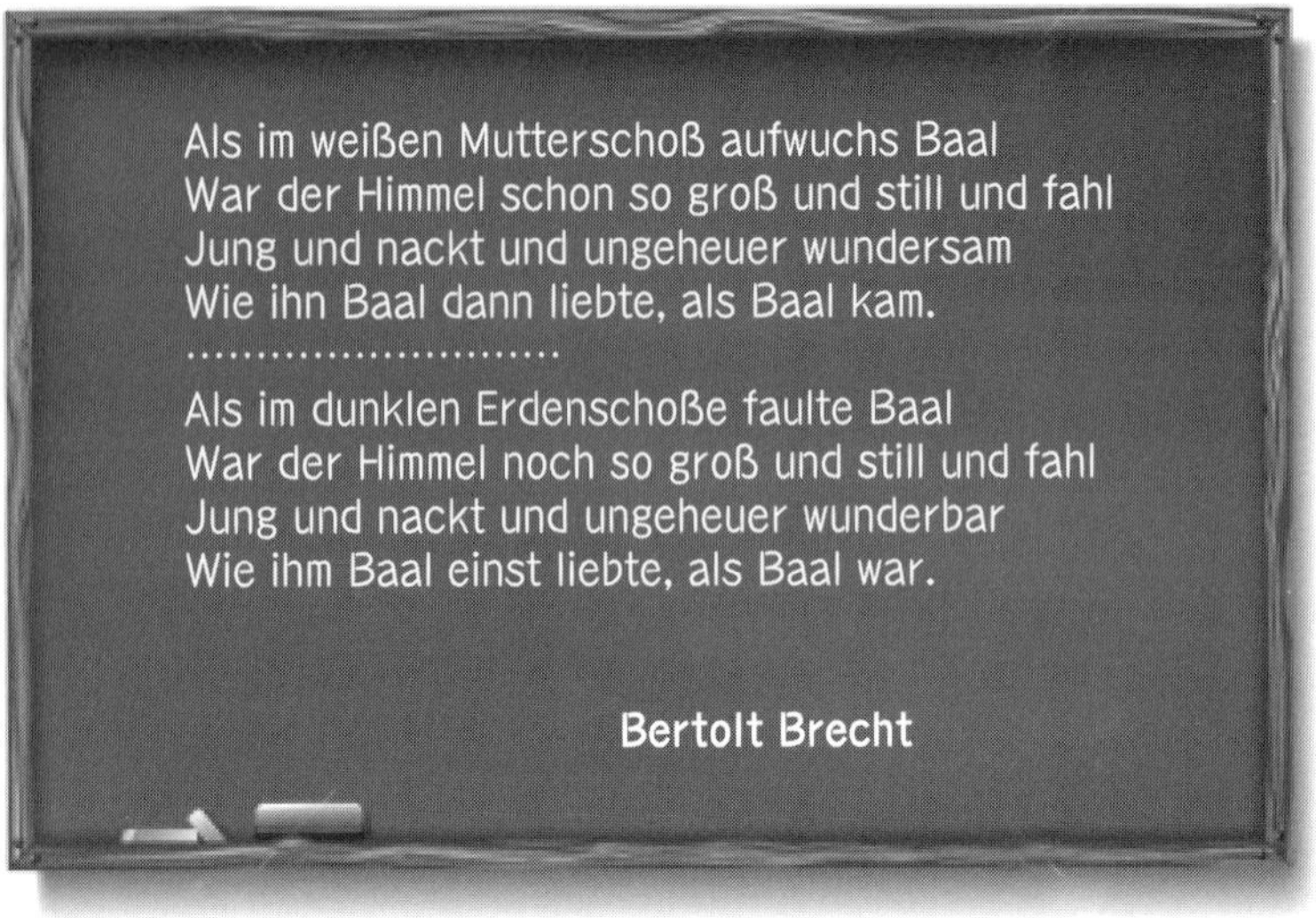


考えていきます。

エピグラフを引用しておきましょう。黒板を見てください。『バール』（一九一八）という戯曲の冒頭に出てくる『偉大なバールの讃歌 Der Choral vom Baal』という詩からです。「バール」というのは、この戯曲の主人公である詩人の名前です。詩人バールが、自分の名前を冠した詩を作ったという設定なのか、バールという主人公の運命を暗示する詩が別の主体（ブレヒト）によって書かれたという設定なのかはっきりしません。いずれにしても、詩に登場する「バール」というのは、「詩人」自身ではなく、旧約聖書に出てくる異教の神、悪の象徴です。元々はシリア地方のウガリット神話に出てくる豊穣の神だったようです。悪魔辞典等に出てくる「ベルゼブブ」や「バアル」は、「バール」に由来する悪魔の名前です。異教では豊穣の神だったけれど、キリスト教では悪魔とされた存在であり、詩人バールはその両義性を背負った存在ということです。

引用されているのは、詩の最初と、最後の部分です。字面から分かるように、同じようだけど微妙に違う詩句を使うことで、対照性を際立てています。

独文学者の石黒英男さん（一九三一―二〇一〇）による訳が、晶文社の『ブレヒト②　バール　夜うつ太鼓　都会のジャングル』（一九八一）に収められているので、訳はこちらから引用しておきましょう。

おふくろの白い子宮のなかで、バールが月満ちたとき、
空はすでにだだっ広く、ひっそりとして鉛色
若く　むきだしで　ぞっとするほど奇怪だった、
バールが生まれ、それを愛したときと同じに。

……………………

ほの暗い地球の胎内で　バールが朽ち果てたとき、
空はまだ　だだっ広く、ひっそりとして鉛色
若く　むきだしで　ぞっとするほど奇怪だった、
バールが生き、かつて愛したときと同じに。

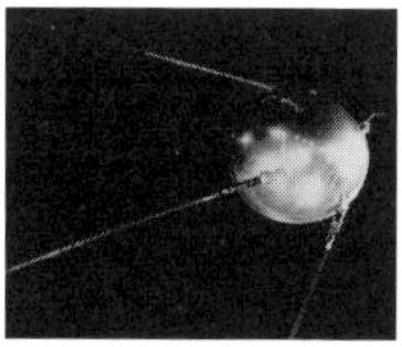
スプートニク

詩なので少しとっつきにくいかもしれませんが、かつてバールの支配の下で、天に不気味な力が宿っているように見えた時代があった、というイメージを喚起していることだけは分かると思います。どうしてそういうイメージの詩を引用したのかは、プロローグの本文を読めば分かってきます。

第一行目に、「一九五七年、人間が作った地球生れのある物体が宇宙めがけて打ち上げられた」と述べられていますね。言うまでもなくスプートニクのことです。『人

間の条件』が刊行される前年の話だったわけですね。スプートニクの打ち上げによって、人間が地球という惑星の外側に行ける可能性が開かれた。バールが大地から生まれ、空を愛しているというようなイメージを抱くことはますます困難になってきます。人間が科学によって、母なる大地の支配を脱して、逆にそれを支配しつつあり、更には、空までも征服しつつあるからです。その意味でバールは、朽ち果てつつある。あるいは、バールを「人間」と解釈することもできますね。その場合、人間は今は世界の支配者のごとく振る舞っているが、いつしか朽ち果ててしまう時が来る。バールが朽ち果てても、大地と天はそのままであるだろう、と示唆していることになります。題辞というのは文学的効果を狙うものなので、どっちにとってもいいと思いますが、バール＝神と考えた方が、意味深な感じがしますね。

ちなみにドイツ語版では、この一行目の前に一つの新しい段落が挿入されています。スプートニクの打ち上げから何年か経って、更に宇宙への進出が進んだことを踏まえた内容になっています。ドイツ語版の冒頭を引用しておきましょう。黒板を見てください。この冒頭部はドイツ語版の初版から変わっていないので、スプートニクの打ち上げの三年後、『人間の条件』の英語オリジナル版が出てから二年後の文章ということになります。

簡単に言うと、人間が神の領域に足を踏み入れてしまったことに対する驚きですね。現代だと、人工衛星が上空を飛んでいることに大きな感慨を覚えるような人は滅多にいないと思いますが、一九五〇年代後半にスプートニクの衝撃を体験した、アーレントのような人文主義的知識人には自分の足場、世界観を揺さぶられるような衝撃だったんでしょう。それまで「大地」の上に生き、地球の物理的諸条件に縛られていた人間が、その拘束をたとえ部分的とはいえ離脱したことで、「人間」のあり方、「人間」の本質が大きく変容するかもしれない。そういう時代だからこそ、「人間」について改めて考えるべきではないか、ということでしょう。

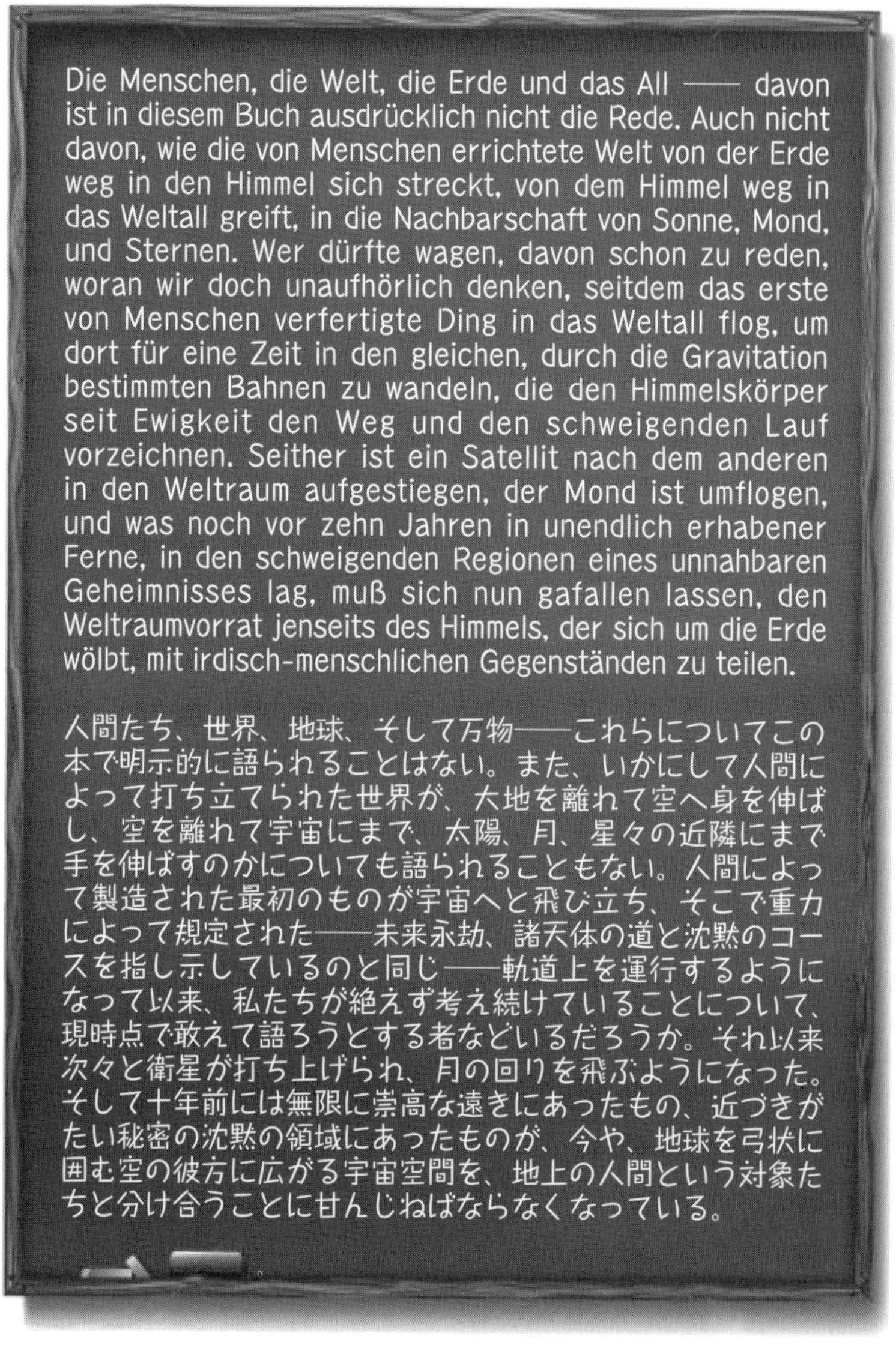
Die Menschen, die Welt, die Erde und das All —— davon ist in diesem Buch ausdrücklich nicht die Rede. Auch nicht davon, wie die von Menschen errichtete Welt von der Erde weg in den Himmel sich streckt, von dem Himmel weg in das Weltall greift, in die Nachbarschaft von Sonne, Mond, und Sternen. Wer dürfte wagen, davon schon zu reden, woran wir doch unaufhörlich denken, seitdem das erste von Menschen verfertigte Ding in das Weltall flog, um dort für eine Zeit in den gleichen, durch die Gravitation bestimmten Bahnen zu wandeln, die den Himmelskörper seit Ewigkeit den Weg und den schweigenden Lauf vorzeichnen. Seither ist ein Satellit nach dem anderen in den Weltraum aufgestiegen, der Mond ist umflogen, und was noch vor zehn Jahren in unendlich erhabener Ferne, in den schweigenden Regionen eines unnahbaren Geheimnisses lag, muß sich nun gafallen lassen, den Weltraumvorrat jenseits des Himmels, der sich um die Erde wölbt, mit irdisch-menschlichen Gegenständen zu teilen.
人間たち、世界、地球、そして万物——これらについてこの本で明示的に語られることはない。また、いかにして人間によって打ち立てられた世界が、大地を離れて空へ身を伸ばし、空を離れて宇宙にまで、太陽、月、星々の近隣にまで手を伸ばすのかについても語られることもない。人間によって製造された最初のものが宇宙へと飛び立ち、そこで重力によって規定された——未来永劫、諸天体の道と沈黙のコースを指し示しているのと同じ——軌道上を運行するようになって以来、私たちが絶えず考え続けていることについて、現時点で敢えて語ろうとする者などいるだろうか。それ以来次々と衛星が打ち上げられ、月の回りを飛ぶようになった。そして十年前には無限に崇高な遠さにあったもの、近づきがたい秘密の沈黙の領域にあったものが、今や、地球を弓状に囲む空の彼方に広がる宇宙空間を、地上の人間という対象たちと分け合うことに甘んじねばならなくなっている。

## 地球からの脱出

まずは原文を参照しながら、ちくま学芸文庫の訳で本文を読み進めていきましょう。

ところが、まったく奇妙なことに、この喜びは勝利の喜びではなかった。実際、人びとの心を満たしたのは、驚くべき人間の力と支配力にたいする誇りでもなければ、畏敬の念でもなかった。むしろ、時の勢いにまかせてすぐに現われた反応は、「地球に縛りつけられている人間がようやく地球を脱出する第一歩」という信念であった。しかし、この奇妙な発言は、あるアメリカの報告者がうっかり口をすべらしたというものではなく、二十年以上も前にロシアのある大科学者の墓碑銘に刻まれた異常な言葉と期せずして呼応していたのである。そこにはこう書かれてあった。「人間は永遠に地球に拘束されたままではいないであろう」。

ツィオルコフスキー

このロシアの大科学者というのは、コンスタンティン・ツィオルコフスキー（一八五七－一九三五）という人です。数学教師をしながら、ロケット研究に取り組んだ、ロシア・ソ連の科学者です。ロケット学の創始者とされています。SF小説や科学エッセイも書いています。「人間は永遠に地球に拘束されたままではいないであろう」は、友人宛の手紙の有名な一節です。科学者の言葉だけど、何か神話的なものを感じさせますね。エデンの園の神話とか、プロメテウスの神話とか。恐らくアーレントは、科学の急速な発展によって、神話的世界観が崩壊しつつある、あるいは、見方によってはその逆に、人類の盛衰をめぐる神話が成就しつつあるのを感じ、それをこういう風に文学的に表現しているのではないかと思います。

しかし「地球に縛りつけられている人間がようやく地球から脱出する第一歩」というこの発言が陳腐だからといって、本当はそれがどんなに異常なものかを見逃してはならない。というのは、なるほどキリスト教徒はこの地上を涙の谷間といい、哲学者は人間の肉体を精神や魂の囚人として眺めてきたけれども、人類の歴史の中でいまだかつて、人びとが本気になって、地球は人間の肉体にとって牢獄であると考え、文字通り地球から月に行きたいとこれほど熱中したことはなかったからである。近代の解放と世俗化は、必ずしもキリストの神に背を向けることによって始まったのではなく、むしろ天国の父なる神から離れることによって始まった。このような近代の解放と世俗化が、今度は、空の下の万物の母である地球からもっと決定的に離れることによって終わろうとしているのであろうか？

キリスト教やプラトン主義に、肉体は魂の牢獄であるという考え方があるのはご存知だと思います。「哲学者は人間の肉体を精神や魂の囚人として眺めてきた」という訳文になっていますが、これは誤訳です。原文は、〈philosophers have looked upon their body as a prison of mind or soul〉なので、正しい訳は、「哲学者たちは自らの肉体を精神や魂の牢獄として眺めてきた」です。

その肉体という〝牢獄〟を更に閉じ込めている大きな牢獄が地球だと考えることができます。肉体が牢獄であるのは、肉体が自然界の法則によって支配されているからです。私たちの自由意志は、肉体によって制限されています。そして、その私たちの肉体は、自然界に働く重力の法則によって、この地球に縛り付けられ、地球の物理的環境によっていろいろな制約を受けています。私たちは、二重の牢獄に囚われていると見ることができるわけです。

この地球から離脱することは、牢獄を離れて自由になることのように見えますが、それは、神によって与えられた場所から離れることも意味します。それは、神（の幻影）からも自由になるということかもしれません。

「近代の解放と世俗化は、必ずしもキリストの神に背を向けることによって始まったのではなく、むしろ天国の父なる神から離れることによって始まった」という言い方が分かりにくいですね。どこが違うのか、という感じがしますね。最初の「神」は、大文字の〈God〉です。原文では、「キリスト教」は付いていません。その後の「天国の父なる神」は、原文で〈a god who was the Father of men in heaven〉です。こちらは小文字ですね。〈God〉の方は、恐らく、万物の根源であり、表象の可能性を超えた、「神」という概念それ自体を指していると思います。それに対して、「天国の父なる神」は、文字通り、天の上にいて子供である人間のことを気にかけている父親のような存在として表象されている「神」ということでしょう。つまり、宇宙空間へ飛び出すようになった人間たちは、「神」という概念それ自体を否定したわけではないけれど、従来の「天の父」のイメージとは決別しようとした、ということですね。これはむしろ、通常の「キリスト教の神」のイメージですね。「近代の解放と世俗化は、必ずしも大文字の神に背を向けることによって始まったのではなく、むしろ天国の父であった神から離れることによって始まった」と訳すのが正確でしょう。

「万物の母である地球」というのはよく目にする表現ですが、ここでは「地球＝大地」が、「天の父」と対比されているわけですね。「母」というのは、ギリシア神話のガイアのイメージから来ているのでしょう。「天の父」に背を背けたことが、「母なる大地」の束縛から離脱することに帰結したわけですね。

この箇所はプロローグなので特にそうなのですが、アーレントは、こういう文学的イメージを使いながら話を進めていくのが得意です。そのおかげで、文学が好きな人には好かれますが、分析哲学の影響を受けて、政治哲学も明確な論理によって構築されないといけないと考えている人にはあまりウケが良くないです。あるいは、文学的表現が多すぎて扱いにくいのかもしれません。現代アメリカの代表的な政治哲学の理論家と言うと、リベラルの代表格のロールズ（一九二一－二〇〇二）やリバタリアンを代表するノージック（一九三八－二〇〇二）ということになるでしょうが、彼らのテクストにはあまり文学的表現はありません。むしろ数学や論理学のように、最初に少数の前提を設定して、そこから論理的・体系的に全てを導き出すようなスタイルで書いていきます。比ゆ的な表現や古典からの引用・参照・暗示が多いアーレントの文章とは対照的です。しかもアーレントは、古代ギリシアやローマの古典的テクストに出て来る世界観・人間観を前提に話を進めていることが多いので、実証主義的な人たちにとっては結構抵抗があると思います。そのせいか、現代アメリカの政治哲学では、アーレントはそれほど引用されません。扱いにくいのでしょう。

## 「条件 condition」という概念

本文に戻りましょう。アーレントは、先ほどの人工衛星の神話的次元の解釈を、「人間の条件」をめぐる哲学的な考察へと繋げていきます。

地球は人間の条件の本体そのものであり、おそらく、人間が努力もせず、人工的装置もなしに動き、呼吸のできる住家であるという点で、宇宙でただ一つのものであろう。たしかに人間存在を単なる動物的環境から区別しているのは人間の工作物である。しかし生命そのものはこの人工的世界の外にあり、生命を通じて人間は他のすべての生きた有機体と依然として結びついている。

ここで「条件 condition」という概念がクローズアップされていますね。「条件」は、ドイツ語で〈Bedingung〉と言います。ドイツ語版では、この〈Bedingung〉という単語と、それを変形した〈Bedingtheit〉

が使われています。ドイツ語で考えた方が分かりやすいでしょう。〈Bedingung〉は、〈bedingen〉という動詞を名詞化した形です。〈bedingen〉は「制約する」という意味です。〈bedingen〉の過去分詞形が〈bedingt〉で、〈Bedingtheit〉はそれを名詞化した形です。英語の〈limitedness〉のような感じです。「人間の条件」というのは、「人間」の生を「制約」しているもの、輪郭付けているものということです。

また、〈bedingen〉という言葉には、〈-ding-〉という綴りが入っていますが、〈Ding〉は、英語の〈thing〉に対応し、「物」という意味です。その点を意識すると、〈bedingen〉を「物化する」という意味に取ることができます。ドイツ語圏の哲学者で、そのことを意識して、「物」と「制約」にまつわる言葉遊びをする人は少なからずいます。例えば、ある対象を「制約する＝条件付ける」ことによって、その対象は、明確な輪郭を持った「物」として固定化されることになる、とか。アーレント自身も、後の方の章で、この系統の言葉遊びをしています。今読み上げた箇所でも、「人間」が、地球という環境の内部にきちんと組み込まれるように「物化」されていることが示唆されていると解することができます。「人間」は自らの手で「人工的世界」を作り出す存在なので、単純に与えられた「環境」の内へと制約されているとは言えないけれど、少なくとも身体レベルでは、他の動物と同じく地球の生態環境の中に組み込まれ、そのことによって生き方が「制約」されています。

この地球の生態環境に組み込まれ、制約されているという意味での「制約＝条件」は第一章のテーマである「労働 labor」に対応します。「労働」は、人間の生物学的条件に対応する営みです。「工作物 artifice」と、それによって構成される「人工的世界」は、第二章のテーマである「仕事 work」に関わっています。工作物から成る「人工的世界」を作り出すのが、「仕事」です。英語の〈work〉には、「作る」とか「加工する」といった意味がありますね。

「環境 environment」という言葉に関しても、少し深読みをすることができます。「環境」のことをドイツ

**「条件 condition」という概念**

「条件」：ドイツ語で〈Bedingung〉。ドイツ語版では、この〈Bedingung〉という単語と、それを変形した〈Bedingtheit〉が使われている。


〈bedingen〉という動詞を名詞化した形⇒〈Bedingung〉

「制約するもの」という意味。〈bedingen〉の過去分詞形が〈bedingt〉⇒名詞化〈Bedingtheit〉。

（英語の〈limitedness〉のような感じ）

↓

〈bedingen〉という言葉には、〈-ding-〉という綴り。〈Ding〉は、英語の〈thing〉に対応し、「物」という意味。
※その点を意識すると、〈bedingen〉を「物化する」という意味に取ることができる。

| |
|---|
| ドイツ語圏の哲学者のことば遊び ⇒ ある対象を「制約する＝条件付ける」ことによって、その対象は、明確な輪郭を持った「物」として固定化されることになる、とか。<br>↓<br>「人間」が、地球という環境の内部にきちんと組み込まれるように「物化」されていることが示唆されている。 |

人間の条件 ⇒「人間」の生を「制約」しているもの、輪郭付けているもの、と理解できる。

ユクスキュル

語で〈Umwelt〉と言います。生命体を取り巻く状況を指す「環境」という概念は、一九世紀初頭に生まれましたが、厳密な意味を持った生物・生態学的な概念になったのは二〇世紀初頭のことです。エストニア出身のドイツの生物学者ユクスキュル（一八六四―一九二五）は、『動物の環境世界と内的世界』（一九〇九）で、動物にとっての世界は、それぞれの動物が知覚し作用する世界であるとし、それを「環境（世界）Umwelt」と呼んでいます。ハイデガーはこの「環境」という概念にかなり関心を持っています。ただ、それは実際の生態的な環境への関心というより、〈Umwelt〉という言葉が含意しているものに対する関心です。

〈Umwelt〉の〈Welt〉は、「世界」という意味です。ハイデガーは、人間が「世界」の内部に存在する「世界内存在 In-der-Welt-Sein」であることに注目します――ハイデガーは、「人間」のことを「現存在 Dasein」と呼んでいるのですが、ここではそうした用語の正確さに拘る必要はないでしょう。「世界」の内に「有る」と言ってもピンと来ないかもしれませんが、この場合の「世界」というのは、物事の在り方が構造的に決まっている、自己完結した領域というような意味合いです。動物には、それぞれの種ごとの環境世界がありますが、それと同じように、人間には人間が生きる「(環境)世界」があり、その中で生きるよう定められているわけです。無論、動物の「環境世界」が動物の生物学的特徴によってほぼ完全に規定されているのに対し、人間の「世界」には、歴史とか文化とか言語とか、非生物学的、非物質的要素も含まれています。

従来の近代哲学が、認識・実践主体としての人間が、自らが生きる「世界」を主体的に構築するという前提で考えていたのに対し、ハイデガーは、人間は気が付いた時には、ある決まった「世界」の中に「現に存在」している自分を発見するという事実を起点にして、存在論的な哲学を展開していきます。〈Umwelt〉の〈um〉という接頭辞には、大きく分けて二通りの意味があります。英語の〈about〉に当たる「～について」という意味と、〈around〉に当たる「～を囲んで」という意味です。我々は、「世界」に取り囲まれながら、同時に、「世界」のことを気にかけながら存在しています。動物は、「環境（世界）」に完全に取り込まれていますが、人間は、自らが存在している「世界」のことを気にかける、意識することを通して、より広い「存在」の領域を探究するようになる、というのがハイデガーの哲学の起点です。

アーレントは、人間が自らの動物的「環境」にそのままとどまっているのではなく、その外側に「人工的世界」を作り出すことに注目しているわけですが、そこにハイデガー的な問題意識が働いているかもしれません。因みにハイデガーは、人間が「存在」への問いを抱くきっかけとして、自らの手元にある様々な道具の目的連関（＝「用具的存在 Zuhandensein」）との遭遇があることを指摘していますが、アーレントは「人工的世界」の構築を、存在論へと繋げるような議論はしません。アーレントはあくまでも、「人間」が構築する「世界」の中にとどまろうとします。

## 生命操作と「地球」の引力からの離脱

本文の続きに戻りましょう。

ところが、ここのところずっと、科学は、生命をも「人工的」なものにし、人間を自然の子供としてその仲間に結びつけている最後の絆を断ち切るために大いに努力しているのである。たとえば試験管の中で生命を造ろうとする企てがある。これは「優秀な人間を生みだすために顕微鏡で証明ずみの、能力ある人びとから取り出した冷凍の胚種原形質」を混合し、「その大きさ、形、機能を変え」ようというのである。ここに現われているのは、地球の拘束から逃れたいというのと同じ欲望である。

「生命」そのものを生み出す試みを、「地球」の引力から離脱する試みと同様に、「自然」から離脱して、自らの「世界」を構築しようとする企てと見ているわけですね。この著作が書かれた一九五八年当時は、当然、体外受精はまだ実現していません。実現したのは七〇年代末です。ES細胞とかiPS細胞とかはずっと先の話です。しかし、試験官の中で優生学的な操作を加えることで、優れた人間を作り出そうとする発想はあったわけです。

英国の生物学者ホールデン（一八九二—一九六四）は、未来の科学の状況を予測した著作『ダイダロス』（一九二四）で、試験管の中で優秀な人間が作られるようになるのではないか、というアイデアを示しています。ホールデンの影響を受けた作家のオルダス・ハクスリー（一八九四—一九六三）は、受精卵の時から生命科学的操作と洗脳を受けた選別された人間から成る未来世界を描いた、『すばらしい新世界』（一九三二）を書いています。この人の祖父のトーマス・ヘンリー・ハクスリー（一八二五—九五）は、ダーウィン（一八〇九—八二）の進化論を熱烈に擁護した生物学者として有名ですし、兄のジュリアン・ハクスリー（一八八七—一九七五）は進化生物学者、弟のアンドリュー・フィールディング・ハクスリー（一九一七— ）は生物物理学者として有名です。因みに、DNAの二重らせん構造が発見されるのは、一九五三年のことです。アーレントは、そうしたことを念頭に置いているのだと思います。

「地球の拘束」は原文では〈imprisonment to earth〉です。〈imprinonment〉というのは投獄されていることですね。ドイツ語版でも「地球という監獄 Gefängnis der Erde」という表現を使っています。先ほどの、キリスト教における「肉体という牢獄」の表象に対応した表現になっているわけです。現代の人間は、生命としての自らを「制約」してきたものから逃れようとしており、部分的に成功を収めつつある。そういう時代だからこそ、人間という存在の輪郭を形作ってきた「制約＝条件」を見つめ直そうというわけです。

与えられたままの人間存在というのは、世俗的ないい方をすれば、どこからか只で貰った贈物のようなものである。ところが、科学者たちが百年もしないうちに造りだしてみせると豪語している未来人は、この与えられたままの人間存在にたいする反抗に取りつかれており、いわば、それを自分が造ったものと交換しようと望んでいるように見える。

私たちの存在の仕方は、私たち自身が作り出したわけではないので、理想として掲げても、実現できないことがあります。人間の心身の能力には限界がありますし、不平等です。ロールズやドゥウォーキン（一九三一－二〇一三）の正義論では、各人が自らの行為の帰結として生み出したのではない生まれつきの不平等、当人の立場からすれば偶然の不平等にどう対処すべきかが中心的なテーマになっています。しかし、人間が自己自身を遺伝子のレベルから作り替えることが可能になったとすると、最初から平等にすることも可能です。社会の理想を最初に設定して、それに合わせて人間の生命を変更することもできます。アーレントの公共性論を継承したとされるハーバマス（一九二九－　）やコミュニタリアニズム（共同体主義）の代表格のサンデル（一九五三－　）は、遺伝子に操作を加えれば、自由、平等、正義などの規範的概念の意味が変容するという視点から懸念を示しています。

アーレントも、人間の生命自体に操作を加えることが、「ブーメラン効果」をもたらす恐れがあると指摘していますね。技術が進歩しすぎると、自分がやっていることに私たちの「脳」がついていけなくなる。そこで、「今後は私たちが考えたり話したりすることを代行する人工的機械が実際に必要となるだろう」ということですね。すると、私たち自身の思考や言語の能力が退化する恐れが出て来る。この懸念は、インターネットや携帯の普及によって、現在かなりリアルになっていますね。

『人間の条件』の九年前に刊行されたジョージ・オーウェル（一九〇三―五〇）の小説『一九八四』（一九四九）は、不可視の独裁者の恐怖によって支配される近未来社会を描いたSF小説ですが、この社会では、人々に余計な考えを抱かせず、必要なことだけを伝える「ニュースピーク Newspeak」という言語を使用することが強制されます。映画『マトリックス』（一九九九、二〇〇三）では、人々の思考の中身がコンピューターのプログラム言語によってコントロールされるという設定になっていましたね。

アーレントは言語や思考能力の変化は、人間を人間たらしめてきたもう一つの「条件」に影響を与えるのではないかと示唆しています。

## 「言論 speech」と科学

（…）科学によって作りだされた状況は大きな政治的意味をもっている。言論《スピーチ》の問題が係わっている場合にはいつでも、問題は本性上、政治的となるからである。というのも言論こそ人間を政治的存在にする当のものだから。私たちの文化的態度を現段階の科学的成果に適応させなくてはならないという忠告がいつも繰り返される。しかしこの忠告に従うなら、私たちは言論がもはや意味をもたないような生活様式を極めて熱心に取り入れることになるだろう。なぜなら、今日、科学は数学的シンボルの「言語」を取り入れざるをえなくなっているが、この「言語」はもともとは語られる言葉の省略記号として意味をもっていたものの、今では言論にけっして翻訳し直すことのできない記述を内容としているからである。だから、科学者が科学者として述べる政治的判断は信用しないほうが賢明であろう。

少し後で見るように、「言論 speech」は「人間」の重要な条件であると同時に、「政治」の本質でもあるわけです。「言論」を科学的成果に適応させるというのは、言論による話し合いを通して自分たちの生活を形成するのではなく、科学の成果を応用することを大前提にし、それに生活を合わせることです。いわゆるテクノクラシーですね。そうなると、各人が言語を駆使して、理想を形成する必要はなくなります。

科学が「数学的シンボルの『言語』を取り入れる」というのは、言い方は難しいですが、数式のような機械的なものによって科学者の思考が支配されている、ということです。そういう科学者たちに、政治の方向性を決めさせたら、ロクなことにならないという話ですね。

これはよく聞く話ですね。哲学者、特にドイツ観念論の影響を受けて育った哲学者は、科学的言語によって支配されるのを嫌いますね。科学者の政治的判断に任せるというのはベンサム（一七四八－一八三二）に始まる功利主義とか、コント（一七九八－一八五七）に始まる一九世紀の実証主義の発想ですね。功利主義は、功利性の原理を立法の科学にしようとする思想であり、実証主義は、自然科学をモデルにして社会科学の方法論を確立し、それによって社会を改造しようとする思想です。

「数学的なシンボルの『言語』」を嫌う姿勢は、ハイデガーにも見られます。一九二〇年代末以降ウィーンを中心に活動し、ウィーン学団とも呼ばれた「論理実証主義」のグループは、哲学は科学の言語をより精緻化する科学哲学の仕事に徹すべきであり、従来のような、答えの出ない形而上学的な議論は止めるべきだと主張しました。ウィーン学団の代表格で、後にアメリカにわたって、分析哲学の隆盛のきっかけを作ったカルナップ（一八九一－一九七〇）は、ハイデガーのやっているような「存在」の意味をめぐる議論は無意味だと断じています。

ハイデガーやアーレントは、科学主義とは相性が悪いようです。彼らにしてみれば、数式の機械的操作のようなものに人間の思考や言語を合わせていたら、自己自身の在り方を探究したり、コミュニケーションを通して多様なパースペクティヴを獲得する能力が退化して、フォーマット化された言語=思考をそのままコピーするしかない、『すばらしい新世界』か『一九八四』の世界のような人間ばかりになってしまう、ということになるのでしょう。無論、分析哲学や論理学をやっている人から見たら、そういうのは古いタイプの哲学者の思い込みで、論理や数理の世界には彼らが思っている以上に多様性や創造性があるということになるのでしょうが。

一四頁では、「オートメーション」の出現によって人間は今や「労働」の重みから解放されようとしている、と述べられていますね。科学と技術の進歩によって、人類の有史以来の念願であった「労働からの解放」が現実になりつつある、というわけです。いきなりそう言われても、普通の日本人にはピンと来にくいですが、聖書を見ると少しイメージが湧いてきます。アダムとエバが堕落した直後、神はアダムとエバを楽園から追い出して、「地はあなたのためにのろわれ、あなたは一生、苦しんで地から食物をとる」と述べています。これは、堕落した後の人間が「労働」という苦役を運命付けられたことを象徴するエピソードだと見なされています。英語の〈labor〉には「骨折り」とか「苦役」という意味がありますし、フランス語の〈travail〉の古い意味に「苦痛」とか「疲労」という意味があります。嫌なことだというニュアンスが含まれているわけです。反キリスト教の思想であるマルクス主義は、「労働」と深く結び付いています。資本主義社会で搾取され、疎外されている労働者を現在の労働の苦役から解放することを目指しますが、それだけに留まらず、人間にとっての本来の労働の在り方が回復する「共産主義社会」への回帰を目指しました。両面性があるわけです。「労働からの解放」と同時に「労働への解放」を目指していたと言えるわけです。アーレントはこの本の中で、マルクス主義と批判的に対峙し、異なった「労働」観を呈示しようとしています。

いずれにしてもアーレントは、「労働」に象徴される人間の生命的条件が大きく変化しつつある現在、人間の「条件」を改めて明らかにしようとしているわけです。

## 「活動力 activity」――「労働」「仕事」「活動」という三つの条件

本書は、人間の条件の最も基本的な要素を明確にすること、すなわち、伝統的にも今日の意見によっても、すべての人間存在の範囲内にあるいくつかの活動力だけを扱う。このため、あるいはその他の理由で、人間がもっている最高の、そしておそらくは最も純粋な活動力、すなわち考えるという活動力は、本書の考察の対象とはしない。したがって、理論上の問題として、本書は、労働《レイバー》、仕事《ワーク》、活動《アクション》にかんする議論に限定され、これが本書の三つの主要な章を形成する。

「労働」「仕事」「活動」の三つの条件をこの本で主として扱うということですね。これら三つを合わせて「活動力 activity」と呼んでいるわけです。言うまでもありませんが、〈action〉や〈activity〉をこういう風に使い分けるのは、普通の英語の用法ではありません。ただ、後で見るように、〈action〉に「演技」とか「訴訟」のような、かなり洗練され、文明化された人間の行動様式を指す意味があるのに対し、〈activity〉には、そうした意味はないので、人間の営みに限定して〈action〉と〈activity〉を使う場合、前者を後者の下位概念にすることにはそれなりの理由があるような気がします。いずれにしても、同じ系列の言葉を使っているわけですから、アーレントが、他の二つに比べて〈action〉をより本質的なものと見ているのは確かでしょう。

少し気になるのは、純粋で最高の活動力である「思考 thinking」のことです。この場合の「思考」というのは、単に何かのことを考えるということではなく、「精神」の領域について哲学的に探究する、というような意味合いを含んでいます。「活動」を、ポリス的動物としての人間の生を成り立たしめているものとして重視するけれど、それよりも哲学的な思考を上位に置くというのは、この本でアーレントがポリス観に関して強く依拠しているアリストテレス（前三八四－三二二）の立場でもあります。しかし、その思考の活動は特殊哲学的な問題なので、この本では敢えて論じないと断っているわけです。それについて本格的に論じるのは晩年の未完著作の『精神の生活』（一九七八）においてです。

プロローグの最後の部分を見ておきましょう。

私の議論は、人間の条件から生まれた人間の永続的な一般的能力の分析に限定されている。いいかえると、人間の条件そのものが変化しない限りは二度と失われることのない人間の一般的能力の分析に限定されている。他方、歴史的分析の目的は、今日の世界疎外、すなわち、地球から宇宙への飛行《フライト》と世界から自己自身への逃亡《フライト》という二重のフライト、をその根源にまで遡って跡づけることである。これは、新しくはあるがまだ知られていない時代の出現によって圧倒されたまさにその瞬間に、発展し、自己を顕にした社会の性格を理解するためである。

アーレントは、「労働」「仕事」「活動」は、「人間」の「永続的な一般的能力」であり、それは、現在、我々が知っている意味での「人間」である限り不変であるという一応の前提の下に議論を進めているわけです。「思考」は、これらよりは不安定なのかもしれません。

三つの「永続的な一般的能力」をめぐる議論と、「歴史的分析」という対比が少し分かりにくいですが、これは、「世界疎外 world alienation」という現象がどういう風にして生じ、どういう発展経過を辿っていくのかについて「歴史的分析」を進めていけば、未来において「三つの条件」がもはや存在しなくなる可能性に言及せざるを得なくなるかもしれないということです。そういうことになるかもしれないけど、取りあえずは、「三つの条件」が何とか存続している現状を前提に、「人間性」について考えようとしているわけです。

「世界疎外」というのは、第六章で本格的に論じられるテーマですが、ここでは取りあえず、「世界」と「私」の間に距離感が生じ、この「世界」がよそよそしくなる、居心地悪くなる、ということだと理解して下さい。マルクス主義で言っている「疎外」は、「労働」からの「疎外」ですが、アーレントはむしろ、「世界」そのものからの「疎外」という現象があると見ているわけです。

「世界疎外」は外的には、地球の引力圏からの離脱と宇宙への「飛行」、内的には、自己自身の内面への「逃避」という形を取るというわけですね。何だか、全然異なることを、強引に〈flight〉という言葉でまとめているような感じもしますが、両者が深い所で繋がっているということは徐々に分かってきます。

## 労働〈Arbeit〉（独）-〈labor〉（英）と仕事〈Herstellen〉（独）-〈work〉（英）

では、「第一章　人間の条件」の第一節「〈活動的生活〉と人間の条件」から見ていきましょう。最初に、先ほど見たように、人間の地上の生を規定する三つの主要な「活動力」について説明されています。

> 労働 labor とは、人間の肉体の生物学的過程に対応する活動力である。人間の肉体が自然に成長し、新陳代謝を行ない、そして最後には朽ちてしまうこの過程は、労働によって生命過程の中で生みだされ消費される生活の必要物に拘束されている。そこで、労働の人間的条件は生命それ自体である。
> 仕事 work とは、人間存在の非自然性に対応する活動力である。人間存在は、種の永遠に続く生命循

環に盲目的に付き従うところにはないし、人間が死すべき存在だという事実は、種の生命循環が永遠だということによって慰められるものでもない。仕事は、すべての自然環境と際立って異なる物の「人工的」世界を作り出す。その物の世界の境界線の内部で、それぞれ個々の生命は安住の地を見いだすのであるが、他方、この世界そのものはそれら個々の生命を超えて永続するようにできている。そこで、仕事の人間的条件は世界性《ワールドリネス》である。

〈labor〉と〈work〉をこのようにはっきり分けるのはアーレント独特の語法です。普通の英語では、確かに、〈labor〉の方に少し辛そうなニュアンスがありますし、〈work〉には「作品」という意味がありますが、そんなに明確な違いはないです。「労働者」のことを、通常、〈worker〉と言います。アーレントはこの二つを全く違う概念と見なし、〈labor〉の方を生物としての生命を維持するための営み、〈work〉の方を、自然環境とは異なる環境、人工的世界を自らの手で作り出す営みと見なすわけです。〈work〉には、「加工する」とか「作業する」という意味もありますね。

ドイツ語だと、この区別はうまく行きません。〈labor〉も〈work〉もドイツ語に訳すと、〈Arbeit〉になります。〈Arbeit〉には、「労働」や「仕事」の他、「作業」「研究」「労働」「制作」「論文」といった広範な意味があります。〈work〉と語源が同じ〈Werk〉という名詞もありますが、これは通常「作品」の意味で使われます。「仕事」という意味がないわけではありませんが、用法がかなり限定されます。

それでドイツ語版ではどうしているかというと、〈Arbeit〉は〈labor〉にだけ対応させ、〈work〉には〈Herstellen〉という名詞を対応させています。〈Herstellen〉は、〈herstellen〉という動詞を名詞化したもので、〈herstellen〉は「生産する」と「製造する」といった意味で使われます。本来は〈produce〉に対応する言葉です。

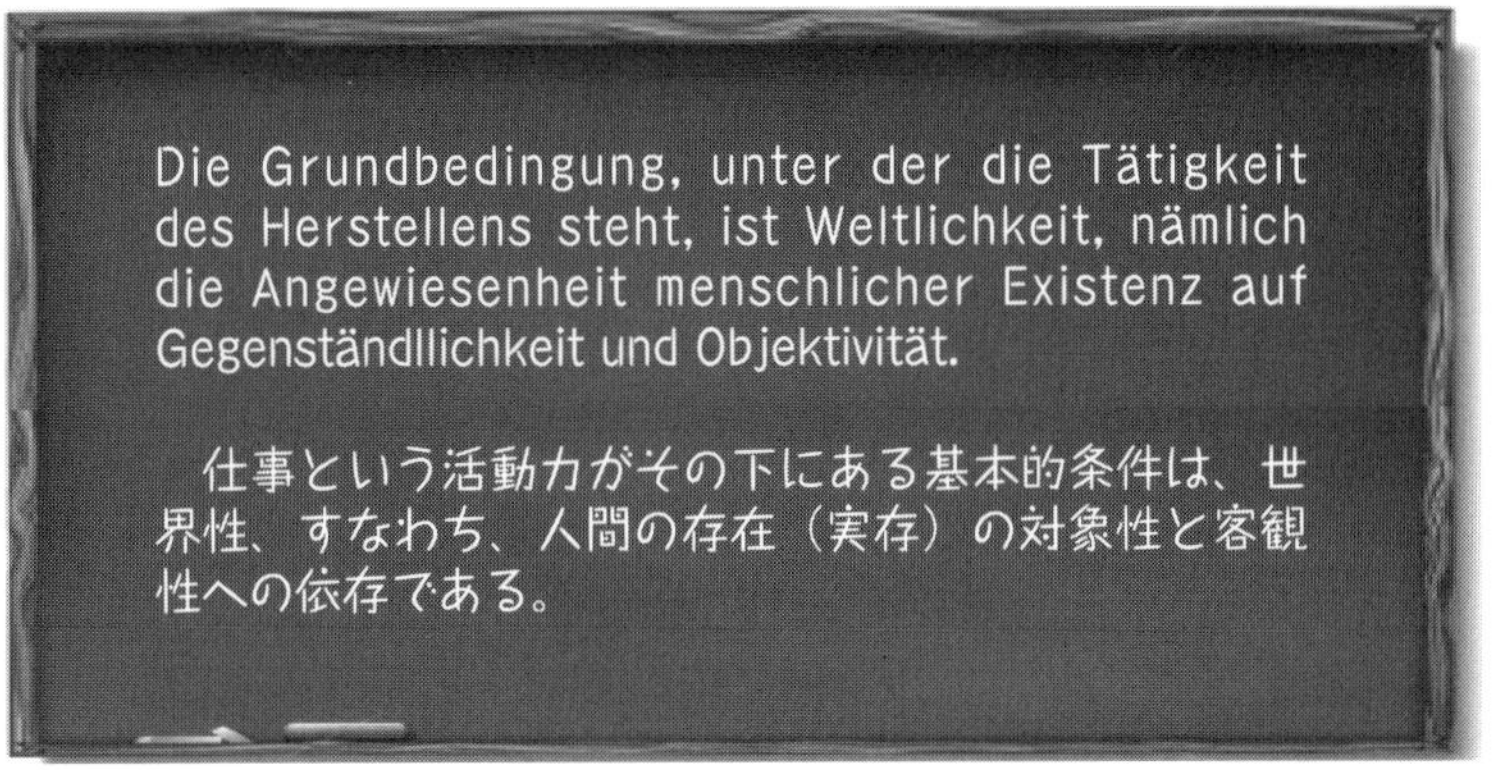
Die Grundbedingung, unter der die Tätigkeit des Herstellens steht, ist Weltlichkeit, nämlich die Angewiesenheit menschlicher Existenz auf Gegenständllichkeit und Objektivität.
仕事という活動力がその下にある基本的条件は、世界性、すなわち、人間の存在（実存）の対象性と客観性への依存である。

この〈herstellen〉は、「置く」とか「並べる」という意味の〈stellen〉と、話し手の方向に向かう運動を指す、〈her〉という接頭辞を付けた言葉で、「こちらに向かって引き出す」というのが語の作りから見た本来の意味です。〈pro-duce〉も、「前へ導く」ということですね。ハイデガーは、「生産する」という意味の〈herstellen〉の本来の意味が「引き出してくる」であることを利用して、哲学的言葉遊びをしています。技術的な「生産」は、自然の中に潜在的にあるもの、隠れているものを、引き出す営みである、という風に。「生産」は本来、存在論的な意味を持った行為であるわけです。

「世界性 worldliness」という言い方が分かりにくいですが、単語の作りに即して考えてみましょう。これは〈world〉から派生した〈worldly〉という形容詞をもう一度名詞化した言葉ですが、〈worldly〉というのはどういうことか。文脈から考えると、「世界」になじんでいるとか、「世界」に定着している、といった意味でしょう。その「世界」というのは、ハイデガー的な意味の「世界」ではなく、人間自身が作り出した「人工的世界」です。人間は単に、「仕事」を通じて「作品」を作り出すだけでなく、自らの作り出した「世界」になじんでいるわけです。

ドイツ語版では、〈Herstellen〉に関する説明はかなり補足されて長くなっています。例えば、「その本性からして自然の中で故郷を喪失している人間の生は、この物の世界の中でアットホームである（居心地がいい）In dieser Dingwelt ist meschliches Leben zu Hause, das von Natur in der Natur heimatlos ist」、という文が挿入されています。「世界性」についての最後の文には、補足的な句が追加されています。（前ページの）黒板を見てください。

この場合の対象性と客観性というのは、人間が作り出した人工的世界における対象性と客観性です。つまり長さとかサイズとか形態とか機能とか用途とか、人間によって規格化定型化された対象性と客観性です。それは「仕事」に伴って作り出された尺度で、自然界にそのままの形で存在するわけではありません。

### 活動〈activity〉（英）―〈Tätigkeit〉（独）と「多様性 plurality」

因みに、ドイツ語版では〈activity〉に、通常「活動」と訳される〈Tätigkeit〉を当てていて、〈action〉には、通常「行為」あるいは「行動」と訳される〈Handeln〉を当てています。系統が違う言葉なので、〈action〉と〈activity〉のようなややこしさはありません。

活動 action とは、物あるいは事柄の介入なしに直接人と人との間で行なわれる唯一の活動力であり、多数性という人間の条件、すなわち、地球上に生き世界に住むのが一人の人間 man ではなく、多数の人間 men であるという事実に対応している。たしかに人間の条件のすべての側面が多少とも政治に係わってはいる。しかしこの多数性こそ、全政治生活の条件であり、その必要条件であるばかりか、最大の条件である。

ここで述べられているように、「活動」の特徴は、「物」を介さない関係であることと、複数の人間同士の関係であること、そして「政治」と深く関わっていることです。

「多様性 plurality」がキーワードとして出てきました。ここでは、一人ではなく、「複数」であることが主題なので、「多数性」と訳されていますが、後から出て来るように、〈plurality〉は物の見方や立場の多様性を指すこともあるので、「多元性」という意味も含まれています。

> たとえば、私たちが知っている中でおそらく最も政治的な民族であるローマ人の言葉では、「生きる」ということと「人びとの間にある」(inter homines esse)ということ、あるいは「死ぬ」ということと「人びとの間にあることを止める」(inter homines esse desinere)ということは同義語として用いられた。しかし、活動の人間的条件は、その最も基本的な形として、すでに『創世記』の中で暗示されている(「神は男と女、彼らを造った」)。もちろんこの場合考えに入れておかなければならないが、人間創造のこの物語は、神がもともと造ったのは一人の男(アダム)、つまり「彼」であって「彼ら」ではなく、したがって人間の多数性は増殖の結果であるとする別の物語と根本において異なっている。もし、人間というものが、同じモデルを際限なく繰り返してできる再生産物にすぎず、その本性と本質はすべて同一で、他の物の本性や本質と同じように予見可能なものであるとするなら、どうだろう。その場合、活動は不必要な贅沢であり、行動《ビヘイヴィア》の一般法則を破る気まぐれな介入にすぎないだろう。

ラテン語で、[「人びとの間にある」=「生きる」]であるということは、ローマ人たちが、他の人々との関係を持っていることを、人間としての「生」の本質と見なしていたということです。因みに、「利益」あるいは「関心」という意味の英語〈interest〉は、ラテン語の前置詞である〈inter〉と、be動詞である〈esse〉の三人称単数形〈est〉から合成された言葉です。つまり、「関心=利益」とは、「間にあること」であるわけです。〈inter + est〉をめぐる言葉遊びは、哲学のテクストでしばしば見かけます。

聖書の話が少しごちゃごちゃしていますが、これは『創世記』第一章二七節の、神が自分の姿に似せて「男と女」を造ったと記述されている部分と、第二章二二節の、アダムの肋骨からエバを造ったという記述の間のコンフリクトの問題です。第二章の記述では、エバが造られる前に、神はアダムに善悪を知るの木から取って食べるなという戒めを与え、獣や鳥に名前を付けさせています。これは、フェミニズム的にも問題になる箇所ですが、アーレントは、第二章の記述だと、一人の人間の視点から、人間の世界が出来上がったかのように読めるので、まずいと見ているわけです。

それから、〈behavior〉と〈action〉が区別されていますね。英語の日常会話では〈action〉と〈behavior〉は明確に区別されませんが、文脈からして、アーレントは〈behavior〉の方を、何かの法則に従う画一的なものと見ているようですね。第二章でもう少し詳しく説明されていますが、アーレントは心理学における〈behaviorism（行動主義）〉を念頭において、〈behavior〉と言っているわけです。「行動主義」というのは、外から観察できない「心」の存在を前提にしないで、刺激に対する反応としての「行動」の観察に徹しようとする立場です。アメリカの心理学者ジョン・ワトソン（一八七八－一九五八）等によって二〇世紀初頭に提唱され、アメリカを中心に影響力を拡大しました。

そうした行動主義的アプローチを取った場合、人と人の「間」は問題にならないわけです。プラグマティズム系の社会心理学者ミード（一八六三－一九三一）は、「人格」相互の関係や、視点の複数性を含むような形で――言い換えれば、間主観的な側面を強調する形で――「行動主義」を再定義していますが、アーレントはそこまで視野に入れていなかったのでしょう。要は、自然科学っぽい「行動」理解に還元できない、「間」や「複数性」といった要素が、「活動」に含まれているということです。この〈behavior〉をめぐるくだりは、ドイツ語版では省略されています。

先ほどもお話ししたように、〈action〉という言葉はいろいろな意味があります。お芝居で第一幕とか言う時の「幕」のことを〈act〉と言いますが、それに対応して、「演技」のことを〈action〉と言います。日本語のカタカナの「アクション」はここから来ています。それから小説や戯曲の筋という意味もあります。また法律用語として、「訴訟」のことを〈action〉と言います。アメリカの民事訴訟に「クラス・アクション class action」という制度があります。「集団代表訴訟」と訳されることもあります。大手企業などを消費者が訴える場合、同じ「クラス（分類）」に属する人たちの代表と見なし得る人が訴訟を起こして勝てば、その「クラス」に属すると見なされる全ての人にその判決の効果が及ぶ仕組みです。「演技」にしても「訴訟」にしても、洗練された言語を巧みに駆使する高度なコミュニケーション形態です。アーレントは、言語を介した人と人の「間」を重視します。

この三つの活動力とそれに対応する諸条件は、すべて人間存在の最も一般的な条件である生と死、出生と可死性に深く結びついている。労働は、個体の生存のみならず、種の生命をも保障する。仕事とその生産物である人間の工作物は、死すべき生命の空しさと人間的時間のはかない性格に一定の永続性と耐久性を与える。活動は、それが政治体を創設し維持することができる限りは、記憶の条件、つまり、歴史の条件を作り出す。

「仕事」と「活動」の関係が少し見えてきますね。生命体としての個々の人間は、死んだら終わりですが、「工作物」を作り、みんなで共通の目的のために利用することで、自分の存在した痕跡を残すことができます。そうした「工作物」をインフラとして利用しながら、人々が「活動」することを通して、「政治体 political body」が作り出され、維持されていく。「政治体」の中で、人々が存在した証が「記憶」化され、「歴史」として語り伝えられていく。物よりも、物語の方が、永続性が強化され、その認識がみんなに共有されやすくなります。アーレントは「政治体」を、物質的利害を共有する共同体というよりは、物語を紡ぎ出し、共有して、継承していく共同体と見ているようです。

## 「出生natality」と「可死性 mortality」、そして「始まり beginning」

また、労働と仕事と活動は、未知なる人として世界に生まれる新来者が絶えず流入することを予定し、それを考慮に入れ、彼らのために世界を与え保持する課題をもっている。その限りで、出生と深く繋がっている。しかしながら、この三つの活動力のうち、とりわけ活動は、出生という人間の条件に最も密接な関連をもつ。というのは、誕生に固有の新しい始まりが世界で感じられるのは、新来者が新しい事柄を始める能力、つまり活動する能力をもっているからにほかならないからである。この創始という点では、活動の要素、したがって出生の要素は、すべての人間の活動力に含まれているものである。その上、活動がすぐれて政治的な活動力である以上、可死性ではなく出生こそ、形而上学的思考と区別される政治的思考の中心的な範疇であろう。

「出生」の原語は〈natality〉です。「可死性 mortality」と対になっているわけです。神学や形而上学では、「人間は（神や天使と違って）死すべき存在である」ことが強調されることが多いですが、アーレントはその裏返しとして、「新しく生まれる可能性があること」を強調しているわけです。日本のアーレント研究をしている人は、この「出生」という概念が好きです。多分、アーレントが「生命」を重視している思想家に見えるからでしょう。確かにそうなのですが、「労働」ではなくて、「活動」こそが「出生」と最も結び付いていることに注意して下さい。「生命」の新たな誕生を重視しているのであれば、むしろ「労働」

**「出生」〈natality〉**

神学や形而上学 ⇒「人間は（神や天使と違って）死すべき存在である」。
アーレント ⇒「新しく生まれる可能性があること」を強調。

※「労働」ではなくて、「活動」こそが「出生」と最も結び付いていることに注意。
アーレントは、「生命」それ自体よりも、言語を介しての関係性が出来上がることに注目している。

**「可死性 mortality」**

人間が死すべき存在であること、人間個人にとって、「可死性」による限界はどうしようない。しかし、「政治体＝ポリス polis」について考えると、個体は消滅しても、その記憶は継承される――〈politics（政治）〉の語源は〈polis〉。

死ぬ人がいる一方で、新しく生まれて来る人がいるので、政治体の中での関係性は組み換えられる。新しい「物語」が生まれてくる。永続的に持続する「ポリス」は、「出生」によって新たな物語的な発展の可能性を獲得する。
↓
アーレントは「始まり beginning」とか「創始 initiative」と呼んでいる。

との繋がりの方を重視するはずです。「活動」との繋がりを重視する以上、アーレントは、「生命」それ自体よりも、言語を介しての関係性が出来上がることに注目していると考えられます。

先ず、人間が死すべき存在であること、「可死性」について考えてみましょう。「可死性」は、倫理的に重要です。肉体が死んでも魂は不死だというのなら話は別ですが、もし死ぬことによってその個体に関する全てが消滅するのであれば、生きている間に善いことをしようと悪いことをしようと、死ぬ瞬間に無意味になります。また、自分自身を完全な人格へと成長させようとしても、完成に至る前に死にます。そういうことを考え始めると、倫理全般が無意味になってきますね。

「可死性」による限界はどうしようもありません。しかし、個々の人間をめぐるこうした形而上学的問題から離れて、「政治体＝ポリス」について考えると、先ほど見たように、個体は消滅しても、その記憶は継承されていきます——〈politics（政治）〉の語源は〈polis〉です。また、死ぬ人がいる一方で、新しく生まれて来る人がいるので、政治体の中での関係性は組み換えられます。新しい「物語」が生まれてくるということです。永続的に持続する「ポリス」は、「出生」によって新たな物語的な発展の可能性を獲得するわけです。

それをアーレントは「始まり beginning」とか「創始 initiative」と呼んでいるわけです。「新しい事柄を始める能力 the capacity of beginning something anew」が「活動する能力」だというのは少し分かりにくい理屈ですが、これは、「活動」の本質が、「ポリス」という共同体に新しい関係性、物語をもたらし、複数性を増殖させることだという前提で考えれば、分かりやすくなってきます。

人が一人だけで生きている限り、「活動」は生じません。少なくとも二人以上いなければならない。同じメンバー同士の間で「活動」を続けていると、その在り方が次第に固定されてきますと、新規参入があると、ネットワークがその分だけ複雑化し、「活動」の余地が拡がり、物語が新たな展開を見せる可能性が生じます。大げさな言い方をすると、ポリスの枠組みに変化が生じます。それを「始まり」とか「創始」と呼ぶわけです。

## アーレントとアリストテレス――「目的論 teleology」をめぐって

第五章「活動」で詳しく解説されていますが、「始まり」は、〈end〉の対義語です。〈end〉には、「終わり」の他、「目的」という意味があります。哲学に「目的論 teleology」という分野がありますね。自然界に存在する諸物の間の目的連関、つまりXという物が存在するのは何故か、何がXの存在理由かを探究する、自然哲学の目的論と、政治的共同体の「目的」を問題にする目的論の二通りがあります。前者は、形而上学的世界観を前提にしているので、近代哲学の中で次第に衰退していきましたが、後者は、現代でもコミュニタリアンなどの議論で生きています。「共同体」に、「目的」があるというのは、それほど非現実的な話ではありませんね。サンデルの『これからの「正義」の話をしよう』や、NHKの「白熱教室」でも「目的論」の考え方が紹介されています。サンデルは、目的論の原型としてアリストテレスの議論を引き合いに出しています――アリストテレスは、自然哲学的な目的論の元祖でもあります。アリストテレスは、ポリスに生きる市民たちは、当人たちが明確に意識しているといないとに関わらず、「善き生 good life」の理想を共有しており、それに即して生きることによってのみ、「幸福」になることができる、という前提で政治哲学を展開しました。それが、市民の共通の「目的」としての「共通善 common good」ということになります。「目的」とは、市民が「最後＝終わり」に到達すべきものです。人間が、最終的に到達すべきものがあるという前提に立って、それを探究するのが「目的論」です。

アーレントは、アリストテレスの「政治」観にかなり依拠していますが、「目的論」的な見方とは一線を画しています。それは、「目的論」の復活を図るサンデルとアーレントの違いでもあります――この点については、『理想』六九〇号に掲載された拙論「『共通善』と『共通世界』」で論じましたので、関心があればご覧下さい。アーレントが「始まり」や「創始」を強調する背景には、「目的論」に対抗する意図があると考えられます。「目的論」的に考えれば、ポリスの中に生まれた人にとって、ゴールは決まっていることになります。それに対して、「出生」による「始まり」は、それまで想定されていた「目的」とは異なる新たな〝目的〟をポリスにもたらします。「出生」に伴う「始まり」が絶えず生じることによって、ポリス的生の〝目的〟は絶えず組み換えられます。アーレントは、アリストテレスが描き出した「ポリス的生」の意味を読み替えようとしているのだと思います。アリストテレスを普通に読めば、サンデルのように「共通善」の理想を強調することになると思いますが、アーレントは「共通善」を固定化してしまうことに抵抗し、そうでない方向にアリストテレスを読もうとしているわけです。

## 人間の「条件」と「本質」

人間の条件というのは、単に人間に生命が与えられる場合の条件を意味するだけでない。というのは、人間が条件づけられた存在であるという場合、それは、人間が接触するすべてのものがただちに人間存在の条件に変わるという意味だからである。〈活動的生活〉が営まれる世界は、人間の活動力によって生みだされる物から成り立っている。しかし、その存在をもっぱら人間に負っている物は、それにもかかわらず、それを作り出した人間の絶えざる条件となっているのである。

ここでは、「仕事」によって作り出される「物の世界」と、「活動」を改めて関係付けているわけです。「労働」は、人間の生命を維持する営みなので、これによって人間が「条件」付けられているというのは

**目的論 teleology**

自然界に存在する諸物の間の目的連関、つまりＸという物が存在するのは何故か、何がＸの存在理由かを探究する。

1、自然哲学の目的論

⇒　形而上学的世界観を前提にしているので、近代哲学の中で次第に衰退。

2、政治的共同体の「目的」を問題にする目的論

⇒現代でもコミュニタリアンなどが議論
※目的論の原型としてのアリストテレス――自然哲学的な目的論の元祖でもある。ポリスに生きる市民たちは、当人たちが明確に意識しているといないとに関わらず、「善き生 good life」の理想を共有しており、それに即して生きることによってのみ、「幸福」になることができる、という前提。

→　サンデル――　市民の共通の「目的」としての「共通善 common good」。「目的」とは、市民が「最後＝終わり」に到達すべきもの。人間が、最終的に到達すべきものがあるという前提に立って、それを探究するのが「目的論」。

→　アーレント――　アリストテレスの「政治」観にかなり依拠。「目的論」的な見方とは一線を画している。

アーレントが「始まり」や「創始」を強調する背景には、「目的論」に対抗する意図があると考えられる。　⇒「出生」に伴う「始まり」が絶えず生じることによって、ポリス的生の“目的”は絶えず組み替えられる。アーレントは、アリストテレスが描き出した「ポリス的生」の意味を読み替える。

■「目的論」の復活を図るサンデルとアーレントの違い。

アリストテレス　⇒「共通善」の理想を強調。→　サンデル
⇒「共通善」を固定化してしまうことに抵抗。→アーレント

分かりやすいけど、「仕事」の産物は人間が作り出すものなので、人間の意志次第でどうにでもなりそうですが、「工作物」の「世界」は歴史的に構築された統一体であり、市民＝人間たちは生まれた時からその環境に馴染みながら育ち、それが〝自然〟になっているので、各人はそれによって制約を受ける、条件付けられることになります。自分たちで作った条件に自分が縛られているわけです。現代人が携帯やネット、自動車、列車に日々依存しながら生きていることを念頭に置くと、分かりやすくなるでしょう。そうした人工的世界を前提に「活動」が営まれ、その「活動」を通して私たちはお互いを制約し合っているわけです。契約、法律、社会規範、民主主義などを念頭に置いて下さい。

アーレントは、「人間の条件」の意味を更に厳格に規定しようとします。

誤解を避けるために述べておかなければならないが、人間の条件《ヒューマン・コンディション》というのは、人間本性《ヒューマン・ネイチャー》と同じものではない。人間の条件に対応する人間の活動力とその能力を全部合計してみても、それで人間本性のようなものができあがるのではない。私たちがここで論じているものも、あるいは思考や理性のように論じる対象からはずしたものも、さらにそれらをすべてこと細かに数えあげてみても、それがなければもはやこの存在が人間的とはいえないという意味で人間存在に不可欠な特質を構成するものではない。

比較的分かりやすいですね。アーレントは、「人間」を条件付けているものを明らかにしようとしているけれど、「人間本性」、つまり人間が人間であるための不可欠な特質（essential characteristics）を特定しようとしているわけではない。必要条件を論じているのであって、十分条件を論じているのではない、ということですね。もっとも、〝必要条件〟といっても、科学技術の変化に伴って根本的に変化するかもしれないので、論理学で言っているような厳密な意味での必要条件ではありません。アーレントは少なくともこの著作では、「人間本性」をめぐる形而上学的議論に深入りすることを避けて、「政治体＝ポリス」との関係で、「人間」を捉え直すことに徹しているわけです。

この問題に関連して、アウグスティヌスに言及していますね。

人間の本性にかんする問題、つまりアウグスチヌスのいう「私自らを対象とした問題」quaestio mihi factus sum は、個人の心理学的意味においても、一般的な哲学的意味においても、解答不可能なように思われる。自分以外のことなら、まわりにあるすべての物の自然的本質を知り、決定し、定義づけることのできる私たちが、自分自身についても同じことをなしうるというのは、あまりにありそうにないことである。それは自分の影を跳び越えようとするのに似ている。その上、人間が他の物と同じような意味で、本性とか本質をもっていると考えられる根拠はなにもない。いいかえると、かりに私たちが本性とか本質をもっているとしても、それを知り定義づけられるのは、明らかに神だけである。神がそれをよくなしうるのは、なによりもまず、神は、“who”について、それがあたかも“what”であるかのように語ることができるからであろう。

ある意味で、分かりやすい理屈ですね。「自分のことは自分では分からない」というのはよく聞く話ですが、アーレントは分からない理由を、人間の「本性」あるいは「本質 essence」にまで遡って考えているわけです。私たちは、自分の意志で、存在するようになったわけではないので、私たちの存在の根源にあるはずの〝本質〟を知ることはできない。「人間」に「本質」があるとしても、それを本当の意味で把握し得るのは、人間を造った神しかいない、ということですね。

〈what〉と〈who〉の話が難しそうですが、中学の英語の授業で習う、〈What are you?〉と〈Who are you ?〉の違いを思い出して下さい。前者に対しては、職業や身分を答えるのに対して、後者に対しては名前や呼び名で答えます。名前や呼び名は自分で変更できますが、職業や身分はそう簡単にはいきません。この延長線上で考えれば、〈what〉の方が、その人や物がどういう役目を担っているのか、世界の中でどういう位置を与えられているのか、といった「本性」に関わる問いであると考えられます。「人間であるあなたは何なのか？」、と聞かれても、自分の意志で人間になったわけではないので、まともに答えられません。それに対して、〈who〉の方は基本的に名前の問題、もしくは、自分で自分をどう見ているかという主観的な問題なので、自分で答えられます。注の（2）で、アウグスティヌスがこの区別をしていたことが説明されています。

「神は、"who"について、それがあたかも"what"であるかのように語ることができる」というのが分かりにくいですが、これは、神が、ロゴス（言葉）を通じて、人間をはじめとする万物を創造したという聖書の形而上学に関わる話だと思います。神が物に名前を付けると、その名前がその物の「本質」になります。その「名前」の中に、その物の「本質」が含まれているわけです。単に便宜的に名付けるだけの人間の言語と違って、神の言語には創造の力が備わっているわけです。

他方、人間存在の諸条件——生命それ自体、出生と可死性、世界性、多数性、地球——は、「われわれは何であるか？」（what are we?）ということを「説明」することもできないし、「われわれは何者であるか？」という問いにも答えることができない。それはこれらの条件が私たちを絶対的には条件づけていないという単純な理由によるのである。このように説明してきたのは常に哲学であって、人類学、心理学、生物学など、やはり人間自体に係わっている科学はそうはいわなかった。たしかに、

・〈what〉：職業や身分を答える。

その人や物がどういう役目を担っているのか、世界の中でどういう位置を与えられているのか、といった「本性」に関わる。

・〈who〉：名前や呼び名。

名前もしくは、自分で自分をどう見ているかという主観的な問題なので、自分で答えられる。

アウグスティヌスがこの区別をしていた。
「神は、“who”について、それがあたかも“what”であるかのように語ることができる」。
⇓
神が、ロゴス（言葉）を通じて、人間をはじめとする万物を創造したという聖書の形而上学に関わる話。神が物に名前を付けると、その名前がその物の「本質」になる。その「名前」の中に、その物の「本質」が含まれている。単に便宜的に名付けるだけの人間の言語と違って、神の言語には創造の力が備わっている。

人間は今も、おそらくは将来も、地球の条件の下に生きるであろう。しかし、今日にいたって、人間は、単に地球に拘束されたままの被造物ではないということが、科学的にも立証されたといってもよいのではないだろうか。

ここも、最初の部分の言い回しは難しいですが、全体として言っていることは分かりますね。「生命」「出生/可死性」「世界性」「複数性」「地球」などは、人間の存在の絶対的条件ではないので、それを基準にして、人間の「本質」=〈what〉を規定することはできないわけです。「哲学」はこれらの「条件」から、人間の「本質」に迫ろうとしてきたけれど、それは見当外れだというわけですね。むしろ人類学、心理学、生物学などの人間に関する諸科学の方が、人間の「条件」の可変性をよく見抜いていたというわけです。これは、人間の「条件」をあたかも「本質」であるかのごとく考える純粋哲学に対して距離を取ろうとするアーレントの態度表明と見ることもできます。

## 〈活動的生活〉vita activa

第二節に入りましょう。

〈活動的生活〉vita activa という用語は伝統を背負っており、背負いすぎている。この言葉は西洋の政治思想の伝統以上に古いとはいえないまでも、それと同じくらい古い。しかし、この伝統は西洋人の政治的経験をすべて包含し概念化しているとはいいがたく、むしろ特殊な歴史的布置から成長してきたものである。すなわち、ソクラテスの裁判と、哲学者とポリスのあいだの葛藤がそれである。この伝統が続く過程で、直接その政治的目的に関係のない過去の多くの経験は排除された。そして最後にカール・マルクスの著作でこの選択の傾向は終わりに達した。この用語それ自体は、アリストテレスのいう政治的生活 bios politikos の中世哲学における標準訳語であり、すでにアウグスチヌスの著作に現われている。そこでは、この言葉は、多忙な生活 vita negotiosa あるいは精力的な生活 vita actuosa として、その本来の意味をまだ反映していた。つまり、それは公的＝政治的問題に捧げられる生活を意味していた。

ごちゃごちゃしていますが、先ず〈vita activa〉が、アリストテレスの〈bios politikos〉の訳語として使われていたことが分かりますね。「政治的生活」というだけでは、まだよく分かりませんが、最後の所で、「公的＝政治的問題に捧げられる生活」と言っていることと、前の節で、「活動」とは人と人の間の関係に関わると述べられていたことからすると、「公的＝政治的問題 public-political matters」をめぐって、他の市民たちと議論したり交渉したりする生活のことを指しているのではないかと考えられますね。そういうことで忙しい生活だというわけですね。

ソクラテスの裁判や、哲学者とポリスの間の葛藤が、「政治的生活」とどう関わっているか分かりにくいですが、これはソクラテス（前四七〇―三九九）がポリスの〝政治〟に関わりすぎたがゆえに死刑に処せられたことから生じてきた、「哲学」と「政治」の間の距離のことを言っているのだと考えられます。

ソクラテスにおいては、政治と哲学は一体だったわけですが、彼の死を通して、「哲学」を「政治」に持ち込むことは危険だという考え方が生まれてきました。プラトン（前四二八頃―三四八／三四七）は、現実の国家（ポリス）はダメだと考えて、哲人王による理想の政治を構想しました。プラトンやアリストテレスは「哲学」と「政治」を再統合しようとしたわけですが、ローマ帝国の成立やキリスト教の布教によって次第に、「哲学」は「政治」から撤退するようになりました。

そのため、政治における「活動的生活」と、哲学者たちの精神的な生活、少し後で「観照的生活」と呼ばれているものが、対比され、異質なものとして理解されるようになるわけです。哲学が思索に耽るのに対し、「活動的生活」においては、他の人たちに対して、能動的に働きかけることが重視されます。そして、西洋の政治思想は、哲学によっては把握し切れない、〝現実の政治〟の領域がある、ということを前提に展開されるようになります。

「この伝統が続く過程で、直接その政治的目的に関係のない過去の多くの経験は排除された。そして最後にカール・マルクスの著作でこの選択の傾向は終わりに達した」という部分が、かなり分かりにくいですね。多少訳の問題もあるように思えますので、この部分の原文を見ておきましょう。黒板を見てください。

先ず、主語の〈it〉ですが、これは普通に読めば、「西欧の政治思想の伝統」を指していると考えざるを得ないのですが、だとすると、それが「政治的な目的」を持っていて、それと違うものを排除するというのがどういうことか分からなくなりますね。恐らく、伝統全体が「政治的目的」を持っているというよりは、この伝統に属するホッブズ（一五八八－一六七九）とかロック（一六三二－一七〇四）とかルソー（一七一二－七八）とかの個別の政治思想、あるいは、それぞれの時代の為政者や官僚、論客たちの政治思想のことを言っているのだと思います。政治思想家とは、通常、自分が直面している政治的問題を解決しようとして、そこに集中します。従って、それとあまり関係ない問題は度外視して、問題設定を単純にする傾向があります。そのため、純粋哲学的な問題と共に、過去の問題で現在とはあまり関係ない問題は排除されることになります。例えば、ソクラテスとポリスの対立を、現代の政治哲学が正面から扱うとしたら、かなり奇妙な感じになるでしょう。言論の自由という話に落とし込んで議論できるかもしれませんが、それでは、ソクラテス、プラトン、アリストテレスが拘った、ポリスにおける「善き生」の問題は抜け落ちてしまいます。

> It eliminated many experiences of an earlier past that were irrelevant to its immediate political purposes and proceeded until its end, in the work of Karl Marx, in a highly selective manner.

そういうことだと理解すると、〈immediate political purposes〉は、「当面の政治的目的」あるいは「差し迫った政治的目的」と訳した方がいいでしょう。また、その延長線で、マルクス（一八一八－八三）に関する部分は、マルクスが「ブルジョワジー」と「プロレタリアート」の階級闘争に政治的焦点を絞ったことを指していると理解できます。従って、マルクスの著作で「終わりに達した」というよりは、「最終地点」もしくは「頂点」に達したと訳すべきでしょう。〈highly selective manner〉の〈highly〉という部分は訳文に反映されていませんが、これはマルクスにおいて特にテーマの絞り込みが激しい、ということなので、ちゃんと反映させるべきでしょう。

そうしたことを念頭に置いて、補いながら訳すと、次のようになります。

> この伝統においては、差し迫った当面の政治的目的と関連付けられていない過去の多くの経験は排除されてきた。そして、そうした傾向は、カール・マルクスの著作において、極めて選別的な仕方で、その最終到達点にまで至った。

アーレントは、問題解決を志向する政治思想の視野が狭隘化してきたことを批判的に見ています。マルクス主義に至る〝政治〟の目的志向を打破するために、「政治」の原点である「ポリス」に遡って考えようとしているわけです。

余談ですが、ギリシア語の〈bios〉という言葉に関して、イタリアの政治哲学者で「ホモ・サケル（聖なる人）」論で有名なジョルジョ・アガンベン（一九四二－　）が、これを「生 life」を意味するもう一つのギリシア語〈zoe（ゾエー）〉と区別する議論をしています。〈zoe〉の方が、生命そのもの、「むき出しの生」であるのに対して、〈bios〉の方が、個人や集団の生の形式を指すというわけです。日本語だと、生命と生活という風に訳し分けられますが、英語の〈life〉や、ラテン語もしくはイタリア語の〈vita〉だと、どっちの意味にも取れてしまうわけです。因みに、「人間は政治（ポリス）的動物である」という時の「政治的動物」は、〈zoon politikon〉で、〈zoe〉系の言葉です。

> この〈活動的生活〉という用語にかんして、アリストテレスの使用法とその後の中世における使用法との主要な違いは、アリストテレスのいう政治的生活が人間事象の領域だけをはっきりと指し示しており、しかもその領域を確立し維持するのに必要な活動《プラクシス》を強調していることである。労働も仕事も、自治的で真に人間的な生活様式（bios）を形成するのに十分な威厳をもっているとは考えられていなかった。というのは、労働と仕事は、必要かつ有益なものに奉仕し、そういうものを生みだすものである以上、人間の必要や欲望と関係のない自由なものではありえなかったからである。政治的生活様式が労働や仕事を同じように考えられなかったのは、ギリシア人のポリスの生活にたいする考え方からくる。彼らにとってポリスの生活とは、非常に特殊な自由に選ばれた政治組織形態を意味しており、人びとをただ従順に結びつけておくのに必要な形態ではなかった。

〈praxis〉から発生した英語の〈practice〉には、「慣習」あるいは「実践」という意味があります。「実践」

というと、マルクス主義のように、街頭でデモをするとか署名を集めるとか、あるいは、貧しい人の生活を理解するために重労働するとかいうイメージがありますが、アリストテレスの言っている〈praxis（活動）〉は、ポリスの在り方をめぐる市民相互のやりとりに限定されているようです。

ここで気になるのは、アリストテレスの「政治的生活」が「人間事象 human affairs」の領域のみを指しており、そこに「労働」と「仕事」が含まれていない、という点です。その後で更に、「労働」も「仕事」も、「自治的で真に人間的な生活様式 an autonomous and authentically human way of life」を構成（constitute）するのに十分な威厳がない、と述べられていますね――「自由」に関係した話なので、〈autonomous〉は、「自律的」と訳した方がいいような気がします。どうして、「労働」や「仕事」は「真に人間的」と言えないかというと、それらは「必要かつ有益なもの what was necessary and useful」を作り出すために仕方なくやっているという面があって、本当の意味で「自由」で「自律的」な営みではないからです。

まとめると、本当に人間的な生活と言えるのは、ポリス的生活であり、それを特徴付けるのは「活動」であって、「活動」は生命維持の必要性に解放されているという意味で、「自由」である、ということです。［政治―人間性―活動―自由］の四者は不可分に結び付いているわけですね。

近代の〝政治〟は、どうしても人々の生活に必要なものを獲得することに焦点を当てるのですが、アリストテレスにとっての「政治的生活」は、そういう必要性から離れたところにおいて初めて成立するようです。

ギリシア人やアリストテレスが、人間生活は常にある政治組織形態を必要とするだけでなく、被統治者にたいする支配は独特な生活様式を構成するという事実を知らなかったわけではない。そうではなく、そのような専制者の生活様式は、それが「単なる」必要である以上、自由であるとは考えられず、アリストテレスのいう政治的生活となんの関係もなかっただけのことである。

「専制者 despot」の生活様式が「単なる必要」である、というのがよく分からないですが、これは専制支配というのが、単に専制者の生活上のニーズが被支配者の労働や仕事によって満たされている関係ということであって、アリストテレス＝アーレントの言う意味での「政治」とは関係ないということです。人と人が「自由」な立場で関わり合う「活動」という要素が入って来ない限り、「政治」ではないわけですね。

## 「観照的生活」と「活動的生活」

ただ、こうした「政治」概念は、古代後期、ローマ帝国の時代になると、かなり曖昧になっていたようです。

アウグスチヌスは、少なくとも市民であるということがかつてはなにを意味していたか知らなかったように思われる。というのは、古代の都市国家の消滅とともに、〈活動的生活〉vita activa という用語はその特殊に政治的意味を失って、この世界の物事にたいするあらゆる種類の積極的な係わりを意味するようになったからである。もちろん、それは、仕事と労働が人間の活動力のヒエラルキーの中で上位を占め、今や政治に捧げる生活と同じくらいの威厳をもつようになったという意味ではない。むしろ逆であった。つまり、活動も今や現世的生活の必要物の一つとなり下がり、したがって観照生活 (vita contemplativa, bios theōrētikos) だけが唯一の真に自由な生活様式として残ったのである。

アウグスティヌスはローマ帝国時代の人ですね。共和制期と違って、普通の市民が〝政治〟に関与する機会はかなり減少しています。最初にお話ししたように、アーレントは元々、アウグスティヌスについて博士論文を書き、彼の隣人愛について論じていたわけですが、ここではむしろ、「活動」の意義を理解していなかったアウグスティヌスから距離を取っている感じですね。

「観照的生活」と「活動的生活」の関係がポイントです。〈theōrētikos〉という綴りから分かるように、これは〈theory（理論）〉の語源になった〈theōria〉の形容詞形です。「観照」という訳語に表れているように、〈theōria〉は元々、「見ること」を意味する言葉です。動詞形は、〈theōrein〉です。ただし単に「見る」ということではありません。実用目的ではなく、娯楽でもなく、事柄をそれ自体として注意深く眺め、真相を究明する、本質を探るというような姿勢で「見る」というニュアンスの言葉です。ラテン語の〈contemplativa〉の方は綴りから、英語の動詞〈contemplate〉と繋がっているのが分かりますね。〈contemplate〉は「瞑想する」「黙想する」とか「熟考する」といった意味です。いずれにしも、「観照的生活」というのは、精神の目でじっくり物事の本質について黙想する生活というニュアンスを持っています。

「自由」の領域は、本来は「観照的生活」と「活動的生活」の二本立てだったわけですが、「活動的生活」が実質を失ってしまって、我々が理解しているような意味での〝活動〟、つまり、生きるために忙しく動き回るというような意味での〝活動〟しか知られなくなったので、「観照的生活」だけが、「自由の領域」であるかのようになってしまった。「活動」抜きの「観照」というのは、自分の頭の中だけでいろいろなことを思弁的・理論的に考えることでしかありません。純粋に精神的な営みです。

このように、精神世界での理論的思弁の世界だけを自由と見なす発想は、キリスト教の霊肉二元論、つまり、人の肉体は罪＝欲望の法則に囚われているけれど、精神においては、自由意志によって神の律法に従うことができる、という考え方に合っています。しかし、アーレントは、それだけが人間にとっての「自由」であるとされ、他者に対する「活動」が軽視されることに不満です。ただ、「観照的生活」を理想化し、「観照＝理論」に浸るために、政治を含めて全ての世の中の出来事から身を引ける余裕があること、暇があることを重視する傾向自体はプラトンやアリストテレスにもあったわけです。キリスト教は、それを極端な所まで推し進めたわけです。

〈活動的生活〉vita activaという用語はすべての人間の活動力を包含し、観照という絶対的な静との対比において定義されており、したがって、ギリシア人のいう政治的生活よりは、アリストテレスがすべての活動力を示すのに用いたギリシア語の多忙askholiaという語にいっそう近い。

この箇所は一見これまでの記述と逆のことを言っているようですが、この場合の「活動的生活」は、アリストテレスの「政治的生活」に正確に対応するものではなく、中世における標準的な意味での〝活動的生活〟です。つまり、アーレントは、「政治的生活」の訳語としての「活動的生活」を復権しようとしているわけですが、古代後期・中世においては、それとは別の意味がこの言葉に付与されるようになったわけです。意味がズレているのに同じ言葉を使うのはヘンな話なのですが、アーレントはそうした意味の捻じれが起こっていることを指摘したうえで、「政治的生活」に対応する「活動的生活」の〝本来の意味〟を明らかにしようとしたわけです。

ここで言われているのはその別の意味です。つまり、「観照」の静に対して、絶え間なく動き回っている動的な生活全般が「活動的生活」と呼ばれていたわけです。我々がこの言葉から受けるイメージとほぼ同じですね。[観照―静／活動―動]という対比で理解されていたようですね。

したがって伝統の面からみれば、〈活動的生活〉vita activaという用語はその意味を〈観照的生活〉

vita contemplativa から得ている。そしてこの用語に、非常に限られたものとはいえ威厳が与えられているのは、生きている肉体が観照する場合に必要とするものを〈活動的生活〉が与えるからである。たしかにキリスト教も、観照の喜びの中にその楽しみが告知されるような来世を信じているので、宗教上の裁可をもって〈活動的生活〉を派生的で第二義的な地位に引き下げた。しかし、そもそも、この順位が決定されたのは、すでに、思考や推理と明らかに異なる人間的能力として観照（theōria）が発見されたときである。つまり、その発見はソクラテス学派にまで遡り、それ以後、西洋の伝統を通じて形而上学と政治思想を支配してきたのである。

「観照的生活」を支えるために、いろいろな面倒事を片づける〝活動的生活〟があるかのような捉えられ方がされるようになったことをアーレントは問題視しているわけですね。「観照」こそが本来的なものであると見なす考え方が、西欧の形而上学と政治思想を支配してきたことを明らかにすることで、それまで派生物扱いされてきた「活動」を復権させようとしているわけである。思想史の偏向を明らかにすることで、特定の概念の原初的な意味を浮上させるやり方はハイデガー的です。

したがって、私がここで述べているような〈活動的生活〉vita activa という用語の使用法が伝統とはっきり矛盾しているとするならば、それは私が区別立ての基礎になっている経験の有効性を疑っているからではなく、むしろ、そもそもの始めからそれに固有のヒエラルキーの順位を疑っているからである。これは、真理を啓示と考え、したがって本質的には人間に与えられるなにものかであると考える伝統的な観念について、私が論争をし議論したいという意味でもなければ、人間は自分自身が作るものだけしか理解できないという近代のプラグマティックな主張を、私が支持しているという意味でもない。私が意味しているのはただ、伝統的ヒエラルキーにおける観照の圧倒的な重みのために、〈活動的生活〉それ自体の内部の区別と明確な分節が曖昧となったということ、そして外観はともかくとして、この状態は、近代が伝統と訣別し、最後にマルクスとニーチェがこのヒエラルキーの順位を転倒したにもかかわらず、本質的には変化していないということだけである。

少しごちゃごちゃしていますが、ポイントは分かりますね。アーレントは、「観照」を通して「真理」を獲得しようとする通常の哲学者の態度を糾弾して、例えば、プラグマティズムのそれのような新しい〝真理〟観を呈示しようとか企んでいるわけではない。だけど、「観照」と「活動」の間の序列の想定によって、「政治的生活」としての「活動的生活」の固有の意義が認識されにくくなっていることは指摘しておかねばならない、というわけです。

マルクスとニーチェ（一八四四－一九〇〇）がこのヒエラルキーを転倒しようとしたというのが少し分かりにくいかもしれませんが、これは「観照」を「精神」、「活動」を「実践」と置き換えると分かりやすくなるでしょう。両者はいずれも、「精神」とか「観念」を優位に置く西欧形而上学の伝統に反発し、マルクスの場合は「物質」の運動、ニーチェの場合は、「力への意志」を優位に置く新しい形而上学を構築しようとしました――当人たちは、自分たちの思想を形而上学とは考えていなかったと思いますが。彼らの新しい形而上学では、観照することよりも、身体的な実践が重視されます。

## 「永遠 eternity」と「不死 immortality」

次に、第三節の「永遠対不死」を見ておきましょう。「永遠 eternity」と「不死 immortality」は同じようなイメージの言葉ですが、アーレントはこの二つの意味の違いを問題にします。字面から分かるように、

「不死」の方は、生命に終わりがあるかないかという問題で、先ほど出てきた「可死性」の逆です。人間は、少なくとも生物学的生命に関しては、いつか死ぬ、「終わり」がある存在です。だからこそ、不死の神々に憧れます。でも、神々にはなれない。そこで、自分の生きた証拠を残し、自分のことを語り伝えてもらおうとする。第五章で詳細に論じられていますが、ポリスは物語的記憶の共同体です。市民たちは、物語的生の中での「不死性」を求めます。だからこそ、「活動」へと動機付けられるわけです。

訳の三五頁の真ん中あたりをご覧下さい。ソクラテスが、自分の思想を敢えて書き記さなかった問題について論じられています。

（…）思想家が永遠なるものにどのように係わるにせよ、自分の思想を書き記すために机に向かう途端、明らかに思想家は、とりもなおさず永遠なるものに係わることを中断し、自分の思想の痕跡をなにがしか残すことに注意を向けるからである。この場合、思想家は〈活動的生活〉に入り、この生活の永続性と潜在的不死のほうを選んでしまっているのである。

自分の思想を書き記した時点で、思索の意味が変質するというのは、パロール（parole：語られる言葉）とエクリチュール（écriture：書く行為＝書かれたもの）の関係をめぐるデリダ（一九三〇－二〇〇四）の議論と関係しているようで興味深いですね。ここでのポイントは、「書く」という行為が、その場に直接いない人、まだ生まれていない人に向かって、自分の言葉を発信し、それが人々の間で「エクリチュール」として継承されていくことを望んでいることを含意している、ということです。その際に、自分の言葉の受け手として、何らかの物語的共同体を想定していることになります。

ポリスは、そういう共同体だったわけです。無論、どんな物語でもポリスに受け容れてもらえるわけではなく、それまで共同体が共有していた大きな物語と整合性があって、より偉大な物語へと発展させるのに寄与するようなものでないといけません。ポリスは、「エクリチュール」を選別します。デリダの著作『散種』（一九七二）に収められている論文「プラトンのパルマケイア」では、ポリスの境界線とエクリチュールの関係をめぐって興味深い議論が展開されています。法政大学出版局から邦訳も出ているし、講談社の「現代思想の冒険者たち」シリーズに収められている高橋哲哉さん（一九五六－　）の解説で詳しく述べられているので、この方面に関心がある方はそれらに当たってみて下さい。

本題に戻りますと、自分の思想を他の市民向けに書き遺すことは、「永遠」から目を背けて、同じポリスを構成している市民たちの間で「不死」になろうとする願望の表明である、とアーレントは見ているわけです。本当に自分のために、不変の「真理」それ自体を求めて思索したいのであれば、それを他の人たちに分かるように説明するか否か、というのはどうでもいいことです。というより、他人に理解できる言葉で語ろう、書こうと工夫していると、時間が取られます。大著を書こうとすれば、物凄く時間が奪われます。無論、大著を書くことを通して自分の考えが整理されるという面もありますが、それは、「永遠」の真理を強く求める、先鋭化された思考が丸くなって、常識的になっただけのことかもしれません。じゃないと、そんなに多くの一般読者を獲得できない。

哲学・思想史関係の仕事をしていると、私のようないい加減な人間でも、たまにそういうことを意識します。人に分かるように書こうとすると、どうしても緩い話になっていく。そのうえ、出版社とか同業者とかが、こういうことを書いたら、あれがこうリアクションするとか不純な話を持ち込んで来る（笑）。何か気にするたびに、どんどん緩く、水平的になっていきます。

先ほど読み上げたところで、「潜在的不死 potential immortality」と並んで出て来る、「永続性」が、「永遠」と同じ「永」という漢字を使っているので、やや紛らわしいですが、「永続性」の原語は〈permanence〉です。ここでアーレントが言っている「永遠」は、単に同じ状態がずっと続くということではなくて、地上での生を超越しているので、変化しようがないということのようです。

永遠なるものにたいする哲学者の経験は、たとえば、プラトンの場合、arrhēton（「言葉に発しえぬ」）であり、アリストテレスにとってはaneu logou（「言葉なき」）であり、後になって、それは逆説的なnunc stans（「永続する今」）として概念化された。いずれにせよ、これらの経験はただ人間事象の外部にのみ、そして人間の多数性の外部にのみ起こりうることである。それはプラトンの『国家』における洞窟の寓話から知られる。この寓話の中で、哲学者は自分と仲間の者を結びつけていた枷から解放され、だれのお伴もせず、だれをも連れず、完全に「一人」で洞窟を去る。政治的にいえば、死ぬことが「人びとの間にあることを止めること」と同じであるならば、永遠なるものの経験は一種の死である。それを本物の死から区別している唯一の事柄は、その死が最終的なものではないということだけである。最終的なものでないというのは、生きている被造物はとても長くはその経験に堪えられないからである。そしてこのことこそ、中世の思想において〈観照的生活〉を〈活動的生活〉から区別するものにほかならない。しかし、不死なるものの経験と対照的に、永遠なるものの経験が、いかなる活動力とも交わらず、いかなる活動力にも転化できないということは決定的である。自己の内部で言葉によって行なわれる思考という活動力でさえ、明らかに永遠なるものの経験を伝えるのに不十分であるばかりか、かえってこの経験そのものを妨げ、破壊してしまう。

「永遠なるもの the eternal」は、人間の言葉（ロゴス）を超えているので、他者に伝達不可能だということですね。「洞窟の寓話」はご存知ですね。暗い洞窟の奥に鎖で繋がれていて視線を固定化されているので、様々な物の本当の姿を見ることはできず、洞窟の壁に映る影しか見えないので、その影を実物と思い込んでいる囚人の話です。一人の囚人が洞窟の外に出て、太陽の光――イデアの象徴です――の下で物の本当の形を見て、その真相を洞窟に戻って仲間の囚人たちに伝えようとするけれど、みんな聞く耳を持たない。つまり、永遠なるイデアを見た経験は伝達不可能なわけです。

「永遠なるもの」は通常の人間の経験を超えているので、それを〝経験〟するということは、ある意味、生の限界を超えることです。「観照的生活」というのは、その「永遠」のものを純粋に内面的に求める生活です。それは、他の人間たちの「間」にあって「不死」になろうとする「活動的生活」とは対照的であるわけです。

「永続する今」――「静止する今」とか「留まる今」と訳すこともあります――というのは、時間の流れの中でどんどん過ぎ去っていく各瞬間（＝今）とは違って、いつまでも留まり続ける「今」ということです。当然、人間の経験や記憶力では、「今」という瞬間を、そのままの形で生き生きと捉え続けることはできません。それは、時空を超越する神にしかできないことです。神には、我々の知っている時間の流れを超えた「永遠」という次元に、「今」という瞬間を絶対的に捉え、意味付与することができる。それがどういう感じなのか分かりませんが。スコラ哲学には、そうした「永続する今」をめぐる議論があります。フッサール（一八五九―一九三八）やハイデガーの時間論も、この問題と深く係わっているので、アーレントは多少そういうところを意識していたかもしれません。

「逆説的」であるというのは、その都度の「今」は、次の瞬間には過ぎ去ってしまって、永続的に留まることはないはずだからです。〈nunc stans〉の〈stans〉は、「立つ」、あるいは「留まっている」ことを意味するラテン語の動詞〈stare〉の現在分詞形です。「永遠なるもの」との遭遇の瞬間は、その人にとって、時間の流れの中で相対化されることのない絶対的な意味を持つわけです。

Theōria つまり「観照」という言葉は、永遠なるものの経験に与えられた言葉であって、この経験は、せいぜいのところ不死にこそふさわしいその他の態度とまるで異なっている。哲学者が永遠なるものを発見したのは、彼らが、ポリスはどの程度まで不死であるのか、それどころか、どの程度まで続くのかというもっともな疑念を抱いていたからである。そして、この発見の衝撃はあまりにも大きかったので、彼らは、不死への努力はすべて虚栄虚飾であるとして、これを見下さざるをえなかったのであろう。その結果として、彼らは、古代の都市国家とこれを支えていた宗教にたいして公然と敵対する関係に追いこまれたのであろう。結局、永遠にたいする関心のほうが、不死を得ようとするあらゆる種類の熱望にたいし勝利を収めた。

ポリスの中で「潜在的不死」、永続する名声のようなものを得たとしても、それはそのポリスが続く間だけのものであり、しかも、そのポリスの外では無です。経験を超えた「永遠」の世界を知ってしまった人にとっては、そんな「不死性」はどうでもいいものになってしまいます。哲学者というのは、そういう人たちです。そうやって「観照的生活」に入ることと、都市国家の守護神であった、「不死」であるというだけで極めて人間的な振る舞いをする神々を見捨てる態度が繫がっているわけです。哲学者にとって、ポリスは空しい虚構にすぎないと思えてきたわけです。

しかも、ローマ帝国の没落に続いて、永遠なる個体の生命を説くキリスト教の福音が、西洋人の排他的な宗教としての地位を占めるに至った。この二つの事件のおかげで、現世における不死への努力は空虚となり、不必要なものとなったのである。しかも、この二つの事件によって、〈活動的生活〉と政治的生活は完全に観照の侍女になり下がったので、近代になって世俗的領域が勃興し、同時に活動と観照の間の伝統的ヒエラルキーが転倒されたにもかかわらず、もともと〈活動的生活〉の源泉であり中核であった不死への努力を、忘却の中から救いだすことはできなかった。

キリスト教とプラトン哲学が、地上での生活よりも、「永遠なるもの」を重視するというのはよく聞く話ですね。両者の影響が合わさって、中世では、「現世における不死 an earthly immmortality」の意義が薄れた、あるいは、少なくとも、それを求めるのは浅ましいことと見なされるようになったわけです。近代になって、キリスト教の影響が薄れ、「永遠なるもの」を見つめる「観照」よりも、体を動かして実践することの意義が強調されるようになったけど、ポリスの中で「不死」を獲得すべく「活動」することの意義は再発見されていない。アーレントは、キリスト教的な「永遠」と、生きるための「仕事」や「労働」のいずれしかないかのような二項対立図式に不満なわけです。

次の章では、アーレントの言う意味での「活動」が可能であった場として、ポリスの「公的領域」の特殊な性格について論じます。

■質疑応答

Q 二つ質問があります。今回ドイツ語も参照しながら読んでいくということですが、日本語訳と照らし合わせていく際、訳語が問題なのかなと思います。例えば、先ほどお話にあったように、〈work〉を「仕事」と訳してしまうと、〈labor（労働）〉との違いが曖昧になりますし、ドイツ語の〈Herstellen〉の意味は失われてしまうわけですね。〈plurality〉についても、この本のように「多数性」と訳すのと、先生のように「複数性」と訳すのでは、結構ニュアンスが違うと思うんです。そうした訳語から生じるズレについてどうお考えなのか。二点目は、今回『人間の条件』を読んでいくにあたって、先生がどの視点から見ているのか、まだ分からないところがあります。どこに焦点を当てていかれるおつもりなのか。

A 訳によってズレが生じるのは不可避的な問題ですね。先ず、英語とドイツ語の話からしましょう。そもそもアーレントは、古代ギリシア・ローマからドイツ観念論を経て、ハイデガーに至る、ドイツ系の「教養」――最初にお話ししたように、ラテン語で言えば〈humanitas〉です――の伝統の中で考える癖のある人です。英語圏の彼女の読者の多くは、『全体主義の起源』をきっかけにして、政治史の分析家としての彼女に注目するようになった人たちです。その人たちが、ドイツ系の哲学的「教養」を共有していると期待することはできない。ドイツ語の言葉遊びのようなことをやっても通じない。

『全体主義の起源』は史料に基づく歴史的記述が多いので、比較的英語で表現しやすかったと思いますが、『人間の条件』は中身が哲学的・抽象的なので、ドイツ的思考の癖をあまり出せない。ドイツ語バージョンの方が、彼女の哲学的「教養」を活かした表現を駆使できるので、調子が出てきて、分量が膨れ上がっていったのではないかと思います。

そうした独米の文化的緊張を孕んでいるテクストを、日本語という全く異質な言語に翻訳して、日本語で理解しようとすれば、いろいろな要素を考慮に入れねばなりません。

翻訳についての一般論を一応言っておきますと、翻訳者は自分の置かれている政治・文化状況に引き付けて訳そうとします。哲学・思想書ではその傾向が特に強くなります。そういう種類の本が共有する語彙のようなものは一応あるけれど、そういうのは結構短いサイクルで変化します。

日本でも、マルクス主義や実存主義の影響が強かった六〇年代、七〇年代と、ポストモダン系の思想が流行った八〇年代では、かなり語彙が変化しましたし、ネットとかのIT技術系の用語が思想の言葉に入って来た、二一世紀以降だとまた違ったテイストになっています。ロシア政治を専門とする志水速雄さん（一九三五―八五）が、『人間の条件』を最初に訳したのは、昭和四八年（一九七三）のことです。当然、アーレントがナチスと並んでソ連のスターリン主義体制を批判する思想家であることを念頭に置いた翻訳だったでしょう。全共闘など、新左翼系の運動や実存主義の影響がまだ強かった時期です。「労働」「活動」「政治」といった言葉は、アーレント自身の意図とは関係なく、不可避的に、その当時の思想状況を反映したニュアンスを帯びることになります。志水さんがどれだけ意識しておられたか分かりませんが、結果的に、これらの言葉の通常の意味に抗する形で、訳語として使っている感じになっています。現在だと、左翼的なニュアンスは大分薄れているので、当時ほどの挑発性はなくなっていると思いますが。

昭和二〇年代に刊行された哲学・思想書は、文語体表現や古めかしい語彙のせいで、現在の読者である私たちにとってかなり分かりにくいものが少なくありません。当然、翻訳書も同じような文体を使っているので、分かりにくい。翻訳であるがゆえの難しさもそこに加わってきます。四〇年前のこの志水訳はさすがにそんな感じはありません。文体としてはすらすら読めますね――それがかえって落とし穴になってしまうところもあるかもしれません。ただ、あと何十年か経ったら、この訳も古めかしくて、分かりにくい訳になっているかもしれません。

あと当然のことながら、オリジナルのテクストの解釈をめぐる問題がありますね。第六章にマックス・ウェーバー（一八六四－一九二〇）の用語として「世界内的禁欲主義」というのが出てきますが、これはウェーバー関連の定訳としては、「世俗内禁欲」です。ウェーバーの場合、聖／俗の違いが重要なので、〈innerworldly = innerweltlich〉を「世俗内的」と訳すのが適切なのですが、アーレントは、先ほど見たように、「仕事」によって「世界」が出来るという話をしているので、どっちの意味に取るべきか微妙です。ウェーバーの紹介だけなのか、それを自らの文脈に引き付けて意味をズラそうとしているかによって、変わってきます。また、一般的に――といっても、人文系の教養がある人が読んだり書いたりする文章に限っての話だが――ドイツ語の方が、「世界」という言葉に形而上学的意味合いを込めて使うことが多いと思います。そういうところが、訳者の腕の見せ所ですが、確定的な答えは出しにくいです。ややこしくなるわけですが、そういう文脈による言葉のニュアンスの変異を考えることを通して、著者のテクスト戦略が見えて来るので、結構やりがいがあります。思想史の勉強をしようとする人間は、そういうことを面倒くさがってはいけません。

これを読むに当たっての私自身の視点は、はっきり決めていません。むしろ、あまり決めないで、なるべく虚心坦懐に読みたいと思っています。というのも、日本のアーレント関係の論文や評論文には、アーレントを弱者の味方にしようとか、反権力の闘士にしようとか、真のフェミニストにしようとか、逆に反共の闘士にしようとか、〝政治〟的な先入観が先走りすぎたものが多い。あるいは、「アーレントのテクストの○○の箇所を理解するには、先ず□□の△△論を理解しないといけない。それを理解しない研究者は、本質が分かっていない」式に、強引に自分の畑に持っていこうとする、独りよがりな〝解釈〟も結構ある。そういうのは、もういいという感じがします。

私としては、今日やったように、アーレントのテクストの細部から、彼女の議論の背景になっている哲学的・教養主義的な諸文脈をなるべく細かく読み取っていきたいと思っています。無論、そこには不可避的に私の先入観が入り込んでいると思いますが、先ほど言ったような、一方向的な「牽強付会、決めつけ」だけは避けたいと思っています。

Q　二一頁の最初の方に「多数性 plurality」が出てきて、真ん中あたりに「出生 natality」が出てきます。「活動」と同じように、〈natality〉も〈plurality〉と不可分に結び付いているわけですか。

A　そういうことです。ただ、「生まれること」の意味に注目する必要があります。ごく普通に考えれば、人間が生殖を行えば、数が増えて多数になるのは当り前のことですが、当然、それだけの話ではありません。動物や植物だって生殖を通して増えていきます。ポイントは、ポリスという人為的に構築された空間の中での「活動」が、新たなアクター＝活動主体（actor）の出現によって、多様化する可能性があることです。他者の目から、「自ら」を反省的に捉え返す可能性が増えることです。単なる群れ的な社会とは異なる、政治的共同体に固有の「生」の意味にアーレントは拘ります。〈natality〉は、「（ポリスに）生まれ来ること」と訳した方がいいかもしれませんね。

Q　〈natality〉が〈plurality〉を保証するわけですか。

A　現実的にはそうなんですが、逆に、〈plural〉、つまり多元的な関係性、あるいはパースペクティヴがあるからこそ、「ポリス」への「出生」が可能になるとも言えます。群れしかないところに生まれてきても、活動の主体として「生きる」ことはできません。

Q 三三頁の「不死」や「観照」について。「活動的生活」に参与する人は、肉体的には不死ではないけれども、ポリスに記憶されている意味で「不死」だという話は〈plurality〉に係わってくるわけですね。ポリスが、生と死によって入れ替わる「多数の者」によって形成されているので、その人の生がポリスに記憶され、継承されていく。そこで、もし先生がおっしゃったように、「観照」と「活動」が表裏一体の関係にあるとしたら、「観照」も〈plurality〉に支えられているのではないか、という気がしたのですが、どうでしょうか。

A アーレント自身は「観照」についてそれほど多くを語っていないのですが、少なくとも私の理解では、「観照」と「活動」は、静と動として表裏一体の関係にあるのだから、「観照」も「活動」を介して、「複数性」と繋がっていると思います。私なりに説明すると、「活動」を通して、複数的な視点から「物を見る」ことを学ぶからこそ、現実を離れて、超越的な視点から「物を見ること」＝「観照」が可能になります。十分条件であるかどうか分かりませんが、少なくとも必要条件ではあるでしょう。

生命体として〝自己〟に必要なものだけ見ていたら、「自己」の存在について考えることはないでしょう。ましてや、自己と他者を包摂する「世界」なる、抽象的なものを想定して、その本質について問うなどということはできない。抽象的な概念を想定して、それについて思索するには、目の前に存在しないもの、そもそも、あるのかないのかさえ分からないものについて記述するための抽象的な語彙が不可欠ですが、語り合う相手がいないと、そういう語彙を獲得することはできません。言葉を介して、他者の目から、自己と対象の関係を客観視することが、反省的思考の第一歩です。

「観照」に際しては、どんな独創的な哲学者・思想家でも、言語を使わざるを得ません。言語を介して、「他者」が〈theōria〉の中に入り込んでくるわけです。〈theōria〉は基本的に、物の本質について沈思黙考する営みなので、「他者」は直接関与しないように見えますが、そういう思索のための道具立ては、「他者」なしには獲得できません。

アーレントは晩年の著作『精神の生活』の第三部で、「観照」と「活動」の関係を論じる予定だったとされていますが、ほとんど手を付けないまま急死しています。両者がどういう関係にあるかが、アーレントの政治哲学の核心部になったはずだと思いますが、本人がやり遂げられなかったので、研究者が補完するしかありません。

Q　二一頁の「行動」に関して。「行動主義」のことを念頭に置いているというお話でしたが、その場合の「行動主義」というのは、人間の心を、ブラックボックスのようなものと見てその中身を無視して、インプット（刺激）とアウトプット（反応）の関係だけを問題にするようなアプローチのことですか。

A　そう思います。アーレントは別に本格的な心理学批判をしたかったわけではないんでしょうが、少なくとも、「活動」という言葉の、インプット―アウトプット関係に還元できない、固有の意味を強調する必要があったわけです。そうした単純に生物学的次元を超えたところに、人と人の「間」の複数的な関係が成立するというのが、彼女にとって肝心なところです。無論、ミードのように、行動主義に他者の問題を取り込むこともできるでしょうが、アーレントは心理学自体にはそれほど大きな関心は持っていなかったのではないかと思います。彼女は基本的に、人文系教養の人ですから。

[講義] 第二回

# いかにして「活動」が可能なのか? ポリスという「公的領域」

――「第二章 公的領域と私的領域」を読む

## 「社会的 social」と「政治的 political」

第二章以降は、第一章に比べてかなり長目になっています。まず第四節「人間――社会的または政治的動物」ですね。この「社会的 social」と「政治的 political」という二つの形容詞の違いが、この節の中心的テーマです。

最初に、第一章のテーマだった「活動的生活」の意味するところが要約されていますね。「活動的生活 vita activa」とは、(アーレントの言っている意味ではなく)一般的な意味としては、何事かに対して積極的=能動的(actively)に関わる生活です。冒頭の「〈活動的生活〉とは、なにごとかを行なうことに積極的に係わっている場合の人間生活のことであるが」という言い回しは、原文では、〈The vita activa, human life in so far as it is actively engaged in doing something〉です。〈activa〉と、それから派生した英語の副詞〈actively〉を対応させているわけです。

活動的生活は、仕事によって作り出された人工物の世界をベースにしている。この意味での「世界」を人間は離脱することができない。この「世界」を土台として、複数の人間の「活動」によって維持される「ポリス」が構築されます。「人間」の「条件」として、「労働」「仕事」「活動」の三つの「活動力」があるわけですが、他者の存在、「複数性」を前提として初めて成り立つのは、「活動」だけだということですね。

四四頁では、この「活動」との対比で、完全な孤独の内で「労働」する人間は、もはや人間ではなく、「労働する動物 animal laborans」にすぎないと述べられていますね。前回、古代ローマでは、「生きること」は、「人々の間にあること inter homines esse」であったという話が出てきましたが、それからすると、人々の「間」にあって生きる可能性のないヒト、自分の生命を維持するだけの生命活動を続けているだけのヒトは、人間の条件を満たしていないことになります。

また、たとえば、なるほど自分だけで仕事をし、製作し、自分だけが住む世界を自分だけで建てる人間は、〈工作人〉homo faber ではないかもしれない。しかし、やはり製作者ではある。そういう人間は特殊に人間的な特質を失っており、むしろ、造物主とはいえないまでも、神であり、プラトンがある寓話の中で描いたような神的なデミウルゴスであろう。

ここ、文の流れが分かりにくいですね。先ず、最初の二つの文は原文では一つです。二つに分けて分かりやすくしようとしたのでしょうが、かえって分かりにくくしています。〈Man working and fabricating and building a world inhabited only by himself would still be a fabricator, though not homo faber:〉これを一つの文に戻せば多少分かりやすくなるでしょう。つまり、「また、たとえば、自分だけで仕事をし、製作し、自分だけが住む世界を自分だけで建てる人間は、製作者ではあるかもしれないが、〈工作人〉homo faber ではない」ということです。こういう風に訳すと、〈homo（人間）〉であることを否定する表現であることが分かりますね。あと、日本語にしてしまうと分かりにくいですが、〈fabricator〉と〈faber〉は、綴り

〈工作人〉homo faber：自分だけで仕事をし、製作し、自分だけが住む世界を自分だけで建てる人間とは異なる。

↓

〈fabricator（製作者）〉と〈faber〉は、綴りを見れば分かるように同系統の言葉。
英語の動詞〈fabricate〉の語源のラテン語は〈fabricare〉で、「職人」を意味する〈faber〉から派生した動詞。

↓

つまり、
〈homo faber〉の〈faber〉はその形容詞形。単に〈fabricate〉する者、「作る者」は「作る人間」とはイコールではない。

を見れば分かるように同系統の言葉です。英語の動詞〈fabricate〉の語源のラテン語は〈fabricare〉で、これは「職人」を意味する〈faber〉から派生した言葉です。〈homo faber〉の〈faber〉はその形容詞形です。ここでアーレントが言っているのは、ひとりで製作して、自分だけの世界を作る者は、〈fabricate〉する者、「作る者」ではあるかもしれないが、そこに〈homo〉という言葉を加えることはできない。つまり、「作る人間」とは言えないということです。一人だけでやっているから。「者」という漢字を使うと人間っぽいから、「作るもの」とした方がいいかもしれませんね。

　そうした「人間」性を失った存在が、「造物主であるとはいえないまでも、神」であるというのがどういうことか分からないですね。それは、我々が暗に、神＞人間＞動物という序列を想定しているせいでもあります。「人間以下の動物だ」と言ったと思ったら、そのすぐ後で、実は「神」だと言い出したかのように見えるので、分かりにくくなっているわけですね。アーレントは、そうした序列の話をしているわけではありません。「複数性」を欠いているかどうかを問題にしているわけです。「複数性」を欠いているという点では、ある意味、「動物」と「神」は似ているわけです。宗教や神話にもよりますが、少なくともキリスト教の「神」は、自分一人で天地を造り出した、自己充足的な存在で、他の存在は必ずしも必要としないものとしてイメージされることが多いです。「造物主」の原語は〈Creator〉です。大文字から始まります。天地の唯一の創造者であるユダヤ＝キリスト教的な神です。

天地を創造した唯一神とは言えないかもしれないが、「デミウルゴス demiurge」には似ていると言っているわけですね。「デミウルゴス」は、本来「職人」「匠」という意味のギリシア語ですが、プラトンの著作『ティマイオス』では、世界の創造者である神の名前になっています。ただし、この著作で〝紹介〟されている神話では、キリスト教の神のように唯一神ではなく、既に存在している「イデア界」を模倣して、物質世界を創造したとされています。この「イデア」を模倣した創造という説は、ユダヤ人の哲学者フィロン（前二〇／三〇？―後四〇／四五？）を経由して、初期キリスト教に影響を与えたとされています。初期のキリスト教の教義学を確立したとされる教父のオリゲネス（一八二―二五一）も、この考え方を採用しています。グノーシス主義でも、悪なる物質界が存在する理由を説明する文脈で、デミウルゴス神話が利用されています。デミウルゴスの模倣が不完全だったから、物質界に悪が生じてきた、というわけです。

どうして孤独に仕事をする人間がデミウルゴスのようであるかというと、単独で自分の持っているイメージに従って、物質から自分の「世界」を作るからです。無論、これはそういう単独で、自分の住む世界を製作するデミウルゴスの人間がいるとすればの話です。

こうみると、活動だけが人間の排他的な特権であり、野獣も神も活動の能力をもたない。そして、活動だけが、他者の絶えざる存在に完全に依存しているのである。

神と野獣を「活動」の能力の欠如ということで同列に置いて、人間と対置するというのはすごい発想ですね。アーレントの「活動」中心の「人間」観が、プラトン主義ともキリスト教とも相容れないものであることがよく分かります。ものすごく強力な「人間」中心主義のようですが、見方を変えれば、「人間」は、他者の「絶えざる現前 constant presence」がなければ、その本質を失ってしまう、かなり脆い存在だということになります――〈presence〉は、「今、此処」に居合わせることを意味する言葉で、必ずしも、絶対的な意味での「存在」を含意しているわけではないので、「現前」と訳した方がいいでしょう。

活動と共生とがこのように密接に関連しているのをみれば、アリストテレスのいう政治的動物 zōon politikon という語が、すでにセネカに見られるように、社会的動物 animal socialis という語に訳されたことは、まったく正当だと思われる。この訳語は、のちにトマス・アクィナスによって標準的訳語となった。homo est naturaliter poiticus, id est, socialis（「人間は本性上政治的、すなわち社会的である」）。しかしこのように、政治的なものを、無意識のうちに社会的なものに置き代えたということは、政治にかんするもともとのギリシア的理解がどの程度失われたかということを、どんな精緻な理論よりもはっきりと暴露している。「社会的」という言葉はローマ起源のものであり、ギリシア語にもギリシア思想にも、それに相当する言葉はない。

セネカは、多分ご承知だと思いますが、ローマの帝政初期の政治家、弁論家、詩人で、ストア派の哲学者でもあります。ストア派というのは、ヘレニズム以降のギリシア、ローマで影響力を持った哲学の潮流で、自制心や忍耐力で破壊的な衝動を克服することを重視しました。ネロ（三七―六八）に家庭教師として仕えていたことで知られています。

〈zōon politikon〉と〈animal socialis〉の関係が少し分かりにくいですね。先ず、アーレントにとって「政治」の本質は「活動」であるわけですが、「活動」は、「共生 being together」というのはいいですね。複数のヒトが一緒にいないと、「活動」はできないし、複数のヒトがポリスのような共同体を創設すると、何らかの形で「活動」らしきものが生じてくる、ということは言えるでしょう。〈socialis〉は、「関係している」とか「結合している」という意味の別の形容詞〈socius〉から派生した形容詞で、ある「仲間（結合体）に属している」という意味です。つまり、〈animal socialis〉は、（ポリスという）共同体に属している、という側面に焦点を当てた、〈zōon politikon〉の訳語だったわけです。

セネカ

トマス・アクィナス

トマス・アクィナス（一二二五頃—七四）はご存知ですね。中世スコラ哲学で最も影響力のあった哲学者で、アリストテレスの著作に注釈を加えて、キリスト教神学に取り込んだことが知られています。政治哲学でも重要な仕事をしています。現代のコミュニタリアンの議論の中核になっている、政治の目的としての「共通善 common good」概念は、トマスによって作り出されたとされています。

トマスの「人間は本性上政治的、すなわち社会的である」、という定式は、素朴に見れば、「人間はポリス（政治）的動物である」というアリストテレスの定式を、ラテン語に翻訳しただけですが、ラテン語の〈animal〉に置き換え、しかも〈politicus〉と〈socialis〉を並置したせいで、まるで、〈zōon〉を〈animal〉と〈politicus〉と〈socialis〉が同義語であるかのような印象が生じてしまった。しかも、ギリシア語だと〈politikon〉が「ポリス」に関係していることははっきりしますが、ラテン語だと、その繋がりが曖昧になります。〈politicus〉と切り離されて、〈socialis〉だけになると、「ポリス」特有の関係性とは関係なく、単なる人と人の繋がりということになってしまう危険があります。動物の群れとの違いも曖昧になる。アーレントは、そういう風にして、「政治的動物」の意味が曖昧になっていったことを問題にしているわけです。

しかし、そのことは重要ではあるが、決定的なことではない。そうはいうものの、社会 societas という言葉のラテン語的用法も、もともとは、限定的ではあったが政治的意味をはっきりともっていたのである。つまり、この言葉は、人びとが他人を支配したり、犯罪をおかしたりするとき団結するように、ある特別の目的をもって人びとが結ぶ同盟を意味していた。「社会的」という用語が、基本的な人間の条件という一般的な意味を獲得し始めるのは、ようやくその後、「ヒトの社会」societas generis humani という概念ができてからである。

少しややこしいですが、「社会 societas」がある目的のための同盟を意味しているのであれば、「活動」は必ずしも前面に出ていないけど、そこに「政治的」なものが含意されているわけです。それまでの〈scoietas〉概念と違って、「ヒトの社会」という概念が特に問題なのはどうしてか分かりにくいですが、これは訳の問題です。〈generis〉は、英語の〈genre〉の語源に当たる〈genus〉という言葉の属格、つまり所有格です。〈genus〉には「生まれ」「部族」「種類」「種族」などの意味があります。現代の生物学では、「属」の意味で使われます。この場合は、「種族」という意味でしょう。つまり、〈societas generis humani〉は、「人間という種族の社会」ということです。キケロなどのストア学派の哲学者たちが、この表現を使っていたようです。

キケロ

「人間」という生物に属する個体が全て属する「社会」を想定することのどこ

に問題があるかと言えば、お互いの間に何の関係もなく、それぞれが孤立して生きていても、「活動」などしなくても、全てのヒトが自動的に「人間という種族の社会」の一員ということになってしまうからです。「政治的生活」とは関係なく、〝社会〟が成立してしまうわけです。そうなると、「政治」と「社会」が完全に無関係になってしまいます。

「ヒトの社会　society of man-kind」〈societas generis humani〉の所に注（4）が付いていますね。見ておきましょう。原文では、〈man-kind〉とヘンなところでハイフンが入っていますが、そのハイフンの説明です。

私はこれ以後、種としての人間を示すのにヒト〝man-kind〟という言葉を用い、人類の総計を示す〝mankind〟という言葉と区別する。

これは日本語で考えると、分かりにくいですね。英語の〈mankind〉は、通常、「人類」と訳しますが、「人類」といっても、集合名詞的に人間全部を指す時と、「種 spieces」としての人間を指す場合がありますね。そこで区別するために、後者を〈man-kind〉とハイフン付きで表現することにしたわけです。〈societas generis humani〉の問題は、「人間という種に属すること」と、「人間という集合体＝社会に属すること」が同一視されることにあったわけですから、そこを用語上区別したいということです。〈humanity〉という言葉にもこれと同じではありませんが、似たような二重の意味があります。集合体としての「人類」と、人に共通の精神的な特性としての「人間性」です。第二次大戦後、国家の主権を超えて、ホロコーストのような大量虐殺を犯罪として裁くために考え出された、〈crime against humanity〉は、「人道に対する罪」とも「人類に対する罪」とも訳せます。「人類」と訳す場合でも、種としての「ヒト」

を指している場合と、集合体としての「人類」を指している場合とが考えられます。いずれの意味でも、それなりに意味が通りますね。なお、ドイツ語では、集合体としての「人類」を表わす言葉は〈Menschheit〉で、「人間らしさ」を表わす言葉は〈Menschlichkeit〉です。

注（4）の断り書きの内容も当然、ドイツ語版では異なっています。ドイツ語版では、本文の〈mankind〉が、〈Menschengeschlecht〉となっていて、注は、今後は「種 Gattung」の意味で〈Menschengeschlecht〉を使い、人類全体の意味では〈Menschheit〉を使う、という断り書きになっています。〈Geschlecht〉というのは、「種」の他、「性」や「一族」等の意味でも使われる言葉です。

もちろん、プラトンやアリストテレスが、人間は人間の仲間から離れて生きることはできないという事実を知らなかったとか、そういう事実に関心がなかったということではない。そうではなく、彼らはこの条件が特殊に人間的な特質であるとは考えなかったのである。むしろ、それは人間生活が動物生活と共有しているものであって、人間は仲間と生活しているというだけでは、基本的に人間的なものとはいえなかった。

単に「仲間と共に生きること」は、人間に特有の生き方ではなく、動物と共有している部分なので、そのこと自体は、「政治的生活」をめぐるプラトンやアリストテレスの政治哲学の直接のテーマにはならなかったわけです。

ギリシア思想によれば、政治的組織を作る人間の能力は、家庭（oikia）と家族を中心とする自然的な結合と異なっているばかりか、それと正面から対立している。都市国家の勃興は、人間が「その私的生活のほかに一種の第二の生活である政治的生活」を受け取ったということを意味していた。「今やすべての市民は二種類の存在秩序に属している。そしてその生活において、自分自身のもの（idion）と共同体のもの（koinon）との間には明白な区別がある」。

「家庭」を中心とする「自然的な結合 natural association」は、「政治的組織 political organization」とは質的に全く異なる、ということですね。括弧が付いているところは、ヴェルナー・イェーガー（一八八八―一九六一）というドイツ出身の古典文献学者の著作《Paideia（パイデイア：教育）》（一九三四―四七）からの引用です。アリストテレスやプラトンの解釈を通して、ドイツのアカデミズムに広く影響を与えたようです。『パイデイア』は、ギリシア人の人間形成＝教養（Bildung）についての著作です。彼は、ドイツの学校制度において「人文主義教育」を復活させる運動にもコミットしています。「第三のヒューマニズム der Dritte Humanismus」の旗手の一人とされています。第一が、前回にお話ししたルネサンスのヒューマニズムで、第二が、一八世紀後半から一九世紀初頭にかけてドイツで盛んになった、古典文献学の研究や人文主義的教育を発展させようとする運動で、通常「新ヒューマニズム Neuhumanismus」と呼ばれます。レッシング（一七二九―八一）やヴィルヘルム・フォン・フンボルト（一七六七―一八三五）などが有名です。イェーガーはナチス政権下では、人文主義に未来はないと見て、ドイツを去り、渡米してシカゴ大学やハーヴァード大学で教鞭を執るようになります。

本文に戻りましょう。イェーガーからの引用を見る限り、〈idion〉が「家庭」での「私的生活」と結び付いているのに対して、〈koinon〉が政治的「共同体」の生と結び付いているようですね。「私的生活」が、自分だけのもの、私的なものをめぐる営みであるのに対し、「政治的生活」は、共同体をめぐる営みで、それぞれ異なった存在領域を形成している、ということですね。「共和制」を意味するラテン語〈res publica〉の元の意味は、「公的な物」です。

> 人間の共同体に現われ必要とされるすべての活動力のうち、ただ二つのものだけが政治的であるように思われ、アリストテレスが政治的生活と名づけたものを構成するように思われた。すなわち活動《プラクシス》と言論《レクシス》がそれである。

## 活動《プラクシス》と言論《レクシス》

「政治的生活」を構成する要素として、「活動」と「言論」が密接に結び付いていることが分かりますね。前回もお話ししたように、〈praxis〉は、英語の〈practice〉の語源で、「実践」と訳されることが多いです。通常は〈praxis〉は〈practice〉と訳すのですが、〈practice〉だと、「実践」とか「習慣」「練習」といった意味になってしまうので、アーレントは、〈praxis〉を〈action〉に対応させています。アーレントは、この〈praxis〉という概念の人格間関係としての側面を強調し、単に一人で体を動かすことではないことを示しておきたかったのでしょう。

次に、ポリスにおいては言論、言葉が尊重されるのは、言葉それ自体の偉大さが評価されたのであって、言葉が表現する思想が偉大だと思われていたわけではない、という話が出てきますね。言葉と思考の関係が近代とは逆だったというわけです。

> 思考は言論よりも下位にあったが、言論と活動は同時的なもの、同等のもの、同格のもの、同種のものと考えられていたのである。これは、もともと、ほとんどの政治的活動は、暴力の範囲外に留まっ

ているのであるから、実際に、言葉によって行なわれるということを意味したばかりではない。もっと根本的にいうと、言葉が運ぶ情報や伝達とはまったく別に、正しい瞬間に正しい言葉を見つけるということが活動であるということをも意味していた。ただむきだしの暴力だけが言葉を発せず、この理由のゆえに、暴力だけは偉大ではありえないのである。

ここで「言論」と「活動」が表裏一体の関係にあり、「活動」が言葉を通して行われることが分かりますね。ただ、「活動」と言語は全くイコールではないですね。言葉は情報・伝達の機能を担っているわけですが、「活動」においては、ここでアーレントが述べるように、「正しい瞬間に正しい言葉 the right words at the right moment」を見つけることが重要になります。芝居とか演説の時が、そういう感じですね。アーレントは、言葉によって真理を表現することよりも、言葉を通して新しい関係性を創出することを重視しているわけです。

人間を政治的動物と規定するアリストテレスの定義は、家族生活で経験される自然的結合と無関係なばかりか、対立さえしていた。この定義にさらに、人間とは zōon logon ekhon（言葉を発することのできる存在）であると規定する彼の第二の周知の定義をつけ加えたときにのみ、アリストテレスによる人間の定義は完全に理解されるのである。この zōon logon ekhon というギリシア語のラテン語訳である理性的動物 animal rationale という語は、「社会的動物」という語の場合と同じ基本的誤解にもとづいている。アリストテレスは、人間を一般的に定義づけようとしたのでもなければ、人間の最高の能力を示そうとしたのでもなかった。彼にとって、人間の最高の能力とは、logos すなわち言論あるいは理性ではなく、nous すなわち観照の能力であって、その主要な特徴は、その内容が言論によっては伝えられないところにある。この二つの非常に有名な定義によって、アリストテレスはただ、人間と政治的生活様式にかんして、ポリスで当時一般的だった意見を定式化したにすぎなかった。そしてこの意見によれば、ポリスの外部にあるすべての人――奴隷と野蛮人――は aneu logou すなわち言葉を欠いていた。いいかえると、彼らは、言論の能力のみならず、言論が、そして言論だけが意味をもち、全市民の中心的関心が互いに語り合うことにあったような生活様式をも、奪われていた。

〈zōon politikon〉を〈zōon logon ekhon〉で補うことによって、アリストテレスの「人間」の定義が完全になるというのは、先ほどの話から明らかですね。分かりにくいのは、〈zōon logon ekhon〉を〈animal rationale〉と訳すことが、どういう勘違いによるのか、という点です。

先ず、「ロゴス logos」を発するということが、〈rational（理性的）〉ということと同義と考えられたわけですから、その際に、「ロゴス」という言葉が「理性」あるいは「論理」といった意味に解されたと考えられます。「ロゴス」には、確かにそういう意味はあります。しかし、アーレントに言わせれば、アリストテレスの第二の定義で言及されているのは「言葉」という意味での「ロゴス」です。〈logos〉と違って〈rational〉には「言葉」という意味はないので、〈animal rationale〉という言い方をすると、あたかも、この定義で「理性」それ自体が問題になっているかのように聞こえてしまいます。それだと、やはり「理性」という意味に解かれがちのギリシア語の〈nous〉という概念についてのアリストテレスの考案との関係が分からなくなります。ちなみに、「理性」を意味するラテン語〈ratio〉の元の意味は、「計算」です。フランクフルト学派のアドルノ（一九〇三―六九）等はこの点に拘って、理性の本質を計算的合理性と見ています。

〈zōon logon ekhon〉を〈animal rationale〉と訳した中世のスコラ哲学者たちは、恐らく、アリストテレス

〈zōon politikon〉と〈animal socialis〉

アーレントにとって「政治」の本質は「活動」⇒「共生 being together」

※複数のヒトが一緒にいないと、「活動」はできない。複数のヒトがポリスのような共同体を創設すると、何らかの形で「活動」らしきものが生じてくる。

〈socialis〉は、「関係している」とか「結合している」という意味の別の形容詞〈socius〉から派生した形容詞　⇒「仲間（結合体）に属している」という意味。

つまり、〈animal socialis〉は、（ポリスという）共同体に属している、という側面に焦点を当てた、〈zōon politikon〉。

・〈zōon logon ekhon〉を〈animal rationale〉と訳すことの勘違いとは？
〈zōon logon ekhon〉と〈zōon politikon〉の繋がりは、それぞれ、ラテン語の〈animal rationale〉と〈animal socialis〉へと翻訳されると、見えなくなってしまう。
・第一に、「ロゴス logos」を発することが、〈rational（理性的）〉であり、「ロゴス」は「論理」や「理性」と同義だと思われがち、

アーレントにとって、あくまでも「言葉」という意味での「ロゴス」が重要。
〈logos〉と違って〈rational〉には「言葉」という意味はない。
・より重要なのは、アリストテレスが最高の能力と思っているのは〈nous〉であって、〈logos〉ではないこと。

しかし、〈nous〉も〈logos〉も、英語では〈reason〉と訳す。

・アーレントは、〈nous〉と〈logos〉の意味の違いに拘っている。[nous ≒ logos] でない。

⇒人間の最高の能力は、「logos すなわち言論あるいは理性ではなく、nous すなわち観照の能力」
・〈nous〉は、人間の精神のより高次の能力、「観照」の能力。言い換えれば、物事の本質を直観的に把握する能力。
・〈logos〉は言語による論理的思考、推論を指している。

アーレントの解釈では、アリストテレスが、〈zōon logon ekhon〉という表現で言わんとしていたのは、「観照する者」としての人間ではなく、言論活動する人間。「政治的動物」と密接に関連。

が、人間の最高の能力としての〈logos〉に言及していると考えたのでしょうが、アーレントに言わせれば、それがそもそも勘違いであるわけです。アリストテレスが最高の能力と思っているのは〈nous〉であって、〈logos〉ではない。ややこしい話ですが、〈nous〉も〈logos〉も、英語では〈reason〉と訳されます。ギリシア哲学を専門としていない哲学研究者の多くは、［nous ≒ logos］と考えています。だから、「logosすなわち言論あるいは理性ではなく、nousすなわち観照の能力であって」という言い方には、少々面喰ってしまいます。

アーレントは、〈nous〉と〈logos〉の意味の違いに拘っているわけです。〈logos〉を〈ratio〉あるいは〈reason〉と訳してしまうと〈nous〉との違いが曖昧になってしまいます。〈logos〉が言語による論理的思考、推論を指しているとすれば、〈nous〉は、人間の精神のより高次の能力、「観照」の能力です。言い換えれば、物事の本質を直観的に把握する能力です。実際、アリストテレス自身もそうした区別をしています。アーレントの解釈では、アリストテレスが、〈zōon logon ekhon〉という表現で言わんとしていたのは、観照する者としての人間ではなくて、言論活動する人間です。それは、当然「政治的動物」と密接に関連しています。そうした〈zōon logon ekhon〉と〈zōon politikon〉の繋がりは、それぞれ、ラテン語の〈animal rationale〉と〈animal socialis〉へと翻訳されると、見えなくなってしまいます。というより、人間の"理性的"側面と、"群れ的"側面を対比しているかのような印象を与えます。簡単に言うと、アーレントは、アリストテレスにおける「政治」と「言論」の繋がりを解釈学的に再現しようとしているわけです。

## 家と社会と「国民国家 nation-state」

「政治的」という言葉を「社会的」という言葉に置き代えたラテン語訳には、もちろん、大きな誤解

> が含まれている。この誤解は、おそらく、トマス・アクィナスが、家族支配を政治支配と比較している議論の中に、最もはっきりと示されている。家長は国王といくらか似ていると彼は考える。しかし、家長の権力は国王の権力ほど「完全」ではないと彼はつけ加えている。ギリシアやポリスばかりでなく、古代西洋全体を通じて、僭主の権力でさえ、奴隷や家族を支配する家父《パーテルファミリアス》や家長《ドミヌス》の権力よりも大きくはなく、「完全」でもないということは、実際、自明のことだったのである。そしてそれは、都市の支配者の権力が家長の結合した権力によって挑戦を受け、抑止されたからではなく、絶対的で並ぶもののない支配と政治的領域とは、適切にいえば、互いに相容れないものだったからである。

ここでのポイントは、家の中での家長の支配と、政治的支配は異質だということです。後でもう少し詳しい説明が出てきますが、「政治」は言論・活動による営みですが、人の生命維持の営みの場である「家」はそうではありません。「家」の方が、動物の群れに近いわけです。アクィナスはその辺の区別がはっきりついていない、と指摘しているわけです。「家」の中の関係性とは異なる、「政治」の特性が分かっていなかったので、「政治的」と「社会的」の違いも曖昧になってしまう、という論旨ですね。

この「政治的権力」と「家長の権力」の違いという話は、ロックやルソーにも出てきます。彼らは、家が拡大することによって国家が出来上がるとする、従来の議論を批判し、政治的権力は、人々の自発的合意によって出来上がると主張します。家長の権力は、生殖に起因する自然な繋がりに由来するので、政治的権力とは異なるわけです。

先ほどの箇所では、「完全 perfect」という言葉の意味が分かりにくいですね。この場合の「完全」というのは、いかなる制限もなく、絶対的に支配している、という意味です。では、「完全」により近いのは、政治的権力か、それとも、家長の権力か？　アーレントは、アクィナスの「政治」理解を批判しているわけですから、国王の権力が家長の権力よりも「完全」であるとするアクィナスの見解も批判的に参照している、と考えられます。アーレント自身の見解は、むしろその後の、僭主（tyrant）の権力でさえ、奴隷や家族を支配する家長の権力ほど「完全」ではない、というものでしょう。「活動」によって成り立つ「政治」の領域では、「支配」は、家のそれのように絶対的なものにはなり得ないわけです。

第五節の「ポリスと家族」に入ります。

政治的領域と社会的領域とを同一視するという誤解は、たしかに、ギリシア語をラテン語に翻訳し、それをローマ＝キリスト教思想に取り入れたときからすでに始まっている。しかし、社会という言葉の近代的使用法と近代的理解になると、事態はいっそう混乱している。生活の私的領域と公的領域の間の区別は、家族の領域と政治的領域の区別に対応しており、それはもともと、少なくとも古代の都市国家の勃興以来、異なった別の実体として存在してきた。しかし、厳密にいうと、私的なものでもなく公的なものでもない社会的領域の出現は、比較的新しい現象であって、その起源は近代の出現と時と同じくし、その政治形態は国民国家に見られる。

アクィナスは、「社会」をそれほど実体的にイメージしていたわけではなく、単に人間が一緒に生活する集合体という意味でこの言葉を使っていたような感じですが、近代に入ると、「社会」という概念が、私たちの知っているような実体的意味を持つようになります。ドイツ語版では、〈Gesellschaft〉という言葉が使われています。「ゲマインシャフトとゲゼルシャフト」の「ゲゼルシャフト」です。「社会」とは何かと改めて聞かれると、ちゃんと答えるのは難しいですが、「社会科学」によって捉えることのできる、つまり、何らかの法則によって規則的に運動し、秩序を保っている「社会」を想定している人は、結構多いのではないでしょうか。そうした「社会」という領域が存在するとすれば、そこには、家長のような支配者がいるわけではないし、家族的繋がりがあるわけでもない。また、人々の間に必ずしも、「活動」による「複数性」が成立しているわけでもない。

アーレントの「社会」観はこの後、次第に明らかになっていきますが、ここでは取りあえず、「国民国家 nation-state」と関係あると言っていることだけ確認しておきましょう。言語や文化を共有する一つの「国民 nation」が「国家 state」として組織化され、それを通して生活環境が均質化されてくると、「社会」という大きな単位があるかのような様相を呈してきます。『全体主義の起源』では、そうした国民国家によって形成された大衆社会が、全体主義の起源の一つになったことが示唆されています。

## 「公／私」の区別の核心

公的領域と私的領域、ポリスの領域と家族の領域、そして共通世界に係わる活動力と生命の維持に係わる活動力——これらそれぞれ二つのものの間の決定的な区別は、古代の政治思想がすべて自明の公理としていた区別である。

ここでアーレントの政治哲学のカギになる、「私的領域」と「公的領域」の区別が出てきます。公的領域が「ポリス」の本質的な部分であるのに対し、「私的領域」は、それを裏から支える家族の領域で、生命維持のための営みがなされる場です。

近代リベラリズムも「公／私」の二分法を基礎にしています。ロックからミル（一八〇六—七三）に至る英国の自由主義思想の系譜において、人民の合意によって成立した政府の統治に服するべき領域と、個人が自分の思うように振る舞ってよい領域の区別が必要であるという考え方が形成されました。これは、アーレントの言っている古代ポリスの公／私と重なっているようですが、近代においては、人は、誰からも干渉されない私的領域においてこそ自由であると考えられていたのに対し、古代のポリスでは、活動が行われる公的領域においてこそ人は自由であると考えられていたことです。

私たちは「家」にいると、安心できるので自由だと考えがちですが、古代の「家」は、奴隷などがいて、生産活動が行われる場です。市民たちが「活動」を通してお互い影響を与え合い、「共通世界 common world」を形成する場が、公的領域です。「共通世界」を共有することは、「活動」によって可能になります。「共通世界」とは何かについては、少し後で詳しく論じられることになりますが、ここでは、これが認識論・社会存在論的な意味を持つ言葉であるとだけ言っておきましょう。

古代の都市国家の終焉以降、そうした公／私の区分が次第に曖昧になっていき、近代ではその本来の意義がほとんど理解されなくなります。

私たちの理解では、この境界線はまったく曖昧になってしまっている。それは、私たちが、人間の集合体や政治的共同体というのは、結局のところ、巨大な民族大の家政によって日々の問題を解決するある種の家族にすぎないと考えているからである。このような事態の変化に即応する科学的思考は、もはや政治科学ではなく、「国民経済《ナショナル・エコノミー》」あるいは「社会経済《ソーシャル・エコノミー》」Volkswirtschaft であって、それらはいずれも一種の「集団的家庭《コレクティヴ・ハウスキーピング》」を意味している。

これは、「家計 housekeeping」を拡大した形で、「経済」という現象が生じ、それを中心に「政治的共同

ミュルダール

体」が運営されるようになったという話です。先ほど、ギリシア語で「家庭」のことを〈oikia〉と言うという話が出てきましたね。これと同義で、「家」または「家庭」を意味する〈oikos〉という言葉があります。奴隷を利用しての生産活動や財産管理も含めた、「家政術」を〈oikonomia〉と言います。これが変化して、英語の〈economy〉やフランス語の〈économie〉になります。その際に、意味が「家政術」から「経済」へと変化したわけです。この拡大された意味での「家計」、国家の中での生産や交換、消費、それに関連する政策を研究する学問として、一七世紀に「政治経済 political economy」が登場します。一九世紀末以降、「政治」を取って、単に「経済学 economics」とする名称が一般的になりました。経済学独自の数理的な方法論が確立して、政治学との違いが鮮明になったことも、名称変更の一因になったのだと思います。

つまり、元々は家の内側、私的領域で営まれていたことが、「社会」全体、あるいは「国」全体を単位として営まれるようになったのが、「経済」という概念だということです。ドイツ語の〈Volkswirtschaft〉は、直訳すると、「人民経済」です。先ほど読み上げた箇所の最後に注（13）が付いていますね。見ておきましょう。

Gunnar Myrdal（*The Political Element in the Development of Economic Theory* [1953], p.xl）によれば、「社会経済あるいは集団的家計（Volkswirtschaft）という観念は、そもそもの始めから経済学に浸透してきた政治的思弁が」それを中心にして「具体化しているのが見られる」ところの「三つの主要な焦点」の一つである。

・「私的領域」⇒それを裏から支える家族の領域で、生命維持のための営みがなされる場

・「公的領域」⇒「ポリス」の本質的な部分
市民たちが「活動」を通してお互い影響を与え合い、「共通世界 common world」を形成する場。

古代の都市国家の終焉以降、そうした公／私の区分が次第に曖昧に。
⇒ 近代ではその本来の意義がほとんど理解されなくなる。

※元々は家の内側、私的領域で営まれていたことが、「社会」全体、あるいは「国」全体を単位として営なまれるようになった。「経済」概念の拡張。

・古代ギリシア
「家計 housekeeping」、ギリシア語で「家庭」＝〈oikia〉。

これと同義で、「家」または「家庭」を意味する〈oikos〉。


奴隷を利用しての生産活動や財産管理も含めた、「家政術」＝〈oikonomia〉。

・近代以降
「経済」という現象が生じ、それを中心に「政治的共同体」が運営されるようになった。

ギリシア語〈oikia〉〈oikos〉〈oikonomia〉
⇒ 英語の〈economy〉やフランス語の〈économie〉
意味が「家政術」から「経済」へと変化。

この拡大された意味での「家計」、国家の中での生産や交換、消費、それに関連する政策を研究する学問として、17 世紀に「政治経済 political economy」が登場。19 世紀末以降、「政治」を取って、単に「経済学 economics」とする名称が一般的になった。経済学独自の数理的な方法論が確立して、政治学と違う分野になった。

ミュルダール（一八九八―一九八七）は、スウェーデンの経済学者で、価格変動と均衡の理論に関する業績で、一九七四年に、ハイエク（一八九九―一九九二）と一緒にノーベル経済学賞を受賞しています。ハイエクが政府の市場への介入に原則反対する立場であるのに対し、ミュルダールは福祉国家推進論者なので対照的です。この引用のポイントは、近代的な意味での「経済学」が始まった当初から、「集団的家計」、つまり拡大した家計という意味での「社会経済」という観念が政治的に重要な意味を持っていたということです。簡単に言えば、家計を管理するのと同じように、「社会経済」を管理することが政治の課題として設定されるようになった、ということです。因みに他の二つの焦点というのは、「価値 Value」と「自由 Freedom」で、ミュルダールは三者は不可分に絡まり合っているとしています。この本の第六章『社会的家計』と社会的価値」で、近代的な「経済学」が成立するには、「社会経済」という観念が不可欠であったと述べられています。

引用元になっている著作は、タイトル通り、経済理論の中の「政治的要素」がどのような作用を及ぼしてきたか、思想史的に論じたものです。邦訳は、『経済学説と政治的要素』というタイトルで春秋社から出ています。あと、非常に些細なことですが、ミュルダールからの引用の頁が、p.xl となっていますが、これは、p.xi の間違いです。アーレントの書き間違いだと思いますが、訳でもそのままになっています。

## 自由と至福、必然〈necessity〉と暴力、そして「市民社会」

本文に戻りましょう。五一頁の終わりの方に、「家族という自然共同体は必要《ネセシティ》〔必然〕から生れたものである」と述べられていますね。日本語で「必要」あるいは「必然」といっても、ピンと来にくいですが、ドイツ系の哲学では「自由」の反対概念として使われることが多いです。〈necessity〉に囚われているということは、物質的な因果関係に囚われているということ、動物のように本能に従って、自らの生命維持のためだけに生きていて、自分で何かを始めることはできない、ということです。カント（一七二四―一八〇四）は、因果法則に左右されることなく、自らの自由意志によって――自らの理性で発見した道徳法則に従って――自己を律する道徳的自由の可能性を探究しました。ただ、アーレントがここで想定している「自由」は、カントのそれとは異なって、ポリスの公／私二分法構造に依拠する、人為的なもののようです。

これに反して、ポリスの領域な自由《フリーダム》の領域であった。そして、この二つの領域の間になにか関係があるとすれば、当然それは、家族内における生命の必然〔必要〕を克服することがポリスの自由のための条件である、という関係になる。

ここから分かるように、家庭というのは生物としての人間の「必要」を充足するための領域です。奴隷を支配し、彼らの労働力を駆使することで、市民たちは、自分の生活の心配をすることなく、政治の領域＝公的領域で、自由に「活動」できます。五二頁で、家族の中では、主人＝市民の生活の必要を充足するために、「力 force」や「暴力 violence」が正当化されると述べられていますね。何故、正当化されるかと言えば、生命体としての人は、「必然」、生物的欲求によって動かされているからです――ホッブズの「自然状態」のようなイメージですね。「力」や「暴力」は、政治的行為ではなく、生命維持のための「前政治的行為」であるわけです。「力」や「暴力」が「家」の中に押し込められていて、「公的領域」に噴出して来なかったからこそ、市民たちは、「自由」であることができたわけです。「政治」の本質を「暴力」と見る、ポストモダン左派系の議論とは発想が全く異なるわけです。

この自由は、ギリシア人が至福 eudaimonia と名づけたものの不可欠の条件であった。この至福というのは、なによりもまず健康と富に依存する客観的な状態である。逆にいえば、貧困あるいは不健康であることは、肉体的必然に従属することを意味し、これに加えて、奴隷であることは、人工の暴力に従属することを意味した。この奴隷状態の二重の「不幸」は、かりに奴隷が現実に主観的には豊かであったとしても、それとはまったく別のものである。このため貧しい自由人は、定期的に保証された仕事よりは、日々変わる労働市場の不安定のほうをむしろ好んだ。

〈eudaimonia〉をアーレントは「至福 felicity」と言い換えていますが、この言葉は現代の政治哲学では、単に「幸福 happiness」と訳されることも多いです。簡単に言えば、ポリス的な生を通して到達すべき「目的」、としての幸福な状態です。アーレントによれば、健康と富が、この状態に到達するための前提になるわけです。ただし、それは健康と富が全てだということではなくて、これらを得ていることによって「必然」や「暴力」から解放されているということがポイントです。貧困で不健康であれば、生活の糧のために労働に従事しなければなりません。無論、健康と富が重要だからといって、自らの〝自由〟を売り渡して、奴隷になるのであれば、それは「至福」とは言えません。「自由」の方がより本質的な意味を持っているわけです。

要するに、ポリスはただ「平等者」だけしかいないのに、家族は厳格な不平等の中心であるという点で、両者は区別されていたのである。自由であるということは、生活の必要〔必然〕あるいは他人の命令に従属しないということに加えて、自分を命令する立場に置かないという、二つのことを意味した。それは支配もしなければ支配されもしないということであった。

私たちは「政治」を、「支配／被支配」の関係として捉えがちです。しかしアーレントによれば、「政治」の原型である「ポリス」の「政治」には、そういう関係はなく、「公的領域」に登場して「活動」するのは、自由で平等な者たちだけです。それに対して、生命維持のうえでの「必然性」に起因する支配／被支配の関係がある「家」の領域は、不平等の領域です。

ポリスの表の政治の舞台で自由な市民が活動しているのに対して、家では、奴隷や家族が支配されているというのは、別にアーレントが言い出したことではなくて、元から分かっていたことですが、アーレントが「政治」における「自由」を理想的に語っているせいで、家の中の不平等や支配を正当化しているように見えます。そういう所から、アーレントはフェミニストのウケがあまりよくありません。

しかしながら、政治の近代的理解と古代的理解の間の深い相違を、はっきり対立したものとして描くことができるのはここまでである。現代世界においては、社会的領域と政治的領域があまりはっきり区別されていない。政治は社会の機能にすぎず、活動と言論と思考は、なによりもまず社会的利害の上部構造であるというのはカール・マルクスの発見ではなく、むしろ、マルクスが近代の政治経済学者から無批判に受けついだ自明の仮定の一つである。このように政治が社会の機能となったおかげで、二つの領域のあいだに重大な深淵があることを認めることができなくなった。

「社会的領域」については次の節で詳しく論じられますが、ここではとりあえず、「家」での経済的営みが国家全体の規模に拡がった、中間的な性格の領域と考えておいて下さい。「市民社会」という言い方がありますね。「市民社会」は、（経済的に自立した）市民たちの結合した社会です。市場での交換を中心に市民の自由な経済活動が行われ、彼らの相互関係の中から一定の社会規範が形成されている、と想定されることが多いです。経済的相互依存性を核にして、自生的に秩序が形成されているわけです。アダム・スミス（一七二三—九〇）に代表される、一八世紀のスコットランド啓蒙主義や、ヘーゲル（一七七〇—一八三一）が描く、「市民社会」はそういうイメージです。

アーレントが批判的に言及している「社会」も恐らく、そういうイメージでしょう。だとすると、国家や政治の存在目的は、「社会」によって作り出された、経済中心の秩序を守り、発展させること、ということになるでしょう。それがスミス等の古典派の「政治経済学」の発想です。マルクスは、古典派経済学をブルジョワ経済学として批判する所から出発しましたが、「政治」を「社会」の付属物と見なす見方は継承したわけです。

それが、有名な「上部構造／下部構造」の議論にも反映されているわけです。「下部構造」とは、生産様式を中心とする経済的関係で、政治、宗教、法、芸術等は、イデオロギー的な形態「上部構造」に属します。「上部構造」は「下部構造」によって規定されています。資本主義国家を運営するブルジョワジーの政治は、ブルジョワジーの階級的利害によって規定されているので、異なる階級であるプロレタリアートの目指す政治とは相容れないということになります。

このように「家」を拡大した「社会」という領域の動向が、政治を規定すると同時に、労働と消費を中心とする個人の生き方も規定すると見なされるようになったので、公的と私的の二つの領域の区別が曖昧になった、というわけです。五六頁をご覧下さい。

人間の活動力をすべて私的領域にもちこみ、人間関係をことごとく家族をモデルにして作り上げる傾向がどんどん進んで、都市そのものの中に特殊に中世的な職業組織、ギルド、同業組合（confrèries, compagnons〉が生まれ、さらに、初期の商業会社さえ生まれた。この商業会社の場合、「それがもともと共同家族であったということは、'company'（companis）という言葉そのものによって……（また）『同じパンを食べる人びと』、『同じパンと同じ酒を共にする人たち』というような言葉によって示されているように思われる」。

中世の経済活動の単位であるギルド＝同業組合や初期の商業会社が、「家族」の延長として捉えられていたということを言葉の面から明らかにしようとしている箇所です。先ず、「同業組合」の〈confrérie〉――〈confrèries〉は複数形です――ですが、フランス語で兄弟のことを〈frère〉と言います。〈con-〉は、英語にもある接頭辞ですが、基本的に、「共に」「共〜」という意味です。組合というのは、兄弟的な関係の結合であるわけです。同じく「同業組合」という意味の〈compagnon(s)〉と、「会社」という意味の〈company〉は、綴りからして同じ系列だということが分かりますね。これらは、ラテン語の〈companio〉から派生した言葉です。この単語に〈-pan-〉という綴りが入っていますが、これはまさに「パン」を意味する意義素です。パン（panis）を一緒に食べる仲間というのは、家族的な仲間ですね。

### 「共通善 common good」

ここでサンデル等のコミュニタリアンの議論でよく見かける「共通善 common good」という概念が出てきます。

「共通善」という中世の概念は、政治的領域の存在を示しているのではない。それは、ただ、私的な個人が物質的、精神的な共通の利益をもつということを示しているだけであり、さらに、私的個人が自分の私生活を維持することができ、進んでこの共通の利益を探し求めようとしさえするなら、彼ら自身の家業にたずさわることができるということだけを確認しているにすぎない。政治にたいすることの本質的にキリスト教的な態度が近代の現実と違う点は、前者が「共通善」を承認していたということにあるのではなく、むしろその私的領域の排他性にある。また、中世では、私的利害が公的な意味を僭称して、「社会」と呼ばれる奇妙に雑種的な領域が欠如していたということにある。

サンデルたちは、「共通善」を政治哲学の概念として使っていますが、アーレントは少なくとも中世の「共通善」が、「政治」的含意を持っていることを否定していますね。これもトマス・アクィナスによって作り出された概念です。

ここでのアーレントの説明は分かりにくいですが、ポイントは、「共通善」の「善」が、基本的に「私的な利益」を意味していた、ということです。英語の〈good〉には、善悪の「善」、つまり絶対的な意味での「善」という意味の他に、〈good for ~ (~にとって良い)〉、つまり「良」の意味もありますね。「良」というと抽象的ですが、文脈によって、「有益である」とか「適している」「心地よい」といった意味になります。また、〈goods〉という複数形の名詞にすると、「財」という意味になりますね。現代のリベラリズム系の政治哲学の議論では、「善」は、価値中立的な基準である「正 good」と異なって、各人の人生の充足度、生の目的を指す言葉として使われます。

先ほどの箇所のポイントは、中世における「共通善」というのは、そうした各人にとっての「善(良)」の共通部分を指す概念にすぎない、とアーレントは理解しているということです。「共通善」があるおかげで、各人が自らの「家」での生業に専念しても、「社会」の秩序は保たれるということが示唆されていたにすぎない、と見ているわけです。「社会」は、私的な家の集合体にすぎず、古代のポリスに見られるような公的・活動的な要素はない。しかし、「共通善」のおかげでうまく回っている。市場の自生的秩序をめぐる古典派経済学の議論のような感じですね。

無論、そうしたアーレントの「共通善」理解はおかしいという見方もあるでしょう。アクィナスたちは、キリスト教の神学を背景に「共通善」を論じているわけですから、「共通善」は単なる、私的「善＝幸福」の寄せ集めではなく、神に通じる超越的な価値の次元を備えていると見るべきだ、というような反論が予想されます。ただ、アーレントもそうしたことは当然承知です。彼女の立場からすれば、神学的な次元を背景に備えていたとしても、中世の「共通善」には、ポリス的な意味での公的性格、つまり、私的利害を超えた自由な活動を喚起するような特性はないわけです。むしろ、公的性格がない、私的利害の集積体を、神学によって正当化するための概念にすぎないと見ることもできます。

アーレントは、公的領域での人間の営みと、私的領域でのそれを全く異質なものとして捉えていて、中世的な意味での「共通善」を後者に属するものと見ているわけですが、サンデルはそれとはかなり違った枠組みで考えていますので、「共通善」の位置付けも異なります。家から始まって、様々なレベルでの共同体が、それぞれの「善」を目的として追求しているけれど、それらの目的の間には有機的な連関がある。小さい共同体の「善」は、より大きな共同体の「善」へと自然と包摂されている。共同体の階層構造に合わせて、「善」も階層構造を成しているようなイメージです。「共通善」というのは、国家レベルの大きな共同体の「善」で、様々なレベルの「善」を調和的に包摂しています。言ってみれば、「私」（＝小さな共同体）を統合したものが「公」（＝大きな共同体）なので、公／私の間の根源的な断絶はないわけです。日本語の「おおやけ」と「わたくし」の入れ子構造に似ていますね――こうした関係については、東京大学出版会から出ている、佐々木毅・金泰昌編「公共哲学」シリーズの第一巻『公と私の思想史』が参考になります。

**アーレント**

公的領域での人間の営みと、私的領域でのそれを全く異質なものとして捉え、中世的な意味での「共通善」を私的領域に属するものと見ている（少なくとも中世のトマス・アクウィナスによって作り出された概念「共通善」が、「政治」的含意を持っていることを否定）。

「共通善」の「善」は、基本的に「私的な利益」を意味していた。

英語の〈good〉には、善悪の「善」、つまり絶対的な意味での「善」という意味の他に、〈good for ～(～にとって良い)〉、つまり「良」の意味もある。「良」というと抽象的だが、文脈によって、「有益である」とか「適している」「心地よい」といった意味になる。また、〈goods〉という複数形の名詞にすると、「財」という意味になる。

※現代のリベラリズム系の政治哲学の議論では、「善」は、価値中立的な基準である「正 good」と異なって、各人の人生の充足度、生の目的を指す言葉として使われる。

様々なレベルの共同体の階層構造として政治的共同体を捉えるサンデルにとって、「政治」の中核に「共通善」があり、それが単なる私的善の寄せ集めではなく、公的性格を帯びているのは当然です。彼は、そうした自らの政治哲学が、アリストテレスのそれに依拠していることを示唆します。それは、公／私の質的違いを強調するアーレントのアリストテレス理解とはかなり異なります。両者の違いについては、第一章で言及した『理想』六九〇号に掲載された私の論文「『共通善』と『共通世界』」で詳しく論じましたので、そちらをご覧下さい。

五七頁に、アーレント流のアリストテレス的な「ポリス＝政治共同体」観が展開されています。

したがって、アリストテレスが市

民の生活を名づけていったような「善き生活」とは、単に普通の生活よりも善く、いっそう楽しく、いっそう高貴な生活であるばかりでなく、普通の生活とはまったく異なった質をもつ生活のことであった。この生活が「善い」のは、それが、赤裸々な生活の必要を支配し、労働と仕事から自由であり、自己の生存のためにすべての生きものが生来必要とするものを克服しており、したがって、もはや生物学的な生命過程に拘束されていないからであった。

普通の生活と「善き生活」というこの二つの生活を区別するとき、ギリシア人の政治意識の根本には、匹敵するもののないほどの明晰さと明瞭な区別の意識が見られる。生計を支え、ただ生命過程だけを維持する目的に向けられた行動は、なに一つ政治的領域へ入ることを許されなかった。


サンデルの議論では「共通善」に即した人生が「善き生活good life」だということになっていますが、アーレントは中世的な意味での「共通善」と、アリストテレスの言う「善き生活」を区別しています。「善き生活」は、労働と仕事から自由、生物学的な生命過程に拘束されていないという点で、「普通の生活ordinary life」とは質的に異なっている、ということですね。「政治的領域」の中で営まれる「善き生活」の「目的telos」は、私的領域で追求される、個人としての欲求充足や幸福等の「目的」とは異なるわけです。この場合の「善」は、善悪の善のニュアンスに近いですね。

## 「社会的」とは？

第六節に行きましょう。「社会的なるものの勃興」というタイトルが付いていますね。

薄暗い家族の内部から公的領域の光の中へ社会が現われてきたこと――家計、その活動力、その問題、その組織的仕組み等々の勃興――により、私的なものと公的なものとの古い境界線が曖昧になっただけではない。この二つの用語の意味と、これらの用語が個人と市民の生活に与えていた重要性も、見違えるほど変化したのである。

私的領域である家の中が暗いのに対し、公的領域は光の領域だということですね。光と闇のメタファーは、いろんな神話や世界観に登場しますが、ここでは闇というのが、他者に知られていないということで、光というのは他者の目に晒されている、公開されているということです。日本語の「おおやけ」と「わたくし」と違って、〈private〉と〈public〉には、秘密と公開という意味合いで使われることがあります。外に向かって宣伝、情報発信することを、PR（public relations）と言いますし、「秘密会談」のことを〈private talk〉と言います。

因みに、ハイデガーは、それまで暗がりの中に隠蔽されていた物が、「明るみ」に現われ出ること、暴露され、存在者として認められるようになることを、「真理」として捉えています。「真理」という意味のギリシア語の〈aletheia〉が、語の作りから見て、隠されていた状態を打破することを指していると解釈できることを起点として、ハイデガーは「真理」と「存在」を結び付ける独特の議論を展開しています。『人間の条件』を読み進めていく中で次第に明らかになってくる、公的領域での事物の在り方をめぐるアーレントの存在論的な議論には、そうしたハイデガーの存在論の基本図式が反映されているのかもしれません。

この後、先ほど出てきた、「自分自身のもの idion／共同体のもの」という対概念と、「私的領域／公的領域」という対概念の関係について述べられています。

ギリシア人は、「自分自身の」（idion）私生活の中で送る生活、逆にいえば、共通なものの世界の外部で送る生活は、本性上「愚かしい idiotic」と考えていたし、ローマ人は、私生活は公的なもの《レス・プブリカ》の仕事から一時的に逃れる避難場所を提供するにすぎないと考えていた。

先ず、語源の話が出てきますね。この〈idiotic〉という形容詞よりも、名詞の〈idiot（白痴）〉の方がなじみ深いと思います。この言葉のギリシア語の語源が、「自分自身の」とか「同一の」という意味の形容詞〈idion〉であることの説明ですね。「共同体（共通）のもの」に関わらず、自分の内へ引きこもってしまうことが、愚かしいと見なされた、ということですね。逆に言うと、人の賢さは、「共同体のもの＝公的なもの」の中でこそ発揮される、というのが前提になっていたわけですね。もう少し細かく説明すると、ギリシア語の〈idiotes〉が、一定の技能をもって公的領域で活躍している人に対して、そういう技能がない、「私人」という意味で使われていたのですが、それから派生した、ラテン語の〈idiota〉が、素人とか職業的訓練を欠いた人という意味で使われるようになりました。それが次第に、教育を受けていない人とか無知な人という意味を帯びるようになり、英語に入ってから、通常の理性的な思考ができない精神的に劣った人を意味するようになったようです。

先ほどもお話ししましたが、「共和国」「共和制」を意味する〈republic〉の語源であるラテン語の〈res publica〉は、文字通りには「公的な物」という意味で、これは、ギリシア語の〈koinon〉と対応しています。「共和制」というのは、市民たちが公的領域において共有している諸事物を管理する体制だったわけです。

近代初期の英語で、〈res publica〉は、〈commonwealth〉と訳されていました。文字通りには、「共通の富」ですね。ホッブズの『リヴァイアサン』（一六五一）で、「国家」の意味で使われているのは、この

〈commonwealth〉ですし、ロックの『統治二論』(一六九〇)でもこの言葉が使われています。今では、大文字で〈Commonwealth〉として、「イギリス連邦」の意味で使うのがメインになっていますが、元々は「国家」を意味する言葉だったわけです。

> 私たちは今日、私的なものを親密《インティマシー》さの領域と呼んでいる。その起源は、古典ギリシア時代にはまったく見いだすことはできない。(…)
> (…)古代人の感情では、言葉それ自体に示されているように、私生活《プライヴァシー》のprivativeな特徴、すなわち物事の欠如を示す特徴は、極めて重要であった。それは文字通り、なにものかを奪われている(deprived)状態を意味しており、ある場合には、人間の能力のうちで最も高く、最も人間的な能力さえ奪われている状態を意味した。私的生活だけを送る人間や、奴隷のように公的領域に入ることを許されていない人間、あるいは野蛮人のように公的領域を樹立しようとさえしない人間は、完全な人間ではなかった。

日本語の日常用語で「親密」というと、恋愛的な関係とか、コネ的な関係とかしか思い浮かびませんが、フェミニズム関係で「親密圏」と言うと、夫婦、恋人同士、親子、兄弟などのごく近しい者同士から成る狭義のプライベートな生活圏を指します。そこには各人が自己形成し、充実した生活を送るうえで必要な特殊な関係性があるとされます。〈intimacy〉という言葉には、そうしたポジティヴなニュアンスが含まれています。

しかし、古代ギリシアやローマでは、「私生活 privacy」にはそうしたポジティヴな意味はなく、むしろ欠如を示す、ネガティヴな意味が付与されていたことを、またもや語源的に考察しているわけですね。

〈private〉と同じ語源から派生した、英語の〈privative〉という形容詞は、「欠如している」とか「消極的な」という意味です。それから、〈deprive A of B(BからAを奪う)〉という高校で習う言い方がありますね。これも綴りから見て、〈private〉と関係していることが分かります。

つまり〈privacy〉というのは、欠如した状態だったのです。何が欠如していたのかというと、公的性格です。公的領域の光を欠いた状態が、私的領域である家での生活だったわけです。

親密さの最初の明晰な探求者であり、ある程度までその理論家でさえあったのは、ジャン＝ジャック・ルソーである。彼は、まったく特徴的なことに、いまだにしばしばファースト・ネームだけで呼ばれる唯一の大著述家である。彼が自分の発見に到達したのは、国家の抑圧にたいする反抗を通してではない。むしろ、人間の魂をねじまげる社会の耐え難い力にたいする反抗や、それまで特別の保護を必要としなかった人間の内奥の地帯にたいする社会の侵入にたいする反抗を通してであった。

ルソーが「親密さ」の探究者であるというのは、彼が『学問芸術論』（一七五〇）や『人間不平等起源論』（一七五五）で、「社会」が上辺だけ装った、偽善的な結合であり、弱者を搾取・抑圧する仕組みとして機能しているとして糾弾したこと、教育論である『エミール』（一七六二）や、近代におけるプラトニック・ラブの恋愛小説の原型になったとされる『新エロイーズ』（一七六一）で、「魂」同士の親密な結び付きから成る関係性を理想化したことを指していると思われます。ルソーは、言語や慣習によって汚れた社会を嫌って、純粋な交わりを求めた思想家と見られることが多いです。『社会契約論』（一七六二）は、理想的な社会の在り方を探究する著作ですが、それは、ルソーが、現実の社会に絶望していたからだと見ることができます。アーレントは、『革命について』（一九六三）で、ルソーの汚れなき魂の繫がりへの憧憬と、『社会契約論』で描かれた、「一般意志」に導かれる理想の社会の探究が結び付いていたこと、そして、その彼の思想がフランス革命に影響を与えたことを強調しています。こうしたアーレントとルソーの関係については、拙著『いまこそルソーを読み直す』(ＮＨＫ出版)で論じましたので、詳しくはそちらをご覧下さい。

アーレントは、「親密なもの」な神聖視する態度をルソーたちがとった背景について次のように述べています。

> 社会にたいする反抗的態度は、結局、ルソーやロマン主義者たちが親密なるものを発見するきっかけとなったが、この反抗的態度は、なによりもまず、社会的なるものが押しつける一様化の要求に向けられていた。今日でいえば、すべての社会に固有の画一主義に向けられていたのである。

家族を拡張する形で生まれた「社会」という領域では、人々は画一的に振る舞うように圧力をかけられるので、それに対抗すべく、ルソーや彼の影響を受けたロマン主義者たちは「親密なもの」によって保持される「心の世界」へと立てこもり、空想をめぐらすようになった、ということですね——ルソーは『新エロイーズ』を通して、ロマン主義的な文学運動に強い影響を与えたとされています。市場を中心に私たちの生活のリズム、労働形態、消費する物資等が次第に画一化されていく、それに合わせて価値観までも画一化されていくというのは、社会評論系の文章でよく聞く話なので、比較的分かりやすいかと思います。アーレントは、そうした画一化傾向が生じてきたのは、平等の理念が定着するようになる以前のことだとしていますね。

社会の画一性は、家長の専制権力の下での家族の平等と似ているけれど、違うところもあると述べていますね。

> たしかに、古代人が家族の組織的仕組みであると述べていた一人支配《ワンマン・ルール》は、社会においては、一種の無人支配《ノーマン・ルール》に変貌する。たとえば、今日知られているような社会では、社会的秩序の頂点は、もはや絶対的支配者の王家によっては形成されていない。そしてこの無人支配の状態は、経済の分野では、社会全体の利害はただ一つであると仮定され、サロンにおいては、上流社会の意見はただ一つであると仮定されるところから生じたものである。しかし、この無人支配は、その人格的要素を失っているからといって、支配を止めたのではない。統治の最も社会的な形式は官僚制である。（…）ここから知られるように、無人支配は必ずしも無支配《ノー・ルール》ではない。実際、それはある環境のもとでは、最も無慈悲で、最も暴君的な支配の一つとなる場合さえある。

「社会」の領域には、明確な支配者がいないので、「無人支配 no-man rule」ではあるけれど、「無支配 no-rule」ではないということですね。「社会」全体の利害を追求する経済の法則によって支配されているので、各人は自由に動けないわけです。面白いのは、政治における「無人支配」の典型として「官僚制」を挙げていることです。マックス・ウェーバーは、資本主義的経営における合理性の発展と、官僚制の発展がパラレルな関係にあることを指摘しています。経済との関係を軸にして政治を理解するウェーバーの思考と、アーレントのそれとは相容れないような感じもしますが、アーレントは随所でウェーバーを参照しています。経済を中心とする合理化が、人間の自由を奪っているという、疎外論的な認識を、マルクス、ウェーバー、アーレントは共有しているように思えます。『人間の条件』でも、何カ所かウェーバーの議論が参照されています。

次に前回も話題になった〈behavior〉の話が出てきます。

画一主義は社会に固有のものであり、それが生まれたのは、人間関係の主要な様式として、行動《ビヘイヴィア》が活動《アクション》に取って代わったためである。近代の平等は、このような画一主義にもとづいており、すべての点で古代、とりわけギリシアの都市国家の平等と異なっている。かつて、少数の「平等なる者」(ho-moioi)に属するということは、自分と同じ同格者の間に生活することが許されるという意味であった。しかし、公的領域そのものにほかならないポリスは、激しい競争精神で満たされていて、どんな人でも、自分を常に他人と区別しなければならず、ユニークな偉業や成績によって、自分が万人の中の最良の者であること(aien aristeuein)を示さなければならなかった。いいかえると公的領域は個性のために保持されていた。それは人びとが、他人と取り換えることのできない真実の自分を示しうる唯一の場所であった。(…)

近代の経済学の根本にあるのはこれと同一の画一主義である。つまり、近代の経済学は、人間は行動《ビヘイヴ》するのであって、お互い同士活動するのではないと仮定している。実際、近代の経済学は社会の勃興と時を同じくして誕生し、その主要な技術的道具である統計学とともに、すぐれて社会の科学となった。

「活動」と「行動」は通常は同じような意味で使われますが、古代のポリスにおける、市民たちの「活動」が、競争して各人のユニークさを示す、競技のような性格を有していたのに対し、社会的領域における人々の「行動」は、まるで動物の行動のように画一化されているというわけですね。また、「活動」は、お互いに対して言語的に働きかけ合う営みですが、「行動」は、各人が自らの内に働く欲求に従って無自覚的にやるものなので、相互の働きかけがなくても、同じようなものになってしまうわけですね。人々の「行動」が画一化されているからこそ、近代経済学のように人々の行動の規則性を法則化し、様々な社会現象を物理や化学のように分析する社会科学の諸部門が成立するようになった。多数の人の画一的な「行動」を法則化するための数理的な方法を精緻化していくのが、統計学ですが、六六頁から六七頁にかけて、統計学と画一主義の関係について述べられていますね。

六七頁から六八頁にかけて、マルクス主義の「共産主義の虚構 communistic fiction」は、社会が進歩すれば、人々の利害や振る舞いが次第に画一化していくことを前提にしていること、古典派経済学も実は、「共産主義の虚構」を前提にしていることが指摘されていますね。古典派経済学が「共産主義の虚構」に依拠しているというのはヘンな話ですが、これは古典派経済学が、市場において人々の「利害」が自然に「調和」するという仮定を前提にしている、ということです。それを「共産主義の虚構」と呼ぶことの適切さはおいておくとしても、市民社会においては、人々の振る舞いが画一化されているということを大前提にしなければ、古典派経済学もマルクス主義も含めて、殆どの社会理論が成り立たなくなるのは確かでしょう。

## 「公的《パブリック》」Ⅰ――「現われ appearance」

第七節「公的領域――共通なるもの」に入りましょう。ここでは、「公的領域」についての存在論的あるいは現象学的議論が展開されています。

「公的《パブリック》」という用語は、密接に関連してはいるが完全に同じではないある二つの現象を意味している。第一にそれは、公に現われるものはすべて、万人によって見られ、聞かれ、可能な限り最も広く公示

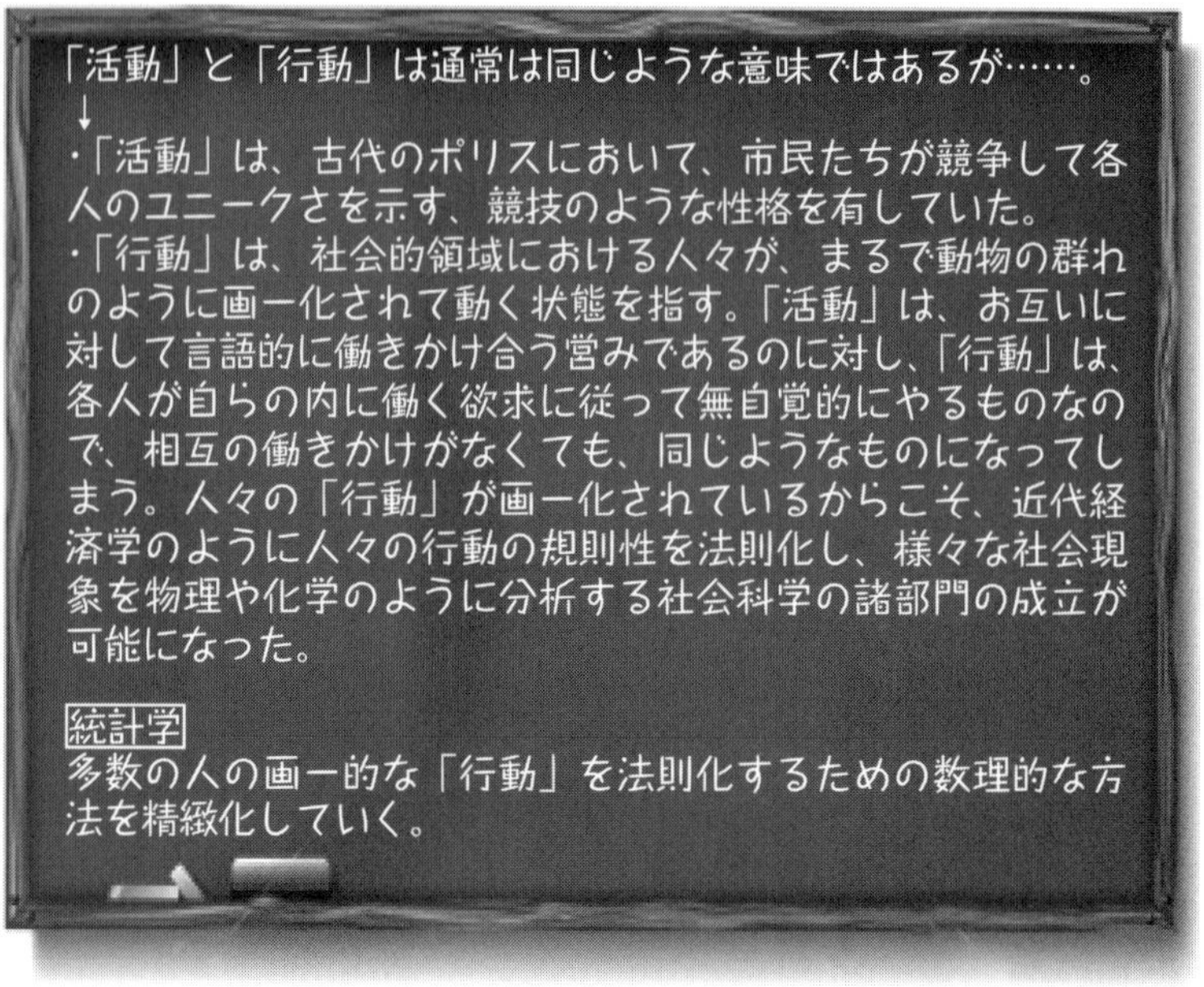

「活動」と「行動」は通常は同じような意味ではあるが……。
↓
・「活動」は、古代のポリスにおいて、市民たちが競争して各人のユニークさを示す、競技のような性格を有していた。
・「行動」は、社会的領域における人々が、まるで動物の群れのように画一化されて動く状態を指す。「活動」は、お互いに対して言語的に働きかけ合う営みであるのに対し、「行動」は、各人が自らの内に働く欲求に従って無自覚的にやるものなので、相互の働きかけがなくても、同じようなものになってしまう。人々の「行動」が画一化されているからこそ、近代経済学のように人々の行動の規則性を法則化し、様々な社会現象を物理や化学のように分析する社会科学の諸部門の成立が可能になった。
統計学
多数の人の画一的な「行動」を法則化するための数理的な方法を精緻化していく。

されるということを意味する。私たちにとっては、現われ《アピアランス》がリアリティを形成する。この現われというのは、他人によっても私たちによっても、見られ、聞かれるなにものかである。見られ、聞かれるものから生まれるリアリティにくらべると、内奥の生活の最も大きな力、たとえば、魂の情熱、精神の思想、感覚の喜びのようなものでさえ、それらが、いわば公的な現われに適合するように一つの形に転形され、非私人化《デプリヴァタイズ》され、非個人化《ディインディヴィデュアライズ》されない限りは、不確かで、影のような類いの存在にすぎない。

第一の意味というのは、「公示」とか「公開」など、情報の開示・発信に関わる意味です。アーレントはそれを哲学的に掘り下げているわけですね。つまり、情報として知られているという次元から、他者に対する「現われ appearance」、それも知覚的な「現われ」という次元へと掘り下げている、もしくはズラしているわけですね。

「現われ」というのは、通常は主観的なニュアンスを帯びた言葉ですね。誰かにとって主観的に「～と見える」ことが、「現われ」だという風に考えるのが普通です。英語の〈appear〉は、〈seem〉とほぼ同義に使われることが多いですね。〈appearance〉は、「外観」とか「仮象」といった意味もありますが、これらは、認識主体がその対象の本質をはっきり把握してない所から生じて来る幻影的なものと考えられがちです。しかし、アーレントは、「現われ」が他者から見られたり聞かれたりすることによって、「リアリティ」を獲得すると考えるわけです。「間主観性」を通して、「現われ」がリアルになるわけです。

近代哲学は、主体である自我の内面と、物質的な客体のいずれがより本質的かをめぐって議論を繰り広げてきたわけですが、アーレントはむしろ、物の人々に対する「現われ」を本質的だと見ているわけです。そういう「現われ」は、「共同幻想にすぎないのではないのか？」、という疑問を持つ人もいそうですが、アーレントは少なくとも「公的領域」においては、全市民の視線に晒される「現われ」こそが、「リアリティ」の基盤になっていると見るわけです。

こうした「現われ」をめぐる存在論的な議論の背景には、アーレントのドイツ語的な発想があるのではないかと思います。「現われる」ことを意味するドイツ語の動詞〈erscheinen〉には、哲学的な言葉遊びをしたくなるような要素がいろいろ含まれています。ドイツ語版では実際、この〈erscheinen〉という動詞を使っています。先ず、この動詞は、英語の〈shine〉に相当する、動詞〈scheinen〉と、英語の〈ex-〉と同じように、「外へ」という意味合いを付け加える働きをする〈er-〉という接頭辞もしくは前綴りから成っています。つまり、単に「現われる」だけでなく、「外へと輝き出る」というニュアンスを持っている言葉であるわけです。これを名詞にした〈Erscheinung〉は、「現象」という意味でも使われますので、「現象」とは、存在の深淵から「輝き出る」ことであることを示唆するような言葉遊びが出来るわけです。

実際、多くのドイツ語圏の哲学者がこの言葉遊びをしています。英語だと、通常〈phenomenon〉というギリシア語系の言葉を使うので、〈appear〉とうまく対応させられません。〈appearance〉を、自然界の「現象」の意味で使うこともないわけではないですが、それほど一般的な用法ではありません。〈phenomenon〉の元になったギリシア語の動詞〈phainō〉は、「現われる」のほか、「輝く」「見せる」といった意味もあります。〈erscheinen〉と〈phainō〉は、「輝く＝現われる＝現象」という繋がりを共有しているので、ハイデガーを含むドイツ語圏の哲学者は、しばしばこの対応関係を利用した言葉遊びをします。

それに加えて、〈scheinen〉には、英語の〈seem〉と同じように、「〜のように見える」という意味もあります。これの名詞形の〈Schein〉は、「輝き」と共に、英語の〈appearance〉と同様に「外見」「見せかけ」「仮象」といった意味も持っています。「仮象」は、「輝いている」というニュアンスを持たせた使い方をすることができます。また、各種の「証明書」という意味もあります。免許書のことを〈Führerschein〉と言います。社会的に認知された資格を視覚化したものなので、〈Schein〉と言うのではないかと思います。

こうしたいろいろな意味合いを帯びている〈erscheinen〉は使いようによっては、混沌とした主観の闇から、公的＝間主観的に認知された光の中に「輝き出る＝現象する」という、意味あり気なニュアンスを出すことができます。

因みに、英語で〈appearance〉を使う場合にも、それなりの意味ありそうなニュアンスは出ます。〈appear〉には舞台に「出演する」とか、法廷などに「出頭する」、あるいは本として「出版する」という意味があります。これらは、公的領域での「活動」に対応していると考えることができます。〈erscheinen〉と〈appear〉を合わせて使うと、かなり多様なニュアンスを帯びさせることができるわけです。

「現われ」——通常は主観的なニュアンスを帯びた言葉。誰かにとって主観的に「～と見える」ことが、「現われ」だという風に考えるのが普通。〈appearance〉は、「外観」とか「仮象」といった意味、これらは、認識主体がその対象の本質をはっきり把握してない所から生じて来る幻影的なものと考えられがち。


しかし、アーレントは、「現われ」が他者から見られたり聞かれたりすることによって、「リアリティ」を獲得することに注目する。つまり、「間主観性」を通して、「現われ」がリアルになる。

アーレントは少なくとも「公的領域」においては、全市民の視線に晒される「現われ」こそが、「リアリティ」の基盤になっていると見る。

※ドイツ語版：〈erscheinen〉
「現われる」ことを意味するドイツ語の動詞。

英語の〈shine〉に相当する、動詞〈scheinen〉と、英語の〈ex-〉と同じ様に、「外へ」という意味合いを付け加える働きをする〈er-〉という接頭辞もしくは前綴りから成っている。いろいろな意味合いを帯びている〈erscheinen〉は使いようによっては、混沌とした主観の闇から、公的＝間主観的に認知された光の中に「輝き出る＝現象する」という、意味あり気なニュアンスを出すことができる。


つまり、単に「現われる」だけでなく、「外へと輝き出る」というニュアンスを持っている言葉。これを名詞にした〈Erscheinung〉は、「現象」という意味でも使われる。

「現象」とは、存在の深淵から「輝き出る」ことであることを示唆する。
※英語だと、「現象」は、通常〈phenomenon〉というギリシア語系の言葉を使うので、〈appear〉とうまく対応しない。

先ほど引用した箇所の後に、「このような転形のうちで最も一般的なものは、個人的経験を物語る際に起こる。それを一般的にいえば、個人的な経験を芸術に転換する際に起こる」という文――原文は一つの文です――が続きますが、ドイツ語版だと、この箇所はもう少し詳しくなっています。次のページの黒板を見て下さい。

「芸術」は、個人の経験を転形（transform = umformen）した形で表象するものだということですね。リルケ（一八七五―一九二六）は、プラハ生まれのオーストリアの詩人です。『ドゥイノの悲歌』（一九二三）や小説の『マルテの手記』（一九一〇）が有名ですね。ロダン（一八四〇―一九一七）の影響を強く受けて、私的秘書のようなことをした時期もあり、ロダン論も著しています。彼の詩には哲学的なものが多く、ハイデガーもリルケの詩を、西欧形而上学の歴史に位置付ける論文も書いています。

アーレントが参照しているのは、『魔法』（一九二四）という短い詩です。河出書房新社から出ている『リルケ全集』の第四巻に訳が出ているので、邦訳はそちらから引用しましょう。「リルケの魔法」についての黒板を見て下さい。

芸術の中で、平凡な経験が、感覚に迫って来る先鋭化されたものへと変容するという話ですね。でも、何故アーレントはここで芸術の話を持ってきたのか？　それは当然、公的領域の光の中に現われた事物がリアリティを獲得することと、芸術の作用が似ている、あるいは両者に共通のものがあるからです。芸術の中で、経験の変容が凝縮された形で起こり、芸術作品が各人の前にリアリティをもって現われるのと同じようなことが、公的領域での現われに際しても起こっている、とアーレントは見ているわけです。

アーレントははっきりと説明していませんが、芸術作品はある意味公的な性格を持っています。芸術は私たちが感じているものを表現しているはずですが、私たちが日常において感じていることの多く――たとえそれが多少刺激的な体験であっても――はすぐに記憶から消え去りますし、普通の人は自分の知覚や

Solche verwandelnden Umformungen sind uns aus unserer täglichen Erfahrung ganz geläufig, sie finden bereits bei dem einfachsten Erzählen einer Geschichte statt, und wir begegnen ihnen ständig in den 》unbeschreiblichen Verwandlungen《（Rilke）individuellster Erfahrungen, die in den Gebilden der Kunst vorliegen.

そうした変容する転形は、私たちが日常的な経験としてよく出くわすことである。それらは、ある物語を最も素朴に語る際に既に生じることである。そして私たちは、芸術の諸形象の中にある最も個人的な経験の「描写し得ない変容」（リルケ）において、そうした転形と常に遭遇している。

---

リルケ『魔法』より

Aus unbeschreiblicher Verwandlung stammen
solche Gebilde-: Fühl! und glaub!
Wir leidens oft: zu Asche werden Flammen;
doch: in der Kunst: zur Flamme wird der Staub.

Hier ist Magie. In das Bereich des Zaubers
scheint das gemeine Wort hinaufgestuft...
und ist doch wirklich wie der Ruf des Taubers,
der nach der unsichtbaren Taube ruft.

名状しがたい変容から生まれ出る
造られたこのようなものたちが――感じるがいい、そして信じるがいい！
私たちは悩むことがよくある、炎は灰になるから。
だが芸術の中で　土は再び炎になる。

ここには魔法が働いている。この魔法の世界へと
当たり前の言葉が格上げされているようだ……
それでもやはり実際、それは目に見えない
雌鳩を呼ぶ　雄鳩の鳴き声のようなものだった。

感情の経験をいちいちその場で表明したり、それについて他人と意見交換したりしません。誰かがたまたま思いついて何か表現しても、他人の関心も注目も惹きません。放っておけば、すぐに消え去ってしまうような感覚をぎゅっと凝縮した形で表現し、他の人たちに、「ああ、私たちは、こういうことを感じながら生きているんだ」と自覚を促すようなものが、「芸術作品」ということになるでしょう。

つまり、各人の内面に留まっているうちは、ぼんやりとしていて、放っておけばすぐに消えていくような感覚が、「芸術」という公的な性格の媒体を経由することで、リアルなものに変換されるわけです。政治の舞台である公的領域でも、ぼんやりしていた各人の内面の観念の一部が、人々の活動を通して次第に共有された観念となり、間主観的に受け容れられたリアリティを帯びるようになるわけです。芸術の中でも、美術は「仕事」に近いですが、言語を使う「文学」、そこに身振りや公衆への働きかけが加わる「演劇」は、「政治」の本質である「活動」に近そうです。アーレントは、「政治」を「演劇」モデルで考えているというのはよく言われることです。

リアリティにたいする私たちの感覚は、完全に現われに依存しており、したがって、公的領域の存在に依存している。というのは、事物は隠された存在の暗闇の中からこうした公的領域の中に姿を現わすことができるからである。そうである以上、私たちの私的で親密な生活を明るみに出す薄明の光でさえ、究極的には、それよりももっと厳しい公的領域の光から出ているのである。しかし、公的舞台に常にいる他人が、そこから発する容赦のない明るい光に耐えられない事柄は、実にたくさんある。公的舞台では、それに適切であると考えられるもの、見られ、聞かれる価値があると考えられるものだけが許され、したがってそれに不適切なものは自動的に私的な事柄となるからである。

ここで、「隠された存在 sheltered existence」の「闇」との対比で、公的領域の「光」が語られていますね。まるでプラトンの「洞窟の比ゆ」（『国家』）のイデアの光、あるいはハイデガーの「明るみ Lichtung」のようですね──ハイデガーは、森林を伐採した後にできる空地を意味する〈Lichtung〉が、「光 Licht」を当てるという意味にも取れることを利用して、「存在」の開示、あるいは「真理」を、森林が伐採されて空地＝光の当たる地が作り出されることに譬えた言い回しをします。それから、公的領域への現われを「舞台 scene」の比ゆで表現していますね。先ほどもお話ししたように、〈appear〉が「舞台への登場」の意味も持っていることを念頭に置いているわけです。演劇の舞台で役者は、楽屋裏の暗がりから光の当たる舞台に登場するので、光／闇のメタファーにうまく対応していますね。

ここで重要なのは、何でもかんでも「公的舞台 public scene」に上がれるわけではなく、人々から価値あるものとして認められて初めて、その場にいることが許されるわけですね。リアリティを付与されるものとそうでないもの、曖昧模糊とした私的な状態に留まるべきものが選別されるわけですね。

## 「公的《パブリック》」II──共通世界

次に第二の意味を見ておきましょう。

第二に、「公的《パブリック》」という用語は、世界そのものを意味している。なぜなら、世界とは、私たちすべての者に共通するものであり、私たちが私的に所有している場所とは異なるからである。しかし、ここでいう世界とは地球とか自然のことではない。地球とか自然は、人びとがその中を動き、有機的生命の一般的条件となっている限定的な空間にすぎない。むしろ、ここでいう世界は、人間の工作物や人間の手が作った製作物に結びついており、さらに、この人工的な世界に共生している人びととの間で進行する事象に結びついている。世界の中に共生するというのは、本質的には、ちょうど、テーブルがその周りに坐っている人びとの真中《ビトウィーン》に位置しているように、事物の世界がそれを共有している人びとの真中《ビトウィーン》にあるということを意味する。つまり、世界は、すべての介在者《イン・ビトウィーン》と同じように、人びとを結びつけると同時に人びとを分離させている。

ここは、前回出てきた「仕事」によって作り出される「人工的世界」の話の続きですね。先ほど、公的領域では共通のリアリティが構成されるという話が出てきましたが、その基盤となる「世界」の話です。「世界」の中にある人工的な事物が基準になって、人々の共通のリアリティ感覚が生み出されるわけです。そうした事物、例えばテーブルが、人と人の「間」にあって、お互いの関係を制御しているわけです。テーブルは職人が作るものですが、それが世界の中にある限り、ほとんどの人は、それがどういう目的で作られ、自分たちがそれをどう使うべきか理解できます。単なる木片とか石の塊だったら、そういう共通の認識は必ずしも成立しません。

テーブルに同席することで、人と人の間に一定の関係が生じますが、同時に、必要以上に近付かせない距離が生じます。生命維持の営みが行われる私的領域＝家では、人と人は密着しながら生活しています。暴力的な衝突も生じます。テーブルはそういう密着を防ぐと同時に、各人が孤立させないようにするわけです。無論、他の道具の場合、具体的・物理的にそういう距離の調整が行われるわけではありませんが、アーレントはテーブルを、共有される事物の「介在者」的な性格を示す寓意的な例として使っているわけです。

アーレントは、そういう人々の間の距離を調整する世界を「共通世界」と呼びます。アーレントは、市民たちの「活動」の中核にあるものとして、中世神学的なニュアンスの強い「共通善」よりも、この「共通世界」の存在を強調します。「共通世界」で、人々の共通の認識の基盤が生み出されるわけです。

共通世界としての公的領域は、私たちを一緒に集めるけれども、同時に、私たちがいわば体をぶつけ合って競争するのを阻止している。大衆社会をこれほど堪え難いものにしているのは、それに加わっている人間の数のためではないし、少なくともそれが第一の理由ではない。それよりも、人びとの介在者であるべき世界が、人びとを結集させる力を失い、人びとを関係させると同時に分離する力を失っているという事実こそ、その理由である。

大衆社会になると、全ての人が同じような行動をし、同じような価値観を持つ傾向があるので、何となく〝共通世界〟が拡がったような感じがしますが、アーレントは、大衆社会になると、「世界」が人々の仲介者としての機能を喪失すると見なします。つまり、単に一緒にいるだけ、同じものを消費しているだけではダメで、公／私の境界線をはっきりさせ、共通の認識と価値の基盤の下で「活動」できるようにすることが肝心です。アーレントに言わせれば、大衆社会の人は同じように行動するよう圧力を受け、それに流されているだけで、自発的に「活動」しようとしない。「活動」のための共通の基盤を欠いているわけです。人々がお互いの間の距離をきちんと取れなくなっているというのは、「共通世界」が衰退しつつある徴候です。

こういう話をすると、必ずと言っていいほど、愛とか連帯によって、〝世界〟を取り戻すべきだということを言い出す人がいるのですが、アーレントはそうは考えません。愛のような感情によって獲得されるのは、家族的共同体ではあっても、共通世界ではありません。アーレントは、キリスト教の同胞愛による共同体が、むしろ「共通世界」と対立するものであることを強調します。

世界に取って代わるほど十分強力な、人びとを相互に結びつける絆を発見することとは、初期キリスト教哲学の主要な政治的課題であった。そして、キリスト教の「僧団」だけでなくすべての人間関係を同胞愛の上に築くよう求めたのはアウグスチヌスであった。たしかに、この同胞愛は、無世界性という点では、明らかに、人間の一般的経験である愛と一致している。しかし、それは同時に、愛と異なる面をもっている。なぜならこの同胞愛は世界と同様に、なにか人びとの間にあるようなものだからである。たとえば「盗賊さえ彼らの間に（inter se）彼らが同胞愛と名づけるものを有する」のである。キリスト教の政治原理にかんするこの説明は、たしかに驚くべきものであるが、実際には、大変うまく選択されている。というのは、人びとを繋ぐ同胞愛という絆は、それ自身の公的領域を創設する能力はもたないけれども、無世界性を説くキリスト教の主要原理には、完全に合致しているからである。その上、この絆は、本質的に世界なき人びとの集団である聖人の集団や罪人の集団が、世界を切り抜けるのには驚くほど適切なものである。

「世界」に取って代わる絆を発見することが課題であったというからには、それ以前には、「共通世界」が成立していたと想定されているような感じがしますね。ギリシアのポリスや古代ローマの共和制の時期を想定しているのでしょう。ローマ帝国は大きな領土と人民を獲得したけど、その代わり、「活動」の基盤になる「共通世界」を喪失しつつあった。そこで、キリスト教がそれに代わるものを提供することで、布教しようとした、という前提で考えているのでしょう。

「同胞愛」が「無世界的 worldless」だというのは、自由な「活動」のための「間」の空間を作らないで、人々を結び付けるものだからです。「愛」と「同胞愛」が違うというのが分かりにくいですが、「同胞愛」

の原語は〈charity〉です。〈charity〉は、「隣人愛」とか「慈善」とも訳されます。それだけでは、まだ〈love〉との違いは分かりませんが、ここでアーレントが問題にしている、〈charity〉――ラテン語では〈caritas〉――というのは、泥棒の話から分かるように、全く無条件の愛ではなく、同じ集団に属していることから生じる情のようなものでしょう。文字通りの意味での「隣人愛」ですね。ただし厳密に言えば、〈caritas〉は、普通に「愛」の意味でも使われるので注意が必要です。アウグスティヌス自身、泥棒でも負債と罪の意識から来る〈caritas〉を持っていると言ったすぐ後――このくだりが出てくるのは注（44）にあるように、『マニ教徒ファウストゥス論駁』（四〇〇頃）です――で、それは使徒の命じる〈caritas〉ではないと言っています。同じ言葉を二つの意味に使い分けているのを、アーレントは、〈love〉と〈charity〉という二つの言葉に訳して、違いを強調しているのですが、それを日本語で、「愛」と「同胞愛」という風に訳すと、両方とも「愛」という漢字を使うので、違いがまた分かりにくくなってしまいます。

アーレントに言わせれば、キリスト教は、同じ信者であるという「同胞愛」、〈caritas〉に基づいて、信者を結束させようとしたということです――建前的には、無差別の愛を強調したわけですが。「同胞愛」は、人々の間に特定の絆を作り出しますが、「活動」の基盤になる「共通世界」を生み出すわけではない。「公／私」の境界線を含んでいないので、「共通世界」を築くことはできません。「同胞愛」に基づく共同体は、ポリス的な意味での政治的共同体ではなく、「家族」のようなものです。

> 共同体生活の構造が、家族関係をモデルとしていたのは、家族というものが非政治的であるばかりか、反政治的であるということさえ知られていたからであった。実際、家族の構成員の間に公的領域が存在したことはけっしてなかった。だから、キリスト教の共同体生活がただ同胞愛の原理だけで支配されている限り、公的領域がこの生活から生まれてくるようには思われない。

家族が元々「反政治的」だったからこそ、キリスト教の共同体形成のモデルとして適していたわけですね。どうして「反政治的」でなければならないかというと、恐らく、キリスト教が現実の国家の〝政治〟に抵触しないような形で布教を進めたということではないかと思います。あるいは、信徒たちが自由に活動し、他者との違いを強調するようになると、教会という組織が維持できなくなる、ということもあったかもしれません。そうした理由から、本来の意味での「政治」性を抑圧することが、キリスト教にとっての〝政治〟的課題であったわけです。

八一頁から八二頁にかけてアーレントは、キリスト教が「無世界性」と結び付いているのは、キリスト教が死すべき人間の手によって作り出されたものは、やがて死滅するという前提に立っているからだと論じています。〝世界〟を構成する事物もそこに住まう人間も、いつか死んでしまうので、〝世界〟に固執することは、キリスト教徒にとって意味がないわけです。敬虔なキリスト教徒にとって意味があるのは、今目の前にあるこの〝世界〟ではなく、魂が最終的に帰属する〝霊の世界〟です。ここで前回出てきた「永遠」と「不死」が問題になってきます。キリスト教にとって重要なのは、神の目から見た「永遠」であって、「不死」ではありません。仮に不死のものがあるとしても、それは具体的な作品やポリスの物語ではなく、魂だけです。

現世は潜在的に不死であると確信し、現世の枠をこのように乗り越えない限り、厳密にいって、いかなる政治も、いかなる共通世界も、いかなる公的領域もありえない。キリスト教が理解したような共通善——万人に共通する関心としての魂の救済——と違って、共通世界とは、私たちが生まれるときにそこに入り、死ぬときにそこを去るところのものだからである。それは、過去の方向においても、未来の方向においても、私たちの一生を超越している。つまり共通世界は、私たちがやってくる前からすでに存在し、私たちの短い一生の後にも存続するものである。それは、私たちが、現に一緒に住んでいる人びとと共有しているだけでなく、以前にそこにいた人びとや私たちの後にやってくる人びととも共有しているものである。しかし、このような共通世界は、ただそれが公的に現われている限りでのみ、世代の流れを超えて生き続けることができる。実際、人びとが時の自然的破壊から救いだそうとするものをすべて吸収し、それを、何世紀もの間、人目に触れる光輝あるものにしておくことができるのは、公的領域における公示である。

最初の文が少し分かりにくいですが、これは誤訳です。原文を見ておきましょう。次のページの黒板を見て下さい。

「現世の枠を乗り越える」のではなくて、「現世へと超越する」と書かれているわけです。従って、「潜在的な現世的不死へと超越しない限り、いかなる政治も、厳密に言えば、いかなる共通世界も、そしていかなる公的領域もありえない」と訳すべきでしょう。「現世的不死へと超越する」というのは、言い回しとしては分かりにくいですが、これは前回見たように、個人の生死という次元を超えて、人工物の連鎖と物語によって存続し続ける「共通世界」に参入するということです。乗り越えられるのは、現世ではなくて、現世における個人の生です。

この共通世界が存続するために、公的領域における公示、すなわち、公衆の目に触れることが必要になります。公衆の目に触れ、間主観的リアリティを付与されることで、諸事物が意味付けされ、物語的に記憶され、継続性を得るようになるわけです。キリスト教にはそういう「世界」に密着した視点がなかったわけです。

Without this transcendence into a potential earthly immortality, no politics, strictly speaking, no common world and no public realm, is possible.

ここでの「共通善」の使い方が、家的利害の共通性を強調するこれまでの使い方と若干違うようですが、五六頁の「私的な個人が物質的(material)、精神的(spiritual)な共通の利益をもつ」という言い回しを思い出して下さい。ここでは、〈spiritual〉つまり「霊的」な「共通利益」の方の意味で使われているわけです。キリスト教の教えにおいて、霊的救いは原則的に「私的」なものであり、公的に他者の目に触れるものではありません。カトリックの仰々しい儀礼のようなものについてはどう考えるのかという疑問が湧いてきますが、そこにはアーレントが拘るポリス的な公共性は純粋な形では存在しません。ハーバマスであれば、そういう儀礼的なものも公共性の一種と見なしますが、アーレントはそういう言い方をしません。

八四頁から八五頁にかけて経済の話が出てきます。近代においては、それまで「共通世界」の「客観性」を支えていた「公的称賛 public admiration」が個人の虚栄によって消費される対象になり、金銭的報酬と同じ意味しか持たなくなった、と述べられています。古代のポリスの市民たちは、「公的称賛」を通して自らのアイデンティティを確立していたわけですが、近代では、単なる刹那的な自己満足にすぎなくなったわけです。全ての事物が永続性を失い、消費の対象になると、相対的に価値が安定している貨幣が「客観性」の基準になっていきます。

この種の「客観性」の唯一の基盤は、あらゆる欲求を満足させる公分母としての金銭である。公的領域のリアリティは、これとまったく異なって、無数の遠近法と側面が同時的に存在する場合に確証される。なぜなら、このような無数の遠近法と側面の中にこそ、共通世界がおのずとその姿を現わすからである。しかも、このような無数の遠近法と側面にたいしては、共通の尺度や公分母をけっして考案することはできない。なぜなら、なるほど共通世界は万人に共通の集会場ではあるが、そこに集まる人びとは、その中で、それぞれ異なった場所を占めているからである。

「遠近法」の原語は〈perspective〉です。「遠近法」というと、厳密には、距離の近い遠いによる大小の話だけですが、ここでは、各人の立ち位置による見え方の違いを指していると考えるべきでしょう。「共通世界」とか「客観性」とか言うと、まるで、事物の各人に対する見え方が画一化しているように聞こえますが、そうではなくて、むしろ無数に多くのパースペクティヴと側面によって、「共通世界」が成り立っているというわけです。パースペクティヴが複数化されているわけです。

それでどうして、「共通」なのかという疑問が出てきますが、恐らく、いろんなパースペクティヴから眺められ、各人のイメージが重ね合わされることで、その事物の全体像がより正確に捉えられ、客観性を増していくということなのではないかと思います。物理的に形が決まっているものについてはうまく当てはまらないような気がしますが、物語とか演技演説、個性、慣習、道徳等、形や用途がはっきりと決まっていないものについては、パースペクティヴが複数化していて様々な側面から眺めた方がリアリティが増していくというのはありそうな話ですね。複数のパースペクティヴによって対象が構築される、という言い方をした方がいいかもしれません。

共通世界の条件のもとで、リアリティを保証するのは、世界を構成する人びとすべての「共通の本性」ではなく、むしろなによりもまず、立場の相違やそれに伴う多様な遠近法の相違にもかかわらず、すべての人がいつも同一の対象に係わっているという事実である。

各人がそれぞれ〝相互に全く関係ない場所〟から〝違ったもの〟を見ていたのでは、リアリティは生まれません。単に雑然としたイメージが飛び交っているだけの状態でしょう。一つの空間にそれぞれに固有の場所を占める形で人々が集まっていて、同一の対象を見ていることが確かだからこそ、複数の人のパースペクティヴが重ね合わされることによって、その対象のリアリティが増すわけです。テーブルに座っている人たちが、真ん中にある同じ物を見つめているようなイメージで考えればいいでしょう。無論、実際には、全員がテーブルの周りに座って同じ物を観察するような状況はほとんどないので、みんなが同じ物を見ているとどうして言えるのか、という根本的な疑問が出てきます。

しかし、対象が同一であるということがもはや認められないとき、あるいは、大衆社会に不自然な画一主義が現われるとき、共通世界はどうなるだろうか。そのような場合には、人びとの共通の本性をもってしても、共通世界の解体は避けられない。

結局、対象が同一であるかどうかというのは、人々の信念、あるいは第六章で出て来る「共通感覚 common sense」に依拠しているわけですが、その信念あるいは共通感覚が崩れると、人々は違った視点を持ちながら、〝同一のもの〟について考えるということができなくなるので、不安になる。そうなるとみんなてんでバラバラに、とにかく物理的刺激、欲求を充足すべく行動するようになる。そのおかげで、

「世界」を、そして公的領域における諸事物に関する認識を共有していないのに、画一的に行動するという皮肉な事態が進行する。

無論、古代のポリスにはあったという、〝対象が同一である〟という感覚自体が元々幻想であったのではないかという疑惑は払拭できないですが、アーレントはそこまでは突っ込んで考えていないと思います。

## 「私有財産 private property」の変容と社会的領域の勃興

第八節の「私的領域――財産」に入りましょう。

八八頁で、先ほど出てきたような「共通世界」の解体によって、私的領域まで破壊されていくという話が出てきます。

今日、他人にたいする「客観的」関係や、他人によって保証されるリアリティがこのように奪われているので、孤独《ロンリネス》の大衆現象が現われている。大衆社会では、孤独は最も極端で、最も反人間的な形式をとっている。なぜ極端であるかといえば、大衆社会は、ただ公的領域ばかりでなく、私的領域をも破壊し、人びとから、世界における自分の場所ばかりでなく、私的な家庭まで奪っているからである。

「孤独」が家庭の中にまで入り込んでいるということですね。これはよく聞く話ですが、それはどうしてか。それをアーレントは、公的領域と私的領域の相関関係という視点から説明します。九〇頁をご覧下さい。

公的領域が最終的に消滅すると同時に私的領域も一掃される運命にあるというのは、公的領域と私的領域の本来的な関係からくるように思われる。そして、議論全体が、結局のところ、私有財産が望ましいか望ましくないかという問題になっているのも偶然ではない。古代の政治思想の観点からみた場合でさえ、「私的」という言葉は、財産と結びつくとただちにその欠如的な性格を失い、公的領域一般にたいする対立関係を多く失うからである。つまり、財産は、私的領域にあるとはいうものの、常に政治体にとって最も重要だと考えられていた一定の特質を明らかにもっているのである。

ここまでの議論では、公的領域での活動を支える私的領域が相対的に低く評価されているような感じですが、ここではむしろ二つの領域の一体性を強調しています。ポイントは「私有財産 private property」です。

「議論全体が、結局のところ、私有財産が望ましいか望ましくないかという問題になっているのも偶然ではない」というのが、どういう「議論」の全体を指しているのか分かりにくいですが、直前の段落で、マルクスの「国家の死滅」の話が出て来るので、社会主義的な議論の系譜、及び、それと対抗関係にある、自由主義系の経済・政治理論の系譜が念頭に置かれているのではないか、と想像できます。

マルクス主義は、ブルジョワ国家の打倒を標榜していることは有名ですね。マルクス主義において、「政治」は、「経済」によって規定される上部構造、イデオロギーの形態であり、その都度の生産様式を擁護する方向に働きます。資本主義社会の政治は、資本主義的生産様式を擁護するというように。従ってマルクス主義は国家の死滅を目指すと共に、経済的制約を超えた所に成り立つ、アーレント的な意味での「政治」を認めません。

そうした二重の意味でマルクス主義は、「政治」の場である「公的領域」を消滅させようとしていると言えます。そのマルクス主義は、ご承知のように、搾取を解消するために「私有財産」も廃止しようとします。「も」というより、そちらの方が究極の目的で、国家の消滅や、政治の相対化はその手段です。

英米の自由主義系の政治思想の元祖であるロックは、自然状態における「労働」を通して、物に対する「所有 property」が確定するという論理で所有権を正当化しました。それを受けてアダム・スミスは、投下した労働時間によって商品の価格が決定すると主張しました。労働価値説です。それに対してマルクスは、資本主義的生産体制の下では、労働＝価値創出の担い手である労働者が、自らの生産物を享受できないのはおかしいという視点から、「私有財産」制の廃止、特に資本財の私有の廃止を主張しました。「私有財産」こそが「私的領域」を支えているとすれば、マルクス主義等の社会主義陣営と、自由主義陣営の闘いは、政治のアリーナとしての国家をめぐる争いであるが、より本質的には、「私有財産」をめぐる争いであると言えるわけです。

ただ、先ほど見たところでは、アーレントは、「財産」というのは「家」に属するものではあるけれど、古代の政治においては一定の公的性格を持っていたと述べていますね。そこに注目すると、アーレントは実は「家計＝経済」の公的性格を認めていたのではないか、という気もしてきますが、そう単純な話ではありません。アーレントがここで肯定的に評価しているのは〈property〉であって、経済的な営み全般ではありません。しかも彼女は、〈property〉に特別な意味を込めているようです。

> 公的なるものと私的なるものとの深い関係は、その最も基本的な次元として、私有財産の問題にはっきりと現われている。しかし、その関係が今日誤解されているように思われるのは、近代になって、一方では財産《プロパティ》と富《ウェルス》とが、他方では無産《プロパティレスネス》と貧困《ポヴァティ》とが同一視されているからである。

「財産 property」と「富 wealth」を区別しているわけですね。この箇所の少し後で説明しているように、

「富」というのはその社会全体の年収からのその人の分け前です。その人に固有のものではありません。〈property〉には「固有性」という意味もありますね。ロックは、労働を通しての人の「固有性」を投入することによって、物がその人の所有物になることを指摘しています。

近代は、貧民の搾取に始まり、次いで財産なき新しい階級の解放に進んだ。しかし、このような近代がやってくる以前、すべての文明は、私有財産の神聖さにもとづいていた。これにたいして、富は、それが私的に所有されていようと、公的に配分されていようと、かつて、神聖視されたことはなかった。もともと、財産とは、世界の特定の部分に自分の場所を占めることだけを意味した。したがって、財産というのは、政治体に属すること、つまり集まって公的領域を構成した諸家族のうちの一つの長となること以上のことではなく、それ以下のことでもなかった。私的に所有された世界のこの断片は、それを所有した家族《ファミリー》と完全に一致していたので、市民を追放する場合、単に彼の資産が没収されただけでなく、建物そのものが実際に取りこわされた。外国人や奴隷の富は、どういう事態になっても、このような財産の代替物ではなかった。

「財産」の本質は、「共通世界」の中に「固有の場所」を占めることだったわけですね。「財産」という日本語のイメージだけで考えると、分かりにくいですが、〈property〉の本来の意味が「固有性」であることと、「財産」の典型として考えられているのが土地や家屋などの不動産であることを念頭に置くと、ピンと来るのではないでしょうか。「財産」という形で「固有の場所」を占めているからこそ、家長たちは市民として、公的領域に現われることができたわけです。単に、生活のための「富」を持っているか否かということではないわけです。固有にして神聖な場所という視点から見ると、「家族」の持つ意味も異なってくるわけです。
日本の武士が主君から屋敷と知行地を与えられ、「家」を構えることによって一人前の侍と見なされる、武士としてのアイデンティティが確立するのと対比すると分かりやすくなるかもしれません。古代のポリスでは、一人の主君からではなく、政治的共同体全体から固有の家を与えられるわけです。ただし、「財産」や「家族」がポリスにとって大事だと言っても、それらによって生活を支えることが大事であるという話ではなく、あくまでそれが、市民たちの公的領域の中での場所を表示するからです。

都市にとって重要なのは、隠されたまま公的な重要性をもたないこの領域の内部ではなく、その外面の現われである。それは、家と家との境界線を通して、都市の領域に現われる。法とは、もともとこの境界線のことであった。

ここに注（62）が付いて、「法」を意味するギリシア語「ノモス nomos」についての説明があります。〈nomos〉の動詞形〈nemein〉には、「配分する」「（配分されたものを）所有する」「住む」といった意味がある、と出ていますね。アーレントは更に、〈nomos〉が垣根のイメージで使われている例を参照していますね。このアーレントの解釈の線でいけば、「法」というのは、家と家の間の境界線を引いて、それぞれに固有の場所を割り当てるものだということになります。
第九節「社会的なるものと私的なるもの」では、第八節を受けて、「財産」の意味が変容したことを、社会的領域の勃興と結び付けて論じられています。

私たちが前に社会的なるものの勃興と呼んだ事柄は、歴史的にみると、私有財産をただ私的なものと

・「財産 property」――〈property〉には「固有性」という意味もある。ロックは、労働を通しての人の「固有性」を投入することによって、物がその人の所有物になることを指摘。

・「富 wealth」――富というのはその社会全体の年収からのその人の分け前。その人に固有のものではない。貨幣で表示される、単なる豊かさの量であって、固有な質は含んでいない。私的所有(private possessions)。「財産」の「固有性」が消えて、単なる消費の対象である「富」になる。人々は世界における諸事物の永続性を認識する能力を失う。これは全てが貨幣の等価性で測られるようになったことで、物に対する人々の感性が衰退していく。
私的領域が社会的領域へと解体していく中で、不動産が次第に動産へ、土地よりも、貨幣が価値の中心になる。

※「財産」の本質は、「共通世界」の中に「固有の場所」を占めることだった。「財産」という形で「固有の場所」を占めているからこそ、家長たちは市民として、公的領域に現われることができた。単に、生活のための「富」を持っているか否かということではない。

考える態度が、財産を公的な立場から考える態度に変わったことと時を同じくしていた。社会が最初公的領域に入ってきたとき、それは財産所有者の組織という形をとっていた。この財産所有者たちは、自分たちには富があるのだから当然、公的領域に入る権利があると要求したのではなかった。そうするかわりに、彼らはむしろ、もっと多くの富を蓄積するために、公的領域からの保護を要求したのである。ボーダンの言葉によれば、統治は王のものであり、財産は臣民のものであったから、臣民の財産を守るために支配するのは王の義務であった。最近指摘されたように「国家《コモンウェルス》は主として共通の富《コモン・ウェルス》のために存在した」。

古代世界では、「私有財産」は、各市民に固有の場所を指し示す役割を担っており、私的に所有されるものでありながら、公的意味を持っていたわけですが、近代の〝財産所有者〟たちは、自分たちが「富」を持っていることを、自分たちの〝政治的〟発言権の根拠と見なしたわけです。しかも、その政治的発言権というのは、公的領域での政治によって自分たちの財産＝富が侵されることがないように、政治を抑制するためのものです。それはまさに、ロック以降の近代の自由主義が目指してきたことです。古代のような、「政治」のための「財産」ではなく、〝財産〟のための〝政治〟が目指されるようになったわけです。

ジャン・ボダン（一五三〇―九六）は一六世紀のフランスの法律家、哲学者で、近代的な主権論を確立したことと、循環している財と貨幣の関係を分析し、「貨幣数量説」の基礎を築き、重商主義を提唱したことなどで有名です。ボダンも、私有財産を保護するという観点から、政治を考えていたわけです。〈commonwealth〉が〈res publica〉の英訳だという話はしましたね。この〈common wealth〉を、〈common〉と〈wealth〉にもう一度分解すると、「共通の富」という意味になります。〈wealth〉という英語の「富」という意味を意識すると、まるで「国家 common wealth」は、「共通の富」、国民全体の富の総量を守るために存在するように聞こえます。

> この共通の富は、以前は家族の私生活の中に閉じこめられていた活動力が生みだしたものである。それが、今や、許されて公的領域を引き継いだとき、私的所有物は、世界の耐久性を掘り崩し始めた。なぜなら、共通世界は、必ず、過去から成長し、未来の世代のために永続するものと期待されるが、これにくらべると、私的所有物の方は、本質的に、永続性がなく、所有者が死すべきものである以上、その死によって滅びる。なるほど、富というものは、個人が一生かかっても使い尽せないほど蓄積す

ることができるものである。その場合、個人ではなく、家族が、その所有者となる。それでもなお、富は、どれだけ多くの個人の一生がそれによって維持されるにせよ、やはり使用され、消費される何物かであるという点に変わりはない。

「財産」の「固有性」が消えて、単なる消費の対象である「富」になってしまったのに伴って、人々は世界における諸事物の永続性を認識する能力を失っていきます。これは全てが貨幣の等価性で測られるようになったことで、物に対する人々の感性が衰退していったという、現代の疎外－物象化論系の芸術論・文化批判でよく聞く話ですね。「富」というのは、貨幣で表示される、単なる豊かさの量であって、固有な質は含んでいません。

引用した箇所で、「私的所有物」に永続性がないという言い方が少しひっかかりますが、これは訳の問題です。原語は〈private possessions〉です。〈possession〉は、専門的には「占有」という意味ですが、日常的には、〈property〉とほぼ同義に使われます。複数形にすると、所有物、所持品といった意味になります。こちらの方には、固有性という意味は含まれていません。ドイツ語版では〈property／possession〉にそれぞれほぼ対応する、〈Eigentum／Besitz〉というペアを使い分けています。

九八頁に、私的領域が社会的領域へと解体していく中で、不動産が次第に動産へと変っていったと述べられていますね。土地よりも、貨幣が価値の中心になった、という話だと考えて下さい。現代の経済や民法でも、土地の所有権は特別な意味を持っていますが、多くの人は土地の価値を貨幣で測っているのではないかと思います。

この変化の結果、財産と富の区別や、ローマ法でいう「代替物《フンジビレス》」と「消費物《コンスンプティビレス》」の区別は、まったく意味のないものになった。すべての触知できる「代替《ファンジブル》」物が「消費《コンサンプション》」の対象となったからである。「代替」物は、その場所によって決定される私的な使用価値を失い、逆に、たえず変動する交換率によって決定される完全に社会的な価値を獲得した。この交換率の変動は、貨幣という公分母によって結びつけられて、ただ一時的に安定するだけである。財産概念にたいする近代の最も革命的な貢献は、このような、触知できる「代替」物がいわば発散して社会的なものになった事情と密接に結びついている。

ローマ法で「代替物 res fungibiles」と言われるのは、売買契約などに際して、当該の物の代わりと見なしてよいもののことです。例えば、ある壺とかテーブルを売ったけれど、それが壊れるなどして引き渡せない場合、それと同じ物と見なせる「代替物」を代わりにするわけです。「消費物 res consumptibiles」というのは、穀物とかワインとか、放っておくと腐ってなくなるし、そのままの形で持っておいても意味がないので、同じ種類のものが同じ量、あるいはその当時の価値に相当する量があれば、同一と見なされるような取引対象物です。両者は一応異なる概念です。

アーレントが言っているのは、「代替物」というのは本来、ある固有の場所に置かれ、ある人にとって固有の「私的所有価値 private use value」を有しているはずなので、「代替物」になれるものはそんなに多くなかったはずだけど、そういう固有性がだんだんどうでもよくなって、量もしくは価格さえ合ってさえいれば、いくらでも交換できる「消費物」へと次第に変容していった、ということです。

一〇〇頁から一〇一頁にかけて、「私生活 privacy」の「非欠如的 non-privative」な性格が、「財産」と関連付けて説明されています。「非欠如的」と言うと難しそうですが、「公性が欠けている」というネガティヴな意味とは異なる、ポジティヴな意味ということです。一つは、「財産」によって産み出される私的所有物を消費しなければ、生命を維持するうえでの「必要」が満たされないということ。もう一つは、共通の公的世界から身を隠すための場所を提供してくれるということ。公示する光から隠された暗い場所がないと、生活が浅いものになってしまう、ということです。あまり論理的に説明されていませんが、納得のいく話ですね。一〇二頁では、公的領域と私的領域の違いは、「見せるべきもの」と「隠されるべきもの」の違いだと述べられています。「隠されるべきもの」は、生命過程と結び付いている、ということですね。

## 「公的なもの」と「善」の違い、そして、マキャベリ

最後に、第一〇節の「人間的活動力の場所」に入りましょう。先ず人間の「活動力」には、それぞれ相応しい場所があり、「活動」の場所は公的領域であることを確認します。そのうえで、キリスト教的な「善」は、公的な活動と対立関係にあることを改めて強調します。

> 絶対的な意味の善《グッドネス》というのは、古代ギリシア＝ローマの「役立つ《グッド・フォー》」ものとか「卓越した《エクセレント》」ものと違って、西洋の文明で知られるようになったのは、ようやくキリスト教が勃興してからである。それ以来、私たちは、ありうる人間の活動の重要な一変種として善行について知るようになった。テルトゥリアヌスは「公的問題ほどわれわれに縁遠いものはない」(nec ulla magis res aliena quam publica) と述べたことがある。初期キリスト教と公的《レス・プブリカ》なものとの周知の対立は、この言葉の中にみごとに要約されている。

〈good〉の訳としての「善」と「良」の話は既にしましたね。古代ギリシアやローマには、「～にとって良い」とか「卓越している」という意味での〈good〉の概念はあっても、絶対的な「善」の概念は知られ

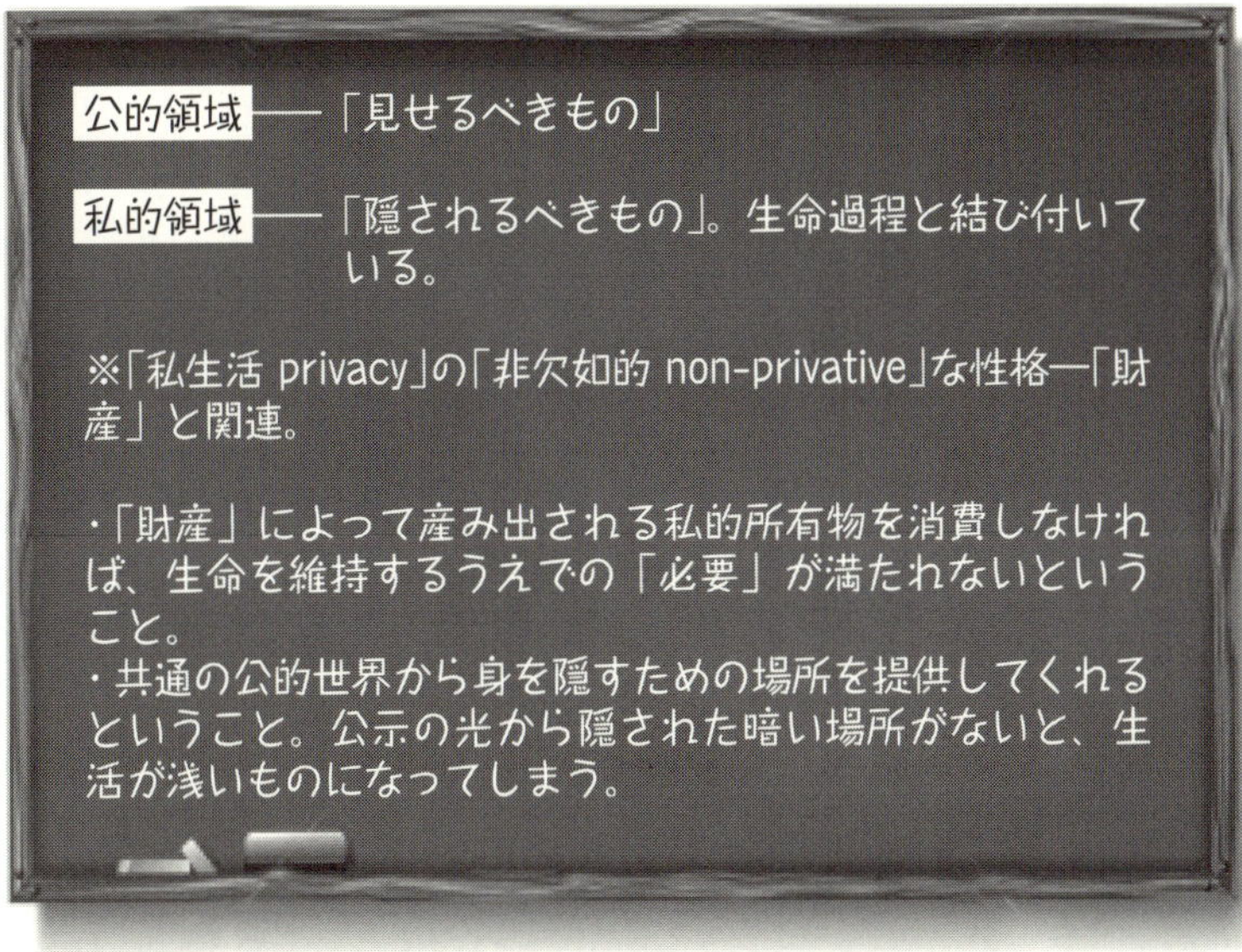

公的領域――「見せるべきもの」
私的領域――「隠されるべきもの」。生命過程と結び付いている。
※「私生活 privacy」の「非欠如的 non-privative」な性格―「財産」と関連。
・「財産」によって産み出される私的所有物を消費しなければ、生命を維持するうえでの「必要」が満たれないということ。
・共通の公的世界から身を隠すための場所を提供してくれるということ。公示の光から隠された暗い場所がないと、生活が浅いものになってしまう。

ていなかったわけです。キリスト教は、多神教ではなく、唯一神に由来する究極の「善」を求める宗教です。

テルトゥリアヌス（一六〇頃―二二〇頃）は、カルタゴ生まれの初期のキリスト教の教父で、最初にラテン語で書いた教父とされています。三位一体論を最初に体系的に論じた人です。「不条理なるがゆえに我信ず Credo, quia absurdum est」という定式はこの人に由来するとされています。

「公的なもの」と「善」の違いを強調する考え方は、教祖であるイエス（前四頃―二九）の言行にあったということです。

> イエスが言葉と行為で教えた唯一の活動力は、善の活動力であり、この善は明らかに、見られ聞かれることから隠れようとする傾向を秘めている。キリスト教は、公的領域に敵意を持っており、少なくとも、初期のキリスト教はできる限り公的領域から離れた生活を送ろうとする傾向をもっている。これは、ある種の信仰や期待

テルトゥリアヌス

とは一切関係がなく、ただ善行に献身しようとすれば当然現われる結果にすぎないと考えられる。なぜなら、善行は、それが知られ、公になった途端、ただ善のためにのみなされるという善の特殊な性格を失うからである。善が公に現われるとき、なるほど、それは、組織された同胞愛あるいは連帯の一活動としてやはり有益ではあろう。しかし、それは、もはや善ではない。

「善行 good works」は隠れたところでやりなさいというのは、キリスト教に限らず、宗教的お説教としてよく聞く話ですが、それを文字通りに受けとめると、公的領域と善の不適合という原理的な問題に発展するわけです。政治哲学は基本的に、公的領域における規範を探究する学問なので、キリスト教的な倫理はそもそも相容れないということになるかもしれません。

キリスト教の側からすれば、他人に良く見られるために〝善〟をなすのではなく、神の目から見て善をなすことが大事なのだから、善行を公的領域の光から隠す必要がある、ということになるのでしょうが、そういう態度に徹すると、「活動」を通して「複数性」を獲得することができません。

（…）善を愛している人は、けっして、独居生活を送ることはできない。しかも、彼の生活は、他人とともにあり、他人のためにありながら、本質的に証言のないままにしておかなければならず、なによりもまず自分自身という同伴者を欠いている。彼は独居しているのではなく、孤独《ロンリイ》なのである。彼は他人とともに生きながら、他人から隠れなければならず、自分のしていることを自分自身が安心して目撃することさえできない。哲学者はいつも自分自身を同伴しているという考えに慰められるが、善行は、どんな人も同伴できない。善行は、行なわれた途端に忘れられなければならない。なぜなら記憶でさえ、善の善たる特質を滅ぼしてしまうからである。

哲学には自分自身という同伴者がいるというのが少し分かりにくいかもしれませんが、これは自分自身のやっていることを反省的に意識している、ということです。哲学的思考は、自分自身の内面を観察するという側面が強いですね。それに対して、善行の場合、他人に対して善を行っていることを知らさないだけでなく、自分でもそう意識してはいけない。そういう自己満足も、善の本質とは相容れないわけです。キリスト教の倫理を突き詰めていけば、他者に知らせることなく、また自他のリアクションを一切気にすることなく、他者と共に、他者のために善をなさなければいけない、ということになります。そういう風に自分の気持ちをコントロールするのは難しそうだし、他人の目をそこまで気にしないと、〝善行〟が独りよがりになるのではないか、という気もしますね。アーレントは、キリスト教の倫理をかなり極端な形で描くことで、その矛盾を浮き彫りにしようとしているわけです。

さらに、思考は、記憶されるものであるから、結晶して思想となる。そして思想は、記憶されるからこそ存在できる他のすべてのものと同じく、書かれたページや印刷された本のように、触知できる対象に変形されて、人工物の一部となる。ところが善行の方は、すぐに忘れられなければならないから、けっして世界の一部分となることはない。それは、生まれ、痕跡を残さずに去る。実際、善行はこの世界のものではない。

これはまさに「エクリチュール」の問題ですね。思考は、もともと個人の内面で営まれるものだとしても、「エクリチュール」化して、他者に伝えられ、他者の視点から見られることで、客観性を得て、共通世界の一部になります。「善行」は、「世界」の中に現われることが許されない。この箇所を見ると、第七節でアーレントがキリスト教は「無世界的」だと指摘したことの意味がよりクリアになると思います。「善行」ははっきりした形で表わすことができないので、公示することができないどころか、ライフスタイルに組み込むことさえできません。ライフスタイルにしてしまえば、他人に知られてしまうからです。

したがって、善を一貫した生活様式として実行しようとしても、それは公的領域の境界内では不可能であるばかりか、むしろ、公的領域を破壊してしまう。マキャヴェリは、「いかにして善人たらざるべきか」という有名な句を吐き、それをあえて人びとに教えようとしたが、彼ほど、善行の破壊的性質を鋭く感じとっていた人はいないだろう。つけ加えるまでもないが、彼は、ひとびとに、いかに悪人たるべきかを教えなければならないといったのではなく、そういう意味でもない。犯罪行為も、別の理由からではあるが、他人によって見られ、聞かれることを避けるからである。マキャヴェリにとって、政治活動の基準は、古典古代と同様、栄光である。ところが、悪は善と同じく、栄光に輝くことはない。

ご承知のように、マキャベリは通常、権謀術数の人、権力政治の人、どちらかと言うと君主に悪を勧めたと思われがちですが、アーレントは、彼が、政治の本質が、「公的領域」における「生」であると見抜いていたことを評価しているわけです。現代の政治思想史では、マキャベリは、『君主論』(一五一三)というより、古代ローマの共和制の理念を、近代において再現しようとした人文主義者として知られています。

ここで面白いのは、マキャベリが悪の人ではないことを、わざわざ「悪」の本質としての隠蔽性という点から証明しようとしていることです。「悪」もまた、光を嫌う以上、「善」同様に、公的領域での政治的生活の基準にはなり得ません。他者から見られ、聞かれることこそが、政治にとって重要なわけです。

（…）善は隠すことから生じるものである以上、それが公的役割を引き受けるとき、善はもはや善でなく、自ら腐敗し、その腐敗を至るところに撒き散らすであろう。たとえば、マキャヴェリの眼に、教会がイタリアの頽廃的な政治勢力になったと映ったのは、司教や高僧が個人的に腐敗していたからではなく、教会が世俗的問題そのものに加わったためであった。彼にとっては、宗教が世俗的領域を支配すれば、どうしても次のような二者択一にならざるをえなかった。すなわち、公的領域が宗教団体を腐敗させ、それによって公的領域自体も腐敗するに至るか、あるいは宗教団体が、自らは腐敗しないままに、公的領域を完全に滅ぼすか。

マキャベリを通してアーレント自身のキリスト教観を述べているように見えますね。キリスト教は元々、私的に隠された「善」を、無世界的に実践する共同体だったので、その共同体の論理を、公的領域での政治に持ち込むと、矛盾が生じるというわけですね。このように私的善と、政治における徳をはっきり分けて考えるアーレントにとって、サンデルの議論のように、小さな「善」を拡大していったところに、政治の中心である「共通善」があるという考え方は基本的に相容れなかったわけです。

## ■質疑応答

Q　ネグリ（一九三三―　）とハート（一九六〇―　）が『コモンウェルス』（二〇〇九）を最近出しました。日本語訳もＮＨＫ出版から出ました。タイトルからして、〈commonwealth〉をめぐるアーレントの議論と被るのではないかという気がするのですが。

A　ネグリの単著である『構成的権力』（一九九二）や二人の共著として最も有名な『〈帝国〉』（二〇〇〇）では、民衆＝多数性（multitude）の想像力や相互のネットワークによって政治が構成されること、分かりやすく言うと、政治の基本的枠組みが作りあげられるという、能動的な側面を強調しているので、アーレントの議論、特に、「市民的自由」と「構成的権力 constituent power」の関係を論じた、『革命について』のそれと重なっているように見えます――「構成的権力」は、憲法学で「憲法制定権力」と訳されているもののことです。『構成的権力』では、実際、アーレントの「構成的権力」論を参照しています。また、「マルチチュード」という言葉に込められている「多数性」という意味合いも、アーレントの「複数性」を連想させます。

しかし、ネグリの議論には、公／私を区分して、「公」における個人の現われを際立たせるという発想はありません。『コモンウェルス』ではむしろ、公／私二分法は、資本主義的私有財産制か、社会主義的計画経済かという二項対立に繋がるものとして否定的に見て、それを超えていく、「共 common」の立場を打ち出そうとしています。「共」というのは、簡単に言うと、マルチチュードが共同で活用するということです。「コモンウェルス」というタイトル自体が、「共通の富」という理想を示唆しています。ネグリとハートは基本的に左派なので、個人のアイデンティティを際立たせることよりも、マルチチュードの中からハイブリッドなアイデンティティが生まれてくる可能性を重視します。また、ネグリとハートは、「共通の富」による貧困からの解放を示唆しますが、アーレントは「自由な活動」を、貧困からの解放という課題と切り離して論じようとする傾向があります。

両者の議論は、同じことの表と裏の関係にあるのかもしれませんが、どちらを重視するかで、「政治」の見え方がガラっと変わると思います。

Q　アーレントは、公私二元論に対して九〇年代にフェミニズムの側から批判を受けました。公的領域と私的領域の間を乗り越えていくことについては、それほど明確には書かれていないと思いますが、そこはどう考えたらいいのでしょうか。例えば、古代ギリシアをモデルにしている彼女の記述では、奴隷や女性の身分が固定されていて、男性だけが公的な場に出ていける、家の中での暴力が前提としてある。というように一見保守的な印象を受けます。公と私を乗り越えるような動的な局面が見えない。逆に動的な側面は必要ないという見方もあるかと思いますが、先生はどうお考えですか？

A　アーレントはそうした動的な可能性について語ってはいないと思います。古代のポリスに、公的領域と私的領域の線引きがあったことを事実として指摘しているだけです。近代社会においては、「経済」の影響が拡大して、公私の境界線が流動化したわけですね。ラディカルな左派が、公私二元論を克服すべきかどうか延々と議論している間に、現実は変化しているわけです。その変化の方向性は、本当に望ましいものだったのか、と彼女は私たちに問いかけているわけです。

アーレントは、古代のポリスでは、「家」が市民の生命維持活動を支えていたことを指摘することを通して、「仕事」や「労働」からの一定の解放がないと、「活動」するのが難しいことを示唆したわけですが、奴隷や女性のような支配される存在が家にいなければならないと言っているわけではありません。そこに、アーレント自身が語っていない、ポリス・モデルを超えていく道について考えるカギがあるのではないかと思います。科学技術が十分に発達し、かつ、福祉制度が充実して各人の生活に余裕ができ、自分なりのライフスタイルを築きながら、公的領域に現われることができるようになるのであれば、それに越したことはない。それがアーレントの本音ではないかと思います。現状では、我々が科学技術に使われていて、各人の生き方が画一化し、公的領域での活動よりも効率性が政治の中心になってしまっているので、それでは本末転倒だと批判しているわけです。本末転倒にならないように、科学技術を適切に利用できるのであれば、アーレントも満足するのではないかと思います。

ただ、言うまでもなく、それはなかなか達成できない理想です。社会主義はそうしたバランスの取れた状態を実現しようとして、余計にひどい状態をもたらしてしまった。加えて、アーレントが描いている「活動」の水準はかなりレベルが高そうなので、それに見合うようなライフスタイルを打ち立てるのは至難の業であるような気がします。ネットで匿名で書き込みをしていれば、そこから〝公共性〟が生まれてくる等という、最近日本の論壇で流行っている議論は、アーレントの言う「公的な現われ」とは程遠い。

キリスト教的な「善」に対する批判に見られるように、一つの原理を純粋に追求するとどういう袋小路に陥っていくのか示したうえで、読者を考えこませるのが、アーレントの持ち味だと思います。

［講義］第三回

# 人間から〝労働する〟動物へ

## ――「第三章　労働」を読む

### 所有と労働、自然状態

「第三章　労働」では、冒頭で「以下の章ではカール・マルクスが批判されるであろう」とアーレント自身が述べているように、マルクスの「労働」概念の批判がメインテーマになっています。真っ向から否定するのではなく、古代ポリスの中での「労働」の位置付けから始まって、それがどのように変質し、どのような問題を引き起こしたか辿っていきながら、その変質の帰結としてマルクス主義的見方が成立し、影響力を増したことを示すというやり方です。

この章の最初の節、第一一節のタイトル「わが肉体の労働とわが手の仕事」に注（2）が付いていますね。訳では「わが肉体」「わが手」となっていますが、アーレントの原文では、〈the labour of our body and the work of our hands〉です。注（2）を見ると、Locke, Second Treatises of Civil Government, sec.26. と出ていますね。これは、かなり不正確な表記です。アーレント自身の勘違いだと思います。ロックの有名な著作のちゃんとしたタイトルは『統治二論 Two Treatises of Government』で、その第二部のタイトルが『市民政府論 Of Civil Government』です。第二六節だというのも間違いで、実際には二七節です。また、ここで実際に使われている表現は、「私たちの肉体の労働と私たちの手の仕事」ではなく、「彼の肉体の労働と彼の手の仕事 the labour of his body, and the work of his hands」です。ロックは別に「労働」と「仕事」を区別しているわけではないですが、「所有権」の起源をめぐる議論を論じている箇所で、この二つの言葉が並んで出てくるので、そこを参照したのでしょう。

『統治二論』の第一部は、ロバート・フィルマー(一五八八—一六五三)に代表される、家父長権を根拠にした王権神授説への批判です。全ての人間の始祖であるアダムの家長権を、継承した家長たちが王になったのであり、その意味で王権は神から与えられたものだとする説です。ロックは、家族と政治社会は異なるとして、この論を批判します。そして第二部で、市民政府はどういう目的のために設立され、どこから権威を得ているかを社会契約論的に説明しています。そこで「自然状態」における「労働」を通しての「所有」の確定が重要な意味を持って来ます。それが、彼とホッブズとの立場の違いになります。

ホッブズの「自然状態」は、万人がお互いの生命・身体を含めて、全てのものを支配しようとするので、戦争状態になりますが、ロックの「自然状態」は、人々は概ね自然法の下でお互いの自然権を尊重しながら生きているというイメージです。何故戦争状態にならないのかと言うと、「所有」という概念が既に確立されているから、ということです。ロックの[自然法—自然権]論において「所有」が非常に大きな位置を占めています。ホッブズの場合、自然状態においては所有という概念はありません。〈commonwealth〉が成立し、主権者の意志の現われとしての「(実定)法」が制定された後でないと、所有権という問題は出てこない、と考えます。ロックは、前倒し的に、自然状態の中で既に所有権が、国家権力が介在しなくても成立している、と主張しました。国家のおかげで所有権があるのではなく、逆に、既に確立している所有権を確実に保障するために、政府に権力が信託されると考えるわけです。

自然状態で「所有権」が既に成立していることを論証するに際して、「労働」という概念を持ち込むわけです。前回もお話ししたように、「所有」あるいは「財産」を意味する〈property〉は、「固有の」とか

・ホッブズの「自然状態」⇒　万人が、お互いの生命・身体を含めて、全てのものを支配しようとするので、戦争状態。⇒　自然状態においては所有という概念はない。〈commonwealth〉が成立し、主権者の意志の現われとしての「（実定）法」が制定された後ではないと、所有権という問題は出てこない。

・ロックの「自然状態」⇒　人びとは概ね自然法の下でお互いの自然権を尊重しながら生きているというイメージ。⇒　何故戦争状態にならないのかと言うと、「所有」という概念が既に確立されているから。

ロックの［自然法－自然権］論において「所有」が非常に大きな位置を占めている。

ちなみに、現代のリバタリアン、ロバート・ノージックは、「自然状態」から出発して、最小国家の成立を正当化する議論を展開する際、ロックの自然状態論を借用。それは、ロックが所有の権利を保障することを、政府の最も主要な役割と考えるから。

「本来の」という意味の形容詞〈proper〉の名詞形です。各人にとって最も固有なものは、「身体body」でしょう。「身体」にこそ各人の「固有性」が現われると考えられます。「労働」は、その「固有性」を、自然界に存在する「物」に刻印する営みです。その物が、その人の「所有物」になる。そのようにして、自然状態でも、何が各人の「所有物」であるかは明白であるわけです。

　現代のリバタリアンのロバート・ノージックが「自然状態」から出発して、最小国家の成立を正当化する議論を展開する際、ロックの自然状態論を借用しています。それは、ロックが所有の権利を保障することを、政府の最も主要な役割と見ているからです。

　アーレントが冒頭でロックを参照しているのは、労働を起点とする所有が、市民社会の最も基本的な営みであるという考え方を導入したからでしょう。

### 〈労働する動物〉animal laborans

アーレントは、少々深読みしてロックは「身体」による「労働」と、手による「仕事」を区別していたという前提で話を始めます。そのロックと似たような区別を古代ギリシア人もしていたと述べていますね。単純に肉体を動かしている労働と、手を器用に使って新しい物を生み出す仕事の区別があった、という話ですね。

> 都市国家がまだ完全に発達していなかった初期の政治的習慣では、奴隷と仕事人《デミオウルゴイ》とは区別されていた。奴隷というのは、敗北したかつての敵（dmōes あるいは douloi）のことであり、彼らは他の戦利品とともに勝利者の家に連れ去られ、そこで家内同居者（oiketai あるいは familiares）として、自分と主人の生活のためにあくせく働いた。仕事人の方は、私的領域の外にある公的領域の内部を自由に動いていたのである。

「労働」は、私的領域において「家」に縛り付けられた奴隷が営むことであり、「仕事」は、公的領域の中を自由に動き回ることができる「仕事人 workman」による営みであった、という対比ですね。少なくとも古代のポリスでは、そのような区分があったわけです。

前回見たように、プラトンの世界創造の神話の中で、イデアの世界をまねて物質的な世界を創った創造主である「デミウルゴス」が出てきますが、「デミウルゴス」というのは元々「職人」のことだったわけです。

ただ、「労働」に市民たちが従事すべきではないと考えられたのは、それが奴隷がやっていることだからではない、とアーレントは主張します。その逆です。生命維持の営みである「労働」から解放されるために、奴隷を使うようになった、というわけです。

後になると事情は変わるけれども、古代の奴隷制は、安い労働を手に入れるための仕組みでもなければ、利潤を搾取する道具でもなく、実に人間生活の条件から労働を取り除こうとする試みであった。人間がさまざまな形態の動物生活と共有しているものは、人間的なものとは考えられなかった。

初回から繰り返し話題にしているように、「人間の条件」には「労働」「仕事」「活動」の三つがあるわけですが、その中でも「労働」は、生命維持という点で、他の動物の営みと繋がっており、純粋に人間固有ではないわけです。永遠性を持った「世界」を作り出す「仕事」には、人間固有の性質があります。そうした人間に固有とは言えない「労働」を、人間の「条件 condition」から取り除くための試みとして奴隷制が導入されたというわけですね――その嫌な条件を奴隷に押しつけているわけですが。「条件」を、本質とか不可欠な要素とかいうような意味で取ると、「人間生活の条件から取り除く」という表現は、意味不明になりますが、初回に見たように、〈condition ＝ Bedingung〉はむしろ「制約 bedingen」するものだと考えると分かりやすくなります。古代のギリシア・ローマ人に、動物と共通する制約条件、生命維持に関わる条件をできるだけ、自分たちの生活から遠ざけようとしたわけです。

アリストテレスは、奴隷として生きるのに相応しい者がいるという立場を取ったことで知られていますが、アーレントは彼が死ぬ間際に自分の奴隷を解放したことに言及して、彼が奴隷の能力を低く見て、動物と同一視していたわけではないことを示唆しています。

アリストテレスは奴隷の能力が人間的であることを認めなかったのではない。彼はむしろヒトの種に属する者たちが全体として必要に従属している限り、彼らに「人間」という言葉を用いることを拒絶したのである。

「必要 necessity」というのは、生命を維持するうえで必要なものということです。それは、動物と同じ制約を受けている、ということです。アリストテレスは、生まれつきの性質か能力によって「人間」かそうでないかを区別しているわけではなく、「必要」から解放された状態にあることを、「人間」らしい生き方だと考えていた、ということです。

そして、たしかに〈労働する動物〉animal laboransという概念の「動物《アニマル》」という言葉は、〈理性的動物〉animal rationaleという用語における同じ「動物」という言葉の大変疑わしい使用法と違って、完全に正当なものである。〈労働する動物〉というのは、実際、地上に住む動物の種の中で唯一のものであり、せいぜい、その中で最高のものであるというにすぎない。

少し分かりにくいですが、ポイントは、「理性的動物」という言い方は、「動物」と「理性的」という対立し合う概念を合成した、一種の撞着語法であるのに対し、「動物」と「労働」というのは、必ずしもそうではない。〈animal laborans〉というのは、それほど頻繁に使われるラテン語表現ではなく、アーレントの造語としての性格が強い言葉のようです。「理性的動物」や「工作人 homo faber」よりも適切な表現として彼女が提案したということでしょう。

ただ、「労働する動物」という言い方をして、動物の中の特定の種類であることを強調しているわけですし、「地上に住む動物の種の中で唯一のものであり、せいぜい、その中で最高のものであるというにすぎない」、と断っているわけですから、他の「動物」が狭い意味での〝労働〟をすると考えているわけでもないようです。恐らく、生命維持のための営みをしているという部分は共有していて、それを意識的・組織的にやるのが「人間」だということになるのだと思いますが、アーレントは「労働」と「仕事」の違いをはっきりさせることに力を入れているので、人間の「労働」と動物の営みとの違いについては、あまり厳密に記述していないという感じがします。

古典古代において労働と仕事の区別が無視されたのは、それほど驚くべきことではない。私的な家と公的な政治領域、奴隷である家内居住者と市民である家長、私生活の中に隠さるべき活動力と見聞きされ記憶されるに値する活動力——これらのものの区別が、その他の区別をすべて覆い隠し、前もって決定していたので、最終的にはただ一つの基準しか残されていなかったからである。その基準というのは次のようなものである。時間と労力がいっそう多く費やされているのは、私的領域においてか、公的領域においてか？ その職業の動機となっているのは私的なものにたいする配慮（cura privare negotii）か、公務にたいする配慮（cura rei publicae）か？

「仕事」も「労働」と同様に、「私的なものに対する配慮」として「家」の中で営まれたので、両者一緒にして、公的領域における「活動」との違いが強調され、同じようなものと見なされる傾向があった。それに加えて更に、「観照的生活」のみに注目する哲学者たちは、「活動」までも、地上での生活の「必要」に基づくものと見なして、「労働」や「仕事」と一緒くたにして低く見るようになった。これまで見たように、霊のみを重視するキリスト教がそういう見方を強めた。

しかし、近代に入って、そうした順位が全く異なったものになります。

## 「生産的労働 productive labor／非生産的労働 unproductive labor」の区別

近代は伝統をすっかり転倒させた。すなわち、近代は、活動と観照の伝統的順位ばかりか、〈活動的生活〉内部の伝統的ヒエラルキーさえ転倒させ、あらゆる価値の源泉として労働を賛美し、かつては〈理性的動物〉が占めていた地位に〈労働する動物〉を引き上げたのである。しかし、このような近代も、〈労働する動物〉と〈工作人〉、すなわち「わが肉体の労働とわが手の仕事」をはっきりと区別する理論を一つも生みださなかった。これは、一見したところ、驚くべきことである。この区別に代わって現われたのは、まず、生産的労働と非生産的労働の区別であり、次いでしばらくすると、熟練作業と未熟練作業の区別が現われ、そして最後に、外見上はそれ以上にもっと基本的な重要性をもつと見られたから、この二つの区別の上に、すべての活動力が肉体労働と精神労働に分けられた。しかし、この三つの区別の中で、問題の本質をついているのは、生産的労働と非生産的労働の区別だけである。

先ず、「活動」と「観照」の関係を転倒したうえで、「活動的生活」を構成する三つの活動力の順位を、「労働」優位に転倒したわけですね。ただ、その際に、[労働＞仕事＞活動]ときれいに転倒したわけではなく、「労働」と「仕事」がごっちゃになったまま、いずれも「労働」として括られ、「労働」の中で、アーレントの言う本来の「労働」と「仕事」に対応しそうなものが、区分けされるようになるわけです。

「熟練作業 skilled work／未熟練作業 unskilled work」の区別は、職人さんの仕事と、単純労働者の区別に似ているような感じもしますが、資本主義社会では熟練労働者でも、雇われて決まったことをやっているだけなので、独立して仕事をする職人さんとはやはり違います。言うまでもないことですが、基本的に工場労働者の技能の話なので、〈work〉という言葉を使っていても、アーレントの言っている意味での〈work〉ではありません。

「肉体労働 manual labor／精神労働 intellectual labor」の区別は、マルクス主義系の概念です。マルクスとエンゲルス（一八二〇―九五）は、『ドイツ・イデオロギー』（一八四五―四六）で、「物質的労働 die materielle Arbeit／精神的労働 die geistige Arbeit」という形の分業が、私的所有と階級の起源になったという見方を示しています。因みに、フランクフルト学派のアドルノとホルクハイマー（一八九五―一九七三）は、『啓蒙の弁証法』（一九四七）で、二つの形態の労働の分離を、啓蒙的理性の発生と関係付けて論じています――これについては拙著『現代ドイツ思想入門』（作品社）で詳しく論じてます。ご覧下さい。また彼らに貨幣理論の面で影響を与えたとされる、ネオ・マルクス主義系の経済哲学者ゾーン・レーテル（一八九九―一九九〇）には、「精神労働／肉体労働」の分離と、搾取、貨幣の発生、反省的自己意識の形成の相互連関を、唯物史観的に論じた『精神労働／肉体労働』（一九七〇）という著作があります。邦訳も出ています。

アーレントが注目しているのは、「生産的労働 productive labor／非生産的労働 unproductive labor」の区別ですね。この区別が「労働」と「仕事」の区別をある意味で引き継いでいると見ているわけです。

> したがって、この分野における二人の大理論家、アダム・スミスとカール・マルクスが、理論体系全体をこの区別の上においたのも偶然ではない。近代において労働が上位に立った理由は、まさに労働

の「生産性」にあったからである。そして、神ではなく労働こそ人間を造ったとか、理性ではなく労働こそ人間を他の動物から区別するというようなマルクスの冒瀆的な観念は、近代全体が同意していたある事柄の最も過激で一貫した定式にすぎなかった。

前回もお話ししたように、スミスは、投下労働時間が商品の価値を決定するとする「労働価値説」の提唱者で、マルクスは、人間の「類的本質 Gattungswesen」は「労働」であるという前提に立って、価値を生み出す労働者が搾取される資本主義社会を批判した人です。

では、「生産的労働」とは何なのか？　定義っぽい説明がないので分かりにくいですが、スミスやマルクスが問題にしたような、商品として価値があって市場で交換されるもの、あるいは使用価値があるものを、新たに作り出す営みを指しているのだと思います。それに対して、「非生産的労働」は実際に物を作り出さないような労働のことでしょう。

その上、スミスもマルクスも、非生産的労働は寄生的なものであり、実際上は一種の労働の歪曲にすぎず、世界を富ませないから、この非生産的労働という名称にはまったく価値がないとして、それを軽蔑していた。この点で彼らは近代の一般的な考え方と一致していた。スミスは「飲み食いした挙句になにも置いていかない不埒なお客」にも似た「召使い」を軽蔑したが、マルクスは、もちろんこのスミスの軽蔑に同意していた。しかし、近代以前に労働が奴隷状態と同一視されていたとき、考えられていたのは、ほかならぬこの、ただ生存のためにのみ労働し、生産のためというよりは努力を要しない消費のために必要とされた召使いであり、家内同居者（oikei あるいは familiares）だったのである。

「生産的労働 productive labor／非生産的労働 unproductive labor」の区別

・スミスは、投下労働時間が商品の価値を決定するとする「労働価値説」の提唱者
・マルクスは、人間の「類的本質 Gattungswesen」は「労働」であるという前提に立って、価値を生み出す労働者が搾取される資本主義社会を批判した。
⇓
では、**「生産的労働」**とは何なのか？
スミスやマルクスが問題にしたような、商品として価値があって市場で交換されるもの、あるいは使用価値があるものを、新たに作り出す営みを指している。それに対して、**「非生産的労働」**は実際に物を作り出さないような労働のこと。

ここから、「非生産的労働」というのは、奴隷とか召使いが家の中で主人のために提供するサービスのようなことを念頭に置いているのが分かりますね。今風に言うと、家事労働もしくは感情労働ということになるでしょう。そういう種類の労働に価値がないと言ったら、現代のフェミニストとかネオ・リベ批判の人たちが怒りそうですね。でも、スミスやマルクスは、そういう見方をしていたわけです。

アーレントの理解では、彼らが「生産的労働」だけを重視したのは、「労働」を実は、「仕事」の観点から見ていたということですね。これまで見てきたように、「仕事」は、「活動」の基盤となる人工的事物の世界を作り出します。それに対して、主人の「消費」を助けるだけの「非生産的労働」は、単純な生命維持活動に近いわけですから、アーレントの本来の意味の「労働」にも近いわけです。

## 「生産性 productivity」とは何か？

スミスやマルクスは「生産性 productivity」を帯

### アーレントの理解

スミスやマルクスが「生産的労働」だけを重視したのは、「労働」を実は、「仕事」の観点から見ていたから。
「仕事」は、「活動」の基盤となる人工的事物の世界を作り出す。それに対して、主人の「消費」を助けるだけの「非生産的労働」は、単純な生命維持活動に近いわけなので、アーレントの本来の意味の「労働」にも近い。

びた「労働」を社会的価値の源泉と見なすようになったわけですが、アーレントはその「生産性」とは何かについて、少し突っ込んだ考察をしています。

> 実際、歴史が進むにつれて、労働は、隠れた場所から、それが組織され「分化される」公的領域へと連れ出された。この現実の歴史的発展は、マルクスの理論の発展に強力な裏づけを与えた。しかも、この点ではもっとはるかに重要な事実が、すでに古典経済学者によって感じとられていた。カール・マルクスは、それをはっきりと見分け、それに明瞭な輪郭を与えた。その事実というのは、労働する活動力そのものが、歴史的環境にかかわりなく、またそれが私的領域に位置しようが公的領域に位置しようが、ともかく、それ自身の「生産性」を実際にもっているという事実であった。これは、その生産物がいかに空虚で、耐久性のないものであっても、同じことである。この生産性は労働の生産物にあるのではなく、実に人間の「力」の中にある。この力は、それが自分を維持し生存させる手段を生産した後も消耗されない。それどころか、自分自身の「再生産」に必要とされるもの以上の「剰余」を生産する能力をもって

いる。エンゲルスが正しく述べたように、マルクスが「労働力」（Arbeitskraft）という用語を取り入れたことは、彼の観念体系全体の中で、最も独創的で革命的な要素となった。というのも、労働それ自体ではなく、人間の「労働力」の剰余が、労働の生産性を説明するからである。仕事の生産性は、人間の工作物に新しい対象物をつけ加える。これと違って、労働力の生産性は、ただ、たまたま対象物を生産するのであって、それがもっぱら係わっているのはそれ自身の再生産の手段である。

まず、「労働」が「分化 divide」されることを、「隠れた場所」から「公的領域」へと出て来ることと結び付けて論じていますね。「分業 division of labour」の問題です。「分化」には注が付いています。アダム・スミスは、『諸国民の富』（一七七六）の「第二版の序文で生産性は労働そのものによるよりも労働の分化によるものであることを強調している」（二〇四頁）となっています。分業体制によって、各人がそれぞれ担当する作業に習熟するので、効率性が増大するわけです。単に工場の中で分業が行われるだけでなく、国全体で分業化が行われるようになる、つまり各企業家や地域が自分の得意な商品の生産に特化するようになると、国全体の生産性が上がる。更には、国と国の間でもそうした分業が行われれば、お互いの富が増大する。そうした各レベルでの分業を進めるには、市場での取引を自由化する必要がある。それが、『諸国民の富』の主張です。マルクス主義の立場から見れば、そうした分業は、労働者が搾取される資本主義体制が拡大することを意味します。

アーレントはそうした分業化を、労働が私的領域から公的な領域へ出ていくプロセス、つまり、社会全体が生産的労働の組織化に関与するようになるプロセスと見ていたわけです。これはそのまま、「社会的領域」が勃興するという話とつながっています。

その後の、「労働する活動力そのもの the laboring activity itself」が「生産性」を持っていることをマル

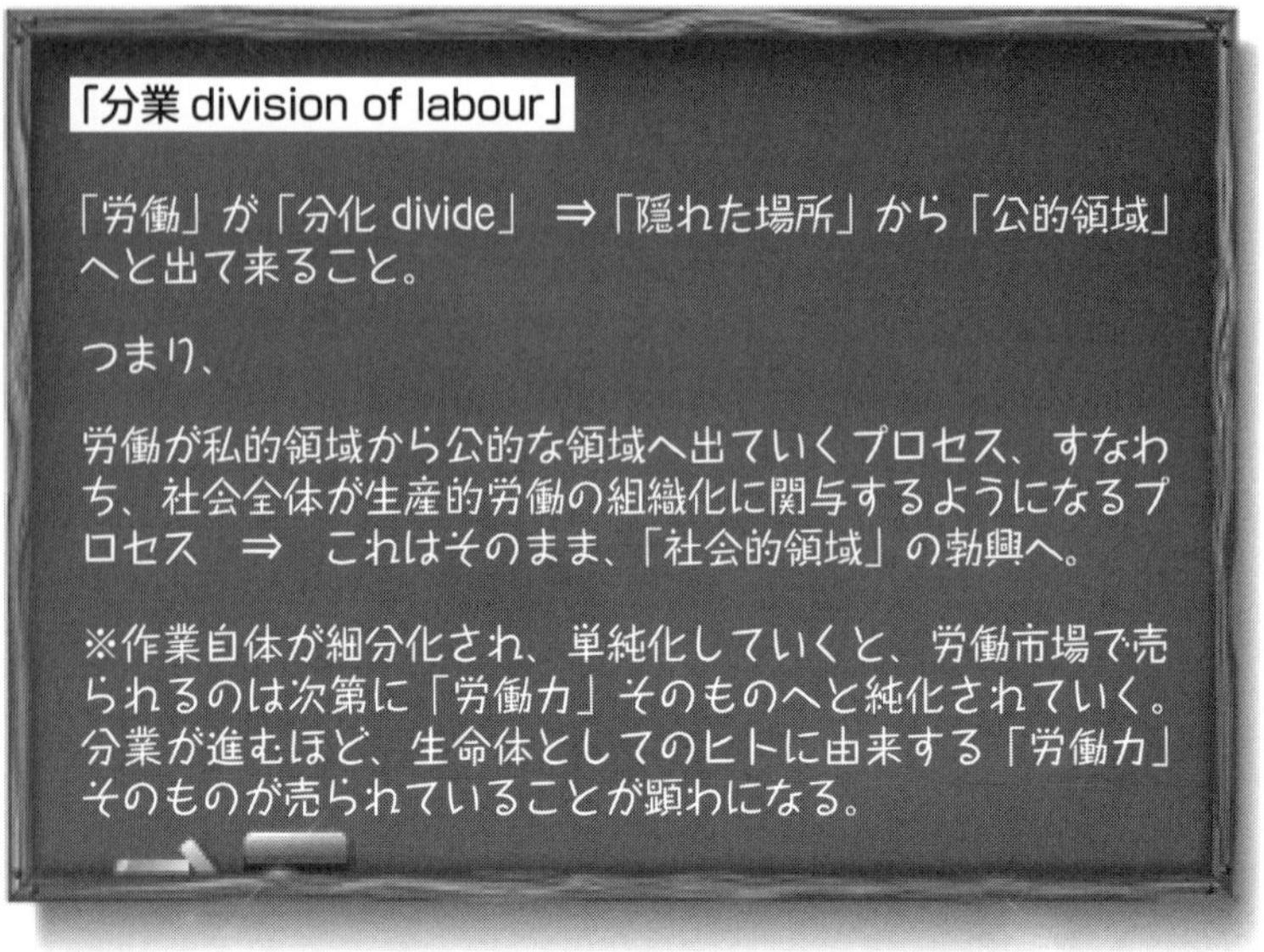

「分業 division of labour」
「労働」が「分化 divide」 ⇒「隠れた場所」から「公的領域」へと出て来ること。
つまり、
労働が私的領域から公的な領域へ出ていくプロセス、すなわち、社会全体が生産的労働の組織化に関与するようになるプロセス ⇒ これはそのまま、「社会的領域」の勃興へ。
※作業自体が細分化され、単純化していくと、労働市場で売られるのは次第に「労働力」そのものへと純化されていく。分業が進むほど、生命体としてのヒトに由来する「労働力」そのものが売られていることが顕わになる。

クスが発見するという話が抽象的で分かりにくいですが、これは、古代のポリスで主として奴隷に担われていた「労働」が人間に固有の価値があるものと見なされていなかったことや、キリスト教において人間自身には価値創造能力がない、新しいものを生み出すことができないと見なされていたこととの対比で考えれば少しピンと来るのではないでしょうか。それだとロックこそが先駆者ではないかという気がしなくもないですが、ロックの場合、人間の労働力自体に生産性があるのか、神によってそう定められているのかはっきりしていない感じがありますし、「所有」によって新たな価値が生じたと論じているわけではありません。「労働」の「生産性」を、「人間」中心の世界観に結び付けたのはマルクスだと言っていいでしょう。

「その生産物がいかに空虚で、耐久性のないものであっても」とわざわざ断っている点も気になりますが、これは、仕事によって作り出された「世界」の永遠性や、「財産」の代替しにくい固有性との対比でしょう。確かに、工業で生産される商品には、消費されるものや、すぐに壊れて買い替えるのが前提になっているものが少なくないですね。

「この力は、それが自分を維持し生存させる手段を生産した後も消耗されない」も抽象的で分かりにくいですが、これは、労働者が賃金をもらって生活することで、労働する能力が維持される、加えて、家庭生活を営んで子を生み育てることで、「再生産」されるという意味です。「再生産」という意味の英語〈reproduction〉には、「生殖」という意味もあります。

マルクスの言っている「労働力」は、物理的あるいは生物学的な力とかエネルギー、例えば、電子の位置＋運動エネルギーとか、細胞の自己再生産力のようなものと同じように、自動的・連続的に自己増殖・再生産するものとして想定されている、というわけです。そうした「労働力」の自己再生産運動から出て来る「余剰 surplus」分が、生産過程で物に付与される価値として現われてくるわけです。少し気を付けておく必要があるのは、マルクスやエンゲルスが、「労働力」を重視していたのは間違いないけれど、彼らがそれを、循環し続ける性質を持つ生物学的な力のようなものとして理解していたというのは、アーレントの解釈だということです。エンゲルスは、マルクスの言っていることを自然科学的に〝咀嚼〟する傾向があるので、両者の違いも念頭に置く必要があるでしょう。

いずれにしてもアーレントの定義では、「仕事」の本質が、生物界にはない新しい対象を作り出すことであるのに対し、「労働（力）」の本質は、自然科学的な法則に従っての自己再生産にあるわけです。

一四三頁では、熟練作業と未熟練作業の違いは古典派経済学においてもマルクス主義においても重要ではないということを再度確認したうえで、分業化が進行し、作業が細分化され続けると、熟練作業が消滅するであろうというマルクスの〝予言〟について、その意味するところを、独自の視点から解説しています。

この結果、マルクスが正しく予言したように、熟練労働が完全に廃止される傾向が現われる。したがって、労働市場に持ち込まれて売られるのは、個人の技能ではなく「労働力」となる。この「労働力」は、生きている人間ならだれでも、だいたい同じくらいの量をもっているだろう。

**作業自体が細分化され、単純化していくと、労働市場で売られるのは次第に「労働力」そのものへと純化されていく、という理屈ですね。分業が進むほど、生命体としてのヒトに由来する「労働力」そのものが売られていることが顕わになるわけです。**

**次に、知的労働と肉体労働の区別についても、少し掘り下げた考察をしています。**

知的労働と肉体労働の近代的区別を「自由人の学芸《リベラル・アーツ》」と「奴隷の学芸《サーヴァイル・アーツ》」という古代の区別に結びつけて正当化しようと思えばできないことはないし、事実、そうするのが普通である。しかし、自由人の学芸を奴隷の学芸から区別する印は、「いっそう高度な知性」などではなく、また「自由人の学者」が頭脳で仕事をするのにたいし「卑しい職人」が手で仕事をするということでもない。古代人の判断基準はなによりも政治的なのである。政治家の徳である賢明な判断をくだす能力、すなわち英知《プルデンチア》を必要とする職業と、建築、医学、農業のような公的重要性をもつ職業（ad hominum utilitatem）が自由人《リベラル》のものである。大工のようなものから書記のようなものまで、あらゆる手仕事は「卑しい」ものであり、一人前の市民にふさわしくなく、なかでも最悪のものは、今なら非常に有益だと考えられる「魚屋、肉屋、料理人、鳥屋、漁師」のような人たちである。しかし、これらのものでさえ、必ずしも純粋に労働であるとはいえない。

英語で大学の教養科目のことを〈liberal arts＝artes liberales〉というのはご存知ですね。これは、初回にお話しした〈humanitas（教養）〉が、自由人＝市民にとっての素養だったからです。具体的には、文法学、修辞学、論理学の三学と算術、幾何、天文学、音楽の四科から成る自由七科を指します。これと対置されている〈servile arts＝artes serviles〉は、中世に出てきた概念で、「俗的学芸（技術）artes vulgares」もしくは「機械的知 artes mechanicae」とも呼ばれます。織物、農業、建築、軍事・狩猟、交易、料理、冶金等の、いわゆる実践的技術知を指すようです。

この中世の区分に即して考えると、いかにも、純粋に言葉や論理による知的なアート（技芸）と、手もしくは体を使うアートの違いのようですが、アーレントに言わせれば、古代のポリスで「自由人＝市民」のアートと考えられていたものは中世の区分とは違っていて、公的性格を持ったものであり、建築や農業も含まれるということですね。

「賢明な判断 prudent judgment」あるいは「英知 prudentia」という言い方が一つのポイントになります。〈prudentia〉は、ギリシア語の〈phronesis〉の訳語です。アリストテレスは『ニコマコス倫理学』で、理論知である〈sophia〉と実践知である〈phronesis〉を区別しています。実践知というのは、文字通り、実践＝活動に即して獲得され、発揮される知です――無論、「実践」と言っても、体で覚えるということではありません。現代の倫理学や政治哲学でも、「理論知」とは異なる「実践知」の意義がしばしば強調されます。

ここでのアーレントの指摘のポイントは、古代のポリスでは、公的領域全体での人の営み、特に活動＝実践に係わるアートと、そうではない、より私的なアートの区別が重視されていたのであって、それは現代における頭脳労働と肉体労働の区別には対応していない、ということです。

そもそも近代においては、知的労働にせよ肉体労働にせよ、いずれも労働であり、労働は「有用 use-

**アーレントの定義**

「仕事」の本質　⇒　生物界にはない新しい対象を作り出すことである。
「労働（力）」の本質　⇒　自然科学的な法則に従っての自己再生産にある。

ful」であることを基準に評価されていたわけですから、知的職業に従事する人も、社会に役立つようなサービスを提供しなければならないわけです。それによって、収入を得ていたわけです。自らの生活の必要から解放された状態で、従事する活動は異なります。

結局、近代では、公的領域での「活動」の意味が見失われ、全ての人間の営みは、「労働」という観点から見られるようになったわけです。

## 「物 thing」とはそもそも何であるのか?

第一二節「世界の物的性格」では、仕事によって作り出される「物 thing」とはそもそも何であるのか哲学的に掘り下げて論じられています。

> 今日の理論家がこれほど一貫して無視し、逆に西洋の国語がこれほど頑固に保持してきた労働と仕事の区別は、もし生産された物の世界的性格——世界においてそれが占める場所、機能、滞在期間——が考慮に入れられなければ、実際、単なる程度の差でしかなくなる。世界における「平均余命」がほとんど一日を出ないようなパンと人間の数世代

以上も楽に生き残ることのできるテーブルとの相違は、もちろん、パン屋と指物師の相違よりもはるかに明白であり、重要である。

単純だけど、重要なことが述べられていますね。仕事によって作り出される「物」というのは、「世界」の中で固有の場所を占め、耐久性を持ち、人間にとって明確な機能を持っている〝もの〟のようです。それに対して、労働によって作り出されるのは、人間の生命維持に直接必要な食べ物のように、すぐに消費される〝もの〟、簡単に代替できる〝もの〟のようですね。

ここで少し注意する必要があるのは、西欧諸国の言語では、〈labor〉と〈work〉を区別しているのに、現代の社会理論家たちが、それを無視しているという指摘です。

こうしてみると、最初に注目した言語の場合と理論の場合の奇妙な食い違いは、私たちが語る、世界に根拠をもつ《ワールド・オリエンテッド》「客観的」言語と、理解するために用いる、人間に根拠をもつ《マン・オリエンテッド》主観的理論の食い違いであることが判る。〈活動的生活〉は世界の物の中で営まれるが、この世界の物は、労働の生産物とは非常に異なった性格をもっており、労働とはまったく異なった種類の活動力によって生産される。そのことを私たちに教えてくれるのは、理論ではなく、言語であり、言語の基礎になっている基本的な人間の経験である。永続性と耐久性がなければ世界はありえないが、それを世界に保証するのは、世界の部分として眺められた仕事の産物であって、労働の産物ではない。

難しそうな感じですが、要は、「人間に根拠を持つ主観的理論 man-oriented, subjective theories」ではなく、「世界に根拠を持つ『客観的』言語 world-oriented, "objective" language」に即して考えるべきだということです。ややこしそうに見えてしまうのは、恐らく、「人間に根拠を持つ〜」という仰々しい訳を付けているからでしょう。もっとあっさりと、「人間に即した主観的理論」と、「世界に即した『客観的』言語」と訳した方がいいような気がします。

それでもまだ分かりにくいかもしれませんが、「人に即した主観的理論」というのは、単純に、主観的な視点から構築された理論ということです。人間の活動力についての話ですが、それを人間自身がどう感じているかに基づいて理論化したとしても、客観的に事態を把握できるとは限りません。「世界に即した〜」という場合の「世界」というのは、アーレントの言っている意味での「世界」、「活動」の舞台を提供する、人工物から成る「世界」です。この「世界」は、(自然科学的な意味ではなく、間主観的な意味ですが)「客観的」に存在します。そして、私たちの日常的な言語は、この「世界」における私たちの経験を、理論の言葉よりもより直接的に反映するように出来上がっている。だから、日常的言語に現われている、「世界」の特性に即して考えるべきである。そうアーレントは言っているわけです。言葉遊びを通して、「存在」の意味を探究するハイデガーに通じる発想です。

「世界」を客観的に反映する日常言語は、労働と仕事を区別しているし、この言語をよく吟味すれば、「世界」自体が、仕事の産物から出来上がっていることが分かるはず、というわけです。

一四九頁で、活動と言論にも「生産物 products」があること、それらが耐久的に存在するには、それを見聞きする他者が必要であること、そして、それに対して、見聞きされることを必要としない、思考の「生産物」もある、ということが話題になっていますね。

しかし、世界性という点から見ると、活動と言論と思考は、これらのうちの一つが仕事あるいは労働と共有している以上に多くのものを相互に共有している。すなわち、活動と言論と思考は、それ自体ではなにも「生産」せず、生まず、生命そのものと同じように空虚である。それらが、世界の物となり、偉業、事実、出来事、思想あるいは観念の様式になるためには、まず見られ、聞かれ、記憶され、次いで変形され、いわば物化されて、詩の言葉、書かれたページや印刷された本、絵画や彫刻、あらゆる種類の記録、文書、記念碑など、要するに物にならなければならない。

難しそうなことを言っていますが、ポイントは簡単です。言葉や思考は、形にしないと、無に等しいという話です。最低限、「世界の物 worldly things」、つまり、「世界」の中に存在する「物」として形を与えねばならない。つまり本とか絵画、彫刻、記念碑などにしなければならない。それを通して、他者と共有可能になるわけです。エクリチュール化です。

「物化」という用語が使われていますね。原語は〈reify〉です。ドイツ語では〈verdinglichen〉です。〈verdinglichen〉は、マルクス主義の用語としても使われます。マルクス主義用語としての「物化」は、商品をめぐる人間同士の関係が、あたかも「物」それ自体の客観的性質であるかのような外観が生じ、それに人々が従属するようになる状態を指します。もう少し簡単に言うと、〝物〟に投影される自分たちの欲望を、実体視し、それに支配されてしまうことです。

ここでアーレントの言っている「物化」はもっとシンプルに、「公衆」を構成している他者たちから認識され、客観性を得るというような意味合いで使われています。

人間事象の事実的世界全体は、まず第一に、それを見、聞き、記憶する他人が存在し、第二に、触知できないものを触知できる物に変形することによって、はじめてリアリティを得、持続する存在となる。記憶されなかったとしたらどうだろう。また、記憶がその自己実現のために必要とする物化が行

■古代のポリス――公的領域全体での人の営み、特に活動＝実践に係わるアートと、そうではない、より私的なアートの区別が重視されていたのであって、それは現代における頭脳労働と肉体労働の区別には対応していない。

■中世の区分――純粋に言葉や論理による知的なアート（技芸）と、手もしくは体を使うアートの違い。

※アーレントに言わせれば、古代のポリスで「自由人＝市民」のアートと考えられていたものは中世の区分とは違っていて、公的性格を持ったものであり、建築や農業も含まれる。

■近代――知的労働にせよ肉体労働にせよ、いずれも労働であり、労働は「有用 useful」であることを基準に評価されていたわけなので、知的職業に従事する人も、社会に役立つようなサービスを提供しなければならない。それによって、収入を得ていた。自らの生活の必要から解放された状態で、従事する活動は異なる。
結局、近代では、公的領域での「活動」の意味が見失われ、全ての人間の営みは、「労働」という観点から見られるようになった。

・仕事によって作り出される「物」。
「世界」の中で固有の場所を占め、耐久性を持ち、人間にとって明確な機能を持っている“もの”。

⇕

・労働によって作り出される「もの」。人間の生命維持に直接必要な食べ物のように、すぐに消費される“もの”、簡単に代替できる“もの”。言葉や思考は、形（“もの”）にしないと、無に等しい。

※最低限、「世界の物 worldly things」、つまり、「世界」の中に存在する「物」として形を与えねばならない。つまり本とか絵画、彫刻、記念碑などにしなければならない。それを通して、他者と共有可能になる　⇒　エクリチュール化。

※「世界」を客観的に反映する日常言語は、労働と仕事を区別しているし、この言語をよく吟味すれば、「世界」自体が、仕事の産物から出来上がっていることが分かるはず。

なわれず、実際ギリシア人が考えたように、記憶をすべての芸術の母とする物化が行なわれないとしたらどうだろう。そのとき活動と言論と思考の生きた活動力は、それぞれの過程が終わると同時にリアリティを失い、まるで存在しなかったかのように消滅するだろう。活動と言論と思考がとにかく世界に残るためには経なければならぬ物化は、ある意味で、支払わなければならぬ代償である。

「人間事象の事実的世界全体 the whole factual world of human affairs」という表現に注目して下さい。アーレントがここで問題にしている「物」は、自然物ではなく、活動・言論・思考等の「人間事象」に対応する「物」だということです。「人間事象」はそのままでは、見たり聞いたりできないし、それができないと持続的に〝存在〟し続けることができないので、ある程度、その純度が失われるけれど、「物化」せざるを得ないということです。

## 物化と間主観性

「物化」することによって、間主観性という意味でのリアリティが生まれるわけですね。「物化」と間主観性をリンクさせる議論としては、アドルノや日本のマルクス主義哲学者廣松渉（一九三三―九四）のそれがあります。アドルノは、貨幣の「等価性」に代表されるように、〝対象〟に含まれる諸々の性質の内、各〝主体〟にとって共通に関心がある要素にだけ焦点を当て、固定化することによって、対象が対象として間主観的に認識されるようになる、という議論を展開します。そのようにして対象の共通の性質を固定化する作用が「物化」で、物化を通して、各人は、他の人と共通の主観＝主体性、つまり認識と行為の基本的枠組みを獲得します。各人の〝主体性〟は、「物化」による画一化を通して生まれてきたとも言えます。そのようにして成立する対象の間主観的な〝客観性〟には、人間同士の社会的な関係性や欲望、幻想が反映されているけれど、当人たちはそれに気がつかない、というわけです。廣松も同じように、間主観性と物化の根源的繋がりについて考察し、「世界」自体が間主観的――廣松は、共同主観という言い方をします――に構成されている、という存在論的な議論へと繋げていきます。

アーレントは、「物化」を認識論あるいは存在論全般に拡大して考えているわけではなく、非物質的なものの実体化・具体化という意味での「物化」について語っているだけですが、それが、間主観性を生み出すと考えている所は、アドルノたち初期フランクフルト学派と共通しているように思えます。

アドルノとアーレントは、ほぼ同年代のユダヤ系ドイツ人の知識人で、同じ時期にアメリカに亡命し、全体主義の研究をしたけれど、お互いの仕事を参照し合っていません。仲が悪かったと言われています。しかし、「物化」論への拘りは似ているように思えます。それは考えてみると当たり前かもしれません。アーレントはフッサールに師事して、現象学を学んでいますが、後期のフッサール――フッサールもユダヤ系です――が間主観性の問題に取り組んだのは有名な話です。アドルノは博士論文で、唯物論的な視点からのフッサール批判をテーマにしていますし、亡命中もフッサール批判と取り組んでいます。また、二人とも、方向性はかなり違いますが、マルクスに独自の解釈を加えています。

先ほど、読み上げた箇所のすぐ後に、面白い記述があるので、そこを見ておきましょう。

なぜならその場合、「生きた精神」から生まれ、実際束の間は「生きた精神」として存在した何物かの代わりに、いつも「死んだ文字」がそれに取って代わるからである。

「生きた精神（霊）living spirit」と「死んだ文字 dead letter」というのはキリスト教でしばしば使われるレトリックです。「文字」というのは、書物に書かれた教えの比ゆです。キリスト教には、「文字」に囚わ

「物化」：〈reify〉。ドイツ語では〈verdinglichen〉

〈verdinglichen〉は、マルクス主義の用語でもある。

**マルクス主義用語の「物化」**

⇒商品をめぐる人間同士の関係が、あたかも「物」それ自体の客観的性質であるかのような外観が生じ、それに人々が従属するようになる状態を指す。⇒“物”に投影される自分たちの欲望を、実体視し、それに支配されてしまう。

⇕

**アーレントの「物化」**

⇒シンプルに、「公衆」を構成している他者たちから認識され、客観性を得るというような意味合いで使われている。

「物」は、自然物ではなく、活動・言論・思考等の「人間事象」に対応する「物」。「人間事物」はそのままでは、見たり聞いたりできないし、それができないと持続的に〝存在〟し続けることができないので、ある程度、その純度が失われるけれど、「物化」せざるを得ない。
※「エクリチュール」化の必要性

れるのではなく、人々の内に現われる神の霊（聖霊）の生き生きとした働きに注目すべきである、という考え方があります。新約聖書の「コリント人への第二の手紙」の第三章六節の、ユダヤ教の律法中心主義を批判し、新約の精神を強調する文脈で出てくる「文字は人を殺し、霊は人を生かす」という表現に由来します。

　しかしながら、霊感のない普通の人には、神の霊を感じることなどできません。そこで、「生きた霊」の働きを書物に書き留め、多くの人に伝える必要が生じます。「死んだ文字」が、〝生きた霊〟を再現しているわけです。

　アーレントはこの逆説的関係についてそれほど掘り下げて論じていませんが、デリダは、これをパロール（話し言葉）とエクリチュール（書き言葉＝書く行為）の間のねじれた関係として捉えています。エクリチュールは、本来、パロールを補助的に表現する二次的なものにすぎないけど、実際には、エクリチュールによる再現＝表象作用(représentation)がなければ、パロールは瞬間的に消え去ってしまうし、そもそもパロールがパロールとして、つまり意味のある言葉として受け止められるには、そのパロールが属する言語が、エクリチュールとして体系化されている必要がある。

## 永劫回帰、「ビオス bios」と「ゾーエー zoe」

第一三節「労働と生命」では、タイトル通り、「労働」と「生命」の関係が掘り下げて論じられています。

触知できる物のうちで最も耐久性の低い物は、生命過程そのものに必要とされる物である。それを消費する時間は、それを生産する時間よりも短い。(…)それは、たしかに、人工物の形をとることによって、人工物の世界に束の間の場所を獲得するが、世界のいかなる部分よりも早く消滅する。世界性という点から考えると、それは、最も世界性がなく、同時に、すべての物のうちで最も自然的である。

既に何度か出てきましたが、「労働」によって作り出される〝もの〟は、すぐに消費されることが前提です。人間の生命維持活動に合わせて消費される感じですね。仕事によって作り出された「世界」の中に置かれると、「物」として一定期間は存続できるが、相対的に早く消えていく運命にある。

そして、実は人間の肉体自体も、自然の循環の中にあると述べていますね。いろいろな自然物を取り入れて自己を維持しているが、次第にすり切れて、死に近づいていく。その意味で人間の肉体も「世界」にそれほど長居するわけではない。

人間の生と死はこのような世界を前提としているのである。だから人間がその中に生まれ、死んでそこを去るような世界がないとすれば、そこには、変化なき永遠の循環以外になにもなく、人間は、他のすべての動物種と同じく、死のない無窮の中に放り込まれるだろう。ニーチェは、存在の最高原理として「永劫回帰」（ewige Wiederkehr）を確信したが、生の哲学の中で、このような確信に到達しないものがあるとすれば、それは、ただ自分の無知をさらけだしているにすぎない。

先ず、人間には、生まれる時に参入し、死ぬ時に去ることになる「世界」があるからこそ、人間の生は単なる生物学的循環を超えて、自らの記憶を共同体的物語の中に留めることができる、という第一回目にも出てきた話を確認しています。その共通の物語によって各人の生に様々な意味が付与されます。それがなかったら、人間の生というのは、他の動物のように、同じ生命サイクルの繰り返しにすぎなくなる、というわけです。そのうえで、そのことを、ニーチェの「永劫回帰」の思想と結び付けています。

ニーチェの「永劫回帰」というのは、この宇宙の時間が無限であるとしたら、今この瞬間私が経験しているのとそっくり同じことが再びある時点で繰り返される、ひょっとすると、無限に繰り返されるかもしれないという可能性を想定したうえで、だとしても、「この生」を耐えることができるか、という問いかけです。この瞬間が充実していたら、それが永遠に続くことはむしろ喜びだけど、不満だったら、無限の苦痛でしょう。ニーチェに言わせれば、「永劫回帰」に耐えられないというのは、自らが現に生きている生を肯定しきれておらず、どこか彼岸のようなところに、逃げ場を求めている、ということになります。ニーチェは、現在の生よりも理想的な状態を設定し、歴史がそこに到達することに希望を見出そうとするキリスト教とかヘーゲル哲学のような思想を、他律的で逃げの思想と見なし、「永劫回帰」という視点から自らの今、此処での生を肯定できるか、自らが自らの生に意味を与える「超人」になれるか、という問いを、当時の西欧人に投げかけたわけです。

「生の哲学 Lebensphilosophie」というのは、それまでの哲学が「精神」とか「理性」にのみ関心を持っていたのに対し、「生」そのもの、もっと具体的に言うと、非合理的な衝動や感情等に焦点を当てようとする哲学の系譜です。「生」といっても、自然科学的な生命観とか唯物論的な見方とは一線を画するわけです。カント的な理性に対して、「ただ生きんとする盲目的な意志」を強調したショーペンハウアー（一七八八―一八六〇）とか、「力への意志」を提唱したニーチェが元祖とされ、解釈学を体系化することで有名なディルタイ（一八三三―一九一一）とか、社会化や貨幣についての理論で知られるジンメル（一八五八―一九一八）、『西洋の没落』（一九一八）で物議をかもしたシュペングラー（一八八〇―一九三六）等がこの系譜に属するとされます。「意識の流れ」に注目したフランスの哲学者ベルクソン（一八五九―一九四一）も、この系譜に属すると見なされることがあります。

一五三頁に、初回にもお話ししましたが、アガンベンが強調している、二つの「生」の概念、「ビオス bios」と「ゾーエー zoe」の区別が論じられています。アガンベンは、ここでアーレントが言及している区別を、『全体主義の起源』で論じられている、国籍とナショナル・アイデンティティを剝奪されて、無権利状態に置かれた人々の在り方を結び付けて、「剝き出しの生」を生きることを強制される「ホモ・サケル（聖なる人）」についての議論を展開します。

アリストテレスが「ともかく一種の活動《プラクシス》である」といったのはこの生命、つまり単なる生命《ゾーエー》と区別された生《ビオス》についてである。前に見たように、活動と言論は、ギリシア人の政治理解では、密接に結びつ

**■「永劫回帰」**

この宇宙の時間が無限であるとしたら、今この瞬間私が経験しているのとそっくり同じことが再びある時点で繰り返される、ひょっとすると、無限に繰り返されるかもしれないという可能性を想定したうえで、だとしても、「この生」を耐えることができるか、という問いかけ。この瞬間が充実していたら、それが永遠に続くことはむしろ喜びだけど、不満だったら、無限の苦痛。

↓

ニーチェに言わせれば、「永劫回帰」に耐えられないというのは、自らが現に生きている生を肯定しきれておらず、どこか彼岸のようなところに、逃げ場を求めている。

キリスト教とかヘーゲル哲学のような思想を、他律的で逃げの思想と見なし、「永劫回帰」という視点から自らの今、此処での生を肯定できるか、自らが自らの生に意味を与える「超人」になれるか、という問いをたてた。

**■「生の哲学 Lebensphilosophie」**

それまでの哲学が「精神」とか「理性」にのみ関心を持っていたのに対し、「生」そのもの、もっと具体的に言うと、非合理的な衝動や感情等に焦点を当てようとする哲学の系譜。

自然科学的な生命観とか唯物論的な見方とは一線を画す。

ショーペンハウアー、ディルタイ、ジンメル、シュペングラー、ベルクソンなど。

**■アガンベン**

活動と言論による「物語」性を持っているのが「ビオス」、

単なる労働によって再生産され、生物学的サイクルの中で循環し続けるのが「ゾーエー」。

・「ホモ・サケル」とは、物語を失い、つまり、公的に承認されるアイデンティティを剥奪され、「剝き出しの生」、ゾーエーだけの状態になった人間のこと。そういう共同体から完全に排除された存在は、逆説的に聖性を帯び、共同体に生じる汚れを祓うべく犠牲に捧げられるというのが、「ホモ・サケル」論の骨子。

「労働」はもっぱら「ゾーエー」を維持するために営まれる。個体の死によっても失われない物を、「ゾーエー」を超えた次元で作り出す「仕事」と違って、「労働」は自然の新陳代謝に組み込まれている。

いている。実際、個々の出来事とそれらの因果関係がいかに偶然的で、繋がりのないようなものに見せるにせよ、活動と言論は、常に語るに足るまとまりをもった物語を生みだす二つの活動力なのである。

活動と言論による「物語」性を持っているのが「ビオス」で、単なる労働によって再生産され、生物学的サイクルの中で循環し続けるのが「ゾーエー」です。アガンベンの「ホモ・サケル」とは、物語を失い、つまり、公的に承認されるアイデンティティを剝奪され、「剝き出しの生」、ゾーエーだけの状態になった人間のことです。そういう共同体から完全に排除された存在は、逆説的に聖性を帯び、共同体に生じる汚れを祓うべく犠牲に捧げられるというのが、「ホモ・サケル」論の骨子です。

「労働」はもっぱら「ゾーエー」を維持するために営まれるわけです。個体の死によっても失われない物を、「ゾーエー」を超えた次元で作り出す「仕事」と違って、「労働」は自然の新陳代謝に組み込まれています。

## 貨幣と「物の客観的世界の創造」(Erzeugung einer gegenständlichen Welt)

第一四節のタイトルは、「労働と繁殖力」です。「繁殖力 fertility」とは、「再生産＝生殖」のことです。先ほどもお話ししたように、生命力としての「労働」は、生産活動を通して、自己自身を繁殖させるわけです。一五八頁で、労働を通しての「物化」の過程に、「貨幣」がどのように係わってくるか論じられています。

たとえばロックは、労働をただ「短命な物」ばかり生産するという隠れもない恥辱から救うために、

> 「人が損傷することなく持ちうる永続的な物」、すなわち貨幣を導入しなければならなかった。しかし、これは一種の急場を救う神《デウス・エクス・マキーナ》であって、この神がなければ、生命過程に服従する労働する肉体が、財産のように永続的で長続きのする物の源泉となることはできなかったであろう。なぜなら労働過程の活動力よりも長く生き残り保持される「耐久性」はないからである。そして実際には人間を〈労働する動物〉と定義づけたマルクスでさえ、適切にいえば労働の生産性は、物化（Vergegenständlichung）、すなわち「物の客観的世界の創造」（Erzeugung einer gegenständlichen Welt）によってのみ始まると認めざるをえなかった。

ロックも貨幣について論じたということですね。純粋に自分の労働で作り出したものだけが、所有物ということにしてしまうと、継続的に生産を続けることは難しい。農作物等はすぐに腐ってしまうし、保管場所を確保するのも大変です。そこで、作ったものをいったんお金に換え、それによって生活や更なる生産のための材料をその都度購入する仕組みが考案され、それに人々が同意した、というわけです。貨幣があれば、人々は所有の範囲を直接自らの手の届かないところまで、拡げることができます。

シェリング

〈deus ex machina〉というのは、哲学でよく使われる比ゆ表現です。文字通りには、「機械から出て来る神」という意味のラテン語です。古代の演劇で、登場人物が窮地に陥った時に、神が機械仕掛けの装置にのって登場するわけです。「貨幣」がその機械仕掛けの神の役割を果たしている、ということです。

〈Vergegenständlichung〉が「物化」と訳されていますが、この箇所では英語とドイツ語がズレています。英語の原文ではまさに「物化」を意味する〈reification〉という言葉が使われていますが、ドイツ語の〈Vergegenständlichung〉は「対象化」という意味です。〈Gegenstand〉が「対象」という意味です。マルクスは、主体が自然界に存在する物に働きかけ、自らの認識や行為の「対象」にすることを、「対象化」と呼びます。それによって「主体」と「対象」の間に不可分の関係が生じます。もう少し具体的に言うと、〝物〟の形とか色、性質などを、自らが持っているフォーマットに合わせて認識し、かつ、労働を通して自らが扱いやすい形へと変形する。「主体」に適合するように「対象」が構成されるわけです。初期マルクスは、そうした「主体／対象」をめぐる認識＝実践哲学的問題と取り組みました。

マルクス主義は唯物論なので、ナマの物質の運動法則に従って理論を組み立てるようなイメージがありますが、少なくとも初期マルクスは、『経済学哲学草稿』（一八四四）や『ドイツ・イデオロギー』等の初期の著作では、「主体」と「対象」の関係をめぐって、ドイツ観念論的な議論、特にカントやシェリング（一七七五―一八五四）の議論と繋がるような議論をしています。カントの認識論は、主体が自らに内在するアプリオリな形式に合わせて対象を構成するので、認識が可能になるという前提から出発します。シェリングは、芸術において、主体の無意識的な願望が対象に反映されるので、主体は対象の内に自己と同一のものを見出すという形で、主客の同一性を示唆します。初期マルクスも、労働する主体が、自らが産出した対象の内に、自己の本質を見出す、という、それに近い図式で「労働」を捉えようとします。フランクフルト学派に近い、マルクス主義哲学者のブロッホ（一八八五―一九七九）やベンヤミン（一八九二―一九四〇）は、初期マルクスのシェリング的な側面を発展させて、対象として産出された芸術的表象の中にこそ、（主体である）人々の無意識的な願望が現われているという議論を展開します。

「物の客観的世界の創出」というのは、「労働」を通して産出された「物」から成る世界のことです。産出される物が個々別々に存在するのではなく、それらを相互に関連付ける「世界」が出来上がっていて、その中に挿入されることによって、「対象」が意味を獲得するわけです。初期マルクスは、〝自然〟と「世

**■初期マルクスと物化（Vergegenständlichung）、「物の客観的世界の創造」（Erzeugung einer gegenständlichen Welt）**

〈Vergegenständlichung〉が「物化」と訳されているが、この箇所では英語版とドイツ語版がズレてる。
英語版：〈reification〉　⇒「物化」そのものの意味。
ドイツ語版：〈Vergegenständlichung〉　⇒「対象化」という意味。

〈Gegenstand〉は「対象」という意味。

主体が自然界に存在する物に働きかけ、自らの認識や行為の「対象」にすることを、「対象化」と呼ぶ。それによって「主体」と「対象」の間に不可分の関係が生じる。
Ex：“物”の形とか色、性質などを、自らが持っているフォーマットに合わせて認識し、かつ、労働を通して自らが扱いやすい形へと変形する。つまり、「主体」に適合するように「対象」が構成される。

初期マルクスのシェリング的な側面

『経済学哲学草稿』（一八四四）、『ドイツ・イデオロギー』等の初期の著作。
「主体」と「対象」の関係をめぐって
・カントの認識論は、主体が自らに内在するアプリオリな形式に合わせて対象を構成するので、認識が可能になるという前提から出発。
・シェリングは、芸術において、主体の無意識的な願望が対象に反映されるので、主体は対象の内に自己と同一のものを見出すという形で、主客の同一性を示唆。
↓
・初期マルクス、労働する主体が、自らが産出した対象の内に、自己の本質を見出す、という、それに近い図式で「労働」を捉えようとする。
さらに、ブロッホ、ベンヤミン
⇒　初期マルクスを発展させて、対象として産出された芸術的表象の中にこそ、（主体である）人々の無意識的な願望が現われているという議論を展開。

アーレントが「仕事」を通しての「世界」の産出と言っているのとほぼ同じことを初期マルクスは、「労働」というよりも、むしろ「仕事」について語っていた。

「界」が出来上がってくるのではなく、「労働」を通して創出されるという見方をしていたわけですね。私たちは、ナマの物質を見ているのではなく、労働によって産出された「世界」の中に位置付けられた「物」を見ているわけです。

アーレントにしてみれば、それは、彼女が「仕事」を通しての「世界」の産出と言っているのとほぼ同じことです。初期マルクスは、「労働」というよりも、むしろ「仕事」について語っていたわけです。

アーレントは更に、マルクスが「労働」に対して両義的な態度を取っていたことを指摘します。一六〇頁をご覧下さい。

実際、『資本論』の第三巻にも、青年マルクスの著作にも、ある基本的な矛盾が現われているのである。マルクスの労働にたいする態度、したがって彼の思想のほかならぬ中心的概念にたいする態度は、終始一貫、多義的である。労働は「自然によって押しつけられた永遠の必要」であり、人間の活動力の中で最も人間的で生産的である一方、革命は、マルクスによれば、労働者階級を解放することではなく、むしろ、人間を労働から解放することを課題にしている。つまり、労働が廃止されるときにのみ、「自由の王国」が「必然の王国」に取って代わるのである。なぜなら、「自由の王国は、欠乏と外的有用性によって決定される労働が止むときにのみ始まり」、その場合にのみ、「肉体の直接的な欲求の支配」が終わるからである。このようなはなはだしい根本的な矛盾は、むしろ二流の著作家の場合にはほとんど起こらないものである。偉大な著作家の作品なればこそ、かえって矛盾がその作品の核心にまで導入されるのである。

マルクスは、「労働」を人間にとって最も本質的な営みと見なす一方で、人類を「労働」から解放することを標榜したわけです。普通に考えると矛盾しています。マルクス主義が目指しているものは何か？「労働からの解放」か、「労働への解放」なのか？　マルクス主義者は通常、資本主義の下で搾取されている状態からの解放であり、〝本来の労働への解放〟だ、という言い方をして何とか説明しようとするのですが、マルクス主義者以外はなかなか納得しません。

「自由の王国 realm of freedom = Reich der Freiheit」と「必然の王国 realm of necessity = Reich der Notwendigkeit」というのは、注（49）に出ているように、『資本論』第三巻に出てくる言い回しです。エンゲルスの『空想から科学へ』（一八八〇）にも出てきます。マルクス、エンゲルスにはそのつもりはなかったかもしれませんが、「必然の王国」と「自由の王国」という言い方をすると、カント哲学などにおける、物理的因果法則に支配される自然界と、道徳法則が支配する世界の対比の図式を継承している、更に言えば、彼らが、自然法則に縛られた状態からの離脱を目指しているようにも聞こえますね。

アーレントは、マルクスが「労働」を重視しながらも、「労働」に象徴される、生物学的必然性から離脱することを目指しているかのようなことを言ってしまうのは、労働を通して再生産される生命力が、それ自体としては「世界」の中で耐久的に存在できず、その産物が耐久性・客観性を得るためには、「仕事」や「活動」によって形を与えられ、人々に共通に関心を持たれるようにする必要があるのに、そのことの重大さを、マルクスが認めていないからだ、と見ているわけです。

## 財産

第一五節「財産の私的性格と富」に入りましょう。私有財産をめぐるマルクスの議論が批判的に検討されています。

At first glance it must seem strange indeed that a theory which so conclusively ended in the abolition of all property should have taken its departure from the theoretical establishment of private property.

全財産の廃止に結論的に帰着する理論が、私有財産を理論的に説明することを出発点としていたことは、一見すると、実に奇妙に見えるかもしれない。

これらの近代の理論は、マルクスに見るように、結論として、全財産の廃止で終わっているが、そもそもの出発点は、私有財産を理論的に説明することにあったのである。これは、ちょっと見ると、実際、奇妙に思えるに違いない。しかし、財産にかんする近代の係わり方は鋭く論争的な側面をもっており、この点を思い起こすなら、この奇妙さもいくぶん薄れる。実際、近代では、財産の権利は、公的領域と国家にはっきりと対置された形で主張されていた。社会主義と共産主義の思想が現われるまでは、完全に財産のない社会の樹立を提議した政治理論はなく、また、二〇世紀になるまでは、本当に市民の土地を収用する態度を示した政府もなかった。だから、政府が市民の土地を不法に収用するかもしれないから、それにたいして財産権を守らなければならないという理由で、新しい理論の内容が展開されたなどということはありえなかった。問題は、今日すべての財産擁護理論が明らかに防御的であるのにたいして、当時は、経済学者たちが防御的というよりはむしろ、統治の領域全体に公然と敵対していたということである。統治は、せいぜいのところ「必要悪」か「人間本性の反映」であり、最悪の場合には、本来健康な社会の生命にとりついた寄生虫にすぎなかった。

いきなり「これらの理論……」と始まっているので、どういう理論を指しているのか、前の節を読み返したくなりますが、これは多分誤訳です。原文は単数形になっています。黒板を見て下さい。

この理論というのは、当然、マルクスの理論のことです。マルクスは、ある意味、ロックのそれと同様に、「財産＝所有」の起源としての「労働」の分析に取り組みましたが、ロックとは逆に、私有財産の廃止という結論に到達しました。生産手段を私有財産として保有することを認める生産体制が、人間の本性に反するからです。

アーレントは、そうしたマルクス主義における始まりと終わりの乖離は、財産をめぐる近代の諸理論の流れを概観すれば、ある程度理解できると言っているわけです。記述が少しごちゃごちゃしていますが、要は、近代初期の政治理論においては、「私有財産」を攻撃してくる強い圧力がなかったので、「私有財産」の弱い所を踏まえてきちんと擁護するような論理はなかった、ということです。ロックからほぼ二世紀弱後のマルクスは、「私有財産」を徹底的に分析して、その矛盾に気付き、それの廃止を唱えるに至ったわけです。

「私有財産」が当然のものと考えられていた近代初期において、「政府」は必要悪としか見られていなかったので、ロックたちはいかにして「政府」の権力を抑制するかということに集中し、「私有財産」に含まれる根源的矛盾を突き詰めて考えなかった、ということでしょう。

しかし、近代がこれほど熱烈に擁護したのは、実は財産そのものではなく、いっそう多くの財産と専有を無制限に追求する権利にほかならなかった。共通世界の「死んだ」永続性を代表するすべての機関にたいし、近代は、生命の名において、つまり社会の生命の名において、闘争した。

**近代の課題**

伝統的な意味での固有の「財産」を保持する権利　＜　経済活動の自由によって富を増やす権利を確保すること

※アーレントは、財産権と経済活動の自由は一体ではない、全く異なった意味があったとする。

近代人の富の獲得欲の本質は、「物」に対する拘りではなくて、自己を再生産しようとする「生命 life」。自己増殖する「生命」が、物に耐久性を、市民にアイデンティティを与え、物語が語り継がれることを可能にする「共通世界」を食いつぶしていくと考えた。

抽象的な言い方をしているので分かりにくいですが、先ず、近代が拘ったのは、「財産 property」そのものではなく、「所有」と「専有 appropriation」を無限に追求する〝権利〟であった、という点を押さえておきましょう——原文には「権利 right」という言葉はなく、「いっそう多くの財産と専有を無制限に追求すること the unhampered pursuit of more property or of appropriation」を擁護するという言い方になっています。前回見たように、「財産」とは本来、市民がポリスの中で自らの「固有」の場を持つための基盤となるものであり、先程のような意味での「物」的な性格を本来持っていたわけです。土地や家などの「財産」はその人固有の（proper）ものであり、それらに支えられることで市民としてのアイデンティティが確立されたわけです。しかし近代になると、そうした固有性・耐久性を重視する考え方が失われ、とにかく自らの専有する富としての量を増やしていくことを目指すようになりました。経済学は、そうした富の増大のための営みを正当化するようになったわけです。

「共通世界 common world」というのは、前回も出てきたように、仕事を通して作り出された「物」から成る人工的世界で、人々の認識や活動の共通の基盤を提供します。ここに参入することで、人々は他者の視点から「物」を見ることができるようになります。そうした「共通世界」は、各人に固有の場を割り当て、その状態を保持しようとする性質を持っています。こういう言い方をすると、抽象的で分かりにくい感じがするかもしれませんが、人々が使っている家とか土地、家具などが安定して存在している空間を想像して下さい。そうした空間は、より多くの富を獲得しようとしている近代人にとって邪魔であり、「死んでいる」、つまり変化がなく静止しているように見えるわけです──アーレントに言わせれば、「共通世界」には絶えず、異なったパースペクティヴを持った人たちが参入してくるので、絶えず変容しているわけですが。

現実の制度的問題に即して言えば、伝統的な意味での固有の「財産」を保持する権利というよりは、経済活動の自由によって富を増やす権利を確保することが、近代の課題であったわけです。財産権と経済活動の自由は一体のものとして語られることが多いですが、アーレントの議論の文脈に即して考えれば、全く異なった意味があったわけです。

そうした近代人の富の獲得欲の本質は、「物」に対する拘りではなくて、自己を再生産しようとする「生命 life」だというのが、アーレントの分析です。自己増殖する「生命」が、物に耐久性を、市民にアイデンティティを与え、物語が語り継がれることを可能にする「共通世界」を食いつぶしていくわけです。

## 世界専有活動力《ワールド・アプロプリエーティング・アクティヴィティ》

生命の自然過程は肉体の内部にある。それと同じように、労働以上に直接肉体に拘束された活動力はほかにない。これは確かである。労働は、貧困の避けられない当然の結果であって、貧困を廃止する手段ではないというのが労働にかんする伝統的な説明である。しかし、ロックは、この説明にも満足できなかったし、財産の起源は、獲得、征服、あるいは共通世界の最初の分割にあるという、やはり伝統的な説明にも満足できなかった。彼が本当に関心をもっていたのは、専有であり、彼が発見しなければならなかったのは、世界専有活動力《ワールド・アプロプリエーティング・アクティヴィティ》であり、しかもこの活動力は、同時に議論の余地なく私的なものでなければならなかった。

これまで何回かお話ししたように、ロックは「労働」と「財産＝所有」を結び付けて論じたわけですが、その際に、「労働」と「財産」の双方について積極的な見方を呈示したということです。「財産」についても、単に既にあるものを獲得するとか、征服するというのとは違った次元のポジティヴな営みとして見ようとした、というわけです。

「世界専有活動力 world-appropriating activity」というのがカギになりそうですね。〈appropriate〉も、［pro-per―property］という同じ系統の言葉で、動詞です。「固有化」するということですね。専有と征服のどこが違うのかという感じもしますが、ポイントになるのは、「共通世界」に属する「物」の一部を脱共通化して、自分に「固有」のもの、「私的 private」なものに変えるということです。言い換えれば、公的な光から引き離し、人に見られない私的領域の闇へと引き込むということです。征服や獲得には、必ずしも、そうした、脱共通化という意味は含まれていません。ロックは、労働の手段である「身体」が最も「私」に固有なものであり、労働を通して、身体の私性が物に投入されるので、その「物」は、私のものとして専有＝所有化されるという論理を展開しました。

ただ、アーレントは、「世界」の中に各人の固有の場所を与える「財産」と、身体に直接宿っている活動力としての労働を活用して「物」を「専有化」し、「富」を増大させる営みは、対立する関係にあると見ているわけです。簡単に言うと、「所有」と「専有化（運動）」は対立する関係にあるわけです。これは先ほどの「共通世界」が、富の増大の邪魔になるという話の延長上で理解すればいいでしょう。各人が専有化を通しての全ての土地が既に分割所有され、その所有が固定化されているとしたら、もうそれ以上土地を専有することはできません。新たに土地を買おうにも、財産は各人に固有のものなので、売買が禁止されているかもしれません。また、自分の土地に工場を建て、大量生産を行うとした時、周りの土地の所有者の権利を侵害するからといって、制約を受ける可能性もあります。

近代が発展し、社会が勃興し、すべての人間的活動力の中で最も私的なもの、すなわち労働が、公的なものとなり、それ自身の共通領域の樹立を許されるようになると、世界の内部で私的に保持された場所としての財産の存在そのものが、増大する富の情容赦のない過程に抵抗できるかどうか疑わしくなるだろう。にもかかわらず、実際をいえば、ほかならぬ保有地の私的性格、つまり、「共通なものからの」保有地の完全な独立、を最もよく保証することができたのは、財産が専有に変わったためであり、「共通なものからの囲い込み」は肉体の活動力の結果であり、その「生産物」であるとする解釈のおかげである。この点で肉体が本当にすべての財産の根源となるのは、それが、望んでも人と分有できない唯一のものだからである。

後半が少し分かりにくいですが、アーレントの描く古代のポリスでは、「財産」を「労働」によって正当化する論理はなかったことを思い出して下さい。確かに、「財産」である家の中で、奴隷の労働が行われましたが、家長である市民が、その「財産」を自らの肉体労働によって獲得したかどうかは問題にされ

■「世界専有活動力 world-appropriating activity」

〈appropriate〉も、[proper—property]と同じ系統の言葉。動詞。
「固有化」——「共通世界」に属する「物」の一部を脱共通化して、自分に「固有」のもの、「私的な private」なものに変える。
⇒　公的な光から引き離し、人に見られない私的領域の闇へと引き込む。
征服や獲得には、必ずしも、そうした、脱共通化という意味は含まれていない。

※ロックは、労働の手段である「身体」が最も「私」に固有なものであり、労働を通して、身体の私性が物に投入されるので、その「物」は、私のものとして専有＝所有化されるという論理を展開した。

　アーレント
「所有」——「世界」の中に各人の固有の場所を与える「財産」
⇕
「専有化（運動）」——身体に直接宿っている活動力としての労働を活用して「物」を「専有化」し、「富」を増大させる営み。

ませんでした。アーレントの言うように、「財産」のおかげで市民が労働から解放され、活動するための固有の場を得ることができると想定されていたとすれば、その市民が自らの更なる〝労働〟によって、更に〝財産〟を増やすというのはおかしな話です。無論、現実のポリス市民は、財産を増やすことに関心を持っていたことでしょうが、自分の肉体労働によって増やすわけではありません。

ポリス的な共同体が崩壊した近代では、「財産」と、公的領域での活動との接点はありません。市民の公的アイデンティティの基盤ではありません。そこで、私有財産の存在を改めて根拠付ける必要が生じたわけです。労働による専有の論理は、本質的には、「財産」と対立しているはずだけど、私有財産を正当化するのに便利だったわけです。市民の代わりに労働してくれる奴隷がいなくて、市民が自ら労働せざるを得なかったこともあって、労働による専有化が、私有財産の根拠であるという理屈が説得力を持ったわけです——マルクスに言わせれば、すぐに、資本家の富の獲得のために労働者が働かされる体制へと移行してしまったわけですが。

事実、肉体の境界線の内部で生起している事柄、つまり肉体の快楽と苦痛、労働と消費以上に、他人と共通性のない、他人に伝達できない、したがって公的領域における他人の眼と耳からしっかりと守られているものは、ほかにない。同じ意味で、奴隷状態であれ、極端に堪え難い苦痛の状態であれ、とにかく人間がやむをえず自分の肉体の生命に精神を集中すること以上に、人間を根本的に世界から投げ出すものはほかにない。いかなる理由からにせよ、人間存在を世界から自立した完全に「私的」なものにし、ただその人間存在の生存だけを意識させるようにしたいと思う人は、このような経験を議論の土台に据えなければならない。

「世界から根本的に投げ出す ejects one more radically from the world」という言い方が文学的で謎めいた感じがしますが、「世界」というのがこれまで論じられてきた、人工的に作り出された物から成り、市民たちが活動する「共通世界」のことであり、「投げ出す」というのが、そこから隔離して、「私秘的」な状態に置くことだということを押さえておけば、理解できると思います。最も「私的」なものである自らの身体の営みに集中する時、人は必然的に、「共通世界」から目を背けることになります。身体に意識を集中することと、世界から孤立化し、自分の生活のことだけ考える、私的な生き方をすることは、表裏一体の関係にあるわけです。

## 苦痛と快感の私秘性の問題

一七一頁から一七二頁にかけて、「苦痛 pain」と「幸福」の関係について論じられています。何故ここで「苦痛」の話が出て来るのかというと、先ず、「苦痛」を感じると、人は自分の身体に意識を集中させ、「共通世界」のことを意識から遮断することになるからです。また、古代のエピクロス学派やストア学派のように、「幸福 happiness」を「苦痛の欠如 absence of pain」と考えると、やはり身体的なことに意識を集中することになるからです。それに加えて、初回にもお話ししたように、英語の〈labor〉やフランス語の〈travail〉に「苦痛」とか「疲労」という意味もあるので、「苦痛」は「労働」と本質的に結び付いていると言えます。

> 世界から隔絶してはじめて達成され、自己自身の私的存在の境界線内部ではじめて味わうことのできる幸福というのは、周知のように、「苦痛の欠如」以外のなにものでもありえない。この幸福の定義は、首尾一貫した快楽主義なら、どんな快楽主義であろうと、同意しなければならないものである。ただ肉体の感覚のみが現実的であるとする学説、快楽主義《ヘドニズム》は、非政治的で完全に私的な生活様式の極限的な形式にほかならない。これは、エピクロスのいう「隠れて生活し、世界についてはかまうな」という言葉の真の実現である。

高校の倫理や大学の哲学概説の授業で、エピクロス（前三四一―二七〇）は、快楽主義であり、世間から引きこもった隠遁生活を提唱したという風に簡単に習うことが多いですが、現代の私たちの感覚からすると、隠遁生活と快楽主義は対極にあるような感じがしますね。そこをアーレントは説明しているわけです。つまり、意識を「共通世界」から引き離して、身体の苦痛と、それがない状態としての快楽に集中させるわけです。他人がいて、活動しないといけない、つまりややこしい「共通世界」に思い煩わされることなく、身体をめぐる私的な生活に集中することによって、幸福を感じやすい状態を作り出すわけです。

ともあれ、苦痛とそれに付随して起こる苦痛からの解放の経験は、世界からあまりに隔絶しているので、世界の物の経験を一切排除している唯一の感覚経験である。たとえば、剣で傷つけられて生じる苦痛と羽根でくすぐられて生じる快感は、剣や羽根の属性についてはもちろんのこと、それらの世界存在についてさえ、なに私に語ってくれない。こうして、人間の感覚は、世界を十分に経験する能力をもっていないのではないかという抜きがたい不信が生まれてくる。実際、この不信は、特殊に近代的な哲学がいずれもその出発点としているものである。

身体に生じる苦痛と快感の私秘性の問題を、近代の認識論哲学に対する批判へと繋げているわけです。剣や羽根の「世界存在 worldly existence」というのが、分かりにくいですが、これは、単に私の私秘的な感じ方ではなく、「共通世界」の中でのこれらの認識のされ方、間主観的な存在様式ということです。羽根は人間が作った物ではありませんが、共通世界の中で特定の役割を担う道具として位置付けることは可能でしょう。

近代哲学は、人間の感覚は極めて私的なものであり、かつ──他者も同じように感じているかどうか分からないという意味で──不確かである、ということを前提としながら、認識はいかにして可能かという問いを探究してきました。具体的には、デカルト（一五九六─一六五〇）が方法論的懐疑の初めに自らの感覚を疑ったこととか、ヒューム（一七一一─一七七六）が経験の客観性を疑問に付したことなどを考えればいいでしょう。哲学の教科書では、近代の認識論が、「私の感覚」を疑うのは、キリスト教的世界観が崩壊して、各人が孤立化するようになったからだという風に説明することが多いですが、アーレントに言わせれば、各人に「共通世界」に関与しようとする意志も、そこに参加しているという自覚もなくなり、身体の私的感覚にだけ意識を向けるようになった結果、その感覚自体も疑わしく感じられるようになったということです。「共通世界」との接点がないということは、自分の目の前にある「物」をどのように認識し、理解しているか、分からなくなるということを含意しています。私の感覚が、私の身体に生じた幻影にすぎないのではないか、という疑念を、自分自身の内で解消することはできません。

エピクロス

さて、この無世界性の経験——というよりはむしろ苦痛の中に現われる世界喪失——に厳密に対応している唯一の活動力が、労働なのである。この場合、人間の肉体は、その活動力にもかかわらず、やはり自分自身に投げ返され、ただ自分が生きることにのみ専念し、自らの肉体が機能する循環運動を超えたり、そこから解放されたりすることなく、自然との新陳代謝に閉じ込められたままである。

「無世界性の経験 experience of worldlessness」＝「苦痛の中に現われる世界喪失 loss of world that occurs in pain」というのは言い方としては深淵で難しそうですが、先ほど見たように、苦痛を契機として自分の身体に意識を集中させることで、人は「世界」から離れるわけです。それは、「世界」のない状態を経験することです。「労働」における「苦痛」は、そうした「無世界性」に通じています。

こういう風に意味付けすると、「苦痛」というのが単なる「イタイ!」という感覚ではなく、人間の身体性そのものに深く関わっているように思えてきますね。ドイツ観念論から初期マルクスが継承した、「受苦 Leiden」というテーマがあります。人間の精神は周囲の世界——アーレントの言っている「世界」ではなく、人間を取り巻いているものという意味での〝世界〟です——に対して一方的に能動的に働きか

「苦痛」は単なる「イタイ！」という感覚ではなく、人間の身体性そのものに深く関わっている。

初期マルクスは、「労働」を「受苦」と結び付けて理解した。

「受苦 Leiden」（ドイツ観念論から初期マルクスが継承した）
人間の精神は周囲の世界——アーレントの言っている「世界」ではなく、人間を取り巻いているものという意味での“世界”——に対して一方的に能動的に働きかけるだけでなく、自由に運動しようとする身体に抵抗を受けること＝苦痛を通じて、世界の中に自らの身体を位置付けるようになる。

※ドイツ語の〈leiden〉には、単に痛がるというだけでなく、痛みを受け止める、という意味合いも含まれる。身体に痛みを受け止めることを通して、人間は自分の生きている世界と、自分がどのように関わっているか体験する。

けるだけでなく、自由に運動しようとする身体に抵抗を受けること＝苦痛を通じて、世界の中に自らの身体を位置付けるようになります。ドイツ語の〈leiden〉には、単に痛がるというだけでなく、痛みを受け止める、という意味合いも含まれています。痛みを受け止めることを通して、人間は自分の生きている世界と、自分がどのように関わっているか体験するわけです。初期マルクスは、「労働」を「受苦」と結び付けて理解していました。

アーレントもそうした初期マルクスの議論を意識しているのかもしれません。ただし、アーレントは、「苦痛」を通して人間が、自然の循環の運動の中にある自らの身体と遭遇することを、ネガティヴに描いているわけですが。

労働の苦痛は、人間を共通世界から引き離すという意味で「私（秘）的」であり、それは、「財産」の「私的」性格と通じているように見えます。ただ、そう単純に理解してはいけないようです。

しかし、このように理解された財産の私的性格というものは、本質的には専有の私的性格にほかならないのであって、依然として近代以前の伝統的概念で考えていたロックが私有財産という言葉で理解していたようなものではけっしてない。その起源がなんであれ、ロックが考えていた財産は、依然として「共通なものからの囲い込み」であり、なによりもまず、私的なものを隠して公的領域から保護することのできる世界の中の一つの場所であった。このようなものとして、それは、増大する富と専有が共通世界に消滅の脅威を与え始めたときでさえ、共通世界との接触を保っていた。財産はそれ自身の世界保証のゆえに、世界にたいする労働過程の無関係性を強めるどころかむしろ和らげる。同じように、労働の過程的性格や、労働が生命過程そのものによって押しつけられ強要される場合の無慈悲さは、財産の獲得によって阻止される。労働者あるいは賃仕事人の社会と違って、財産所有者の社会では、人間の配慮と懸念の中心にあるのは依然として世界であって、自然の豊かさでもなければ生命の純粋な必要でもない。

ここもごちゃごちゃしていて分かりにくいですが、少しずつ文脈を確認していきましょう。まずアーレントは、労働を通しての専有によって獲得される〝財産〟の私的性格と、ロックの「私有財産」概念は異なっていると言っていますね。つまり、ロックは労働を通しての専有という論理を導入したけれど、彼の「財産」観は依然として伝統的なもの、アーレントが強調する、古代のポリスの「財産」観に近いものだった、ということです。アーレントから見ると、ロックの中で、「労働＝専有」と「財産」がうまくかみ合っていなかったわけです。

そうした伝統的な意味での「財産」は、「共通なものからの囲い込み enclosure from the common」だというわけですが、文脈的に考えて、先ほど出てきた、肉体的苦痛に集中することによって「世界から根本的に投げ出」される、というのとは、異なる事態だと考えられます。その後の「それは……共通世界との接触を保っていた」という言い方からも、分かります。つまり、「囲い込み」というのは、共通世界の内部において「囲い込」まれ、周りから隠されるということであって、共通世界と縁がなくなり、無世界的になるということではないわけです。古代ポリス的な意味での「財産」は、各人が公的領域での活動に参加するための基盤を提供するわけですから、公的領域の根底にある共通世界と無関係なはずはありません。「共通世界」があるからこそ、「財産」に意味があるわけです。それに対して、純粋な生命過程としての労働、及びその帰結としての富と専有は、文字通りの意味で「世界」と接点を持たないわけです。

本来の意味での「財産」は、労働による「世界」の浸食、無世界化を阻止するように作用するわけです。具体的なイメージとしては、土地や家屋等の固有の財産を持っているおかげで、労働によって富をどんどん増大させようとする経済の急速な動きに巻き込まれることなく、精神的な自立性を保ち、私的利害を超えて、公的問題に関心を持つことができる、という感じでしょう——全ての財産所有者が、直接的・間接的にマネーゲームに巻き込まれている現代社会では、かなりの財産がないと、巻き込まれないでいることは不可能でしょうが。

## 労働を通しての生命の無限増殖と、それと連動する富の無限の増大という二重の運動

これに続けてアーレントは、富の増大と蓄積の過程と、人間という種の生命過程はいずれも無限であることを指摘します。前者は、後者を反映しているわけです。

しかし、この無限性は、私的な個人は永遠には生きず、その前途に無限の時間をもたないという不都合な事実によって、たえず挑戦を受け、阻止される。個人の制限された生命ではなく社会全体の生命が蓄積過程の巨大な主体であると考えられてはじめて、この過程は、個人の寿命と個人が所有する財

労働を通しての専有によって獲得される“財産”の私的性格
⇕
ロックの「私有財産」概念

つまり、ロックは労働を通しての専有という論理を導入したけれど、彼の「財産」観は依然として伝統的なもの。アーレントが強調する、古代のポリスの「財産」観に近いものだった。アーレントから見ると、ロックの中で、「労働＝専有」と「財産」がうまくかみ合っていなかった。

古代ポリス的な意味での「財産」は、各人が公的領域での活動に参加するための基盤を提供する。公的領域の根底にある共通世界と無関係なはずはない。「共通世界」があるからこそ、「財産」に意味がある。
⇕
純粋な生命過程としての労働、及びその帰結としての富と専有は、文字通りの意味で「世界」と接点を持たない。

⇒　つまり、本来の意味での「財産」は、労働による「世界」の浸食、無世界化を阻止するように作用。具体的なイメージとしては、土地や家屋等の固有の財産を持っているおかげで、労働によって富をどんどん増大させようとする経済の急速な動きに巻き込まれることなく、精神的な自立性を保ち、私的利害を超えて、公的問題に関心を持つことができる、という感じ。――全ての財産所有者が、直接的・間接的にマネーゲームに巻き込まれている現代社会では、かなりの財産がないと、巻き込まれないでいることは不可能!?

産によって押しつけられる制限から解放されて、完全に自由となり、全速力でその進路を進むことができる。この場合、人間はもはや、自分自身の生存にのみ係わる個人として活動するのではなく、「種の一員」として、つまりマルクスがよくいっていたように類存在《ガットゥングスヴェーゼン》として活動する。そして、個人の生命の再生産はヒトの生命過程に吸収される。こうなってはじめて、「社会化された人間」の集団的な生命過程は、それ自身の「必然」に従い、生命の増殖と、生命が必要とする財の豊かな増大という二重の意味における繁殖力の自動的進路に従うことができる。

抽象的な言い方なので少し分かりにくいですが、富の増大と蓄積に従事する一個人の立場で考えれば、分かりやすくなります。どれだけ貪欲に富の増大に邁進する人でも、自分の命に限界があり、死んだら、残された富は自分とは関係なくなると思うと、どこかでやる気がなくなります。しかし、自分の子孫とか、自分が属する会社、社会、民族、国家が、大きな生命体のようなものとして生き続けるとすると、富の増大に邁進し続けることに意味があるように思えてくる。各人がそのような意識を抱かなくても、そういう前提で企業、民族、国家が運営されるようになります。

「類的存在 Gattungswesen」というのは、マルクスの用語です。初期マルクスは、「人間」の「類的本質 Gattungswesen」は「労働」であると規定しました。それをアーレントは、皮肉って使っているわけです。〈Wesen〉というドイツ語には、「本質」という意味と、「存在」とか「生き物」という意味があります。マルクスは、前者の意味で使ったのに対し、アーレントはわざと後者的な意味で取っているわけです。「同じ類」として共通の振る舞いをする存在という意味です。つまりマルクスは、労働することが人間の共通の本質であると言ったのだけれど、アーレントはそれを、労働を通しての生命の無限増殖と、それと連動する富の無限の増大という二重の運動の中で、人々は、あたかも「人間」という集合生命体の一部であるかのごとくに振る舞うようになる、という捻った意味に取っているわけです。

マルクスの労働哲学が、一九世紀の進化および発展の理論と同時期に現われたというのは印象的である。いいかえれば、人類全体の生命過程の歴史的発展を説く理論が、有機体生命の最低の形態から人間動物の出現に至るまでの単一の生命過程の自然的進化を説く理論と同じ時期に現われたのである。このことは、マルクスを「歴史のダーウィン」と呼んだエンゲルスによってすでに観察されていた。

ダーウィン

マルクスとダーウィン（一八〇九─一八八二）の繋がりはよく指摘されることですが、通常は、マルクスに寄せて「唯物論的な発展法則」という括りで理解される傾向があります。アーレントはむしろ、ダーウィンの側に寄せて、「生命過程 life process」の発展として理解しようとしているわけです。アーレントにとって、「労働」の本質は、人間の創造性とか自発性ではなく、生命の自己増殖運動です。アーレントの理解するマルクスの「労働の哲学 philosophy of labor」では、労働の「生産性 productivity」と、生命の「繁殖力 fertility」が不可分に結び付いていたわけです。

「生命過程」に注目する「労働の哲学」の問題意識を、「生の哲学」が受け継いだわけですが、「生の哲学」は、人間の生命維持のために必要な活動力が「労働」であることを見失い、人間とは関係なしに、もっぱら「生命過程」そのものを賛美する方向に向かっていった、ということですね。

しかし、歴史的発展の事実として、労働は以前より楽になり、その結果、労働は、自動的に機能する生命過程にいっそう似たものになったから、生の哲学が労働を見失ったことも、むしろ、このような歴史的発展の事実に即応しているように見える。世紀の変り目に（ニーチェおよびベルグソンによって）、労働ではなく生命こそ「すべての価値の創造者」であると宣言されたとき、この生命過程の純粋なダイナミズムにたいする賛美によって、労働や生殖のような必要（必然）によって人間に押しつけられる活動力にさえ現われる最小限の自発性も排除されたのである。

この箇所を見る限り、アーレントは、マルクスの「労働の哲学」が、「生命過程」に巻き込まれ、労働することを余儀なくされている人間たちに一定の「自発性 initiative」を付与していたことは認めているようですね。「労働の哲学」は、人間を「生命過程」の中で自動的に運動する機械の部品のようなものではなく、環境に対して働きかけながら、自らを形成する主体性を備えているものと見なしていた。しかし、時代が進んで技術も進歩し、労働が機械化されていくと、人間が自発性を発揮する余地は次第に少なくなり、労働による生産と、生命の繁殖を一応分けて考える必要がなくなり、後者に一元化して考える、「生命の哲学」が優勢になった、ということですね。

## 「道具 tools」、分業と専門化（specialization）

第一六節「仕事の道具と労働の分業」に入りましょう。仕事と労働の関係が近代に入ってどう変化したかという話です。これまで見てきたように、「仕事」が、「世界」を作り、各市民に場所を提供する営みであるのに対して、「労働」は生命維持の営みです。しかし、近代においては、その労働の組織化が、〝社会〟の関心事になったので、両者の関係が大きく変化しました。

> 生命のリアリティにたいする私たちの信頼と、世界のリアリティにたいする信頼は、同じものではない。後者は、なによりもまず、死すべき生命の永続性と耐久性よりはるかに優れている世界の永続性と耐久性から生まれるのである。もし、自分の死とともに世界が終わるとか、自分の死の直後に世界が終わるということが明らかである場合、世界は、そのリアリティをすべて失うであろう。初期キリスト教徒の場合がそうであった。彼らは、自分たちの終末論的期待がすぐにも実現されるものと確信していたのである。これに反して、生命のリアリティにたいする信頼は、生命が感じられるときの激烈さ、生命がそれ自身を感じさせるときの衝撃にかかっている。この激烈さは、あまりにも大きく、その力は、あまりにも根源的なものなので、それが歓喜とか悲しみの形で現われるときは、いつも、それ以外の世界のリアリティは、一切暗黒の中に消滅する。

「生命のリアリティ reality of life」は「労働」に対応し、「世界のリアリティ reality of the world」は「仕事」に対応します。この二つのリアリティに対する「信頼 trust」が、私たちの行動の原動力になるわけですが、アーレントは、二つの信頼が別の方向を向いていると指摘しているわけです。「世界のリアリティに対する信頼」が、自分が死んでからも共通世界が存続するので、自分がやったことは記憶され、無駄にならないであろうという信念であるのに対し、「生命のリアリティに対する信頼」は、生命の強烈さから来る衝撃に由来するものだということですね。後者は瞬間的に感じられるもので、「世界」の中でそれが記憶され、永続するということは前提にしていません。むしろ、先ほどの「苦痛の無世界性」の議論からも分かるように、「生命のリアリティ」は、その人の「世界」に対する他の関心をかき消して、瞬間的にその刺激に集中させるわけです。

一八〇頁から一八一頁にかけて、「労働」における「苦痛」を減少させると共に、労働する人間の動作

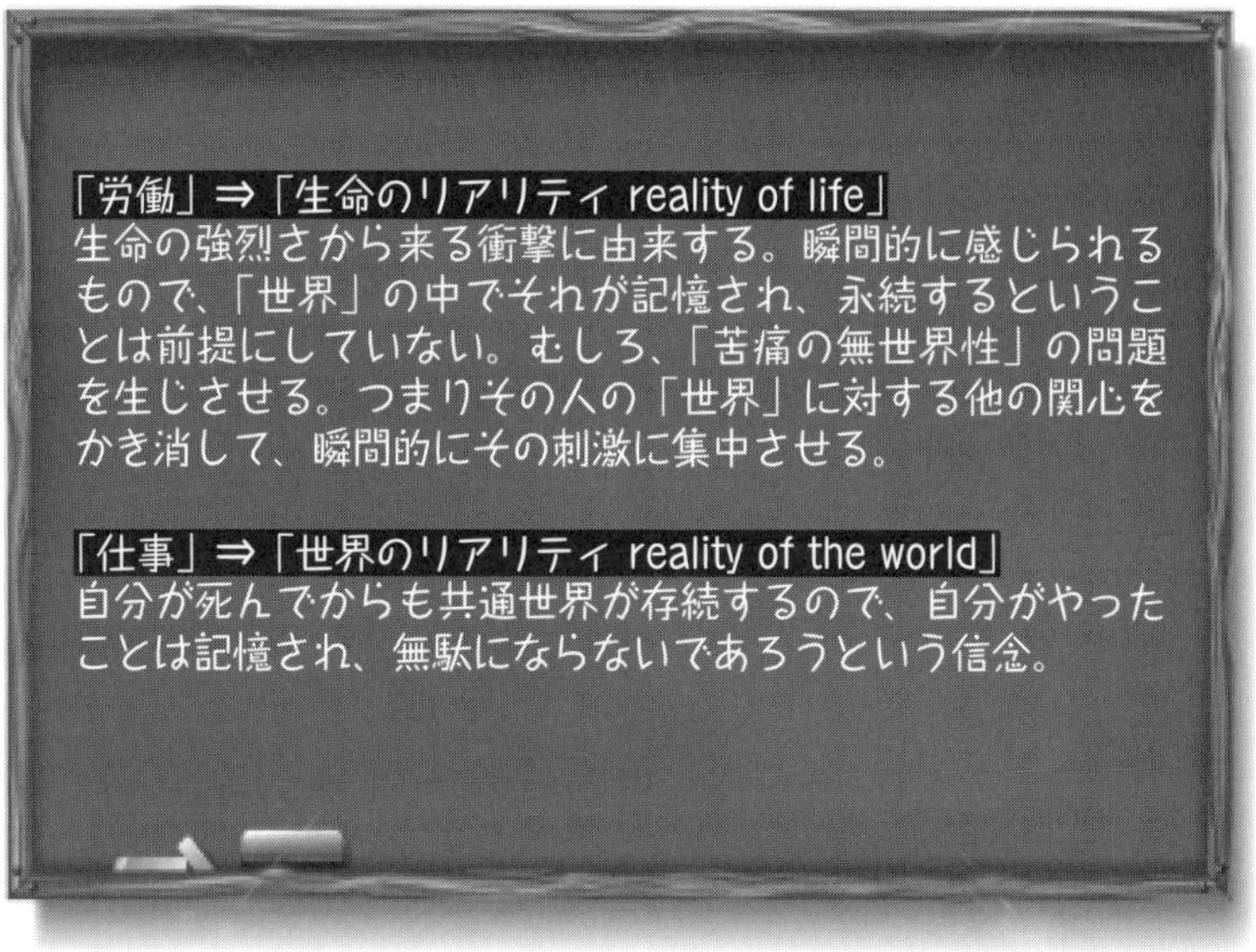
「労働」⇒「生命のリアリティ reality of life」
生命の強烈さから来る衝撃に由来する。瞬間的に感じられるもので、「世界」の中でそれが記憶され、永続するということは前提にしていない。むしろ、「苦痛の無世界性」の問題を生じさせる。つまりその人の「世界」に対する他の関心をかき消して、瞬間的にその刺激に集中させる。
「仕事」⇒「世界のリアリティ reality of the world」
自分が死んでからも共通世界が存続するので、自分がやったことは記憶され、無駄にならないであろうという信念。

を機械化し、「労働」を「生命過程」そのものへと還元するうえで大きな役割を果たした「道具 tools」について論じられています。「道具」は「仕事」と「労働」の双方に関わりますが、関わり方は違います。

労働の努力をかなり和らげることのできる道具や器具そのものは、労働の産物ではなく、仕事の産物である。つまりそれは、消費の過程に属するものでなく、使用物の世界の中心にあるものである。たしかに、一定の文明の労働で道具や器具が果たす役割は非常に大きい。しかし、それでも、いろいろな種類の仕事の中で道具がもっている基本的な重要性にくらべれば、その役割はものの数ではない。道具なしには、どんな仕事も行なわれないのである。実際、〈工作人〉の誕生と物の人工的世界の出現は、道具や器具の発見と時を同じくしている。労働の観点から見ると、道具は、ほとんど人間の力に取って代わるところまで、人間の力を強化し、増大させる。このことは、単なる材料ではなく家畜や水力や電気のような自然力が、人間の支配下にあるような事例にすべて見られる。同じように、道具は、〈労働する動物〉の自然の繁殖力を増大させ、消費財を豊かにする。しかし、このような変化は、すべて量的な次元のものである。単純な使用物から偉大な芸術作品に至るまで、製作された物の質そのものは、それにふさわしい道具の存在に密接に依存しているのである。

ここは比較的分かりやすいですね。「道具」は基本的に「仕事」のためのもので、「世界」の中に位置付けられます。単に「世界」の中で位置を占めるだけでなく、「仕事」によって新たに生み出され、「世界」に参入してくる「物」の性質を規定する働きをします。いわば、「世界」の入り口に位置しているわけです。「使用物 use object」という言い方をすると、「消費財 consumer goods」と同じように聞こえますが、ここでの「使用物」は、「世界」の中に永続的で固有な位置を占める道具で、すぐになくなってしまう「消費財」とは根本的に異なります。

それに比べると、「労働」における「道具」というのは、確かに人間の生活を楽にし、繁殖力を増大させますが、それは量的な変化にすぎません。少なくとも、「世界」に新たなものをもたらすような創造性は持ちません。アーレントは、「労働」には創造性を認めないという立場に徹しているわけです。

道具や器具は、その単なる使用とはまったく異なる、なにかそれ以上のものを生みだすように設計されており、労働にとっては第二義的な意味しかもっていない。しかし、人間の労働過程のもう一つの大きな原理、労働の分業については、事情が異なる。労働の分業というのは、実際、労働の過程から直接生まれているのであって、これを専門化の原理と混同してはならない。この専門化の原理は、むしろ、仕事の過程に一般的に見られるものであるが、たいてい労働の分業と同一視されており、たしかに外見上は似ているのである。しかし、仕事の専門化と労働の分業が共通しているのは、ただ、組織化の一般的原理だけであり、この組織化の原理そのものは、仕事にも労働にも関係なく、その起源は、生活の厳密に政治的な分野、すなわち、共に協力して活動するという人間の活動能力に負っているのである。人びとが単に生きているのではなく、共に活動する政治組織の枠組みの内部においてのみ、仕事の専門化と労働の分業は起こりうるのである。
しかも、仕事の専門化は、本質的には、完成品そのものによって導かれる。そして仕事の専門化には、本性上、各種の技能が組み合わされ、組織されることが必要である。これにたいして、労働の分業のほうは、すべての活動力が単一であるという同質性を前提としており、それには特殊な技能はなんら必要としない。

ここの文章自体は分かりやすいけれど、全体としてどういうことを言いたいのかが把握しにくいですね。「労働の分業」については、事情が異なる」というのは、「労働の分業」は、労働にとって第一義的な意味を持つということです。これまでのアーレントの議論の流れからして、「労働の分業」によって、労働における各人の身体の動きから自発性が失われると共に単純化し、剝き出しの生命過程そのものに近くなる、というのが彼女の基本的見解だということははっきりしていますね。しかし、アダム・スミス流の「分業」の説明では、各人が自らの担当する作業に特化することを通して、分業がうまく行くようになる、という風に説明されるので、何となく、分業と専門化（specialization）は同じことの異なった側面であるかのように理解されることが多い。そこで、アーレントは、完成品を制作することを目指して様々な技能に習熟することを意味する「専門化」と、工程の一部を割り当てられて、それを単純に繰り返しているだけの「分業」は異なる、ということを強調しているわけです。

人間相互の関係の「組織化 organization」という点で、「労働」における「分業」と、「仕事」における「専門化」には共通するところがありますが、「組織化」自体は、「労働」か「仕事」のいずれかに起源があるわけではなく、むしろ、政治における「活動」、複数の人間の共存・協調と深く関係している。アーレントはそう指摘することで、「労働」に、「仕事」と同じような創造性があることを否定しようとしているわけです。

次第に分業化されていく「労働」とは別個に、専門化され、道具を駆使する「仕事」という営みも継承されているのであれば、問題はないはずです。しかし、現代社会では、本来、「仕事」として営まれていたプロセスが、分業によって単純化された「労働」へと置き換えられ、「道具」であったはずのものも消費財扱いされるようになっています。「仕事」の主体である「工作人」が、「労働する動物」に取って代わられつつあるわけです。

## 消費——自然のサイクルに吸収されること

この章の最終節である第一七節「消費者社会」に入りましょう。生産と消費はセットで論じられることが多いですね。古典派経済学もマルクス主義も労働価値説的な見地から、生産の方に重点を置いて両者の関係を考えますが、これまで見てきたことから分かるように、労働を生命過程の現われとして見るアーレントは、「消費」に重点を置いているように思えます。

労働が解放され、それに伴って労働階級が抑圧と搾取から解放されたことは、たしかに、非暴力の方向に向かう一歩前進を意味した。しかし、それが同時に自由の方向に向かう一歩前進であったかどうかは疑わしい。拷問で用いられる暴力を別とすれば、人間が行使する暴力を、必要〔必然〕そのものが強要する自然力と比較することはできない。たとえば、ギリシア人が拷問を意味する言葉を、必然《アナグカイ》という言葉から引き出し、人間が人間にたいして行使する力の意味で用いられた暴力《ビア》という言葉から引き出さなかったのは、このためである。

ここも文章自体は分かりやすいけれど、どういう論理展開なのか分かりにくいですね。先ず、労働の「解放 emancipation」というのは、古代のポリスのように、誰かを強制的に同じ労働に従事させ続けねばならない状態が解消されてきた、という普通の意味で理解すればいいでしょう。それは、「非暴力」に向かっての前進ではあったけれど、「必然」から「自由」への前進であるとは必ずしも言えない、というのがここでのアーレントの議論のポイントです。つまりアーレントは、人間が自然界の必然性からは必ずしも解放されていないのではないか、と示唆しているわけです。

〈anagkai〉と〈bia〉の話が少し分かりにくいのですが、アーレントが言いたいのは、「拷問」というのは、普通に考えれば、人間の人間に対する「暴力」なので〈bia〉の系統の言葉を使ってしかるべきなのに、〈anagkai〉の系統を使っているのは、「必然」の力というのが人間にとって圧倒的だったからではないか、ということです。圧倒的な力の行使である拷問を形容するのに、「必然」の方がしっくりきたのではないか、と推測しているわけです。細かいことを言うと、〈anagkai〉は複数形で、単数形は〈anagkē〉で、この形のままで、「必然」「必要」「強制」「圧迫」「拷問」などを意味するようです。

近代における労働の解放は、万人に自由を与える時代をもたらさないだけでなく、反対に、全人類をはじめて必然の軛《くびき》のもとに強制するという危険は、すでにマルクスによってはっきりと感じられていた。彼は、革命の目的は、すでに完成された労働階級の解放ではありえず、労働から人間を解放することにあるのでなければならないと主張していたのである。最初一見すると、この目的はユートピア的に見え、マルクスの教義における唯一の、厳密な意味でユートピア的な要素であるように思われる。マルクス自身の用語でいえば、労働からの解放とは、必然〈必要〉からの解放である。これは究極的には、消費からの解放であり、したがって、ほかならぬ人間生活の条件である自然との新陳代謝からの解放を意味する。

アーレントは、マルクスが最終的に「労働」から人間を「解放」することを目指していたと解釈しているわけですね。アーレント流に理解すれば、「労働からの解放」は、「必然からの解放」です。ここで面白いのは、それが「消費からの解放」、あるいは「自然との新陳代謝の解放」に繋がるとアーレントが考えていることです。「労働の解放」と言うと、私たちは、緊張感をなくして、自然のままに生きることをイメージしがちですが、アーレントはその逆に、生物学的な制約から解放されることだと見ているわけです。極めてカント的な自由観ですね。

しかし、ここ十年ばかりの発展を眼にし、とくにオートメーションがますます発達したために開かれた可能性を眼にすると、機能のユートピアが明日のリアリティになるのではないかと疑っても当然であろう。もし、そうなれば最終的に人間の生命を拘束している生物学的サイクルに固有の「労苦と困難」として残るのは消費の努力だけであろう。

先ほどの内容を踏まえれば、ここで言われていることははっきりしていますね。ちょっと引っかかるの

■「拷問」
暴力（ビア）〈bia〉——人間の人間に対する「暴力」、人間が人間にたいして行使する力の意味で用いられる——ではなく、必然（アナグカイ）〈anagkai〉——「必然」の力というのが人間にとって圧倒的だったから。圧倒的な力の行使である拷問を形容するのに、「必然」の方がしっくりきたのではないか、と推測。

※〈anagkai〉は複数形で、単数形は〈anagkē〉で、この形のままで、「必然」「必要」「強制」「圧迫」「拷問」などを意味する。

は、「〜と疑っても当然〜」とネガティヴな表現になっていることですが、これは訳の問題です。原文では〈wonder〉という動詞が使われています。「〜と思ってしまっても当然であろう」くらいに訳した方がいいでしょう。オートメーションが進んで、機械が人間の代わりに働いてくれるようになったら、人間は労働という面で、生物学的サイクルから解放され、後は、消費だけになります。消費が「労苦と困難 the toil and trouble」であるというのは語感的にヘンな感じがしますが、人間はとにかく食事をし、衣服を着てちゃんとした家に住み、自分の健康を守る努力をしないといけません。病気になって寝込んでいると、食べ物等を買いに外に出ることも、水を飲んだり、トイレに行くのさえも辛くなることがありますね。そういう時に、消費への強制を感じるのではないかと思います。

しかし、将来のオートメーションの危険は、大いに嘆き悲しまれているような、自然的生命の機械化や人工化にあるのではない。むしろ、その人工性にもかかわらず、すべての人間的生産力が、著しく強度を増した生命過程の中に吸収され、その絶えず循環する自然的サイクルに、苦痛や努力もなく、自動的に従う点にこそ、オートメーションの危険が存在するのである。

少し分かりにくいですが、ポイントは、通常の文明論で言われているように、オートメーションによって機械化・人工化することが問題ではなく、むしろ、自然のサイクルに吸収されることにある、というわけです。アーレントは、自然の生命過程からどれだけ離脱して自立的に振る舞えるかに、「自由」、延いては「人間」らしさがかかっていると考えているので、機械によってそういう頑張りの余地がなくなったら、人間の身体がただの生命過程に回帰していく、と見るわけです。

苦痛や努力もなくなったら、ただ生命サイクルに従うだけになり、人間らしさを失うというのは、生命倫理の森岡正博氏（一九五八―　）の言う「無痛文明」に通じる感じがしますね。

機械のリズムは、生命の自然のリズムを著しく拡大し、強めるであろう。しかし、それは、世界にかんして生命がもつ主要な性格――耐久性を食い尽すこと――を変えるのではなく、逆にそれをもっと恐ろしいほど拡張するだろう。

アーレントは、そもそも「機械」と「生命」を対立するものとは見ていないわけです。むしろ、いずれも自動的に運動し続ける点が共通しており、機械の運動が生命の運動を補強することができると考えているわけです。確かに、バイオテクノロジーについて、生命に人為的で不自然な操作を加えているのではなく、生命が持っている本来の力を引き出しているだけだという見方をすることもできるので、分からないわけではないですね。
一九四頁から一九七頁にかけて、人々が労働から解放され、余暇が増えた帰結として、人々の消費欲求がどんどん高まっているということが述べられています。大筋としては、一九五〇年代にアメリカで流行っていた消費社会論とあまり変わらない感じもしますが、アーレントは、「消費」の加速によって、「物」の耐久性が失われ、ますます、共通世界の解体が進んでいることを指摘します。一九六頁をご覧下さい。

〈労働する動物〉の理想を実現する上で待ち構えている明白な危険信号の一つは、私たちの経済全体がかなり浪費経済になっているということである。この経済においては、過程そのものに急激な破局的終末をもたらさないようにするために、物が世界に現われた途端に、今度はそれを急いで貪り食い、投げ棄ててしまわなければならない。しかし、もしこの理想がすでに実現されており、私たちが本当に消費者社会のメンバー以外の何者でもないとするなら、私たちはもはや世界に生きているのではなく、ただ、一つの過程に突き動かされているだけだということになる。この過程の絶えず反復されるサイクルの中では、物は、現われては消滅し、姿を見せたかと思うと消えてしまい、十分に持続して生命過程をその中に閉じ込めるということはけっしてない。

一昔前によく言われたように、大量消費社会では、商品として買ったモノはすぐに消費してしまって、新しいモノを購入することが美徳として称揚されます。そうでないと、経済が回らないし、経済が回らないと、企業で働く労働者でもある消費者の生活も苦しくなるからです。企業は、瞬間的に刺激的だけど、あまり長持ちしない商品を提供しようとするようになります。
そうなってくると、耐久性を持って存在する「物」たちから成る「共通世界」の中で、他の市民たちとリアリティ感覚を共有することができなくなります。それどころか、モノが私の前に瞬間的に現われては消えていくサイクルが〝ある〟だけで、もはや私たちが持続的に足場とすることのできる「世界」は見当たらなくなります。

この生命が、消費者社会あるいは労働者社会において、安楽になればなるほど、生命を突き動かしている必要の緊急性に気づくことが困難になる。しかし、実際は、必要〔必然〕の外部的現われにほかならぬ苦痛や努力がほとんど消滅しているように見えるときでさえ、生命はこの必要によって突き動かされているのである。社会は、増大する繁殖力の豊かさによって幻惑され、終りなき過程の円滑な作用にとらえられる。このような社会は、もはやそれ自身の空虚さを認めることができない。つまり「労働が終わった後にも持続する、なにか永続的な主体の中に、自らを固定したり、実現したりしない」生命の空虚さを認めることができない。危険はこの点にある。

技術の発展によって、人間は「必要」から解放され、安楽になりつつあるように見えるわけですが、深層においては、そうではないということですね。人間が生命である限り、いかに苦痛がないように見えても、生物学的な「必要」によって突き動かされているはずだ、というわけです。確かに、生きている限り、私たちの身体的欲求は生物学的法則によって生じて来ます。生命の自己増殖傾向によって私たちが――私たち自身がそれに抵抗しているか否かに関係なく――使役されている状態は、むしろ強化されているわけです。

注にあるように、「」内はアダム・スミスの『諸国民の富』からの引用です。第二編第三章の生産労働と非生産労働の違いについて論じている文脈で出てくる表現で、先ほど「召使い」と訳されていた家事使用人（menial servants）の労働の話ですが、アーレントはそれを「労働」全般に拡張しているわけです。生命力の自己循環に完全にからめとられてしまった社会は、生命力が目的もなく自己循環していることの虚しさに気付くことができなくなった、ということですね。

資本主義の発展によって、「人間らしさ」が失われていくという見方は、初期マルクスやネオ・マルクス主義と共通しているような感じもしますが、それを「労働」からの疎外ではなく、「労働」の本質である生命過程の露出であると見ているわけです。左派と同じ現象に関心を持ちながら、逆の視点から見るところが、アーレントの面白いところです。

■質疑応答

Q 仕事と労働の区別について。アーレントが二つを区別している意味がよく分かりません。ギリシアのアテネを基準にして、仕事と労働を対立的に捉え、労働がマイナスのイメージで捉えられているように思います。個人的な意見になるのですが、そのような捉え方をすることにより、現代を分析していく上で何が分かってくるのだろうか、と思います。労働と仕事を区別するのではなく、むしろ、社会に変化があり、労働が多様化したり、あるいは発展したりといった、資本主義的な労働の矛盾をもっと議論する方が見えてくるものがあるのではないか、と感じます。アーレントも、資本主義的に変容した労働をマイナスイメージ的に捉えて、ここで分析しているのではないでしょうか。一九五八年の著作ですから、時代的制約もあるかと思いますが、発展段階にあるオートメーションの捉え方が一面的であるように思えます。仕事と労働を区別して議論していくことの積極的意味はどの辺りにあるのでしょうか。

A　最初にはっきりさせておく必要があるのは、アーレントは「資本主義」批判をしているわけではありません。人間の生物学的生にしか関心が持たれなくなり、それを中心に社会が動くようになったのは何故か問うているわけです。捻った「資本主義」批判をやっているという前提に立つ限り、アーレントの言っていることは理解できません。というより、無駄なおしゃべりをしているとしか思えないでしょう。アーレントは「資本主義」ではなく、資本主義の背景にある、仕事と労働のバランスの変化を問題にしているのです。「いや、そんなことはない、資本主義こそ問題の元凶だ！　資本主義の矛盾を解くことこそが、現代を理解することだ！」と思う人はアーレントではなくて、ネオ・マルクス主義とかカルチュラル・スタディーズのテクストを読むべきでしょう。日本のアーレント・ファンには、どうしてもアーレントを資本主義批判者にしたい人が少なくありませんが、それはアーレント固有のテーマではありません。アーレントは、むしろ意識的に、「経済」還元論的な言説から距離を取ろうとした人です。

アーレントは、現代社会の抱える問題の根源を掘り下げて考えようとしましたが、掘り下げすぎて、普通の社会批評で扱う範囲を遥かに超えるところまで突き進んで行った。そして、古代ギリシアにその本当の起源があることに気付いたわけです――アーレントの思い込みかもしれませんが。今回の第三章で、アーレントは確かに、大量消費社会における資本主義社会の変容、オートメーション化の進展について語っていますが、それは、古代末期から徐々に進行した変化の現われとして語っているわけです。

アーレントが拘っているのは、私たちの認識や活動の基盤になっている「共通世界」が崩壊しているということです。「共通世界」を支えているのが、耐久性があり、人々の関係性を生み出すのに役立つ「物」を産出する「仕事」です。それが「仕事」の定義です。職人技的な創造性があるわけです。そうではなくて、単に生命サイクルに合わせて体を動かすのが、「労働」の定義です。それは、普通の言葉遣いではありませんが、アーレント用語として受け容れて下さい。「仕事」が衰退して、「労働」が優位になることで、私たちの生活から、耐久的な物がなくなり、すぐに消費されてなくなるモノばかりになってしまうわけです。

Q　生命過程に押し込められぐるぐると回っていて、重要である活動の方がどんどん無くなっていく中で、その循環していくということと、ニーチェの永劫回帰、生の哲学の関連がよく理解できませんでした。今、就職するとそこから抜け出せなくなる「ブラック企業」ということが盛んに言われています。どこかつながりはありますか。

A　「ブラック企業」にもいろいろあると思いますが、そこに務めている人が、他に就職の当てがないので、やりがいのない単純作業を延々とやり続けているだけで、他の人とコミュニケーションすることもできない状態だと、生命サイクルに取り込まれつつある、ということになると思います。ただ、働いている人が、「ブラック」であると感じ、そこから離脱して、より人間的な職場を求めているとしたら、完全に取り込まれていることにはならないでしょう。あと、「ブラック」すぎて、社員が次々辞めていくようだったら、労働力を再生産することに寄与できず、むしろすり減らしていくことになるので、アーレントの描く完全なオートメーション化とは異なるでしょう。むしろ、快適すぎて社員が何も疑問を感じなくなるような企業の方が典型でしょう。

永劫回帰との関連は、比較的簡単に説明できます。「永劫回帰」を文字通りに取れば、同じことが繰り返すだけで変化のないサイクルです。無論、それが生物学的サイクルかと言われると解釈的にかなり疑問はありますが、ニーチェは、自意識によって苦しんでいる今の人間を超えて、生成や力に身をゆだねるべきだと言っているので、そうした方向性の極限まで行くと、剝き出しの生物学的生に行きつくというのは、ありえない読解ではないと思います——ナチスは、進化論的にニーチェを読解することを試みました。「生の哲学」といってもいろんな人がいて、ディルタイのように精神的な生に重点を置く人が多いので、生物学的に解釈した「永劫回帰」と結び付けることには違和感がありますが、アーレントは、生物学的な生の運動に注目するベルクソンを、ニーチェに次ぐ「生の哲学」の代表格と見ているのではないかと思います。ベルクソンを知っている人は、「生の飛躍 élan vital」の理論とかは、サイクル的なイメージと対立すると思うかもしれませんが、アーレントもそれほど厳密には考えていないと思います。

また、ニーチェの思想では、「永劫回帰」と「超人 Übermensch」が不可分に結び付いていますが、「超人」のイメージは、自意識の枠を超え、生命の流れそれ自体に入っていき、「永劫回帰」に耐え、天から価値を与えられるのを待つのではなく、自ら価値を作り出そうとする。受苦の中から、主体的に価値を生み出すわけです。そういう抵抗する意識を強く持った主体であれば、サイクルに完全に取り込まれているとは言えないでしょう。ただ、そういう「超人」のイメージは、ニーチェの一流の風刺であって、ニーチェ自身も、最終的には、「人間的な」ものが完全に消滅して、単なる生命サイクルに帰着するということをちゃんと分かっていた、という見方もできます。ポストモダン系の議論では、そういう風にニーチェを解釈することが多いです。

アーレントは、マルクスの議論もそういう風に見ているのかもしれません。マルクスは、労働の苦しみに耐えて、主体性を再獲得する労働者に期待したけれど、アーレントはそれをマルクスの強がりと見ていたのかもしれません。そう考えると、彼女のマルクス読解はそれなりに納得がいきます。

Q この本を読了していないので、まだ完全に把握し切れていないのですが、私の現時点の理解では、『人間の条件』の基本的方向性は、全体主義批判だと思います。「全体主義的なもの」の根底にある人のワンネス（同一性）に対する批判です。多数性を維持しようという方向に向かうのが、「活動」への志向だと思うんです。近代以降、人は労働によってワンネスになってしまう。労働の循環の中に閉じこもっていることで、「世界」に対する感覚を失ってしまっている。そこで、「世界」を再構築するために「労働」と「仕事」を分け、「労働」にある意味罪を背負わせて、生命的な循環に追いやり、世界を作るという働きを「仕事」という名前を付けたものに割り当てる。そこで「世界」を作るということが問題になるのですが、「世界」が家だとすると、家を作るだけでは不十分なのか。活動無しで家としての「世界」に住まい、仕事しているだけだと、人間としての複数的パースペクティヴの回復は成功しないのでしょうか。

A 通常、家は一人だけで建てることはできません。他者と協力しながら、作ることになるし、建てた後は、なんだかんだ隣人との関係が生じるので、ある程度の複数性は生じるでしょう。しかしながら、それだけだったら、家をめぐって直接関係している人たちとの関係性に限定されます。団地とかマンションの人間関係のように、次第に関係性が固定化していくことが不可避でしょう。狭いサークルの外まで広げていくには、やはり公的領域での「活動」が必要、ということになるでしょう。

「ワンネス」は二つの意味があると思います。一つは、他の人に同調して、「同じ人間」であるかのように振る舞うこと。もう一つは、自分だけの内面に閉じこもって、他との繋がりを持とうとしないこと。その二つが一人の人間の中で両立してしまうこと、つまり自分の内面に閉じこもりながら、その反動として、周りの様子を異常に気にし、表面的に他に合わせようとする傾向が強まっていることが、アーレントの最も危惧しているところだと思います。

それを断ち切るのに、言語をベースにした「活動」によって、他者との間の適切な距離を作り出すということが必要になるのでしょう。家を建てる、つまり各人に固有の場所を与えるだけだったら、みんなその場所に閉じ籠ってしまう恐れがある。IT化された現代社会では、自分の私的空間に閉じこもりながら、ネット情報を介して、外面的に同調することは簡単です。ツイッター上のつぶやきに、形のうえだけ同調したようなポーズでRTし、〝仲間〟になることは容易でしょう。そういう表面的な同調を許さない言葉の使い方が、「活動」なのでしょう。

Q　続けてなんですが、ということは、一人だけで家を作って満足するのではなく、お互いの家ごとの違いをぶつけ合うことを通して、いったん建てた家を解体し、もう一度建て直すということを絶えず繰り返すというような流動化するような状態が望ましいということですか。

A　その場合の「家」というのが、単に硬直化した世界観という意味でしたら、イエスですが、「共通世界」の中で固有のアイデンティティを得るための現実的な基盤という意味でしたら、ノーでしょう。各人に、〈property〉、つまり固有の生き方の様式があってこその「複数性」ですから。みんなのアイデンティティが恒常的に変容していたら、対象についての認識を共有し、共通感覚を形成することができません。因みに、個人や集団が主観的に持っている「世界観」と、仕事を基盤として形成され、間主観的＝客観的なリアリティを有する「共通世界」は全く異なったものです。アーレントは、そこをかなり強く意識しています。

［講義］第四回

# 世界を作る仕事〈work〉／〈Herstellen〉とは？

――「第四章　仕事」を読む

## 耐久性、主観と客観

前回の第三章「労働」では、アーレント独自の意味での「物化」（英語で reification、ドイツ語で verdinglichen）という概念が、「世界」と関連付けて論じられています。アーレントの言う「物化」とは、自然に存在するナマの素材に対して、人間が手を加え、同じ共同体に属する人たちにとって客観的に認識可能な形態を有し、耐久性を有する「物」に変化させることです。そうした物化された「世界」があることによって、アーレントが最も重要と見なしている「活動」も可能になってくるわけです。その「物化」を行う中心的な役割を担うのは、生命過程の現われである「労働」ではなく、「仕事」であること、近代において、「労働」が「仕事」に取って代わりつつあることによって、「世界」が掘り崩されていることが繰り返し強調されました。

第四章のタイトルは「仕事」ですが、英語版とドイツ語版で違った言葉が使われています。英語版は、「仕事」に当たる〈work〉という言葉が使われていますが、ドイツ語版ではそれのドイツ語に当たる〈Werk〉ではなく、〈Herstellen〉という言葉が使われています。〈herstellen〉という動詞を、頭文字を大文字にして名詞化したものです。英語の〈produce〉に当たります。つまり「生産」とか「産出」という意味です。語の作りからすると、「向こうからこちらへ」と向かって来る運動の方向性を示す接頭辞〈her〉と、「置く」あるいは「立てる」という意味の動詞〈stellen〉を組み合わせたもので、「引き出して立てる」というようなニュアンスがあります。英語の〈produce〉の語源は、ラテン語の〈producere〉で、これは「前に向かって」という意味の接頭辞〈pro〉と、「導く」という意味の動詞〈ducere〉という語から構成されています。「前に向かって導く」なので、〈herstellen〉「引き出して立てる」とニュアンスは似ていますね。

ハイデガーは、「技術」――彼は、ギリシア語の「テクネー technē」という言葉を好んで使います――の本質を論じる文脈で、この〈herstellen〉の言葉を使います。自然の中から、何かを「引き出して（目の前に）立てる」のが、「技術」である、というような感じです。

## 自然から、世界の「樹立 erect」へ

では第一八節の「世界の耐久性」から見ていきましょう。

労働し、「混ぜ合わせる」〈労働する動物〉と違って〈工作人〉は、物を作り、文字通り「仕事をする」。いいかえると、わが肉体の労働と違って、わが手の仕事は、無限といっていいほど多種多様な物を製作する。このような物の総計全体が人間の工作物を成すのである。これらの物は、すべてがそうであるのではないにしても、ほとんどが、使用の対象であり、ロックによれば、財産となるのに必要な耐久性と、アダム・スミスによれば、交換市場に入るのに必要な価値をもっている。その上、これらの物は、マルクスが人間本性の印だと信じた生産力を証明する。

英語版は、「仕事」に当たる〈work〉
↓
ドイツ語版ではそれのドイツ語に当たる〈Werk〉ではない。

ドイツ語版――〈Herstellen〉
〈herstellen〉という動詞を、頭文字を大文字にして名詞化したもの。英語の〈produce〉に当たる。つまり「生産」とか「産出」という意味。

語の作り：接頭辞〈her〉――「向こうからこちらへ」と向かって来る運動の方向性を示す
＋
動詞〈stellen〉――「置く」あるいは「立てる」という意味を組み合わせたもの
↓
「引き出して立てる」というようなニュアンスがある。

英語の〈produce〉の語源は、ラテン語の〈producere〉
接頭辞〈pro〉――「前に向かって」という意味
動詞〈ducere〉――「導く」という意味
↓
「前に向かって導く」なので、〈herstellen〉「引き出して立てる」とニュアンスは似ている。

※ハイデガーは、「技術」――ギリシア語の「テクネー technē」――の本質を論じる文脈で、この〈herstellen〉の言葉遊びを使う。自然の中から、何かを「引き出して（目の前に）立てる」のが、「技術」である、という感じ。

「混ぜ合わせる」と「仕事をする」にそれぞれカギ括弧が付いているせいで、文章の流れが分かりにくいですが、原文を見ておきましょう。先ず、「労働し、『混ぜ合わせる』」が〈労働する動物〉にかかっている関係文です。原文では、〈the animal laborans which labors and "mixes with"〉となっています。「動物」なので、関係代名詞が〈which〉になっていますね。「物を作り、文字通り『仕事をする』」が、〈工作人〉にかかる関係文です。〈homo faber who makes and literally "works upon"〉となっています。こっちは、「人」なので、関係代名詞が〈who〉になっています。〈mix with〉と〈work upon〉の対比になっているわけです。

それでもまだ分かりにくいですが、「仕事をするwork upon」についている注（1）の原文を見ると、多少分かりやすくなります。まず〈faber〉が何かを作るという意味のラテン語の動詞〈facere〉から派生したことが述べられていますね。そして、「もともとは石とか木などの固い材料に働きかける製作者や芸術家」というフレーズがありますね。〈the fabricator and artist who works upon hard material, such as stone or wood〉となっています。つまり〈work upon〉は、その対象が物質である場合、固いものに対して働きかける、加工する、というニュアンスを含んでいるわけです。彫刻とか壁画みたいなイメージですね。そういうものには当然、耐久性がありますし、すぐれた芸術家とか職人の仕事だったら、多くの人、公衆から注目され続けます。

ドイツ語版では、〈who makes and literally "works upon"〉の部分は、〈der vorgegebenes Material zum Zweck der Herstellung bearbeitet〉となっています。「産出（製作）の目的のために与えられた素材＝物質を加工する」という訳になります。

〈mix with〉の方はいまいち分かりにくいですね。「混ぜる」というのだから、流動的な感じがしますが、何と何を混ぜるのか判然としないですね。ドイツ語版を見ると、この場合の「混ぜる」は自動詞のつもりで使っていたことが分かります：〈das Animal laborans, das sich körperlich mit dem Material seiner Arbeit》vermischt《und ihr Resultat sich einverleibt〉。「自らの労働の素材と身体的に『混ざり合い』、その結果を自ら（の身体）の内に取り込む」、と訳せます。つまり、何かと何かを混ぜ合わせるというより、自分の身体をその素材と混ぜ合わせるわけです。物質に外から「手」を加えるのではなく、物質と混じり合って、吸収する感じですね。〈sich einverleiben〉という再帰動詞は通常は、単に自分のものにするという意味ですが、動詞本体の中の〈-leib-〉という綴りは、「身体」を意味する名詞〈Leib〉から来ていて、恐らくアーレントもそれを意識しているでしょうから、「身体に取り込む」とか「受肉」するくらいの意味に取るべきでしょう。

つまり、これまで述べてきたように、「仕事」が耐久性があって、「世界」を構成するような「物」を産出するのに対して、「労働」は生物的サイクルの中に入り込んで生命維持のための単調な営みをしているようなイメージですね。この点についてもドイツ語版の方が詳しいです。英語版では、先ほど読み上げたように、「わが手の仕事」が「無限といっていいほど多種多様な物を製作」し、「このような物の総計全体が人間の工作物を成す」となっています。原文では、〈fabricates the sheer unending variety of things whose sum total constitutes the human artifice〉となっています。それが、ドイツ語では、〈verfertigt die schier endlose Vielfalt von Dingen, deren Gesamtsumme sich zu der von Menschen erbauten Welt zusammenfügt〉となっていて、「世界」という言葉が入っています。「無限といっていいほど多種多様な物を仕上げ、このような物の総計全体が人間によって建設された世界へと組み込まれる」と訳せます。

しかし、人間の工作物の耐久性は絶対的なものではない。それは、消費されるのではないけれども、使用されるうちに使用済みになる。私たちの存在全体に浸透している生命過程は、人間の工作物にも

・英語〈fabricates the sheer unending variety of things whose sum total constitutes the human artif ice〉
「無限といっていいほど多種多様な物を製作する。このような物の総計全体が人間の工作物を成す」

・ドイツ語〈verfertigt die schier endlose Vielfalt von Dingen, deren Gesamtsumme sich zu der von Menschen erbauten Welt zusammenfügt〉
「無限といっていいほど多種多様な物を仕上げ、このような物の総計全体が人間によって建設された世界へと組み込まれる」。

侵入しているからである。だから、もし世界の物が使用されなければ、人間の工作物も最後には腐蝕し、大きな自然の過程の中に戻ってゆく。人間の工作物も、もとはといえばこの大きな自然の過程の中から引き出され、その過程に逆らって樹立されたからである。

ここは比較的分かりやすいですね。人間の手によって「加工」されて、耐久性のある「物」が作り出されるといっても、素材自体は、自然物なのでいつまでも持ち堪えるわけではありません。自然のサイクルに逆らって、物質を対象=物化して取り出し、「世界」へ組み込むわけですが、いつまでも逆らいきれるわけではなく、どこかで引き戻されることになる。「引き出す」の原語は、〈draw〉で、ほぼそのままですが、ドイツ語版では「引き裂く」という意味の〈entreißen〉を使っています。こっちの方が、自然とのせめぎ合いが強調される感じですね。「引き出して立てる」という意味の〈herstellen〉も、こうしたニュアンスを持っています。

世界の物は、たしかに、人間が生産し、使用するものである。しかし、世界の物がその人間から相対的に独立しているのは、この耐久性のおかげである。しかも、世界の物は、それを作り使用する生きた人間の貪欲な欲求や欲望にたいし、少なくともしばらく間は抵抗し、「対立し」、持ちこたえることができる。それは、世界の物の「客観性」のゆえである。

「世界の物 the things of the world」に耐久性があるおかげで、人間から相対的に独立しているという理屈が少し分かりにくいですが、これは、人間のその時々の主観とか、自然の生命過程に由来する「貪欲な欲求や欲望」から独立している、ということでしょう。「物」を作るのは人間ですが、いったん形を与えられ、人々に使われ、公衆に見られながら耐久的に存在するようになると、人間の主観や欲望によって左右されなくなります。すぐに消費されるものが、人間の主観や欲望に全面的に従属するのとは対照的です。「客観性 objectivity」の所に注（2）が付いていますね。見ておきましょう。

このことはラテン語の動詞 obicere の中に含まれている。この動詞から英語の“object”が後になって派生している。そして対象を意味するドイツ語 Gegenstand において「対象」は文字通り「投げ出されたあるもの」あるいは「対置されたあるもの」の意味である。

これは訳が間違っています。節と文の切れ目を間違えている感じです。原文を確認したうえで訳し直してみましょう。次の黒板を見てください。

ラテン語の動詞〈obicere〉は、「～に向かって投げる」「提示する」という系統の意味と、「～に対峙す

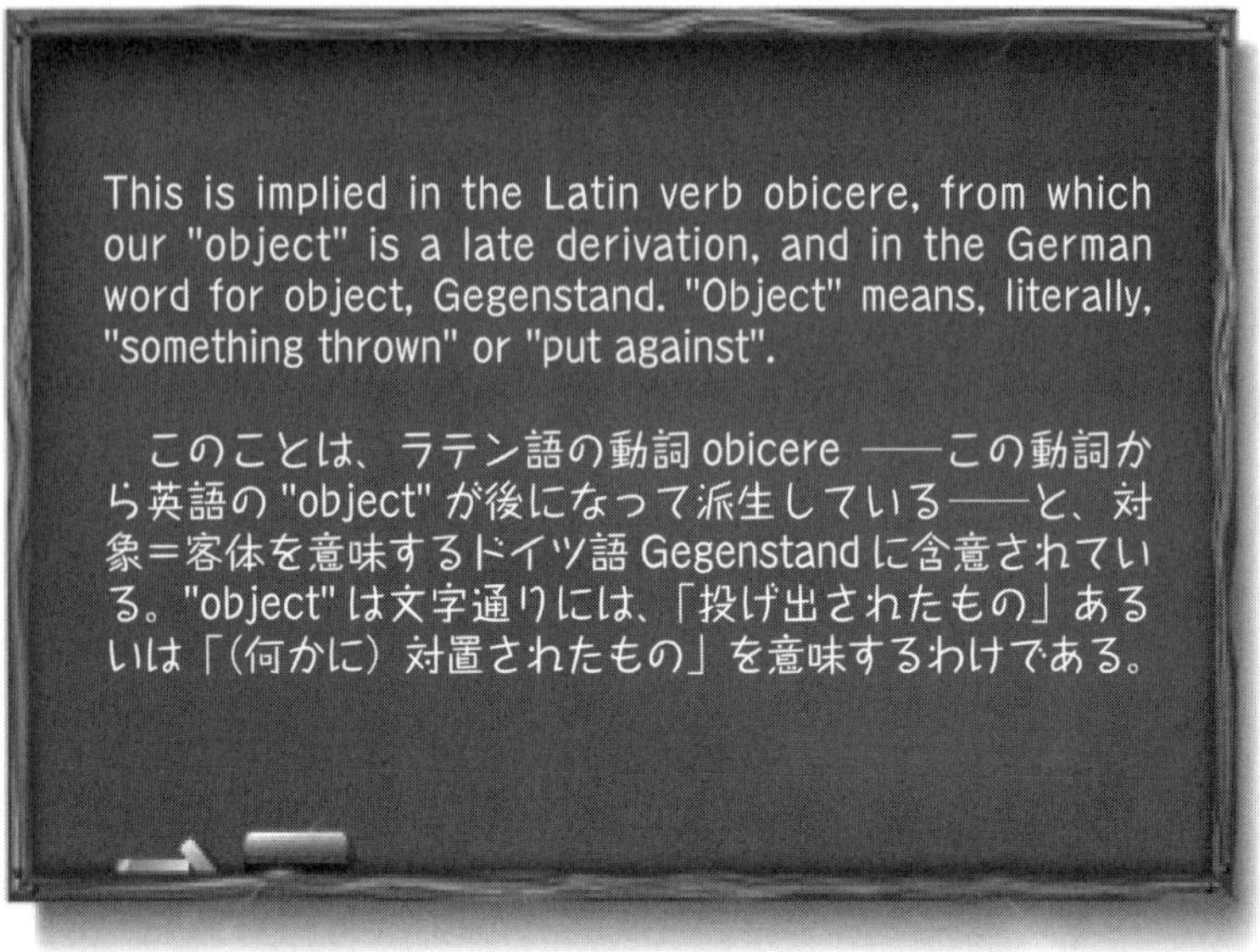
This is implied in the Latin verb obicere, from which our "object" is a late derivation, and in the German word for object, Gegenstand. "Object" means, literally, "something thrown" or "put against".
このことは、ラテン語の動詞 obicere ――この動詞から英語の "object" が後になって派生している――と、対象＝客体を意味するドイツ語 Gegenstand に含意されている。"object" は文字通りには、「投げ出されたもの」あるいは「（何かに）対置されたもの」を意味するわけである。

る」「～を妨げる」という系統の意味を持っています。「投げる」を意味する動詞〈icere〉と、「～に向かって」という方向性、あるいは「抵抗」もしくは「対峙」を意味する接頭辞〈ob〉から構成されています。この〈obicere〉の過去分詞形〈obiectum〉から〈object〉が派生したわけです。つまり、〈object〉の元の意味は、「○○に対峙するように投げ出されたもの」ということだったわけです。〈Gegenstand〉の方は、英語の〈against〉に対応する、接頭辞〈ge-gen〉と、「立っていること」、あるいは「ステータス」を意味する〈Stand〉から構成されています。従って、こちらの原義は、「○○に立ちはだかっているもの」です。〈Gegenstand〉に含まれる「抵抗」という意味合いに関連した言葉遊びは、フィヒテ（一七六二―一八一四）などドイツ観念論系の哲学者がしばしばやります。

　因みに、〈subject〉の語源である〈subiectum〉――〈subjectum〉とも綴ります――は、〈sub + iec-tum〉で、〈sub〉は、〈submarine〉とか〈subway〉の〈sub-〉と同じで、「下へ」という意味です。つ

**ラテン語の動詞：〈obicere〉――**
・「～に向かって投げる」「提示する」という系統
・「～に対峙する」「～を妨げる」という系統

〈ob〉――「～に向かって」という方向性、あるいは「抵抗」もしくは「対峙」を意味する接頭辞。
〈icere〉――「投げる」を意味する動詞

※〈obicere〉の過去分詞形〈obiectum〉から〈object〉が派生。

つまり、〈object〉の元の意味は、「○○に対峙するように投げ出されたもの」ということ。

**ドイツ語：〈Gegenstand〉**
英語の〈against〉に対応する、接頭辞〈gegen〉と、「立っていること」、あるいは「ステータス」を意味する〈Stand〉から構成。

↓

こちらの原義は、「○○に立ちはだかっているもの」。〈Gegenstand〉に含まれる「抵抗」という意味合いに関連した言葉遊びは、フィヒテなどドイツ観念論系の哲学者がしばしばやる。

ヘラクレイトス

まり、〈subject〉は、「下へと投げ出されてあるもの」だったわけです。英語の辞書を見ると、「臣民」という意味が出ています。では、それがどうして「主体」とか「主語」の意味になったのかというと、全ての「根底にあるもの」＝「基体」を意味するアリストテレス用語の〈hypokeimenon〉が中世スコラ哲学で〈subjectum〉と訳されたのがきっかけです。それをライプニッツ（一六四六―一七〇六）が、「（人間の）魂」という意味に転用したことで、「自我」と結び付くようになりました。それを更にカントが、自我の内にある、認識や実践を行う「主体」という意味に転用したわけです。

> この観点から見ると、世界の物は、人間生活を安定させる機能をもっているといえる。なるほどヘラクレイトスは、人間は二度と同じ流れの中に入ることはできないといったし、人間の方も絶えず変化するのである。それにもかかわらず、事実をいえば、人間は、同じ椅子、同じテーブルに結びつけられているのであって、それによって、その人間の同一性、すなわち、そのアイデンティティを取り戻すことができるのである。世界の物の「客観性」というのはこの事実にある。いいかえると、人間の主観性に対立しているのは、無垢の自然の荘厳な無関心ではなく、人工的世界の客観性なのである。

ヘラクレイトス（紀元前五二〇頃―四六〇頃）は、小アジアのエペソスに生まれたギリシア人の哲学者で、「万物は流転する」という標語で知られている人です――この標語はヘラクレイトス自身のものではなく、後代の人による要約のようですが。世界の中にある「物」は、万物の絶え間なき流れに抗うことができるというわけですね。

テーブルや椅子などの「物」によって人間の「同一性 sameness」＝「アイデンティティ」が取り戻され

る、というのは大げさな感じがしますが、自分の周囲に、固定した「物」が一切なく、いろんなものが次々に入れ替わっている状態を想像してみて下さい。恐らく、日常的な習慣になっていることのほとんどができなくなると思います。仕事――普通の意味の仕事です――や勉強をする場所が毎日違い、机や椅子の形や位置も変わる。仕事に使う道具の種類も変わる。振る舞いの基本的パターンが決まらなくなり、自分が何をやっているのか分からなくなるでしょう。自分の在り方を振り返ろうにも、具体的なイメージが思い浮かばない。生活環境が急激に変わると、ちょっとした自己喪失感を覚えることがありますが、それが全面化し、しかもずっと続く。

アイデンティティが根本的に揺らぎそうですね。私たちは、普段あまり意識していないけど、「物」との関係で、自分のイメージを構築しているのではないかと思います。「物」の「客観性」のおかげで、「世界」の中での「私」の位置が定まるわけです。

「人間の主観性」に対立するのが、「無垢の自然の荘厳な無関心」ではなく、「人工的世界の客観性」であるというのは少し唐突な感じがしますが、これは人間の「主観」をどのように理解するのかという問題です。認識論哲学で「主観／客観」という言い方をする場合、「主観」は自我の内にあり、「客観」は私の外界、特に、自然界に存在する事物の内にあると想定されることが多いです。「客観」としての「自然」と、「主観」の関係を問題にする自然哲学という領域もあります。

「無垢の自然の荘厳な無関心 the sublime indifference of an untouched nature」というのは、ドイツ観念論やドイツ・ロマン派の典型的な自然のイメージです。「無垢」というのは、人間の手が入っていないということです。〈sublime〉は「荘厳」と訳されていますが、専門的には「崇高」と訳されることが多いです。「美」が人間の通常の感性的知覚の枠に収まっているのに対し、「崇高」はその枠を超えていて、人間の感性をかき乱すような作用を伴うとされます。〈indifference〉というのが抽象的で分かりにくいですが、この言葉は通常、主客が渾然一体とした状態、無差別・無意識状態を指します。自己意識が覚醒していない状態の赤ん坊とか動物のような「自然」に近い存在にとって、全ては混沌として一体になっています。人間は「自然」に存在する様々な〝物〟を認識の対象としたり、加工したりしますが、「自然」それ自体は、人間に把握できない崇高な存在であり、人間がそこから生まれてきた根源でもあるわけです。

そういう風に「主観＝私」と、「混沌とした自然」を対置するのが、ドイツ観念論系哲学の定番の考え方ですが、アーレントは、「主観」はむしろ、「人工的世界の客観性」と対立すると主張しているわけです。この場合の「主観」には、私的で恣意的、変わりやすいといった意味合いが含まれています。それは、「主観」が自然のサイクルに巻き込まれ、様々な欲望や感情を帯びているからです。先ほどお話ししたように、「人工的世界」は、そうした自然のサイクルから自立して、耐久性を持って存在しているわけです。アーレントに言わせれば、「主観」はむしろ「自然」に属しているのだから、「主観」と「自然」を対置するのはおかしい、むしろ、「客観性」の基準を提供する「人工的世界」の「物」と対置すべきではないか、ということです。「主観／客観」の意味を、「自然」を起点とするものから、「世界」を起点とするものへとシフトさせたわけです。

むしろ、人間は、自然の圧倒するような基本的な力によって、人間なりの生物学的運動のサイクルの中に否応なく投げ込まれている。そして、この人間の生物学的運動のサイクルは、それよりも大きな自然界全体の大きな循環運動に固く結びついている。しかし、私たち人間は、自然が与えてくれるものから自分自身の世界の客観性を樹立し、しかも、自然から保護されるように、自然の環境の中に、その客観性を打ち立てた。このような私たち人間だけが、自然をなにか「客観的」なものとして眺めることができるのである。

アーレント：「主観／客観」の意味を、「自然」を起点とするものから、「世界」を起点とするものへとシフト。

※「主観」はむしろ「自然」に属しているのだから、「主観」と「自然」を対置するのはおかしい。「客観性」の基準を提供する「人工的世界」の「物」と対置すべきではないか？

自然の物凄い循環運動から抜け出すのは、大変。
↓
　ぼんやりしていると、自然のサイクルに引き戻され、人間としてのアイデンティティを喪失してしまう。
↓
私たちは、「世界」を構築し、そこに客観性を「樹立 erect」することで、何とか踏ん張っている。

・ハイデガー――自然の猛威から自己を保護するために「世界」を作り出すという発想は、ハイデガーの詩学や芸術論に通じているように思える。ハイデガーは、詩人や芸術家による、存在の樹立（stiften）を問題にする。
・ホルクハイマーとアドルノ『啓蒙の弁証法』――自然の猛威から必死で自己をひきはがそうとする苦闘する主体のイメージにも通じている。

「客観性」――“自然と”、つまりアプリオリに各人に与えられるものではなくて、人間たちが協働して「世界」の中に打ち立てるもの。「世界」の「客観性」に基づいて、私たちは「自然」を客観的に見ることができるようになるのであって、その逆ではない。

※この場合の「客観性」というのは、対象（客体）に対して距離を取り、（同じ対象に対する）他者のまなざしも意識しながら、反省的に見つめる主体の側の姿勢も含んでいる。言い換えれば、主体と客体の分離を通して生じて来る「客観性」。

ここは比較的分かりやすいですね。自然の物凄い循環運動から抜け出すのは、大変なことであるわけです。ぼんやりしていると、自然のサイクルに引き戻され、人間としてのアイデンティティを喪失してしまう。私たちは、「世界」を構築し、そこに客観性を「樹立 erect」することで、何とか踏ん張っているわけです。

このように、自然の猛威から自己を保護するために「世界」を作り出すという発想は、ハイデガーの詩学や芸術論に通じているように思えます。ハイデガーは、詩人や芸術家による、存在の樹立（stiften）を問題にします。あるいは、ホルクハイマーとアドルノが『啓蒙の弁証法』で描き出した、自然の猛威から必死で自己をひきはがそうとする苦闘する主体のイメージにも通じているように思えます——これについて詳しく知りたい方は、拙著『現代ドイツ思想入門』をご覧下さい。

「客観性」というのは、〝自然と〟、つまりアプリオリに各人に与えられるものではなくて、人間たちが協働して「世界」の中に打ち立てるものだということですね。「世界」の「客観性」に基づいて、私たちは「自然」を客観的に見ることができるようになるのであって、その逆ではないわけです。この場合の「客観性」というのは、対象（客体）に対して距離を取り、（同じ対象に対する）他者のまなざしも意識しながら、反省的に見つめる主体の側の姿勢も含んでいると考えられます。言い換えれば、主体と客体の分離を通して生じて来る「客観性」です。

## 「仕事」－「使用」と「労働」－「消費」

仕事と労働の場合と同じように、使用と消費も、同じものではない。しかし、ある重要な部分では重なり合っているように見える。だから、普通の人も専門家も、この二つの違ったものを、まったく一致して、同じものだと見ているのは、十分理由のあることのように思われる。実際、使用過程というのは、使用対象物と物を消費する生きた有機体との接触を通して進行する。この限りで使用は、消費の要素をまちがいなく含んでいる。そして、肉体と使用される物とのこの接触が密接になればなるほど、消費と使用という二つの事柄はだんだん同じもののように思えてくる。

「使用 use」と「消費 consumption」の違いは、前回も出てきましたね。「使用対象物と物を消費する生きた有機体との接触」という言い回しが抽象的で分かりにくいですが、これは簡単に言うと、「使用」に際して不可避的に、私たち自身の肉体がその物と接触するということです。そして、私たちの身体は、物を「消費」することによって維持されているわけです。どちらも、「肉体」が「物」に直接接し、自らの欲求の充足のために利用するので、同じことのように感じられる、というわけです。

あと、日本語だと、違う意味の言葉のように見えますが、英語だと動詞〈use〉が「消費する」という意味で使われることもあるので、尚更同じことのように聞こえるということがあります。ドイツ語版だと、「使用」が〈Gebrauchen〉で、「消費」が〈Verbrauchen〉なので、余計に同じことのような感じになります。ネイティヴでも日常会話的にあまり区別しないで使っている人がいそうです。ただ、語根が共通しているので、改めて並べると、接頭辞（前綴り）による意味の違いが際立つという効果があるでしょう。語根になっている〈brauchen〉は、英語の〈need〉に相当する動詞です。

アーレントは言葉遣いに拘ることで、「世界」を作り出す営みである「仕事」との関係が深い「使用」と、直接的な生命維持の営みである「労働」との関係が深い「消費」の違いを明らかにしようとしているわけです。

しかし、すでに触れたように、この考えはまちがっている。なるほど使用すれば解体は避けられない。しかし、使用にとって、これは付随的なことである。ところが他方、消費にとっては、解体こそ本質的なものなのである。たとえば、すぐに破れてしまう靴といえども、それは単なる消費財ではない。なぜなら、もし私がそれを履かなければ、靴は傷まないし、どんな安物であっても、靴は、それ自身の独立性をもっているから、持主の気分の変化に関係なくかなり長期間存続できるからである。要するに、靴は、使用されようが使用されまいが、無理やり解体させられなければ、一定の期間は世界に留まるであろう。

つまり、「消費」の方は、その物を「解体 destruction」することが前提で、そうしなければ用途を達することができないけれど、「使用」というのはその物が耐久的にその形のまま存在し続けることが前提になっているわけです。使用されるたびにすりへっていくのは、それに伴って不可避的に生じることにすぎないわけです。

「世界」に留まり、耐久的に使用されるための「物」を作り出す営みである「仕事」は、すぐに「消費」される物を一時的に生み出すだけの「労働」とは違うわけです。この後の箇所では、この観点から、「耕作された土地」は厳密に言うと、「使用対象物」ではないと述べられています。人間が繰り返し耕さないと、耕地という形で存続し続けることができないからです。

## 「労働する動物」と「工作人」の立ち位置の違い

次に第一九節の「物化」を見ていきましょう。

〈工作人〉の仕事である製作は、物化にある。最もこわれやすい物も含めて、すべての物に固有の固さは、その工作の対象となった材料から生じる。しかし、この材料そのものは、ただ与えられてそこにあるというものではない。たとえば、樹木や野の果実のように、別に自然界を変えることなく集めることもできるし、そのままにしておくこともできるというようなものではない。材料とは、すでに人間の手になる生産物であり、人間の手が、自然の場所から取り出してきたものである。たとえば、木材となる樹木であれば、破壊してその生命過程を殺さなければならず、鉄や石や大理石の場合であれば、その自然過程は樹木の場合よりはもっと緩慢であろうが、いずれにしても地球の胎内を破って取り出さなければならないのである。

ここでは、「製作 fabrication」が、ドイツ語の〈Herstellung〉の側面を持っていることが強調されています。つまり、「材料 material」になる〝もの〟を、「自然」のサイクルから力ずくで「引き出し」、人間の居住する「世界」へと持ち込んで、新たな場所を与えねばならないということです。それが「物化」です。〈material〉という言葉は、形容詞として使う場合には、「物質的」という意味もあるので、何となく物質そのままのような感じもしますが、アーレントは、「材料」になっている時点で既に脱自然化していることを指摘しているわけです。「仕事」は、最初から「自然」とは切り離された所で進められるわけです。

この侵犯と暴力と要素は、すべての製作につきものであり、人間の工作物の創造者〈工作人〉は、これまで常に自然の破壊者であった。自分の肉体と家畜の助けを借りて生命に養分を与える〈労働する動物〉は、たしかに、すべての生きものの支配者であり主人であろう。しかし、それでもやはり、自然と地球の召使いにすぎない。ただ〈工作人〉だけが、地球全体の支配者、あるいは主人として振舞うのである。その生産性は創造神のイメージで眺められた。したがって、神が無から創造するものを、人間は与えられた物質から創造すると考えられたので、人間の生産性は、本性上、プロメテウス的反逆をもたらさないわけにはゆかなかった。神の創造した自然の一部を破壊した後にはじめて、人工的な世界を樹立することができるからである。

ポイントになっているのは、「労働する動物」と、「工作人」の立っている位置の違いです。前者は、動物の頂点には立っているけれど、自然と地球に従属している。つまり、自然界のサイクルの中に完全に留まっていて、それに対抗することができない。それに対して後者は、神に似た創造性を発揮し、「人工的な世界 a man-made world」を作ることで、地球の支配者となるわけです。ただし、「自然」の支配者とは言っていないことに注意して下さい。創造主である神が「自然」を作ったのに対し、その自然の一部を破壊する形で、人間が、自らの支配する「人工的な世界」を作るわけです。

ここで「物質」と訳されている言葉の原語は〈substance〉です。先ほど、〈material〉のことを「自然」から引き出されたものだと強調したので、それとは違う言葉を使っているわけです。

人間が自らの世界を作るに際して、「自然」に「暴力」が加えられるというのは、『啓蒙の弁証法』でのアドルノたちの重要なテーマです。アーレント自身、第二章で、「活動」は基本的に「暴力」抜きの関係であり、「暴力」は、生物学的欲求の充足が成される私的領域の闇に押し込められていると述べていましたね。また『革命について』で、一つの政治体が創設される（found）に際して不可避的に「暴力」が発動することを指摘しています。アーレントは三つの暴力、自然からの離脱の際の「暴力」、政治の始原における「暴力」、そして、私的領域の闇の中にある「暴力」を連続的に理解しているように思えます。

この暴力の経験は、人間の力の最も基本的な経験であり、純粋の労働において経験される苦痛の多い、体力を消費する努力の、ほかならぬ対極に立つものである。それは、自己確証と満足を与えることができ、生命を貫く自信の源泉にさえなりうるものである。このような自己確証、満足、自信などは、いずれも、労働と労苦に費やされる生命に訪れる至福とまったく違うし、労働の激烈ではあるが束の間の快楽ともまったく異なっている。（…）人間は、そのような力によって自然の圧倒的な力に抵抗する自己自身を測定することができ、また、巧妙な道具を発明した結果、人間は、自然の尺度以上にその力を増す方法を知っているのである。しかし、この時に感じられる固い手応えは、「額に汗して」パンを稼ぐときの快楽あるいは消耗から得られるものではなく、このような力の行使から得られるものである。

文学的で抽象的な表現が続いていますが、要は、「暴力」による満足の本質は、自然の力に打ち勝つことによって得られることにある、ということです。簡単に言うと、自然に打ち勝つだけの力を持っている自分に自信を持つということは、あるいは、その裏返しとして、自然からの解放感を感じる、ということです。自然に勝つ、という言い方をすると抽象的でピンと来ないかもしれませんが、原始時代の人間が、自然を擬人的に捉え、それに打ち勝つことに喜びを得ている情景を思い描いて下さい。私たちの内にも、その原初的感情の名残があるかもしれません。強いものに勝った時に得られる満足感は、その部分的な現われかもしれない。

そういう意味での「暴力」の経験が、人間が自らの力を感じる最も根源的な経験だというわけです。つまり、人間の原点には、「自然」に対する「暴力」があるわけです。ますます『啓蒙の弁証法』の発想に近いですね。

製作の実際の仕事は、対象を作り上げる際に従うべきモデルに導かれて行なわれる。このモデルは、場合によっては、精神の眼によって見られるイメージでもあろうし、また場合によっては、イメージが仕事による物化をすでに実験的に表現している青写真でもあろう。しかしいずれの場合でも、製作の仕事を導くものは製作者の外部にあり、実際の仕事過程に先行している。

何かを「製作」するに際して、完成品をイメージし、それに合わせて「仕事」を進めるというのはあまりにも当たり前の話なので、何故わざわざそういうことを言っているのかかえって分かりにくいですね。何故当たり前のことを言っているのかというと、単純な生命過程との違いを強調するためです。単純な生命過程であれば、別に到達すべき目標はありません。ひたすら欲求のままに動くだけです。「モデル」に従って製作する「仕事」は、「労働」と決定的に異なるわけです。

この「モデル」のことを、「精神の眼によって見られるイメージ an image beheld by the eye of the mind」と言い換えていますが、これは「イデア idea」のことですね。「イデア」は、「見る」という意味のギリシア語の動詞〈idein〉から派生した名詞で、「見え方」とか「見えること」というのが元々の意味です。この本の第二章に、プラトンの神話にも出て来る「デミウルゴス（造物主）」が、「工作人」の原型だという話が出てきましたが、ここでも「デミウルゴス」のイメージが深く関わってきます。

プラトンのデミウルゴスは、既に存在していた「イデア」に従って物質世界を作ったわけですが、それと同じように、「職人＝デミウルゴス」は、「モデル」に従って「物」を製作するわけです。「モデル」が、「製作者」の「外部 outside」にある、あるいは、「実際の労働過程 actual work process」に「先行する」と

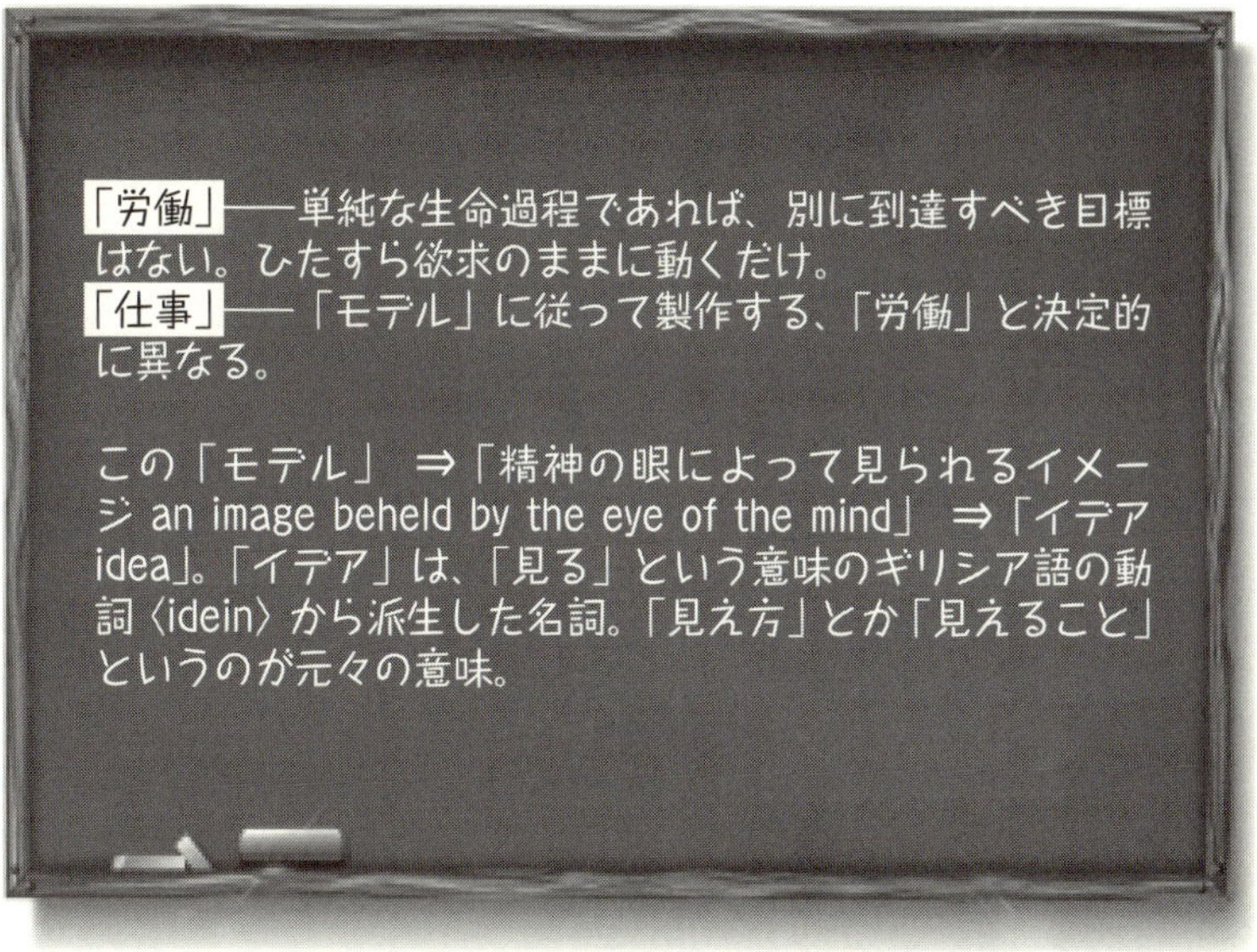
「労働」――単純な生命過程であれば、別に到達すべき目標はない。ひたすら欲求のままに動くだけ。
「仕事」――「モデル」に従って製作する、「労働」と決定的に異なる。
この「モデル」 ⇒「精神の眼によって見られるイメージ an image beheld by the eye of the mind」 ⇒「イデア idea」。「イデア」は、「見る」という意味のギリシア語の動詞〈idein〉から派生した名詞。「見え方」とか「見えること」というのが元々の意味。

いう言い方をしているのは、「製作」がその場限りの個別のニーズを満たすためだけに営まれているわけではなく、物質的な「自然」には見出すことができない、「イデア（理念）」的なものによって統一的に導かれていることを強調するためです。

すべての肉体的感覚、快楽あるいは苦痛、欲望と満足――このようなものは、非常に「私的なもの」なので、外部の世界にたいして正確に表現することさえできず、したがってまったく物化することができない。ところで、私たちの注意を引くのは、このような肉体的感覚と精神のイメージの間に横たわっている本当の深淵である。精神のイメージは、大変容易に、また自然に、物化に役立つ。私たちはあるイメージ、たとえばベッドの「イデア」を自分の心の眼の前に思い浮かべることなしにベッドを作ることなどできない。また、ひるがえって、現実的な物について、なにかある視覚的経験に訴えることなしには、ベッドのイメージをもつことはできない。

生命維持の営みは、私的領域の闇の中に閉じ込められている、という話からすると、肉体的なものが私的であるというのは当然のことのような気もしますが、ここで注目すべきは、「肉体的感覚 bodily sensations」が、「私秘的 private」であるせいで、「物化」できないということです。近代哲学の認識論系の哲学は、肉体的感覚、感性的知覚をベースにしていて、肉体が五感で感じたものが最も確実であるということから出発しますが、アーレントに言わせれば、肉体的感覚は個人が感じるものであり、私秘的なものなので、「世界」の中で公的に表象されない、場所を与えられないわけです。

細かいことを言っておきますと、「外部の世界にたいして正確に表現することさえできず」というのは不正確に省略した訳です。原文ではここは、〈~ cannot even be adequately voiced, much less represented in the outside world~〉となっています。従って、「的確に表明されることさえなく、ましてや外部の世界に表象されることがない」、と訳すべきでしょう。

「肉体的感覚」と「精神のイメージ mental images」の間に「深淵」が横たわるというのは、哲学的にはあまり意味のない文学的レトリックのように見えますが、アーレントはここで、感性的に直接知覚されたものと、「表象」されたイメージの間に、実は大きな隔たりがあり、後者は前者を単純に模写したものではないとしていますが、これは、デリダなどのポスト構造主義系のフランス哲学、リチャード・ローティ（一九三一―二〇〇七）などのネオ・プラグマティズム系の分析哲学で重要なテーマになっていることです。

アーレントはあまり細かく説明していないので、デリダやローティの図式を援用して、深読み的に解説することにします。〈represent〉という動詞は、ハイフンを一本入れて、〈re-present〉とすると、「再・現

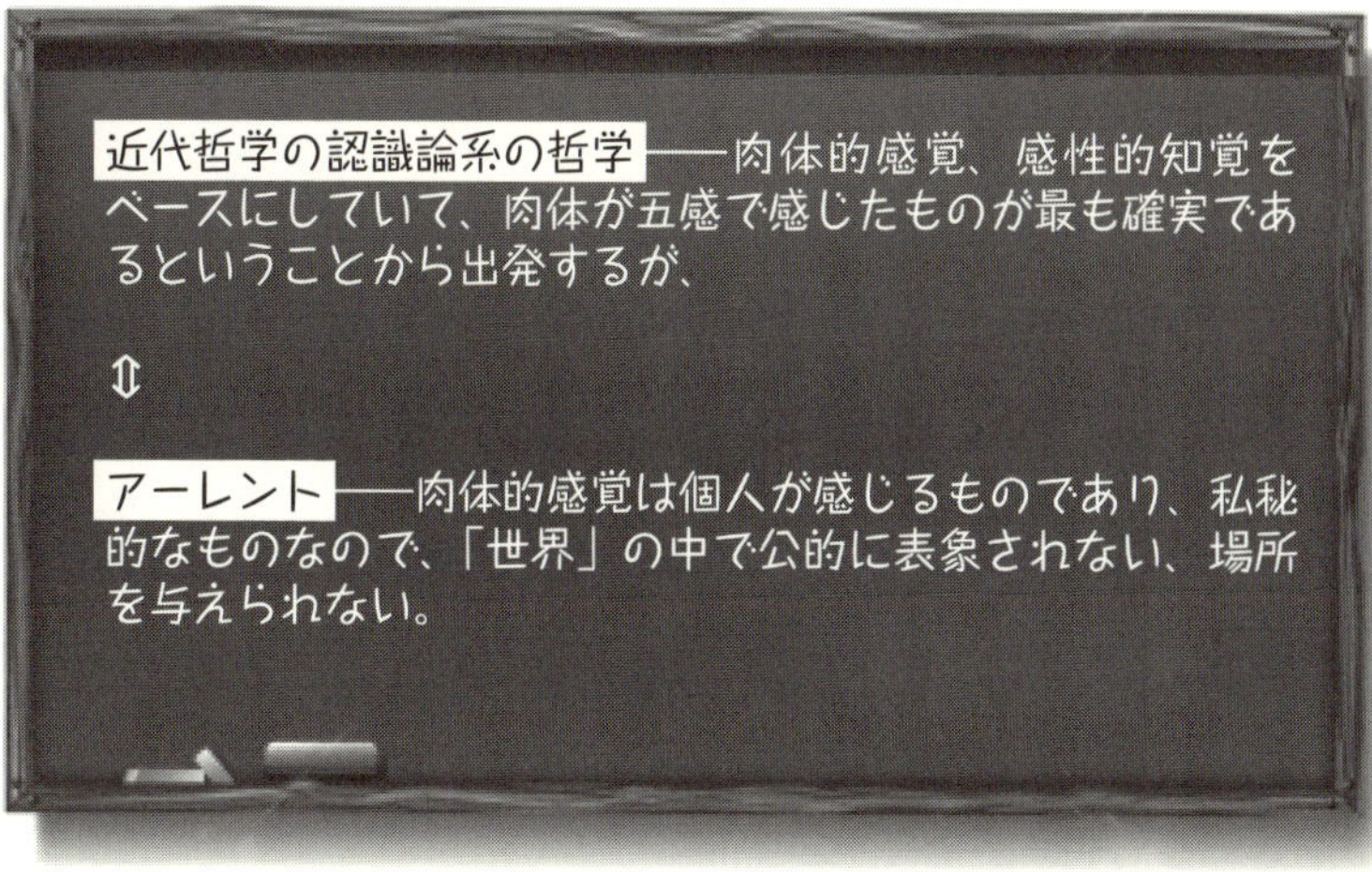
近代哲学の認識論系の哲学――肉体的感覚、感性的知覚をベースにしていて、肉体が五感で感じたものが最も確実であるということから出発するが、
⇕
アーレント――肉体的感覚は個人が感じるものであり、私秘的なものなので、「世界」の中で公的に表象されない、場所を与えられない。

前化する」あるいは「再・現在化」という意味合いを帯びます。〈present〉という形容詞は、「現在の」あるいは「目の前に現われている＝現前している」という意味ですね。「記号」の〝助け〟を借りて「再・現前化」された「表象」は、決して、「今・此処に現前」していたオリジナルなものとは一致しません。個々の「記号」は、人為的な記号の体系――広い意味でのエクリチュール――に属し、その枠内で表象機能を付与されているのであって、感性的知覚に直接対応しているわけではありません。この問題への拘りが、初回にお話ししたデリダのエクリチュール論、音声中心主義批判の出発点になります。音声中心主義というのは、人々が素朴に発する「ナマの声」の生き生きした感じを重んじ、そこにリアリティを見出そうとする態度ですが、デリダは、私たちの「話し言葉（パロール）parole」は、文法や論理、記号の規則の体系としての「エクリチュール（書き言葉）」によって既に規定されており、純粋に自発的に発せられる「パロール」はないことを指摘します。エクリチュールによって根底において規定されているにもかかわらず、そのことを直視せず、「ナマの声」「ナマの体験」「ナマの感覚」を求めようとする音声中心主義的な発想によって、西洋の哲学はこれまで何度もお

かしな形而上学の罠に陥ってきた、というのがデリダの一貫した主張です。例えば、プロレタリアートの生きた声とか、民族の原初的な叫びとかを絶対視するとどういうおかしなことになるか、想像はつきますね。

更に、〈represent〉には「代表する」という意味もありますね。通常は、ある集団の政治的意見を「代弁する」ということですが、これを先ほどの「再現前化」という意味合いにかぶせて考えると、各人が個々に知覚したものを、「世界」の中で代表的な形で再現することが、「表象」であると言うこともできます。実際、私たちは個人個人別々に「表象」を行っているわけではなく、他の人格的存在にも認識可能な形に「表象」します。現象学ではそれを、間主観性と言います。これまで見てきたように、アーレントは、物の「客観性」という言い方をします。逆に言うと、純粋に「私的な表象」は不可能であり、「表象」が生じた時点で、それは不可避的に公共的な性格を帯びているわけです。この点については、ウィトゲンシュタイン（一八八九―一九五一）が、後期の主要著作とされる『哲学探究』（一九五三）で「言語ゲーム」論の形で論じています。ローティは、出世作になった『哲学と自然の鏡』（一九七九）で、〝感性的知覚〟を哲学的言語によってより正確に〝再現〟しようと躍起になってきた近代の認識論哲学と、その亜種である従来の分析哲学を批判して、「表象」の公共的性格をめぐる探究へと方向転換すべきだと主張します。それが、「言語論的転回 linguistic turn」と呼ばれるものです。

先ほどの引用に戻りましょう。アーレントは、「肉体的感覚」と「精神的イメージ＝表象」の間に克服しがたい距離があることを強調したうえで、（「肉体的感覚」ではなく）「精神的イメージ＝イデア」が、「製作」を始動させるに際して不可欠であることを再度指摘しているわけです――ここで「イデア」と呼ばれているものが、通俗的なプラトン理解でありがちの〝神秘的な実体〟ではなく、心の中に浮かんで来

ウィトゲンシュタイン

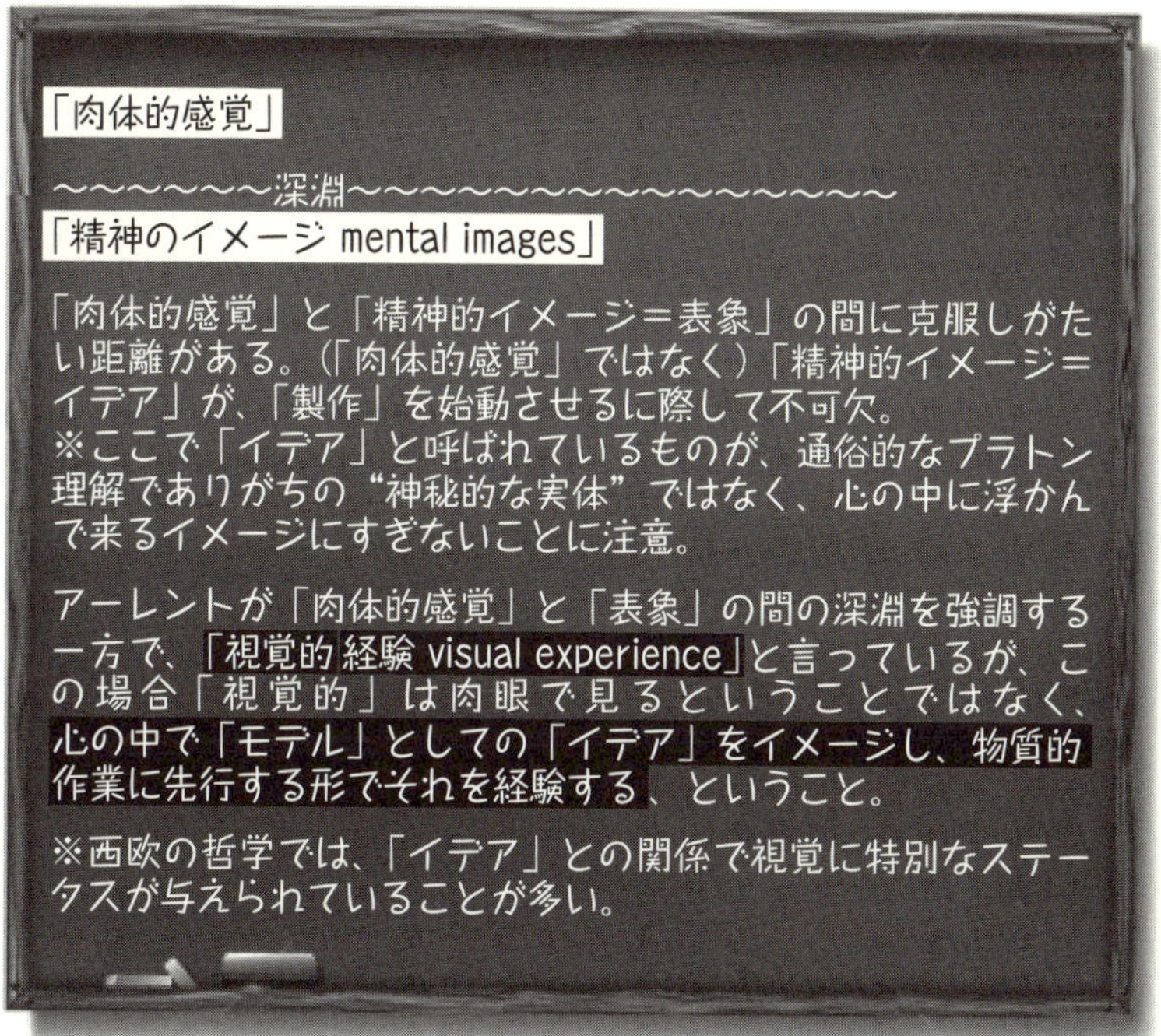
「肉体的感覚」
～～～～～～深淵～～～～～～～～～～～～～～～～～～
「精神のイメージ mental images」
「肉体的感覚」と「精神的イメージ＝表象」の間に克服しがたい距離がある。（「肉体的感覚」ではなく）「精神的イメージ＝イデア」が、「製作」を始動させるに際して不可欠。
※ここで「イデア」と呼ばれているものが、通俗的なプラトン理解でありがちの“神秘的な実体”ではなく、心の中に浮かんで来るイメージにすぎないことに注意。
アーレントが「肉体的感覚」と「表象」の間の深淵を強調する一方で、「視覚的経験 visual experience」と言っているが、この場合「視覚的」は肉眼で見るということではなく、心の中で「モデル」としての「イデア」をイメージし、物質的作業に先行する形でそれを経験する、ということ。
※西欧の哲学では、「イデア」との関係で視覚に特別なステータスが与えられていることが多い。

るイメージにすぎないことに注意して下さい。「肉体的感覚」と「表象」の間の深淵を強調しながら、「視覚的経験 visual experience」と言うのはヘンな感じがしますが、この場合の「視覚的」は肉眼で見るということではなく、心の中で「モデル」としての「イデア」をイメージし、物質的作業に先行する形でそれを経験する、ということです。先ほどお話ししたように、「イデア」は「見る」ことと深く関係しているので、アーレントに限らず、西欧の哲学では、「イデア」との関係で視覚に特別なステータスが与えられていることが多いです。

その形によって製作を導くイメージあるいはモデルは、単に製作に先行するだけではない。そのようなモデルは、製品が完成しても別に消滅しないのである。つまり、それは、完成の後にも、いわば無傷のままに存続し、製作の無限の継続に役立つ。このことは、製作が〈活動的生活〉のヒエラルキーの内部で演ずることになった役割を考えると、大きな意味を持っている。仕事に固有のこの潜在的増殖は、労働の印である反復とは原理的に異なるものである。労働の反復のほうは、生物学的サイクルに押しつけられ、それに従属したままである。人間の肉体の欲求と欲望は現われ、そして消滅する。それは一定の間隔をおいて繰り返し現われるけれども、長期間留まることはけっしてない。ところが、増殖のほうは、単なる反復と異なり、世界の中ですでに比較的安定し比較的永続的な存在を得ているあるものを殖やすことである。

ここでのポイントは、「労働」の「反復 repetition」と、「仕事」の「潜在的増殖 potential multiplication」という対比です。「反復」の方は、肉体の欲求と欲望が現われては消え、現われては消えを一定の間隔で繰り返しているだけですが、「増殖」の方は、例えば、テーブルだったら、そのテーブルが既に「世界」の中で「物化」されて存在しているのであれば、その「イデア」を「モデル」にして、誰かが新たなテーブルを作ることへと誘導されます。つまり、物質として持続的に存在している個々のテーブルの外部にある「イデア」が、自らのコピーを増やしているわけです。

こういう言い方をすると、生命体の方こそＤＮＡ情報によって自己を復元して、無限に増殖し続けるのではないかと思う人がいるでしょうが、アーレントは、生命体それ自体は、外部のイデア的な「モデル」に従って運動しているという考え方はしません。人間のイデア的に見る、完成されたものを予見する経験が、彼女にとって決定的な意味を持っているわけです。

個々の物は摩耗してなくなっても、それを生み出したイデア的なものが永続的に存在していることによって、「世界」は存続し続けます。イデアによって支えられた「世界」だからこそ、物質的な制約から

（相対的に）自由な、「活動」が可能になるわけです。

## イデアとエイドス

モデルやイメージは、製作の始まる以前からすでに存在し、製作が終わった後にも残る。要するに、それは、製作されて存在するに至ったすべての使用対象物を超越して存続する。このモデルやイメージの永続性の特質は、永遠のイデアというプラトンの説に強い影響力を与えた。周知のように、彼の教義は、イデアあるいはエイドス（「形」あるいは「形式」）という言葉に霊感を得ている。

ここでのポイントは、製作における「モデル」や「イメージ」が、プラトンの「イデア」説の〝モデル〟になったのであって、その逆ではない、ということです。プラトンが自分の「イデア」論に基づいてデミウルゴスの神話を作ったというより、デミウルゴス＝職人のやっていることを観察しているうちに、「イデア」という考え方に至った、ということです。「イデア」を「仕事」に密着したものとして能動的に捉えているわけですね。

「エイドス eidos」というのは、アリステレスの「質料（ヒュレー）と形相」の「形相」のことです。「形相」という言葉は、漢字から想像できるように、やさしく言い換えると、「形 shape」とか「形式 form」ということです。〈eidos〉も〈idea〉と同様に「見る」という意味の動詞から派生した言葉のようで、「外観」とか「見かけ」という意味もあります。

そして、彼がこの言葉をはじめて使ったのは、なるほど哲学的文脈においてであるが、実をいえば、それは製作《ポイエーシス》の経験によっていた。しかも、プラトンは、もっとはるかに「哲学的な」別の経験を述べるのにこの理論を用いたけれども、その場合でも、自分の理論の正しさを証明しようとするときは、例証を製作の分野に求めた。プラトンの教義では、唯一永遠のイデアが多くの消滅する物に君臨している。この教義が真実らしく思えるのは、この多くの消滅する対象物を作る場合に拠り所とするモデルが唯一永遠なるものだからである。

「ポイエーシス poiēsis」は、綴りから分かるように、「詩」を意味する〈poetry〉の元になった言葉です。現代だと、〈poetry〉は、文学の一ジャンルとしての「詩」だけを意味しますが、元々、西欧の文学のほとんどは韻文形式だったので、かつては、「文学」一般を意味する言葉でもありました。一八世紀後半以降、〈literature〉が、小説や韻文の戯曲、批評までも含む「文学」一般の意味で使われるようになってから、現在のように「詩」という意味に限定されることになりました。

ギリシア語の「ポイエーシス」は抽象的な「作ること」を意味すると同時に、「詩作」という芸術的な創作を意味するわけです。ここから深読みして、芸術的な創作が、特別な意味での製作であることが、この言葉によって示唆されているような気がしますね。美学的に説明すると、芸術は存在の新しい形式もしくは様式を作り出そうとする営みなので、既成の形式に従う通常の製作よりも、創造性が高いということになるでしょう。ハイデガーは、〈poiesis〉に相当するドイツ語〈Dichtung〉と、「存在」の関係をめぐってかなり念入りに言葉遊びをしています。

本題に戻りますと、アーレントが言っているのは、プラトンが製作とのアナロジーで「イデア」を見るという哲学的経験について語っている、ということです。「製作」の経験から単に影響を受けただけでなく、説得力を増すために、意識的にそういう語り方をしているということです。

「例証を製作の分野に求めた」という所に注（7）が付いていますね。

プラトンがイデアという用語を哲学用語の中に取り入れたというアリストテレスの証言は、その『形而上学』（987b8）の第一巻に見える。（…）この言葉はアッティカ方言では一般的ではなかったが、プラトンはそれを極めて印象的に哲学用語の中に取り入れた。eidosとideaという用語は疑いもなく、とくに生きものの眼に見える形に関係がある。この点を考えると、プラトンがイデア説を幾何学的な形に影響されて考えついたというのはありそうもない。

「エイドス」や「イデア」が「生きものの眼に見える形に関係があ」ったとしても、だからといって、そういう言葉を使っているプラトンが幾何学的な形から影響を受けたとは考えられない、というのは飛躍のような気がしますが、言いたいことは分かりますね。幾何学的図形のような抽象的で、自然界にはまずそのままの形では存在しないものではなく、もっと具体的な経験が、イデア説のベースになった、とアーレントは示唆したいわけです。

私の説明はただ『国家』第一〇巻に関連するだけのものである。そこのところでプラトン自身、「〈自分たちの〉イデアに従って」ベッドやテーブルを作る職人という「ありふれた例」を使って自分の説を明らかにしている。そしてこうつけ加えている、「これが、この例やこれに似た例でわれわれが語るやり方である」と。

『国家』第一〇巻で、職人が、自分が持っている、ベッドやテーブルについての「イデア」に即して、現実のベッドやテーブルを作るという話が出てくる、ということですね。第一〇巻では、模倣（ミメーシス）するだけの詩人や芸術家は、理想の国家には要らないという有名な議論が出てきます。その文脈で、単に真似る者と、製作者である職人の違いが論じられています。職人に当たる言葉として「デミウルゴス」と、「ポイエーシス」から派生した「ポイエテース poiētēs」が使われています。はっきり使い分けているわけではないようです。あと、「イデア」と「エイドス」がほぼ同義に使われていますので、先ほどのアーレントの説明を例証するのに便利な箇所です。

本文に戻りましょう。

> 製作過程それ自体は、目的と手段のカテゴリーによって完全に決定されている。製作された物は、生産過程がそこにおいて終わる《エンド》（マルクスがいったように「過程は生産物において消滅する」）ということ、そして、生産過程が完成品というこの目的《エンド》を生みだす唯一の手段であるということ、この二重の意味で最終生産物《エンド・プロダクト》である。たしかに、労働も消費という目的のために生産する。しかし、この目的《エンド》、すなわち消費される物は、仕事の作品がもつ世界的な永続性を欠いているので、その過程の終末《エンド》は、最終生産物によって決定されるというより、むしろ労働力の消耗によって決定される。そして一方、生産物そのものは、すぐにふたたび生存と労働力再生産の手段となる。これにたいし、製作過程における終末には、疑問の余地がない。すなわち、独立した実体として世界に留まりうるほどの耐久性をもった、完全に新しい物が人間の工作物につけ加えられたとき、製作過程は終わるのである。製作の最終生産物である世界の物にかんする限り、その過程は繰り返す必要がない。

〈end〉が「目的」であると共に「終わり」であることを利用した言葉遊びをしているわけですが、ここで強調されているのは、「目的」が「イデア」であるので、完成した状態＝終わりがはっきりしているという点です。「イデア」に対応する「物」が完成し、「世界」に登録されたら、「目的」が達成されたことになります。それに対して、「労働」の場合、これまで見てきたように、「労働」自体を再生産するために、身体のために「消費」する〝もの〟を生産するというサイクルになっているわけですから、完成した状態が設定されておらず、身体能力の限界に合わせて、一応の〝終わり＝目的〟があるにすぎないわけです。「労働」には本当の意味での「始まり」と「終わり」がありません。「仕事」はその循環から抜け出しています。「製作」する人は、「イデア」を「目的」として、自発的に「仕事」を始めることができるわけです。

## 「機械 machines」と「道具 tools」、オートメーションとテクノロジー

第二〇節「手段性と〈労働する動物〉」に入りましょう。

> 自分の手という原始的な道具に完全に頼っている〈工作人〉の観点から見ると、人間は、ベンジャミン・フランクリンがいったように、「道具製作者《トゥール・メーカー》」である。ただ〈労働する動物〉の重荷を軽くし、その労働を機械化するだけのこの同じ道具も、もともとは、物の世界を樹立するために、〈工作人〉が設計し、発明したものである。そして、道具の適合性と正確さは、主観的な欲求や欲望によって決定されるのではなく、〈工作人〉が発明したいと思う道具の「客観的な」目的によって決定される。

ベンジャミン・フランクリン（一七〇五―九〇）というのは当然、アメリカ独立宣言の起草者の一人で、雷を伴う嵐の中で凧をあげて、雷雲が電気を帯びていることを確認し、避雷針を発明した科学者でもある人のことです。自らも発明者であるフランクリンが、「道具製作者」という言い方をしたということで多

少の説得力が出てきますね。

ここでも「客観的」の意味が独特ですね。「仕事」のための道具が適切であるか否かは、イデア的な「目的」との関係で「客観的」に決まるということですね。私たちは何となくイデアは主観的で漠然としたものだと思っているので、イデアに適合しているのが「客観的」だというのがヘンな感じがしますが、プラトン的な「工作人」にとって「イデア」は確実に存在していて、「客観性」の根拠であるわけです。それに対して、身体に生じる欲求（needs）や欲望（wants）は、しょっちゅう変動する主観的なものにすぎないわけです。

フランクリン

私たちは、近代社会では目的と手段が転倒しているという不満をよく耳にする。つまり、近代社会では、人間は、自分たちの作った機械の召使いとなっていて、人間の欲求や欲望を満たす器具として機械を使う代わりに、人間の方が、逆に機械の要求に「合わせて」いるというのである。このような不満も、その根は労働の現実の状態の中にある。というのは、この状態を見ると、生産はなによりもまず消費のための準備行動であって、ここでは、〈工作人〉の活動力の特徴としてあれほどはっきりしていた手段と目的の区別そのものが単純に意味をなさなくなっているのである。したがって、器具は、もともと〈工作人〉が〈労働する動物〉の労働を和らげるために発明したものであるが、それがいったん〈労働する動物〉によって使用されると、その手段的性格は失われてしまう。労働は生命過程の不可欠な部分であり、しかも労働は生産過程をけっして乗り超えることができない。このような生命過程の内部では、人間は、労働する力を得るために生き、消費するのか、それとも逆に、消費の手段を得るために働くのかというような、目的と手段のカテゴリーを前提とする問いを発することは意味がない。

ご承知のように、人間が機械に使われるようになることを、マルクス主義等では「疎外」と言います。一般的には、「疎外」は、機械のただ中で働く人間が、自然（nature）から、言い換えれば、自らの本性（nature）から遠ざかることを指しますが、アーレントは逆に、機械の支配の下で、人間が単純な生命サイクルに引き戻されてしまうことを問題視しています。機械は人間から主体性を奪って、単純な生命サイクルへと還元してしまうわけです。この論点は前回既に出てきましたが、ここではそれが、「目的」という観点から説明されています。

生命過程には、「外部」から与えられる客観的でイデア的な「目的」がありません。「消費」するために、より詳しく言うと、豊かな「消費」を通して幸福な生活を送れるようになるために「労働」するという言い方をすることが多いですが、そうだとすると、「消費」が「目的」で、「労働」が「手段」ということになります。しかし翻って、「消費」は何のためにするのかという問いを発すると、どういう答えが返ってくるでしょうか。「イデア」のようなものを「外」から持ち込めば、はっきりしますが、生命過程自体の中に、「消費」の「目的」があるという前提で考えると、答えにくいですね。更なる「消費」のためと答えることができますが、それだと、消費のための消費のための消費のための……と無限に続くだけで、どれが本当の「目的」か分かりません。そうではない答え方として、「労働」のため、と言うことができます。より詳しく言うと、十分に「労働」できる身体能力を蓄え、子孫を残して労働力を増大させるため、ということです。ただ、そうだとすると、労働するのは消費のためで、その消費は労働のためで、その労働は消費のためで……と、やはり延々と続くことになります。無論、「教養」とか「自由」とか「栄光」とか、別の答えはいろいろ考えられますが、そういうのはほぼ全て、生命過程の「外部」から持ち込まれたイデア的なものです。「生命過程の内部では、(…)目的と手段のカテゴリーを前提とする問いを発することは意味がない」というのは、そういうことです。

二三七頁から二三八頁にかけて、「機械 machines」と「道具 tools」の違いが論じられています。「機械」の場合、人間が機械に「適合 adjust」すべきか、機械が人間に「適合」すべきかという問題が出てくる、と述べられていますね。「機械」が人間を「条件付け condition」、肉体の運動のリズムが、「機械」のそれに適合するよう強いられるわけです。人間の方が適合させられると、人間は「工作人」というより、単なる「労働する動物」の様相を呈することになります。それに対して、「道具」は「仕事」のために人間が用いるものなので、人間の側に主体性があるわけです。人間が道具に合わせるという面はあるけど、それは「手」を「道具」に合わせることであって、人間の生命体としてのリズム自体を合わせるところまではいきません。

それを踏まえて次に「テクノロジー」の話が出てきます。ドイツ語版では「技術」という意味の〈Technik〉という言葉が使われています。ドイツ語にも当然、〈Technologie〉という言葉はありますが、〈Technik〉が「工学」とか「工業技術」という意味で使われることが多いので、こちらを使ったのでしょう。深読みかもしれませんが、先ほどお話ししたように、ハイデガーが〈Technik〉の語源に当たる「テクネー technē」をめぐる議論をしているので、それとの関係を意識しやすいように、〈Technik〉を使ったのかもしれないという気がします。

テクノロジーとは、道具や用具を機械に置き代えることにほかならないが、その本当の意味が明らかになったのは、ようやくその最後の段階であるオートメーションが出現してからである。こういうことは歴史の発展によくあることである。

「テクノロジー」の本質は、「道具」や「用具 implements」を「機械 machinery」へと置き換えることだと述べていますね。これだけだと、単に「道具」や「用具（備品）」が進化して複雑な機械になるというだけの話のように聞こえますが、アーレントは、その意味が本当に分かるようになったのは、「テクノロジー」の発展の最後の──この後を読めば分かるように、更に先があるとアーレントは想定しているので、最後というより、「現在頂点に達している」という意味だと理解しておいて下さい──段階である「オートメーション」が出現した段階だということですね。それまで、人類は自分がやっていることが、自分たち自身の存在の条件にとってどのような意味を持つか、はっきり把握していなかった、ということですね。

この後、テクノロジーの発展段階について述べられていますね。第一段階として、産業革命をもたらした蒸気機関の発明、第二段階として電気の利用を挙げています。第二段階になると、人間は、自然の根源的な力を人工的な世界に導入し、「工作人」としての自らの在り方を変容させることになります。「製造」は、ベルトコンベヤーと流れ作業の連続的な過程へと変容し、アーレントの言う意味での「仕事」から遠ざかります。

オートメーションは、この発展の最も最近の段階であり、それは、実際「機械の歴史全体を明らかにする」。たしかにオートメーションは近代の発展の頂点である。もっとも、原子時代と核の発見にもとづくテクノロジーが、それにかなり早く終止符を打つであろうが。実際、さまざまな種類の原子爆弾は、核テクノロジーの最初の用具であるが、たとえ莫大な量でなくとも適当な量だけ投下されれば、地上の有機的生命をすべて破壊することができるのである。（…）ここで問題になっているのは、もはや、根源的な自然過程を鎖から解き放ち自由にするという問題ではなく、地球を取り扱う問題であり、地球の外部の宇宙においてのみ発生するようなエネルギーと力を日々取り扱う問題である。（…）今日のテクノロジーが、自然力を人間の工作物の世界に流し込むことによって成り立っているとすれば、将来のテクノロジーは、さらに、私たちの周囲の宇宙の力を、地球の自然の中に流し込むことによって成り立つであろう。今日のテクノロジーは人工物の世界性そのものを変えたが、将来のテクノロジーがそれと同じ程度に、あるいはそれ以上に、私たちの世界が始まって以来知られているような自然界を変化させるかどうか、それはこれからの問題である。

最初に核兵器による人類絶滅の可能性が示唆されていますね。ただし、ここでのポイントは核兵器の脅威ではありません。核エネルギーの利用が、「テクノロジー」の進歩の次の段階を示唆しているということです。アーレントは、それとの対比で、「オートメーション」を中心とする現在の「テクノロジー」の状況を際立たせようとしているわけです。

将来のテクノロジーは、周囲の宇宙の力を地球の自然に流し込むと述べられていますね。この言い方だけだと、抽象的すぎてよく分かりませんが、その前の核エネルギーの話の延長で考えると、恐らく、地球上にこれまで存在しなかったような形態のエネルギーを利用することで、地球の在り方自体を変化させるということでしょう。それに対して、「オートメーション」的な「テクノロジー」は、自然の力を人間の工作物の世界に持ち込み、「世界」を変容させるものだというわけです。

無論、人間は生きて何かをしている限り、常に何らかの「自然」の力を利用しています。「仕事」や「活動」に従事している時でも、そうです。何も存在しない真空の中で物作りをするわけではありませんし、以心伝心で心の中で思ったことが相手に伝わるということもありません。そう考えると、「自然力を人間の工作物の世界に流し込む」という言い方は、あまりにも当たり前のことを言っているようにも聞こえます。恐らく彼女が言いたいことは正確には、「仕事」によって出来た「世界」は、そこに属する「物」たちに、自然のサイクルに逆らって存続し続ける耐性を与えていたのだけれど、その耐性を奪ってしまうような、新たな形態のエネルギーを「世界」に持ち込んだ、それによってもはや〝世界〟と言えないような状態になった、ということでしょう。具体的には、先ほども出てきたように、「オートメーション」によって、機械の中での人間が、労働の場合と同じように、単に体を単調に動かし続けるだけの状態になる、ということでしょう。

人間の助けなしに生成するというのがすべての自然過程の特徴であり、「作られる」のではなく、ひとりでに自分の成るところのものに成長するものが自然的なものなのである。（これは私たちの「自然」（nature）という言葉の真の意味でもある。それを、ラテン語の「生まれる」（nasci）という語源に求めようが、ギリシア語の「自然」（physis）――physisは「あるものから成長する」、「ひとりでに現われる」という意味のphyeinからきている――に遡って考えようが、同じことである。）

ごちゃごちゃした書き方になっていますが、落ち着いて読めば分からなくはないですね。まず「自然」を意味する英語〈nature〉――この言葉には、「本性」という意味もあります――は、「生まれる」という意味のラテン語の動詞〈nasci〉が語源であるということですね。「ルネサンス renaissance」は、「再生」という意味のフランス語ですが、〈naissance〉というのは、「誕生」という意味の言葉で、これも〈nasci〉から派生した言葉です。この〈nasci〉には、「生まれる」の他、「起こる」「生じる」「生える」といった意味もあります。アーレントの議論の流れからすると、その他の意味の方が重要です。

それから、物理学という意味の英語〈physics〉の語源である、ギリシア語の〈physis（自然）〉は、「あるものから成長するgrow out of」とか「ひとりでに現われるappear by itself」という意味の動詞〈phyein〉から派生したというわけですね。ハイデガーは、三〇年代半ば以降、ソクラテス以前のギリシア人たちにとって、「フュシス（自然）」は「ひとりでに現われる」ものであって、固定化された実体ではなかったことを強調し、それをギリシア的な「存在」観と関連付けて論じています。この辺にもハイデガーの影響があるのかもしれません。

ここでのアーレントの主張のポイントは、ラテン語の〈natura〉であれ、ギリシア語の〈physis〉であれ、古代の言語では、「自然」は「自ずから生成するもの」だということです。そして、「オートメーション」の本来の意味は、「自動運動」です。「自然」と「オートメーション」は似ているわけです。

人間の手になる生産物は、一歩一歩段階を追って実現されなければならず、それゆえに、製作過程は、製作された物そのものの存在と完全に区別される。これと違って自然物の存在は、それが生成する過程と分離しておらず、いずれにせよ同一のものである。木の種子は木を含んでおり、ある意味では、すでに木である。そして、木が生成する成長の過程が止まれば、木は存在をやめる。このような過程を、意図的な始まりと明確な終りをもつ人間の目的と対照させて考えてみよう。明らかにその過程は、オートマティズムの性格をもっている。自分で働き、したがって意図的で目的をもった介入の範囲外にあるすべての運動過程を、私たちは自動的と名づけている。オートメーションがもたらした生産様式では、作業と生産物の区別や、作業（それは目的を達成する手段にすぎない）にたいする生産物の先行性などは、もはや無意味となり、陳腐となる。〈工作人〉のカテゴリーと〈工作人〉の世界は、それが自然と自然的宇宙に通用しないのと同様、オートメーションにおいても通用しない。

**〈nasci　生まれる〉**――ラテン語

・「自然」を意味する英語〈nature〉の語源。
・「誕生」を意味するフランス語の〈naissance〉も〈nasci〉から派生した言葉　⇒「ルネサンス renaissance」は、「再生」という意味。

この〈nasci〉には、「生まれる」のほか、「起こる」「生じる」「生える」といった意味も。アーレントの議論の流れからすると、その他の意味の方が重要。

**〈physis　自然　〉**――ギリシア語
物理学という意味の英語〈physics〉の語源。「あるものから成長する grow out of」とか「ひとりでに現われる appear by itself」という意味の動詞〈phyein〉から派生。

※ハイデガーは、30年代半ば以降、ソクラテス以前のギリシア人たちにとって、「フュシス（自然）」は「ひとりでに現われる」ものであって、固定化された実体ではなかったことを強調し、それをギリシア的な「存在」観と関連付けて論じている。

　ここでのポイントは、ラテン語の〈natura〉であれ、ギリシア語の〈physis〉であれ、古代の言語では、「自然」は「自ずから生成するもの」だということ。そして、「オートメーション」の本来の意味は、「自動運動」。「自然」と「オートメーション」は似ている。
「オートメーション」においては文字通り、自動的な運動として「物」の製造が続けられるので、「始まり」と「終わり」を確定できない。「世界」に属する「物」と、自然“物”との本質的な違いがなくなる。自動的に物の生産／再生産が進んで行くので、「仕事」の主体である「工作人」が何らかの役割を担う余地はない。

最初の箇所がやけに抽象的で難しい感じがしますが、基本的にその後に述べられていることと同じです。人間の製作物は、製作過程が終わって完成するに至って初めて存在するに至ります。家を建てるために、柱を持ってきて立てただけの状態を家とは言いません。当然、放っておいたら、家が勝手に建てられる、ということはありません。製作過程の各段階で、人間が手を加えないと、次のステップに行かない。それに対して、木は、まだ種だったとしても、一本の木へと育つものを含んでいます。一定の条件が整った環境に種が置かれたら、種は勝手に水分や養分を吸収して、育っていきます。そのように自動的に運動し続ける自然界の〝もの〟と、「意図的な始まり a willed beginning」と「明確な終わり a definite end」を持つ、製作される「物」とがコントラストを成しているわけです。

しかし、「オートメーション」においては文字通り、自動的な運動として「物」の製造が続けられるので、「始まり」と「終わり」を確定することができません。「世界」に属する「物」と、自然〝物〟との本質的な違いがなくなるわけです。自動的に物の生産／再生産が進んで行くので、「仕事」の主体である「工作人」が何らかの役割を担う余地はないわけです。

実際、ある対象物を生産するために機械を設計するというのではなく、逆に機械の作業能力に合わせて対象物を設計するというのは、手段＝目的カテゴリーの完全な転倒であろう。もっともこの場合、このカテゴリーにまだ意味があるとしての話であるが。

人間の必要に応じて機械を設計するのではなくて、機械に合わせて生産対象を設計するということですね。そうなると、当然、人間のニーズも、機械に適合させられることになります。オートメーションの生産体制を維持・拡大するために、人間が貢献させられることになるわけです。映画『マトリックス』の世界観ですね。

この節の最後に引用があります。注を見れば分かるように、ドイツの物理学者のハイゼンベルク（一九〇一―七六）の言葉です。量子の位置と運動量を同時に確定することはできないという「不確定原理」で有名な人です。彼は、ナチス政権から原爆開発チームに参加することを強制されています。

こうして、「ちょうど、甲羅が亀の肉体の一部であるように」私たちがいったん自由に扱った装置は、「人間の肉体に属する甲羅」のように見え始める。この成行きを高所から見れば、テクノロジーは、実際、もはや「物的力を拡大しようとする人間の意識的な努力の産物ではなく、むしろ人間の有機体に生来的な構造がますます大規模に人間の環境の中に移植される、人類の生物学的発展のように」見える。

テクノロジーに関して、アーレントと同じことを言っているわけですね。テクノロジーが人間の身体と一体化するようになった結果、もはや「人間」にとって外的なものではなく、有機体としての人間に元々備わっていたものを、更に発展させていく運動の現われであるように見える、ということです。人間のポテンシャルが機械と融合することで、更に上昇していくというのは、アニメによくありそうな設定ですね。

ハイゼンベルク

## 「功利主義 utilitarianism」

第二一節「手段性と〈工作人〉」に入りましょう。「手段」と「目的」の関係の変容が、「工作人」にどのような影響を与えるか、という話です。「工作人」の「世界」では、テーブルを作るという「目的」が、そのための材料を得るべく木材を破壊することが正当化される、というように、「目的」が「手段」を正当化します。

生産物は、それを生産したときに用いられた手段から見れば目的であり、製作過程の目的であるけれども、それが少なくとも使用対象物に留まっていない限り、いわばそれ自身目的となることはないからである。家具作りの目的である椅子は、その耐久性のおかげで安楽な手段として使用される物としてか、あるいは交換の手段としてか、とにかくふたたび手段となることによってのみその有益性を示すことができる。

ここは文章として分かりやすいですね。生産の「目的」になるものは、その存在自体に価値があるわけではなくて、何らかの形で使われることによって価値を持つようになります。使われるということは、何かを「目的」として実現するための「手段」になるということですね。その何かも、ほとんどの場合、別の何かを実現するための「手段」になっているわけです。例えば、机が書類を書くための手段だとします。その書類が、例えば、ＰＣのプログラムを作成するのに必要だとします。そして、そのプログラムは、工作機械を作るための手段だとします。その工作機械は、ビルの土台になる……という風に、手段と目的の連鎖がずっと続くことになります。こういうのを哲学用語で、目的連関と言います。人間の作り出した「世界」には、他の何かの手段になることなく、それ自体に絶対的な価値があるような、究極の目的はなく、目的連関が延々と続いているような様相を呈します。

そういう無限の連鎖になっていても別に構わないような気もしますが、それだと、本当の意味で、「生産」の「目的」などあるのか、という根本的な疑問が出てきます。人間は無限の目的／手段連鎖の中で働くよう強いられているだけではないか、とも思えてきます。

この難問は、とりわけ〈工作人〉の哲学であるすべての一貫した功利主義につきものであるが、理論的には、有用性《ユティリティ》と有意味性《ミーニングフルネス》の区別を理解しえない功利主義本来の無能力からきていると判断できよう。この二つの事柄の区別は、言葉の上では、「ある目的のために」（"in order to"）と「それ自体意味のある理由のために」（"for the sake of"）という区別として表現されるものである。こうして、職人の社会に浸透している有益性《ユースフルネス》の理念は——労働者の社会における安楽や理念や、商業社会を支配している利得という理念と同様——実際にはもはや有用性の問題ではなく、意味の問題である。〈工作人〉が「ある目的のために《イン・オーダー・トゥ》」という観点からすべてを判断し、行なうのは、有益性一般という「それ自体意味のある理由のために《フォー・ザ・セイク・オブ》」である。他の社会の理念と同じように、有益性の理念そのものも、それがなにかそれ以外のものをうるために《イン・オーダー・トゥ》必要とされるなにかであると考えることはできない。つまり有益性の理念はそれ自身の効用について問うことを単純に拒んでいる。

英語の文法を捻って難しい話をしているような感じですね。この場合の「功利主義 utilitarianism」というのは、ベンサムやミルの個別の理論ではなく、「目的」の中身を吟味することなく、「目的」を最大限に実現できる「手段」を正当と見なすような社会理論、延いては、そうした社会理論に代表されるような、「工作人」的な思考法ということでしょう。本来は、「工作人的な思考法」というのをちゃんと定義したうえで、それを批判する形で議論を進めるべきなのでしょうが、そこを省略して、「功利主義（的思考）」なるものに対する批判で代替しているので、文脈が分かりにくくなっています。「工作人の思考」と、「功利主義」の関係をきちんと論じようとすると、結構面倒なことになるし、本筋から大きく離れそうなので、横着したのかもしれません（笑）。

「功利主義」というのは〈utility〉に焦点を当てる思想ですが、ここでアーレントは、「功利主義」は、本来別個の問題である〈meaningfulness（有意味性）〉と〈utility〉――政治思想史の専門用語としては、〈utility〉は通常「功利性」と訳されます――を混同する傾向があるので、「有意味性」について適切に語ることができないということを指摘しているわけです。

そのうえで、英語の日常的な表現で、〈utility〉に対応するのが〈in order to 〜〉で、〈meaningfulness〉に対応するのが〈for the sake of 〜〉だと言っているわけです。この二つの表現は、どちらも日本語にすると、通常「〜のために」という訳になります。〈to〉の後が不定詞で、〈of〉の後が名詞か動名詞だという文法的な違いくらいしか思いつかないですね。ただ、この二つの表現を実際どういう時に使うか具体的に考えると、違いが見えてきます。先ず、〈in order to〜〉の後に来るのは動詞なので、文章全体として、「○○するために▽▽する」という形を取ることになります。目的でなく結果を表わすこともありますが、その場合は、「▽▽することで○○することになる」ということなので、いずれにしても、［▽▽→○○］という順で動作が進行することになります。これは、目的／段連関を示唆していると考えられます。〈for the sake of 〜〉も、例えば、〈for the sake of creating〜（〜を創造するために）〉というように、目的を表わす使い方をすることがありますが、〈for the sake of justice（正義のために）〉とか〈for the sake of public welfare（公共の福祉のために）〉のように、動作の目的というより、それをやることの意味、理由を表わす使い方をすることもあります。

アーレントが言っているのは、「工作人」としての人間も、本当は、目的／手段の無限の連鎖の中で追い立てられるように作業をしているだけではなく、何らかの理由があって作っているはず、自分のやっていることそれ自体に何らかの意義を見出しているはず、ということです。もし「工作人」が、「功利性 utility」のために生産しているとしたら、その場合の「功利性」は、更なる動作へと通じる具体的な「目

英語の日常的な表現
〈utility〉に対応するのが、〈in order to ～〉
〈meaningfulness〉に対応するのが、〈for the sake of ～〉

どちらも日本語にすると、通常「～のために」という訳。ただ、この二つの表現を実際どういう時に使うか具体的に考えると、違いが見えてくる。

〈in order to ～〉の後に来るのは動詞なので、文章全体として、「○○するために▽▽する」という形を取る。目的でなく結果を表わすこともあるが、その場合は、「▽▽することで○○することになる」ので、いずれにしても、［▽▽→○○］という順で動作が進行。これは、目的／手段連関を示唆。

〈for the sake of ～〉も、例えば、〈for the sake of creating ～（～を創造するために）〉というように、目的を表わす使い方をすることがあるが、〈for the sake of justice（正義のために）〉とか〈for the sake of public welfare（公共の福祉のために）〉のように、動作の目的というより、それをやることの意味、理由を表わす使い方をする。

※アーレントが言っているのは、「工作人」としての人間も、本当は、目的／手段の無限の連鎖の中で追い立てられるように作業をしているだけではなく、何らかの理由があって作っているはず、自分のやっていることそれ自体に何らかの意義を見出しているはず、ということ。

※もし「工作人」が、「功利性 utility」のために生産しているとしたら、その場合の「功利性」は、更なる動作へと通じる具体的な「目的」ではなく、「正義」や「公共の福祉」等と同じように、行動すべき理由となる「理念 ideal」と見るべき。アーレントは、目的／手段の連鎖に還元することのできない、「理念」のために「工作人」が生産に従事しているという側面があることを示唆している。

的」ではなく、「正義」や「公共の福祉」等と同じように、行動すべき理由となる「理念 ideal」と見るべきでしょう——言うまでもなく、〈ideal〉も「イデア」から派生した言葉です。アーレントは、目的／手段の連鎖に還元することのできない、「理念」のために「工作人」が生産に従事しているという側面があることを示唆しているわけです。

レッシングがかつて当時の功利主義哲学者に発した「ところで効用の効用とはなにか？」という問いにたいし解答がありえないことは明白である。功利主義の難問は、それが手段と目的の際限のない連鎖にとらえられてしまい、手段と目的の、つまり有用性そのもののカテゴリーを正当化しうるある原理にけっして到達しないという点にある。「ある目的のために」ということが「それ自体意味のある理由のために」ということの内容となっているからである。いいかえれば、いったんは意味として確立された有用性が、ふたたび無意味性《ミーニングレスネス》を生みだしているのである。

レッシング（一七二九―八一）は、ドイツの古典主義時代の詩人、劇作家で、宗教的寛容をテーマにした『賢者ナタン』（一七七九）で有名です。アーレントは一九五九年にハンブルクでレッシング賞を受けた時の講演「暗い時代の人間性について」で、レッシングのヒューマニズムについて掘り下げて論じています。この講演記録を私がドイツ語から訳したものが、情況出版から刊行されていますので、関心があればご覧下さい。『ある目的のために in order to』ということが『それ自体意味のある理由のために for the sake of』ということの内容となっている」という箇所が分かりにくいですが、これは、〈for the sake of〉という形で、生産の「意味」を明らかにすべきところで、功利主義的思考は、「目的」をそこに代入するので、見かけ上、「目的／手段」の無限の連鎖が生じ、「意味」を見出すことができなくなる、というわけです。

ところが、〈工作人〉の世界においては、すべてのものがある効用をもたなければならず、すべてのものがなにかそれと別のものを得るための道具として役に立たなければならない。だから、このような世界においては、意味そのものは、目的としてのみ、つまり「目的自体」としてのみ、現われる。しかし、この「目的自体」というのは、実際には、すべての目的に適用できる同義反復であるか、そうでなければ用語上の矛盾である。なぜなら、本来目的とは、それがいったん実現されると目的であることを止めるものであり、手段の選択を導き正当化する能力を失い、手段を組織し生む能力を失うものであって、「目的自体」というのは存在しないからである。だから実際にはそれは、いまや対象物の一つとなったのである。つまり、達成された目的は、与件の巨大な武器庫につけ加えられたのである。そして〈工作人〉はふたたびこの武器庫の中から自分の新しい目的を達成するための手段を自由に選択するのである。

「目的自体 an end in itself」というのは、他の何かの手段になっているのではなく、それ自体を、「目的＝終わり」として目指しているような「目的」ということです。「工作人」は、常に何かの「目的」のために仕事をしていて、その「目的」の中身を問わないので、彼の「世界」では、「意味 meaning」は、「目的自体」という形を取って現われます。他の形を取ることができないわけです。

しかしアーレントに言わせれば、「目的自体」というのは自己矛盾した概念です。「工作人」の「世界」における「目的」は一時的なものであり、いったん実現すると、もはや「目的」でなくなり、「手段」を正当化する能力を失ってしまうものとして想定されています。逆に言えば、そうやって、個々の「仕事」

の「目的」がどこで達成されるのかはっきりせず、どこで「終わる」のか明示されていないと、

「仕事」として成り立ちません。

「与件の巨大な武器庫 the huge arsenal of the given」という言い方が少し難しいですが、ここで「与件」と言われているのは、既に完成して出来上がり、利用可能になった「物」のことです。既に与えられている「物」の総体が、次の「生産」のために利用可能な状態にあるわけです。〈arsenal〉の本来の意味は、「武器庫」ですが、この場合は、それから派生した、「蓄え」とか「備蓄」といった意味でしょう。「道具の倉庫」という言い方をしていないのは、「目的／手段」の連鎖の中に位置付けられる、具体的な「目的」のために使われていないものは「手段」と言えないからでしょう。

「工作人」は結局、「目的―手段」という観点からしか思考できないので、「世界」の中に「有意味性」を見出すことができないわけです。強いて考えようとしても、「目的自体」という彼にとっては理解しがたい矛盾に突きあたるしかない。それは、生命サイクルの中に溶け込んで運動している「労働する動物」が、「手段」を知らないのと同じことだと述べられていますね。

厳密に功利主義的な哲学ならどの派の哲学にも見られる、この無意味性のジレンマから逃れる唯一の方法は、使用物の客観的世界から脱出し、効用それ自体の主観性に立ち戻ることである。厳密に人間中心的な世界では、使用者である人間そのものが、目的と手段の終りなき連鎖に終止符を打つ究極目的になる。このような人間中心的な世界においてのみ、有用性そのものが有意味性の尊厳を獲得することができるのである。しかしやはり悲劇は次の点にある。すなわち、〈工作人〉は、彼自身の活動力の観点から見れば目的を遂げたように見えた途端、今度は、自分自身の精神と手になる目的と最終生産物である物の世界を貶《おとし》め始めるのである。いいかえると、もし使用者たる人間が最高の目的であ

り、「万物の尺度」であるならば、〈工作人〉が仕事の対象とするほとんど「価値のない材料」として扱う自然ばかりか、「価値ある」物自体も単なる手段となり、それによって、それ自体に固有の「価値」を失う。

「効用それ自体の主観性 the subjectivity of use itself」というのが、やや分かりにくいですが、これは「効用」というのが考えてみると、決して客観的に実在しているわけではなく、人間にとっての「効用」が問題だということです。ベンサムの理論で、快／不快が功利性の尺度になっていたことを思い出して下さい。人間にとっての「効用」が問題だとすると、「人間」それ自体が「究極の目的 the ultimate end」であり、「人間」にとって「効用」があることが、その事物の「有意味性」だと考えることもできるわけです。そういう風に「人間」を媒介にすれば、「有用（功利）性」と「有意味性」をイコールで結ぶことが可能になります。

しかし、人間そのものが「目的」だとすれば、「人間」が生産した「物」は、「人間」が幸福になるための「手段」としてのみ存在価値があり、それ自体としては価値がないということになりそうです。そうだとすると、そういう「物」が「世界」の中に耐久性をもって存在し続けることにも、あまり意味はなさそうです。人間の欲求を満たしてくれる〝物〟がオートメーションによって次から次へと作り出され、かたっぱしから消費されたとしても、それで人間の欲求が満たされれば、別に構わないことになります。芸術作品とか記念碑とかだけは、耐久的に存在しないと、「効用」を発揮しないと言えるかもしれませんが、日常的な使用のために作り出されたものについてそれを言うことは難しそうです。長持ちした方が経済的かどうかというだけの話ですから。

## 工作人の手段と「最高目的 supreme end」とは？

更に言えば、そうした、単なる欲求充足の手段にすぎないものを次から次へと生産し続ける、「工作人」の営み自体が虚しくないか、ということになってきます。

〈工作人〉の人間中心的功利主義の最大の表現はカントの定式である。その定式によれば、いかなる人間も目的のための手段であってはならず、すべての人間が目的自体である。たしかにそれ以前にも、たとえば、ロックは、いかなる人間も他人の肉体を所有したり、その肉体力を利用することは許されないと主張していた。つまり、手段＝目的の思考方法を政治領域に解き放ち、野放しにした場合、それは必ず致命的な結果をもたらすということについては知られていた。しかし、〈工作人〉が社会の標準を支配しているところでは必ず見られる常識的で陳腐な考えから近代初期の哲学を完全に解放したのは、カントだけである。もちろん、その理由は、カントが、当時の功利主義の教義を定式化したり、概念化したりしようとはせず、反対になによりもまず、手段＝目的のカテゴリーをそれにふさわしい場所に追いやり、それが政治活動の分野で使われるのを阻止しようとしたからである。

カントが、『人倫の形而上学の基礎づけ』（一七八五）等で、「人格」を「手段」ではなく、「目的」として扱わねばならない、つまり、自分の利益のために他人を利用するのではなく、他者と自らの「人格」的な関係性を自らの道徳的行為の目的としなければならない、と主張したことはよく知られていますね。そういうカントの「人格」中心主義は、通常は、功利主義の対極にあると考えられていますが、先ほどのように、「功利主義」を、人間のための効用を究極の目的と考える思想だとすれば、カントの思想は、功利主義を純化したものと見なすこともできるわけです。

その後の、手段＝目的の思考法が、「政治領域」に忍び込むのをロックが阻止しようとし、それをカントが更に徹底させた、というのは分かりますね。〝政治〟においてこそ、人間は自分の目的の実現のために他人を道具として利用しているではないか、という見方もありますが、アーレントの理解では、「政治」の本質は、自由な人格同士へのお互いへの働きかけ、「活動」です。ロックが、そういう言い方をしていたわけではありませんが、アーレントは、いかなる人間も他人の肉体を所有してはならないとするロックの考え方――ホッブズは、自然状態において各人は、他人の生命、身体も自己保存のために利用する自然権があるという立場を取っていました――に、自らの「政治」観の消極的萌芽を見ているのかもしれません。

アーレントの政治思想史観では、少なくとも、（社会契約によって成り立つ）「政治」の領域では、他人間を手段として利用するのを抑止しようとする思想の系譜があったわけです。カントは、「人格」の尊重をベースとする自らの倫理学を、応用する形で政治哲学・法哲学を展開したので、彼の「政治」には、手段＝目的のカテゴリーは入ってくる余地はないわけですが、アーレントはカントがそれを戦略的にやったと見ているようです。カント哲学の中で、手段＝目的カテゴリーが許容されるのは、政治とも道徳とも関係ない、日常的な欲求充足のための営み――アーレントの用語でいえば、「労働」――に限定されます。

とはいうものの、彼の定式によっても、その起源が功利主義的思考にあることを否定することはできない。周知のように、カントは、また、「効用のため」ではない唯一の対象物たる芸術作品にたいする人間の態度について、やはり本来的に逆説的な解釈を行なった。それによると芸術作品においては「なんら私心のない喜び」が感じられるという。しかし、この解釈も、先の定式と同じく、その起源が功利主義にあることを否定できないのである。すなわち、人間を「最高目的」に置くこの操作によって、同時に、人間は「自然全体を人間に従属させること」を許され、自然と世界からその独立した尊厳を奪い、それを単なる手段に貶めることができるようになるのである。カントでさえ、逆説的な「目的自体」に立ち向かうことなしには、この難問を解決することはできず、〈工作人〉が意味の問題について盲目である点に光を与えることはできなかった。

カント解釈として妥当かどうか分かりませんが、先ほど見たように、カントの［人格＝目的］論は、功利主義、より正確には、工作人的な［人間―世界］観から生まれきたとアーレントは見ています。そのため、カントの議論にも功利主義的な矛盾が生じる、というわけです。

その端的な現われとして、人間によって作り出される「物」の中では、唯一「効用」とは異なった尺度で扱われる対象である「芸術作品」をめぐるカントの議論を論評しているわけです。注（20）と（21）から分かるように、参照しているのは『判断力批判』（一七九〇）です。真善美の内、認識論である『純粋理性批判』（一七八一、八七）が真、道徳的行為論である『実践理性批判』（一七八八）が善を扱うのに対し、『判断力批判』は美、を扱います。第一部で、主として芸術に関わる美的判断力、第二部で、自然の中の合目的連関（と想定されるもの）の中に対象を位置付ける目的論的判断力について論じられています。アーレントは、一九七〇年に行ったカント政治哲学講義で、判断力をめぐる問題を、カントの政治哲学の中核に位置付けています。この講義の記録を私が訳したものが、『カント政治哲学講義録』（明月堂書店）として刊行されていますので、関心があればご覧下さい。

芸術作品に接して、「なんら私心のない喜び」が感じられるということですが、この「なんら私心のない喜び」というのが難しそうですね。英語では〈pleasure without any interest〉、ドイツ語の原文では〈ein Wohlgefallen ohne alles Interesse〉です。〈Wohlgefallen〉は、「気に入って心地よく感じること」を意味するドイツ語で、カント業界では、「適意」と訳されます。ここで「私心」と訳されている〈Interesse〉という言葉は、英語の〈interest〉とほぼ同義なので、通常は「利害」あるいは「関心」と訳されます。基本的には、物質的な「利害関心」、つまり、「〇〇の役に立つから」というような関心を抜きにして「気に入る」ということですが、それプラス、先入観とか思い入れという意味での「関心」も抜きにして「気に入る」というニュアンスも入っている感じです。

人間が、そういう純粋な状態で「気に入る」対象を、「美しい」と判断するのだとすれば、そこには、通常の意味での「手段＝目的」カテゴリーは関与しません。人間である私に「気に入る」か否かで、美しいか否かが決まるわけです。芸術作品だけであれば、それで構わない気がしますが、その同じ基準が「自然」にまで拡張されると、おかしな感じになります。「私」に気に入るような存在の仕方をしている自然物は「美しい」、つまり、宇宙全体の目的連関に適った仕方で存在しているけれど、そうでないものは「醜い」、つまり、目的連関から外れていると判定されることになります。まるで全てが人間のために存在しているかのような様相を呈します。

人間が判断するのだから、そうなるのも仕方ないという見方もできますが、人間自体が「最高目的 supreme end」だとすると、先ほどの「効用それ自体の主観性」の場合と同じような疑問が生じてきます。だったら、どうして「自然」を見る必要があるのか、自然における〝美〟から刺激を受けて芸術作品を作る必要があるのか、人間そのものが目的であれば手段に拘らなくてもいいではないか、という疑問です。カントが判断力論の文脈で人間自体が「最高目的」だと考えていたのかどうかかなり疑問ですが、仮にそうだとしたら、人間が様々な〝もの〟に美を見出そうと努力する意味がなくなりそうですね。

結局、この難問は次のような事実に潜んでいる。すなわち、手段性をもつ製作だけが世界を建設する能力をもっているのに、世界の実現を支配したこの標準が、世界の樹立後もひきつづきその支配を許されるならば、この同じ世界が、用いられた材料と同様無価値となり、いっそう先の目的に到達するための単なる手段になるというのがそれである。

意外とシンプルなオチです。「世界」を建設する過程では、手段＝目的カテゴリーに従って「仕事」をする工作人的な考え方が主導的な役割を果たしていますが、いったん「世界」が出来上がると、それとは別の価値尺度が求められることになる、ということです。手段＝目的カテゴリーによって、出来上がって存続している「世界」を把握しようとすると、人間のニーズを充足するうえで更なる製作の必要があるとすれば、それなりの存在意義はあるが、人間が満足してしまえば、もはや無意味、という話にしかならないわけです。

人間は、〈工作人〉である限り、手段化を行なう。そしてこの手段化は、すべての物が手段に堕し、それに固有の独立した価値を失うことを意味する。したがって、最後には、製作の対象物だけでなく、明らかに人間の助けなしに生成する、人間世界から独立した存在である「地球一般とすべての自然力」も、「仕事から生じる物化を提示しないゆえに価値を」失う。

結局、「工作人」は全てを生産の「手段」として捉えようとするので、あらゆる「物」は固有の価値を持たないことになるわけです。特に、「物化」されていない、自然界の〝もの〟は、人間の欲求を満たすのに直接役に立たない限り、無価値でしかないわけです。

## 古代ギリシアの哲学者は、「全てを手段化しようとするため、全てが無意味化してしまう」難問にどう答えるのか？

二五一頁で、古代ギリシアの哲学者たちがこの問題、つまり全てを手段化しようとするため、全てが無意味化してしまう、という問題にどう対処したか論じられています。

ギリシア人が、世界と自然のこのような無価値化とそれに固有の人間中心主義をおそれていたのはまったく明らかである。アリストテレスによれば、人間中心主義というのは、人間は最高の存在であり、他の一切のものは人間の生命の緊急な欲求に従属するという「馬鹿げた」意見にほかならなかった。同じように、ギリシア人は、首尾一貫した功利主義に見られるむきだしの卑俗さを軽蔑していた。実際、彼らは、〈工作人〉の中に最高の人間的可能性を見た場合どんな結果になるかよく知っていた。それは、おそらく、プロタゴラスの言説にたいするプラトンの有名な反論に最もよく示されている。プロタゴラスにとっては、「人間はすべての使用物（chrēmata）の尺度であり、そしてあるものの存在の尺度であり、あらぬものの非存在の尺度である」というのは自明のことであったが、プラトンはこれに反駁したのである。

プロタゴラス（前四九〇頃―四二〇頃）は、ソフィストの一人で、高校の倫理の教科書では、「人間は万物の尺度である」と言ったことになっていますが、アーレントは、彼が実際に言ったのは、人間が全ての「使用物 chrēmata」の尺度だということだ、と指摘していますね。「人間」の「使用物」の尺度が人間であるということであれば、当たり前の話になるので、文句を付ける必要はなさそうですが、それでもプラトンは反対したわけですね。

プロタゴラス

問題の核心は、もし人間をすべての使用物の尺度にするならば、世界が係わり合っているのは、使用する者、手段化する者としての人間であって、言葉を発する者、行なう者としての人間、考える者としての人間ではないということを、プラトンがすぐに見てとったという点にある。そして、一切のものを目的に至る手段として――一切の樹木を潜在的な木材として――眺めるのは、使用する者、手段化する者としての人間の本性である。そうである以上、このことは、究極的には、人間が、ただその存在を人間に依存している物の尺度になるだけではなく、文字通り存在する一切の尺度になるということをも意味するにちがいない。

最初の方が説明不足な感じがしますが、アーレントが問題にしているのは、「世界」を構成している「物」を、もっぱら「使用物」という側面から捉え、その「使用物」との関係で「人間」の本質を規定しようとしていることです。それは、「使用する者 user」あるいは「手段化する者 instrumentalizer」としての人間であって、「言葉を発する者 speaker」「行なう者 doer」「考える者 thinker」など、他の側面が考慮に入れられていない、というわけです。手段として使うだけではない、「物」や「世界」への関わり方もある、ということですね。

このようなプラトン的解釈からすると、プロタゴラスは、実際、最も初期に属するカントの先駆者のように思われる。なぜなら、もし人間が万物の尺度であるならば、そのときには人間は手段＝目的関係の外部に立つ唯一のものであり、自分を除いて一切のものを手段として用いることのできる唯一の目的自体であるからである。プラトンは、使用対象物を生産する可能性、つまり、自然の万物を潜在的な使用対象物として扱う可能性が、人間の欲望や能力と同様に無制限であることをまったくよく知っていた。なるほど、〈工作人〉の標準は世界を実現するためには必ず支配しなければならないものだろう。しかし、それと同様に、その標準が完成された世界を支配することをも許すなら、〈工作人〉は究極的には一切のものを勝手に食い荒らし、存在する一切のものを自分自身のための単なる手段と考えるだろう。

プロタゴラスをカントの先駆者とする見方は、常識的にはひっかかりますが、先ほどの話からすれば、むしろ当然ですね。プラトンは、デミウルゴス神話を利用していることからも分かるように、「世界」の建設には「工作人」的な思考が必要であることは認めていたけど、「世界」が出来上がった後も、「工作人」の論理が標準としてまかり通ってはいけないと言っているわけです。

この節の最後のところで、アーレントは、プラトンが最終的に、人間ではなく、神を使用対象物の尺度にしようと提案したことを指摘したうえで、それがほとんど逆説的だと述べていますね。何故、逆説的かというと、人間の「使用対象物」の尺度を、神にしようということだからです。

## アゴラとバザール

次の第二二節「交換市場」では、文字通り、古典派経済学とマルクス主義の共通テーマである「市場」における人間のあり方が論じられています。アーレント自身は政治共同体こそが人間の一番重要な活動力が発現する共同体だと考えているわけですが、ここでは、それとは別のタイプの人間の共同体もあったことが指摘されています。

（…）古代でも、政治共同体とは異なるタイプの人間共同体があることはよく知られていた。そのような共同体では、それ独自の公的領域の内容を樹立し、決定するのは、ポリスの市民や「公的なもの」《レス・プブリカ》ではなかった。実際、このタイプの共同体では、普通の人の公的生活は、一般に「人民のための仕事」に限定され、職人《デミウルゴス》に限定されていた。この職人というのは、人民のための仕事人のことであって、家内労働者《オイケテース》や、したがって奴隷とは区別されていた。この共同体が非政治的なものであるということの印は、これら職人の公的な場所であるアゴラが、市民の集会場ではなく、職人が自分たちの生産物を陳列し交換することのできる市場であるという点にあった。その上、ギリシアでも、常に、僭主たちは、市民が公的問題についていろいろ世話をやいたり、非生産的な「演説」《アゴレウェイン》や「政治活動」《ポリテウェスタイ》に時間をつぶすのを改めさせ、アゴラを東洋的専制主義のバザールのような商店の集合体に変えようとしたが、いずれもそのような野心は挫折した。このような市場の特徴であり、後には、中世都市の商工地区の特徴でもあったのは、商品が陳列されると同時にその商品を生産する様子が陳列されたということである。

ここでも「デミウルゴス＝職人」が登場しましたね。注（26）を見れば分かるように、ここで「デミウルゴス」の共同体と呼ばれているのは、中世の職人のギルドのようなものです。アーレントの記述だと、「アゴラ」がどういう場所なのか分かりにくいですが、この言葉の本来の意味は、「集会所」あるいは「集会」で、具体的には市民の政治的・軍事的な集会所、及び、市場がそう呼ばれていたようです。つまり、アゴラは二重の機能を有していたわけです。その二重の機能の内、政治的な方から、「演説する」という意味の〈agoreuein〉という動詞が派生したわけですね。市場的な側面から、「買い物する」という意味の〈agorazein〉という動詞が派生しました。ポリスの初期は、丘などの高い所に位置し、神殿が建てられ、緊急時に立てこもる要塞の役割を果たしていたアクロポリスが中心的だったのが、時代が進むと共に、中心が議論や取引の行われるアゴラへと移ったようです。

アーレントは別の共同体と言っているけれど、場所的には重なっていたので、買い物しに来た人たちが、討論するということがあったかもしれません。その辺をアーレントが説明してくれていないので、僭主が、市場＝アゴラでの市民の営みに干渉しようとしたという話が分かりにくくなっているわけです。それとの対比でアーレントが「バザール」と呼んでいるのは、現実のペルシアとかイスラム圏のバザールを指しているのではなくて、政治的公共性を伴わない、純粋な市場ということでしょう。

ただ、それだけだと、アゴラは商人の場ということになってしまうので、デミウルゴスたちの仕事の様子も展示されていたことを断っているわけです。

〈労働する動物〉の場合、その社会生活は、世界を欠き、獣の群れの如きものであり、したがって公的な世界の領域を建設する能力も、そこに住む能力ももたない。これに反して、〈工作人〉は、正確にいえば政治領域ではないにしても、それ独自の公的領域をもつ能力を完全にもっている。その公的領域とは、交換市場であり、そこでは彼は自分の手になる生産物を陳列し、自分にふさわしい評価を受けることができる。

「市場」としての「アゴラ」における「工作人」を、世界を建設する能力がない「労働する動物」と、「政治的領域で活動する人」の「間」に位置付けているわけです。これまでのアーレントの記述だと、「公的領域＝政治領域」のような感じだけど、ここでは、「工作人」たちは、「政治的」とは言えないまでも、公的性質を持った領域としての「交換市場」を作れる、と述べられていますね。

先ほどの箇所と共にここでも、「陳列」という要素が強調されていることに注目して下さい。「陳列」することは、「公的領域」の「公開性」に通じています。「工作人」の作る「物」は、公衆から見られることが前提になっています。

二五六頁から二五七頁にかけて、仕事人同士の間で直接生じる「共同社会 company」は、親方と弟子の間のそれに限定されていると述べられています。第二章で、「家族」の延長上にある〈company〉は、「社会」的な性格は持っているけれど、それは、政治的なものではないという話が出てきましたね。ここでは、親方と弟子の関係は分業の一種で、協調して活動するというような政治的契機を欠いていると述べられていますね。

歴史的に見ると、〈工作人〉の活動力と少なくとも関連をもつ最後の公的領域、最後の集会場は、その生産物を陳列する交換市場である。商業社会というのは、近代の初めか、マニュファクチャー資本主義が起こってきた頃に特徴的な社会であるが、それは、この「人目に立つ生産」から生まれたものである。それと同時に、取引と交換をどこでも行ないたいという渇望が生まれた。しかし、労働が高く評価され、労働社会が勃興し始めると、「人目に立つ生産」とその自負は、「人目に立つ消費」とそれに付随する虚栄に置き代えられ、商業社会は終末を迎えた。

「最後の」というところが気になりますが、これは、「工作人」のモデルが次第に衰退して、「労働する動物」に取って代わられていったので、その「最後」ということでしょう。「人目に立つ生産 conspicuous production」というのは、先ほども出てきた、製作の光景あるいは生産物を陳列することで、自らの「仕事」の卓越性を示すような、公共的生産ということでしょう。「人目に立つ」という変わった言い回しは、

「アゴラ」──この言葉の本来の意味は、「集会所」あるいは「集会」で、具体的には市民の政治的・軍事的な集会所、及び、市場がそう呼ばれていた。

↓

アゴラは二重の機能を有していた。
その二重の機能の内、
・政治的な方から、「演説する」という意味の〈agoreuein〉という動詞が派生した。
・市場的な側面から、「買い物する」という意味の〈agorazein〉という動詞が派生した。

デミウルゴスたちの仕事の様子も展示されていた ⇒「市場」としての「アゴラ」における「工作人」を、世界を建設する能力がない「労働する動物」と、「政治的領域で活動する人」の「間」に位置付けた。
※これまでのアーレントの記述だと、［公的領域＝政治領域］のような感じだけど、ここでは、「工作人」たちは、「政治的」とは言えないまでも、公的性質を持った領域としての「交換市場」を作れる、と述べられている。

↓

「陳列」という要素が強調されていることに注目。「陳列」することは、「公的領域」の「公開性」に通じている。「工作人」の作る「物」は、公衆から見られることが前提になっている。

ウェブレン

二五四頁で簡単に説明されているように、ソースティン・ヴェブレン（一八五七―一九二九）の「人目に立つ消費 conspicuous consumption」と対になる表現としてアーレントが考え出したものです。ヴェブレンは、アメリカの経済学者で、制度派経済学の創始者として知られる人です。主著『有閑階級の理論』（一八九九）では、人類学の知見を動員して、貴族等の有閑階級による、見栄をはった、見せびらかし的な消費が経済発展の原動力になる、という論を展開しています。同時代人であるマックス・ウェーバーとは逆の立場ですね。〈conspicuous consumption〉は、通常、「顕示的消費」と訳されます。

マニュファクチャーというのは、世界史の教科書に載っている、地主や商人が工場を建てて、そこに賃金労働者を集め、分業によってより効率的に生産を行う方式で、問屋制家内工業の次の段階に当たります。「商業社会 commercial society」が終末を迎えた、という断定的な言い方が気になりますが、恐らくアーレントは、商業を中心に経済が発展していた時代と、工場での生産を中心に経済が発展する、本格的な資本主義時代をはっきり分けて考えているのでしょう。経済史で、二つの地域での価格差を利用して利潤を得る商業を中心として資本主義が発展する「商業資本主義 merchant capitalism」の段階の後に、工業を中心とする「産業資本主義 industrial capitalism」の段階が来ると説明しますが、それに準じて考えているようです。

「商業社会」では、「人目に立つ生産」を行うことによって商品をお互いに売り込み、経済発展していたのに対し、「労働社会 labor society」では、人々のこれみよがしの消費によって経済発展するようになる、ということでしょう。何となく、「労働社会」の方が「商業社会」よりも健全なイメージがありますが、アーレントは、「労働社会」にはもはや、職人的な卓越性の競い合いはなく、人々の消費欲をいかに刺激するかだけが問題になり、人間は労働力に応じて評価されるようになる、と見ているようです。

## 価値とは？

次に使用価値と交換価値の区別の話が出てきます。

この区別によって、商人や取引人が製作者や製造人と結びついているように、交換価値は使用価値に結びつけられているのである。〈工作人〉が使用対象物を製作している限り、彼は、それを私的な独居の中で生産しているだけでなく、同時にそれを、私的な使用のために生産しているのである。しかし、使用対象物が交換市場で商品となるとき、それは、その私的な使用から抜け出て、公的領域に姿を現わすことになる。よく指摘され、しかも残念なことに同じくらいよく忘れられることであるが、価値とは、「人間の概念作用における一つの物の所有と他の物の所有の比率の観念」であり、「常に交換における価値を意味している」のである。なぜなら、労働の生産物であれ、仕事の生産物であれ、消費財であれ、使用対象物であれ、肉体の生命あるいは生活の便宜に必要なものであれ、精神生活に必要なものであれ、ともかくすべての物が「価値」となるのは、あらゆる物が他の物と交換できる交換市場においてだけであるからである。この価値は、ただ物が商品として現われる公的領域の評価によってのみ決定される。

「使用価値／交換価値」の区別を「私的領域／公的領域」に対応させて考えているわけですね。「　」に入っている部分は、イタリアの啓蒙主義の経済学者で、投下労働時間と商品の価値の関係を指摘したフェルディナンド・ガリアーニ（一七二八―八七）と、英国の新古典派の経済学者アルフレッド・マーシャル

（一八四二―一九二四）からです。経済的利害を中心に動く資本主義社会に批判的なアーレントの立場からすれば、「交換価値」に対して否定的なことを言いそうな印象がありますが、むしろ、「公的領域」である「交換市場」における「物」の現われを肯定的に描き出していますね。人間が「公的領域」＝「政治的領域」において人々から見られるように「活動」することで卓越性を発揮するように、「物」も、私的な使用から抜け出て、「公的領域」＝「交換市場」で、多くの人の目に触れ、される中で、客観的＝間接的に価値を認められるわけです。

価値とは、物が私的領域においてはけっして所有することはできないが、それが公的に現われる瞬間には自動的に獲得するところの質である。ロックが非常にはっきりと指摘したように、この「市場価値《マーケッタブル・バリュー》」は「物に生来的な自然の価値《ワース》」とはまったく関係がない。後者は、物それ自体の客観的な質であって、それは、「個々の買手や売手の意志の外部にあり、好き嫌いに関係なく、その存在をともかく認めなければならぬ物それ自体に固有のなにか」である。この物に生来的な価値《ワース》は、物それ自体の変化によってのみ変化しうるものである。たとえば、テーブルの脚を一本とれば、もはやテーブルの価値《ワース》はなくなる。ところが、商品の「市場価値」のほうは、「その商品が他の物にたいしてもっている一定の比率の変化」によって変化する。

アーレントはロックの議論を参照して、アダム・スミス以降、「使用価値 use value」と呼ばれているものは、むしろ「物」それ自体に内在する〈worth〉だと言っているわけですね。それによって、「価値 value」という概念を、公的領域での間主観的な評価によって決定される「市場価値 market value」に一元化しているわけです。そうすると、スミス以来の「使用価値」と「交換価値」はどちらがより本質的かという問題はなくなるわけです。

古典経済学は価値という用語をめぐって混乱を起こしているが、哲学の場合も、「価値《ヴァリュー》」という用語を用いたためにそれよりもひどい混乱が生じている。これは、もともと、ロックの場合にはまだ見られる古い「価値《ワース》」という言葉を、外見上はもっと科学的に見える「使用価値《ユース・ヴァリュー》」という用語に置き代えたために引き起こされたものである。マルクスもこの用語法を受け入れた。そして、彼は公的領域に反発していたので、使用価値から交換価値への変化こそ資本主義の原罪であると、首尾一貫して考えていた。実際、商業社会では、交換市場が最も重要な公的場所であり、したがって、そこではすべての物が交換可能な価値、すなわち商品になるのであるが、マルクスは、商業社会のこの罪にたいして、物自体の「生来的な」客観的価値《ワース》をもって、それを糾弾したのではなかった。その代わりとして、彼は、物が人間の消費的生命過程の中で果たす機能を置いた。この機能は、客観的で生来的な価値《ワース》も知らなければ、主観的で社会的に決定される価値《ヴァリュー》も知らない。社会主義は、すべての財を労働する人すべてに平等に分配するが、そこでは、触知できる物は、一切、生命と労働力の再生過程における単なる機能に融解するのである。

ガリアーニ

マーシャル

資本主義社会において、〝もの〟の本来の価値である「使用価値」ではなくて、「交換価値」が支配的になっていることに対してマルクスが批判的であったことは有名ですが、それをアーレントは、マルクスによる「公的領域」の拒否という観点から説明しようとしているわけです。普通に考えれば、

アーレントの「使用価値／交換価値」観

「市場価値 market value」
「公的領域」である「交換市場」における「物」の現われを肯定的に描き出している。人間が「公的領域」＝「政治的領域」において人々から見られるように「活動」することで卓越性を発揮するように、「物」も、私的な使用から抜け出て、「公的領域」＝「交換市場」で、多くの人の目に触れ、取り引きされる中で、客観的＝間接的に価値を認められる。

「使用価値 use value」
むしろ「物」それ自体に内在する〈worth〉と見なす。それによって、「価値 value」という概念を、公的領域での間主観的な評価によって決定される「市場価値 market value」に一元化している。

マルクスが批判的に見たのは、「市場」ですが、アーレントに言わせれば、「市場」は「公的領域」ですから、同じことになるわけです。

一般的には、マルクスは「使用価値」を生み出している労働者たちの労働の価値を復権しようとしていたとされていますが、アーレントに言わせれば、彼の議論は、物の本来的（intrinsick）――「生来的」という訳だと、生物学的な響きがするので、訳語を変えた方がいいと思います――な〈worth〉ではなく、「物が人間の消費的生命過程の中で果たす機能」を拠り所にしているということですね。「物の本来的な価値」というのは、「仕事」によって生産された「物」に備わっている価値ということでしょう。「消費的生命過程」というのは、アーレントが「労働」と呼んでいるもののことです。これまでの議論から分かるように、アーレントは、「労働」それ自体は、耐久的な「物」を生み出さないという立場を取っています。

つまり、アーレントの視点からすれば、生命力としての「労働」の再生産に拘るマルクス主義は、

「仕事」を通して「物」に客観的に付与される〈worth〉も、市場＝公的領域で間主観的に形成される〈value〉も捉えることができない、というわけです。生命体としての人間にしか関心のない、マルクス主義は「物」ときちんと向かい合うことができないということですね。

> マルクスは、労働、土地、利潤のような、価値を生みだすある客観的な源泉を探し求めようといろいろ努力してみたが、いずれも不毛な企てに終わった。同様に、彼は「使用価値」という用語を頑固に保持していた。というのも、価値にふさわしい領域である交換市場に「絶対的価値」が存在しないという単純な事実を認めることは、だれにとってもやさしいことではなかったからである。しかし、事実をいえば、それを求めるのは、円を四角にする試みと同じようなものであった。すべての物が無価値となり、生来的な価値《ワース》がすべて失われるというのは、大いに嘆くべきことであるが、このことは、すべての物が価値《ヴァリュー》あるいは商品に転化する途端に始まる。なぜなら、この瞬間からすべての物は、それぞれ、それらの物と交換に獲得される他の物との関連においてのみ存在するようになるからである。普遍的相対性とは、物はただ他の物との関連においてのみ存在するということであり、生来的価値《ワース》の喪失とは、絶えず変化する需要供給の評価と無関係な「客観的」価値をもつものはもはやないということである。

ここでもユニークなマルクス解釈が示されています。マルクスが「使用価値」という概念に固執したのは、「市場」での価値である「交換価値」が「絶対的価値」ではなかったからです。「市場」に「絶対的価値 absolute value」がないから、別の所に求めたというわけです。

しかし、アーレントに言わせれば、「絶対的価値」がないのは当然です。〈value〉という意味での「価値」は、「物」に客観的に備わっている固有の性質ではなく、市場での人々の「評価 evaluation」によって決まるからです。交換市場では、全ての〝物〟＝商品の「価値」は、他の商品との比較による、相対的価値でしかありません。アーレントは、市場の公共的性格を指摘する一方で、物に固有の〈worth〉がなくなり、全ては恒常的な「価値」の変動に巻き込まれる、というネガティヴな側面を指摘しているわけです。この指摘は、マルクス主義やフランクフルト学派の資本主義批判に通じていますが、考え方の筋道がかなり異なります。恐らく、左派的な資本主義批判に安易に接近しないよう、慎重に論を進めているのだと思います。

こうした独自な「価値」論を前提として、再びプロタゴラスを取り上げます。

> プロタゴラスは、物の製作者である人間と人間が物から作り出す効用を最高の尺度とすべきだと提案した。しかしプラトンがこの提案の中にすでに見てとったのは、人間が世界を樹立するためには絶対不可欠な標準と普遍的尺度のこのような喪失であった。このことは、交換市場の相対性が、職人の世界と製作の経験から生じる手段性に、いかに密接に結びついているかを明らかにしている。実際、前者の相対性は、後者の手段性からそのまま直接発展する。

プラトンがプロタゴラスの議論の内に読み取った問題の核心は、「人間」が「使用物」の尺度であるということ、それ自体ではなく、むしろ、それによって「絶対不可欠な標準と普遍的尺度」が喪失したことが示唆されてしまった、ということですね。「人間」がどのように「使用物」を評価するのかに言及することなく、「人間」自体が尺度だと言ってしまえば、人々がその時々に思うこと、感じることが「物」の尺度になってしまいます。これは、交換市場の論理です。

### アーレントのマルクス批判

資本主義社会において、“もの”の本来の価値である「使用価値」ではなくて、「交換価値」が支配的になっていることに対してマルクスが批判的であったことは有名。
⇓
アーレントは、マルクスの市場批判を「公的領域」の拒否という観点から理解。普通に考えれば、マルクスが批判したのは、「市場」だが、アーレントに言わせれば、「市場」は「公的領域」だから、同じこと。

　一般的には、マルクスは「使用価値」を生み出している労働者たちの労働の価値を復権しようとしていた。
⇓
アーレントに言わせれば、彼の議論は、物の本来的（intrinsick）な〈worth〉ではなく、「物が人間の消費的生命過程の中で果たす機能」を拠り所にしている。「物の本来的な価値」というのは、「仕事」によって生産された「物」に備わっている価値。

### マルクス批判

生命力としての「労働」の再生産に拘るマルクス主義は、「仕事」を通して「物」に客観的に付与される〈worth〉も、市場＝公的領域で観主観的に形成される〈value〉も捉えることができない。生命体としての人間にしか関心のない、マルクス主義は「物」ときちんと向き合うことができない。

※マルクスの「絶対的価値 absolute value」へのこだわり。
⇒「使用価値」という概念に固執した理由。なぜなら、「市場」での価値である「交換価値」が「絶対的価値」ではなかったからです。「市場」にがないから、別の所に求めた。

プロタゴラスがそうした見解に至ったのは、既に当時のギリシアで市場が発達し始めて、〈worth〉が〈value〉へと変換され始めていたからかもしれません。アーレントは、そうした歴史的背景について明言していませんが、何となく匂わせていますね。アーレントは、歴史的事実関係については何となく匂わせるような言い方をすることが多いです。ずるいですね（笑）。

プロタゴラスが、アーレントの言う意味での「市場」的、価値相対主義な観点を持っていたことを前提としての話ですが、アーレントは、そういう観点は、「職人」の「製作」の手段性に起因すると見ているわけです。ここまでアーレントは、「世界」における「物」の安定性や固有の〈worth〉を持つことを強調してきたわけですが、ここでは、そうした〈worth〉も実は、「製作」の「手段」としての性格に由来すると言っているわけですね。それとは別の何か（＝目的）を作り出す「手段」として〈worth〉を有しているというのであれば、先ほどの理屈と同じで、その〈worth〉は絶対的なものではありません。別の「手段」があれば、その「物」に固有の〈worth〉は消滅します。そうした手段性ゆえの相対性が、交換価値の相対性に反映されるということですね。

近代は、有益性という名の手段性は、世界を生みだし、世界によって包含されている一切の物を生みだした活動力を支配しているだけでなく、完成された世界の領域をも同じように完全に支配していると、仮定している。もし、それが本当に事実であるとするならば、人間ではなく「神が万物の尺度である」といったプラトンの反論は、空虚で、道学者的なゼスチャーにすぎないであろう。

結局のところ、「物」を「手段」として評価するのが、近代の基本原理だとすれば、プロタゴラスの勝利ということになるわけです。

## 世界にとって、かけがえのないものとは？

大分悲観的な感じになってきましたが、この章の最後の節、第二三節「世界の永続性と芸術作品」では、芸術作品に、その他の「物」とは異なる、「世界」における特別な位置を与えています。

人間の工作物は、安定性がなければ、人間にとって信頼できる住家とはならない。そのような安定性を人間の工作物に与えている物の中には、厳密にいっていかなる有用性もなく、その上、それがただ一つのものであるために交換もされず、したがって貨幣のような公分母による平等化を拒んでいる多くの対象物がある。それらの対象物は、交換市場に入る場合でも、勝手に価格がつけられるだけである。いうまでもなくそれは芸術作品である。芸術作品にふさわしい扱いというのは、もちろん、それを「使用すること」ではない。

よく聞く話ですが、「芸術作品」は、市場に出されることはありますが、他の商品のように、決まった相場はありませんし、何かの手段として有用ということはありません。日常的なニーズに全くと言っていいほど対応しておらず、その意味で無用な存在です。

芸術作品は、そのすぐれた永続性のゆえに、すべての触知できる物の中でも最も際立って世界的である。すなわち、その永続性は、自然過程の腐食効果をもってしても、ほとんど侵されない。芸術作品は生きているものが使用するものではない。たとえば椅子の場合なら、椅子の目的は人がそれに腰をおろすとき実現される。しかし芸術作品の場合、それを使用すれば、それ自身に固有の目的を実現するどころか、それ自身をただ破壊するだけである。このように芸術作品の耐久性は、すべての物がとにかく存在するために必要とする耐久性よりも高度のものである。つまり、それは歳月を通して永続性を得ることができる。人間の工作物は、死すべき人間が住み、使用するものであるが、けっして絶対的ではありえない。しかし、このような人間の工作物の安定性は、芸術作品の永続性の中に表象されているのである。

「自然過程の腐食効果をもってしても、ほとんど侵されない」という表現から分かるように、ここでアーレントが芸術作品の「永続性 permanence」と言っているのは、純粋に物質的なもの、素材というより、その中に表現されている理念的なもの、美的形式でしょう。ただ、他の「物」と違って、道具として日常的に使われることがないので、より耐久的であるということが、その理念的な「永続性」を支えている、と言うことはできるでしょう。逆に言うと、芸術作品は使われて摩耗するということがほとんどないので、他の工作物から成る「世界」の全体としての耐久性を代表しているわけです。

芸術作品の場合、物化は単なる変形《トランスフォーメーション》以上のものである。それは変貌《トランスフィギュレーション》であり、真実の変身《メタモルフォシス》であって、そこでは、あたかも、火にすべてのものを灰にするよう命じる自然の進行過程が逆転し、塵でさえ燃えて炎となるかのようである。芸術作品は思考物《ソート・シング》である。しかしだからといって、それが物でないことにはならない。思考過程それだけでは、本とか絵画とか彫像とか作曲譜面のような触知できる物は生産されず、製作されない。それは、使用それだけでは、家や家具が生産されず、製作されないのと同じである。もちろん、文章を書き、イメージを描き、形象を造形し、メロディを作曲する物化は、それに先行する思考と結びついている。しかし、この思考を本当にリアリティとし、思考から物を製作するのは仕事人の技能であり、それは、人間の手という原始的な道具によって、芸術作品以外の耐久性ある人間の工作物を作るのと同じものである。

最初の〈transformation〉と〈transfiguration〉の違いは分かりにくいですね。英和辞書を見ると、〈transfiguration〉にも「変形」という訳が出ています。実際、翻訳をしていると、この二つは訳し分けにくいです。恐らくこの箇所でアーレントは、〈transfiguration〉の神学的意味を念頭に置いているのだと思います。福音書では、イエスが山の上で、弟子たちを前にして、光輝く姿に変貌したという記述が出ています。神的なものが現前化したわけです。神学用語として「変容」と訳します。そのことの比ゆとして、ある対象に、超感性的なものが現われることを〈transfiguration〉と呼ぶことがあります。〈metamorphosis〉はそれに相当するギリシア語、つまり、福音書で使われている原語です。この〈metamorphosis〉はこの他、昆虫などの「変態」の意味で使われますし、登場人物が動物、植物、鉱物等、様々なものに変身する物語を集めたオヴィディウス（前四三―後一七）の『変身物語 Metamorphoses』や、カフカ（一八八三―一九二四）の『変身 Die Verwandlung』（一九一五）の英訳タイトル《The Metamorphosis》とかを連想するかもしれません。

「思考物 thought things」というのは、先ほど説明したように、素材の物質よりも、そこに表現されている思考、アイデアがメインになっているけれど、それが作品として成立するには、「物」として実体化させる必要があるということですね。

私たちは、前に、思考を触知できる物にするのに欠くことのできないこの物化は、いつも代償を支払わされているといい、その代償とは生命そのものであると述べた。すなわち「生きた精神」が生き続けなければならないのは必ず「死んだ文字」の中においてである。そして「生きた精神」を死状態《デッドネス》から救い出すことができるのは、死んだ文字が、それを進んで甦らせようとする一つの生命とふたたび接触するときだけである。

「生きた精神」と「死んだ文字」の対比は、前回も出てきましたね。この場合、「死んだ文字」というのは、芸術作品として「物化」することです。それによって、芸術＝ポイエーシスの本質である「生きた精神」は、「物」の中に閉じ込められてしまいます。それを「死」と呼んでいるわけです。いったん「死んで」しまうのだけど、そこに「生きた精神」を見出そうとする人に遭遇することで、精神が、再現前化するわけです。「エクリチュール」の場合と同じですね。

この後の箇所では、手段＝目的カテゴリーに収まらない「精神」の働きが、芸術と哲学の共通の源泉であるということが述べられています。そうした「精神」は、具体化する時、「無用 useless」なものとして現われます。そうした「精神」だけが、「世界」を樹立できるのであって、論理的推理力や計算能力は、生命、労働、消費の強制過程と同じように、「世界」を欠いている、ということですね。

古典経済学における驚くべき矛盾の一つは、古典経済学の理論家たちが、一方では、一貫して功利主義的外見を誇りながら、他方、純粋な有用性についてはまったく曖昧な立場をとっていることが多いということである。概して彼らは、仕事の生産性というのは、有益性にあるのではなく、むしろ、耐久性を生む仕事の能力にあることに十分気づいていたからである。この矛盾によって、彼らは、自分たち自身の功利主義哲学にリアリズムが欠けていることをひそかに認めているのである。たしかに、普通の物の耐久性は、すべての物のうちで最も世界的なもの、すなわち芸術作品がもちうる永続性のかすかな反映にすぎない。しかし、この質のなにがしかは、物としての物すべてに固有のものである。

実際、プラトンにとっては、それは、不死に接近しているがゆえに神的なものであった。そして物の形の中で前面に輝いており、それを美しくしたり醜くしたりするのは、まさにこの質であり、あるいはこの質の欠如である。

「有益（功利）性 utility」ではなくて、「耐久性を生む仕事の能力 capacity for producing durability」こそが、「仕事の生産性」だというのは、説明不足なので分かりにくいのですが、恐らく経済学の議論で、人々の欲求を直接満たす商品それ自体よりも、それを生産するのに用いられる資本財、特に、建造物、生産機械設備、運搬・運送機器などの固定資本財が、財として重視されることを念頭に置いているのではないかと思います。固定資本財は当然、耐久的であることが大前提です。商品を生産するための生産設備を生産することを通して利潤を挙げる、迂回生産をめぐる理論も、このことに関係してくるかもしれません。マルクス主義の「生産手段」へのこだわりも念頭に置かれているかもしれません。

いずれにしても、アーレントは経済学の理論にそれほど詳しくなさそうですから、あまり厳密に考える必要はないでしょう。ここで肝心なのは、プラトンにとって、製作＝ポイエーシスされた「物」に現われる質としての「永続性」が、永遠なるイデアの世界のモデルになったということです。

物の人工的世界、つまり〈工作人〉によって樹立される人間の工作物は、死すべき人間の住家となる。そしてその安定性は、人びとの生命と活動のたえず変化する運動に持ちこたえ、それを超えて存続するだろう。しかし、それは、この人工的世界が、消費のために生産される物の純粋な機能主義と使用のために生産される対象物の純粋な有用性とを、ともに超越する限りにおいてである。非生物学的意味における生命、つまり各人が生から死までの間にもつ寿命は、活動と言論の中に現われるが、この二つは、ともに本質的に空虚であるという点で生命と共通する。「大きい行為を行ない、大きい言葉を語っ」たところで、それは、いかなる痕跡も残さず、活動の瞬間と語られた言葉が過ぎ去った後にも存続するような産物は一切残さない。

「活動」と「言論」が、「生命」と同様に、「本質的に空虚」というのは、アーレントの基本的主張と相容れないのではないか、という気もしますが、この場合の「空虚 futile」というのは、その後にあるように、過ぎ去った後にはいかなる痕跡も残さない、ということです。ただ、それは「活動」あるいは「言論」それ自体としての痕跡を残さない、ということであって、エクリチュール化される、つまりいったん「物化」され、「死ぬ」ことによって、再現される可能性も生じてくるわけです。「活動」と「言論」は、「人工世界」に存在する「物」の耐久性を介して、記憶され、再現されていくけれど、この「世界」を構成する手段＝目的連関には巻き込まれず、「世界」の半外部的なところに現われて、人と人の間の空間を生み出すわけです。

〈労働する動物〉が労働を和らげ、苦痛を取り除くために〈工作人〉の助けを必要とし、また死すべき人間が地上に住家を樹立するのにも〈工作人〉の助けを必要とするとすれば、活動し語る人びとは、最高の能力をもつ〈工作人〉の助力、すなわち、芸術家、詩人、歴史編纂者、記念碑建設者、作家の助力を必要とする。なぜならそれらの助力なしには、彼らの活動力の産物、彼らが演じ、語る物語は、けっして生き残らないからである。世界が常にそうあるべきものであるためには、つまり人びとが地上で生きている間その住家であるためには、人間の工作物は、活動と言論にふさわしい場所でなければならない。

芸術家、詩人、歴史家、記念碑建設者、作家等は、「活動」を「物語」化し、記憶として継承していくことを可能にする、特殊な「工作人」だというわけです。彼らは、「世界」の中に固有の居場所を持たない、「活動」と「言論」を、「世界」に繋ぎ留め、「世界」に居住する人々が「活動」や「言論」に参加できる可能性を生み出す、蝶番の役割を果たしているわけです。この意味で、「詩人＝ポイエーシスする人」は、政治的共同体に不可欠です。

私たちはここで、プラトンとプロタゴラスのどちらかを選択する必要もないし、万物の尺度が人間であるのか神であるのか決定する必要もない。確かなことは、その尺度は、生物学的生命と労働の強制的な必然でもありえないし、製作と使用の功利主義的な手段主義でもありえないということである。

ここまでの話から分かるように、アーレントは、万物の尺度が神か人間かというのは、ズレた問いだと考えているわけですね。彼女にとって重要なのは、最終的な価値の源泉は、手段＝目的的な論理が支配する「世界」それ自体の中にはないということです。「生きた精神」とでも言うべきそれは、「芸術作品」を通して、あるいは、「活動」と「言論」の形で、人々の目の前に現われますが、それ自体として実体化することはないわけです。

Q　使用価値と交換価値の二重性について、アーレントがマルクスとは違う理解をしているということは分かりましたが、どう違うのかはっきり分かりませんでした。それと、二六一頁辺りに出てくる「物自体の『生来的な』客観的価値」とはどう関係しているのでしょうか。申し訳ありませんが、もう一度まとめて説明して頂けないでしょうか。

A　先ほども言いましたが、「生来的な」は紛らわしい表現なので、「内在的」あるいは「固有の」という意味に置き換えて考えて下さい。自然物ではなく、作られた「物」の話です。人間がどう評価するかに関係なく、いったん作り出された後は「物」に内在し続けるのが、〈worth〉です。これは、スミスやマルクスが「使用価値」と呼んでいるものに近いでしょう。そして、アーレントは〈value〉を、「公的領域」での評価との関連でのみ意味を持つと見なすので、〈value〉は基本的に「交換価値」だけということになります。

ただし、〈worth〉＝「使用価値」、〈value〉＝「交換価値」という形で、完全に等号で結ぶわけにはいきません。「芸術作品」の問題があるからです。「芸術作品」は使われなくても、最高度の〈worth〉を備えていますし、市場で交換されなくても、公的領域に現われるだけで高い〈value〉を得られます。また、「使用価値」は、〝労働〟を投入することによって生み出されるわけですが、芸術作品の〈worth〉の本質は理念的なものです。「使用価値／交換価値」という経済学のカテゴリーだと、製作の過程で作用した理念的なものを背景として〝価値〟を持つ、芸術作品のような「物」を適切に位置付けることができないので、〈worth〉という古い概念を持ち出したのでしょう。

あと、補足的な説明をしておきますと、ロックが〈worth〉を、物に固有の価値の意味で使っていたかのように述べているアーレントの記述は、不正確です。「所有」について論じられている、『統治二論』の後編第五章で「価値」に関する記述が出てきますが、ここで使われているのは、〈worth〉ではなく、〈value〉です。第四三節に、二〇ブッシェルの小麦を生む一エーカーの英国の土地と、同じ耕作を行えば同じ小麦を生み出すアメリカの土地は、同一の〝自然な、内在的な価値〟を持つと述べられていますが、ここで使われている表現は、〈natural, intrinsick value〉です――ロックは、自然物についても〈intrinsick〉を使っているわけですね。〈intrinsick worth〉という表現が出てくるのは、「利子の引下げおよび貨幣の価値の引上げの諸結果に関する若干の考察」（一六九一）という経済理論的な小論文ですが、この中で、銀貨の〈intrinsick worth〉という言い方をしています。ただし、同じ論文の、すぐ近くの箇所で、〈intrinsick value〉という表記も使っています。この論文では、〈worth〉と〈value〉が言い換え可能な同義語として使われています。

Q　「芸術作品」が手段＝目的カテゴリーを超えた理念的なものを表現していると言いながら、一方で、工作人の仕事によって作られると言っているわけですね。そこがよく分かりません。

A　むしろ、私たちが、日常的に単なる道具として使っているものの背後にも、手段＝目的連関を超えたイデア的なものがあるとアーレントは言いたいのだと思います。しかし、日常的に使っていると、そういうイデア的なものが忘却されて、その場その場のニーズのために消耗品として使い捨てられる道具としか思えなくなる。使われることなく、もっぱら見られるだけの芸術作品は、目的連関から解き放たれて、製作を導いているイデア的なものが見えやすくなる、ということではないでしょうか。

Q　二七一頁の「見られる物はすべて、美しいか、醜いか、その中間であるか、そのいずれかにならざるをえない」というのは、プラトンの考え方でしょうか。それとも、アーレントの考え方でしょうか。また、イデアと関係しているのでしょうか。

A　文脈的にどっちの考え方か取りづらいですが、プラトン解釈を延長したアーレント自身の考え方です。「その中間であるか」という言い方が何となく引用っぽいですが、これは、プラトンがエロスを、「美」でも「醜」でもなく、その中間にある、と言っているのを、何となくもじったのではないかと思います。いずれにしても謎めいた文ですが、この場合の「見られる」を、手段=目的カテゴリー抜きで、それ自体の「形 shape」を見るという意味に取れば、別に不思議な文ではありません。アーレントは、目的連関から外れた「物」の評価は、美／醜になると考えているようです。この箇所の先を読んでいくと、そうしたアーレントの考え方が見えてきます。

> あるところのものはすべて現われなければならず、それ自身の形をもたないで現われることのできるものはなに一つない。それゆえにある点でその機能的効用を超越しない物はなく、その超越、つまり、その美あるいは醜さは、公的に現われること、見られることと同じである。同様に、すべての物は、純粋に世界的な存在としていったん完成されると、単なる手段性の分野をも超越する。醜いテーブルも、美しいテーブルと同じ機能を果たすけれども、物の優秀性が判断される場合の標準は、単なる有益性ではなく、その物が本来似てしかるべきものに一致しているか一致していないかという標準である。これこそ、プラトンの用語を使えば、エイドスとイデアに一致しているか、一致していないかと

**価値論の復習。**

〈worth〉――「内在的」あるいは「固有の」という意味、これは、スミスやマルクスが「使用価値」と呼んでいるものに近い。自然物ではなく、作られた「物」。人間がどう評価するかに関係なく、いったん作り出された後は「物」に内在し続ける。

〈value〉――アーレントは「公的領域」での評価との関連でのみ意味を持つと見なすので、〈value〉は基本的に「交換価値」だけ。

〈worth〉＝「使用価値」、〈value〉＝「交換価値」という形で、完全に等号で結ぶわけにはいかない。

「芸術作品」の問題。

１、「芸術作品」は使われなくても、最高度の〈worth〉を備えている。市場で交換されなくても、公的領域に現れるだけで高い〈value〉を得られる。

２、また、「使用価値」は、“労働”を投入することによって生み出されるが、芸術作品の〈worth〉の本質は理念的なもの。

※「使用価値／交換価値」という経済学のカテゴリーだと、製作の過程で作用した理念的なものを背景として“価値”を持つ、芸術作品のような「物」を適切に位置付けることができない。

※〈value〉という意味での「価値」は、「物」に客観的に備わっている固有の性質ではなく、市場での人々の「評価 evaluation」によって決まる。交換市場では、全ての“物”＝商品の「価値」は、他の商品との比較による、相対的価値でしかない。アーレントは、市場の公共的性格を指摘する一方で、物に固有の〈worth〉がなくなり、全ては恒常的な「価値」の変動に巻き込まれることを示唆。

いう標準なのである。そして、このエイドスとイデアとは、物が世界に現われる以前に現われ、物の潜在的な解体を超えて存続する精神のイメージ、あるいはむしろ内部の眼によって眺められたイメージにほかならない。

「物」がそれ固有の「形」を通して「現われる」時、「美」の問題が生じるわけですね。前々回見たように、英語の〈appear〉はそれに対応するドイツ語〈erscheinen〉やギリシア語の〈phainō〉と合わせて考えると、「輝く」というニュアンスを持っています。機能抜きに、その「形」だけを純粋に見る時、その「物」が輝いているかどうか、つまり美しいかどうかが、はっきりと現われてくる、というわけです。その「形」の原型、つまり本来あるべき「形」が、「イデア」あるいは「エイドス」であるわけです。先ほどお話ししたように、「イデア」も「エイドス」も、「見る」という意味の動詞から派生した言葉です。この場合は、標準的な「見え方」という意味合いになるでしょう。理想的な「形」に一致することを〝目的〟として作られる「物」が、芸術作品であるわけです。

Q　イデアを「作品化」することは、アーレントの「活動」の概念と対立しませんか？絶対的な基準としてイデアが眼に見える形で存在するようになったら、議論の余地はなくなるのではないですか？

A　対立はしないと思います。アーレントがここで「イデア」と呼んでいるものは、真理とか論理ではなく、あくまで「物の見え方」の標準なので、「活動」している人たちの考え方を縛るということはないでしょう。それに、存在する個々の事物が、イデアに適合しているか否かについては、各人が判断するしかありません。各人の見方に差異があり、誰の見方が最も妥当なのか分からないからこそ、「複数性」が生じ、討論する意味が出て来るわけです。アーレントにとって、「イデア」は、人間の思考の自由を奪うものではなく、むしろ、手段＝目的連関から解き放って、「物」の背後にある、理念的なものの探究の契機を与えてくれるわけです。

## 〈distinctness〉と〈otherness〉

［講義］第五回　脱目的論的な「始まり」の輝き――「第5章　活動」を読む

見て頂ければ分かるように、第五章「活動」は、第四章「仕事」の倍近くの分量になっています。第三章「労働」も長かったですが、その一・三倍以上あります。最終章である第六章とほぼ同じ長さですね。アーレントにとって「活動」が重要だということだと思います。

最初の第二四節のタイトルは、「言論と活動における行為者の暴露」です。「暴露」は原文では〈disclosure〉という言葉になっています。「情報公開」という意味でも使われます。「公にする」というニュアンスを含んだ言葉です。語の作りから分かるように、元々閉ざされた状態にあるものを解除するということです。

先ず、「多数＝複数性 plurality」が「活動」と「言論」が成り立つための条件であるということを確認したうえで、その意味するところが細かく分析されていきます。

> 人間の差異性《ディスティンクトネス》は他者性《アザネス》と同じものではない。他者性とは、存在する一切のものがもっている他性《アルテリタス》という奇妙な質のことである。（…）もっとも、他者性が多数性の重要な側面であることは事実である。

私たちがくだす定義が、結局は、すべて差異のことにほかならず、他の物と区別しなければそれがなんであるかいうことができないのも、この他者性のためである。最も抽象的な形式の他者性は、ただ、無数の非有機的な物体の間にだけしか見られない。これにたいし、有機的生命の場合には、同じ種に属する個体の間においてさえ、すでに、多様さと差異が示されている。しかし、この差異を表明し、他と自分を区別することができるのは人間だけである。そして、人間だけが、渇き、飢え、愛情、敵意、恐怖などのようなものを伝達できるだけでなく、自分自身をも伝達できるのである。このように、人間は、他者性をもっているという点で、存在する一切のものと共通しており、差異性をもっているという点で、生あるものすべてと共通しているが、この他者性と差異性は、人間においては唯一性《ユニークネス》となる。したがって、人間の多数性とは、唯一存在の逆説的な多数性である。

〈distinctness〉と〈otherness〉の違いが分かりにくいですね。先ず辞書的な意味から確認していきましょう。〈distinctness〉の元になっている「形容詞」は、〈distinct〉ですが、これには単純に「他とは異なる」という意味に加えて、「はっきりした」とか「明瞭な」といった意味もあります。これの動詞形が〈distinguish〉で、この動詞には「区別する」「見分ける」という意味のほか、〈distinguish oneself〉という再帰形で、「著名になる」とか「目立つ」という意味があります。英語のスピーチで、〈distinguished guests〉という言い方をよく聞きますね。〈distinguish〉を名詞化した〈distinction〉は「区別」とか「差別」の他、「特徴」「卓越性」「著名」「(学校での) すぐれた成績」といった意味もあります。フランスの社会学者ピエール・ブルデュー（一九三〇―二〇〇二）の『ディスタンクシオン La Distinction』（一九七九）は、階級を分け、違いを際立たせている差異を研究した著作です。

ちょっと寄り道した感じになりましたが、要は、〈distinctness〉には、そうした「際立たせる」というニュアンスがあるのに対して、〈otherness = alteritas〉は、抽象的に「他であること」を意味する言葉です。「他であること」とか言うと、それこそあまりにも抽象的で分かりにくいと思われるかもしれませんが、これは、存在するもの――ハイデガーの言い方だと「存在者」――は全て、何らかの形で、「他の何か」との違いを含んでおり、それによってはじめて存在として成立する、ということです。

ドイツ語版を見ると、もう少しはっきりします。「私たちがくだす定義が、結局は、すべて差異のことにほかならず、他の物と区別しなければそれがなんであるかいうことができない～ all our definitions are distinctions, why we are unable to say what anything is without distinguishing it from something else」という部分は、ドイツ語版では、〈daß wir nur definieren können, indem wir unterscheiden, daß jede Bestimmung eine Negation, ein Anders-als mitaussagt ～〉となっています。これを訳すと、「私たちが区別することによってしか定義できないこと、すなわち、あらゆる規定は、否定、つまり『～とは異なる』を同時に表明しなければならない」、となります。

ドイツ語圏の哲学にある程度親しんでいる人なら、この「規定 Bestimmung」は「否定 Negation」であるという定式が、ヘーゲルが『大論理学』（一八一二―一六）等で展開した考え方に由来するものであることを知っていると思います。その更に元ネタは、スピノザ（一六三二―七七）の「全ての規定は否定である Omnis determination est negatio」という定式です。主要著作でなく、友人に対する手紙にこれに相当する表現が出てきます。意味は分かりますね。「○○は■■である」と言う時に、必ず、その裏返しとして、「■■であるということは、▽▽でない」ということが含意されているということです。例えば、「犬は動物である」と言って、「犬」という概念を規定する時には、先ず、鉱物などの非生物である可能性が否定され、次いで、生物の中でも植物である可能性が否定される、という感じです。

現代思想に親しみがある人なら、ソシュール（一八五七―一九一三）以降の構造主義言語学や記号学で、言語もしくは記号が「差異の体系」であるとされているという話を聞いたことがあると思います。基本的に同じ発想ですが、スピノザやヘーゲルは、それを言語だけでなく、事物の在り方そのもの、そしてそれに対応する普遍的な論理の問題として捉えているわけです。

あと、英語版の〈otherness/distinction〉の対比は、ドイツ語版では、〈Besonderheit (Andersheit) /Verschiedenheit〉にシフトしています。〈Andersheit〉は、〈ander〉という形容詞を抽象名詞化したもので、〈other → otherness〉にほぼ相当します。〈Besonderheit〉は、「特別な special」または「個別な particular」という意味の形容詞〈besonder〉を抽象名詞化したものです。この場合は、「個別性」の方でしょう。〈Verschiedenheit〉は、〈diversity〉もしくは〈difference〉の意味です。英語の〈distinction〉と違って、「卓越性」とか「目立っている」というニュアンスは必ずしも持っていないですが、その代わり、「複数性」に繋がる「多様性」というニュアンスは出せます。ただし、語源的に「区別する」という意味の動詞〈unterscheiden〉と繋がっているので、「区分」（を際立たせる）というニュアンスを読み取れないことはないです。どういう語源かというと、「分ける」という意味の動詞〈scheiden〉というのがあって、昔のドイツ語には、これから派生した「切り離す」という意味の〈verscheiden〉があり、それから〈Verschiedenheit〉が派生したということです。今のドイツ語には〈verscheiden〉がないので、やや分かりにくくなっています。ドイツ語にすると、かえって失われてしまうニュアンスもあるわけです。

ソシュール

「私たちがくだす定義が、結局は、すべて差異のことにほかならず、他の物と区別しなければそれがなんであるかいうことができない」という箇所が分かりにくいのは、この訳だと、この「差異」というのが、〈distinguish（区別する）〉という動詞と同系列の〈distinction〉という名詞で、「(区別されていて）際立つこと」という意味合いを含んでいることが見えてこないからです。「差異」ではなく、

「区別」と訳していたら、多少分かりやすくなったと思います。

先ほど読み上げた箇所でアーレントが言いたいのは、生命のない物質的個体は、単純に、同じ種類の他の個体と違うものとして、境界線によって相互に区切られた形で存在しているにすぎないけど、生命体になると、私たちが「多様性 variations」と呼ぶものを示し、その中のいくつかの個体は何かの特徴で目立つ（distinguished）ようになること、そして、自分で主体的に「差異を表明し express this distinction」、「他と自分を区別する＝自己を際立たせる distinguish oneself」ことができるのは、「人間」だけ、ということです――エコロジストが聞いたら怒りそうですが、アーレントは徹底的に「人間」中心主義です。

このように自己を他から際立たせる能力を持っているという意味で、各人はユニークな存在であるわけです。そのようなユニークな存在たちが、互いに関係を持っているという事実から、「複数性」が生じるわけです。単に複数の個体が集まっているだけではない、ということです。

言論と活動は、このユニークな差異性を明らかにする。そして、人間は、言論と活動を通じて、単に互いに「異なるもの」という次元を超えて抜きん出ようとする。つまり言論と活動は、人間が、物理的な対象としてではなく、人間として、相互に現われる様式である。この現われは、単なる肉体的存在と違い、人間が言論と活動によって示す創始《イニシアティヴ》にかかっている。しかも、人間である以上止めることができないのが、この創始であり、人間を人間たらしめるのもこの創始である。

## 「ユニーク」な「複数性」？

「言論」と「活動」が「人間」の条件として最も重要だとアーレントが主張し続ける理由がはっきりしてきましたね。お互いの間の違いを際立たせ、「ユニーク」なものにするのが、「言論」と「活動」だからで

〈distinctness〉と〈otherness〉の違い

・〈distinctness〉「形容詞」

〈distinct〉 ⇒ これには単純に「他とは異なる」という意味に加えて、「はっきりした」とか「明瞭な」といった意味も。
・〈distinguish〉「動詞形」 ⇒ この動詞には「区別する」「見わける」という意味のほか、〈distinguish oneself〉という再帰形で、「著名になる」とか「目立つ」という意味がある。

ex, 英語のスピーチの、〈distinguished guests〉という言い方。〈distinguish〉を名詞化した〈distinction〉には「区別」とか「差別」の他、「特徴」「卓越性」「著名」「（学校での）すぐれた成績」といった意味もある。

〈otherness = alteritas〉
⇒ 抽象的に「他であること」を意味する言葉。「他であること」とか言うと、それこそあまりにも抽象的で分かりにくいが、存在するもの――ハイデガーの言い方だと「存在者」――は全て、何らかの形で、「他の何か」との違いを含んでおり、それによってはじめて存在として成立する、ということ。

■ドイツ語版

〈Besonderheit（Andersheit）〉英 otherness = alteritas〉
と
〈Verschiedenheit〉 英〈distinctness〉「形容詞」）

・〈Andersheit〉⇒〈ander〉という形容詞を抽象名詞化したもので、〈other → otherness〉にほぼ相当。
・〈Besonderheit〉⇒「特別な special」または「個別な particular」という意味の形容詞〈besonder〉を抽象名詞化したもの⇒「個別性」の方。
・〈Verschiedenheit〉⇒〈diversity〉もしくは〈difference〉の意味。英語の〈distinction〉と違って、「卓越性」とか「目立っている」というニュアンスは必ずしも持っていない。その代わり、「複数性」に繋がる「多様性」というニュアンスは出している。
※ただし、語源的に「区別する」という意味の動詞〈unterscheiden〉と繋がっているので、「区分」（を際立たせる）というニュアンスを読み取れないことはない。「分ける」という意味の動詞〈scheiden〉というのがあって、昔のドイツ語には、これから派生した「切り離す」という意味の〈verscheiden〉があり、それから〈Verschiedenheit〉が派生した。今のドイツ語には〈verscheiden〉がないので、やや分かりにくくなっている。ドイツ語にすると、かえって失われてしまうニュアンスもある。

す。その関係の中では複数のものがありそれぞれユニークである。単に、異なった肉体を持っているものが集まっただけでは、人間の特性としての「ユニークさ」と「複数性」は生じません。「ユニークさ」と「複数性」の基盤になるのは、物質的・実体的な意味での個体差というより、「現われappearance」だというわけですね。第二回にお話ししたように、アーレントの思考では、単なる「見かけ」「仮象」かもしれない「現われ」が、「人間」にとって重要であるという考え方をしています。物質的な実体のない「現われ」だからこそ、生命過程から離れられるということかもしれません。

お互いに「現われる」という関係が可能になるのは、そこに「創始 initiative」が生じてくるからです。「創始」というのは、「始まり」の能動的な側面ですが、「始まり beginning」と「創始」については第一回目に出てきましたね。そして、前回、「工作人」の手段＝目的カテゴリーの限界という話が出てきました。「始まり」や「創始」は、「目的＝終わり end」に対置される概念で、手段＝目的の連鎖の外部から連鎖の中に介入し、それまでになかったものを生み出すわけです。

言葉と行為によって私たちは自分自身を人間世界の中に挿入する。そしてこの挿入は、第二の誕生に似ており、そこで私たちは自分のオリジナルな肉体的外形の赤裸々な事実を確証し、それを自分に引き受ける。この挿入は、労働のように必要によって強制されたものでもなく、仕事のように有用性によって促されたものでもない。それは、私たちが仲間に加わろうと思う他人の存在によって刺激されたものである。

人間の物質的な身体は、「労働」や「仕事」を通して「世界」に組み込まれ、運動し続けているので、そのままでは新しいことを主体的に「始める」ことはできません。「労働のように必要によって強制された」場合、物理的因果関係の中で体が必然的に動いてしまうということなので、そこに自発性はありません。「仕事」は、労働に比べると物理的因果関係に支配されている度合いは低いのですが、「有用性 utility」は、既存の手段＝目的連関によって規定されているので、「工作人」としての人間が、独自の「目的」を設定することはできません。「言葉 word」と「行為 deed」によって、自らを「世界」に改めて「挿入 insert」することで、自らのイニシアティヴによって何かを「始める」ことが可能になるわけです。

この「挿入」が、「第二の誕生（a second birth）に似ている」という言い方にも注意して下さい。第一章では、［複数性─活動］にとっての「出生 natality」の重要性が強調されましたが、この箇所から分かるように、実際に重要なのは、生命体として生まれてくるという事実よりも、「言葉」と「行為」によって、「世界」に自己を再挿入する能力です。

## 「始まり」──〈the beginning〉と〈initiative〉

「言論」と「活動」は、物質的な法則や刺激によって強制的に「始める」のではなく、「私たちが仲間に加わろうと思う他人の存在によって刺激され」ることによって「始める」わけです。「存在」と訳されていますが、原文は〈the presence of others〉なので、「他人の現前性」とした方がいいと思います。「他者」が眼の前にいること、見つめられていることが活動や言論の契機になるわけです。

> とはいうものの、けっして他人によって条件づけられているものではない。つまり、その衝動は、私たちが生まれたときに世界の中にもちこんだ「始まり」から生じているのである。この「始まり」にたいして、私たちは自ら進んでなにか新しいことを始めることによって反応する。

他者の現前によって「刺激 stimulate」されているけれど、「条件付け condition」されているわけではないということですね。既に存在している他人たちの存在によって、条件付けられているのであれば、自分の〈initiative〉は無いし、新しいことを「始める」ことなどできないわけです。「共同体」的な関係性の中に完全に埋め込まれているわけではないということです。

あと、訳者の志水さんは、「始まり」を「 」に入れていますが、これは原文にはありません。恐らく、〈beginning〉に〈the〉が付いているのを、特別な意味での「始まり」と取ったのでしょう。こういう風にしか訳せないような気もしますが、原文の重要なニュアンスが失われているような気がします。他にも原文とやや違う部分があります。「その衝動は、私たちが生まれたときに世界の中にもちこんだ『始まり』から生じているのである。この『始まり』にたいして、私たちは自ら進んでなにか新しいことを始めることによって反応する」という部分は原文では、黒板のようになっています。

〈by beginning something new〉との対応関係を意識して、〈the beginning〉と言っているわけですね。その「始まり」は、私が持ち込んだのではなく、やって来たわけですね。また、「自ら進んで」というところは、〈initiative〉になっています。それを踏まえて訳し直すと、「その衝動は、私たちが生まれたときに世界の中にもたらされた、『始まり』から生じているのである。この『始まり』にたいして、私たちは自らのイニシアティヴで新しいことを『始める』ことによって応答する」、というようになります。

新しい個体としての「私」が「世界」に加わることが、その世界に属している人と人の「間」の新たな関係性が生じる、大元のきっかけ＝「始まり」になるわけですが、じっとしているだけではダメで、何か新しいものを、自らの「イニシアティヴ」で実際に始めることによって、「始まり」を作動させることが、各人に求められているわけです。

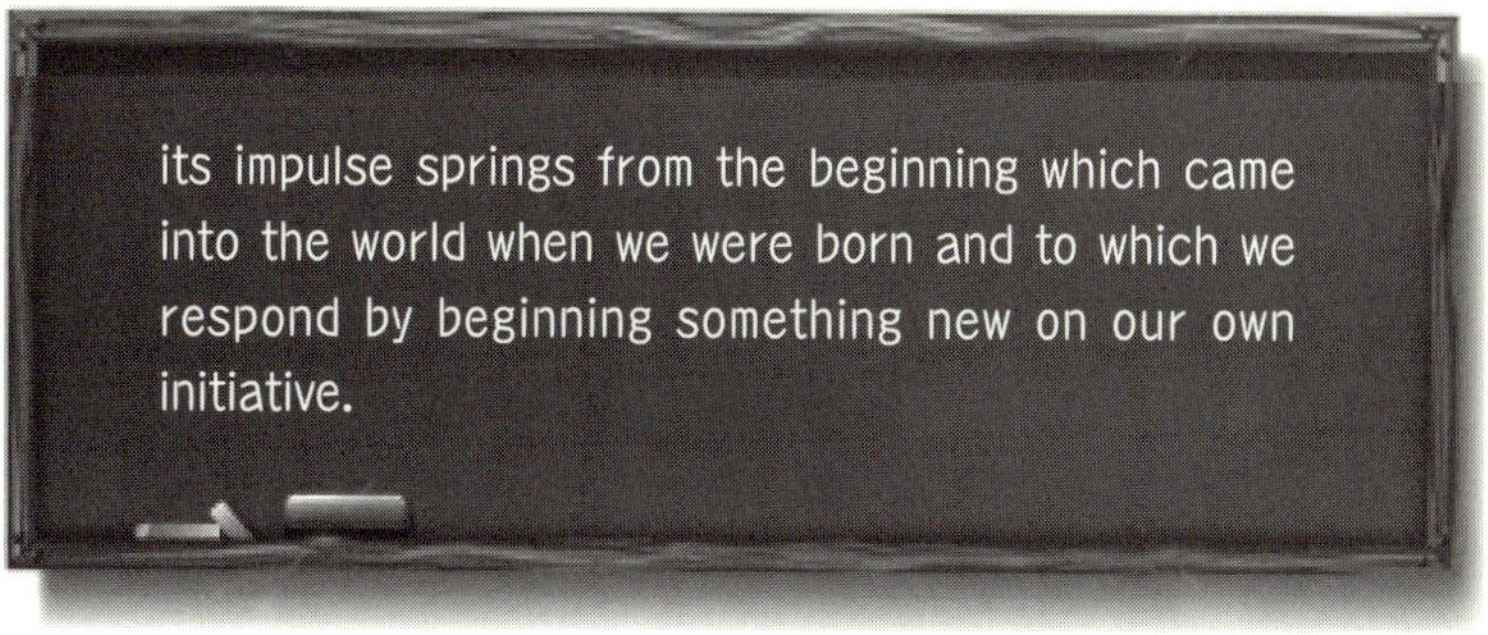
its impulse springs from the beginning which came into the world when we were born and to which we respond by beginning something new on our own initiative.

「活動する」というのは、最も一般的には、「創始する」、「始める」という意味である（たとえばギリシア語の archein というのは、「始める」、「導く」、そして最後に「支配する」という意味である）。同時に、「活動する」というのは、なにかを「動かす」という意味である（これはラテン語の agere のもともとの意味である）。

「創始する」は原語では〈take initiative〉です。「活動する act」ことが、「始める」こと、あるいは「創始する」ことであるというのは、これまでのアーレントの議論の流れから分かりますが、分からないのは、「　」の中ですね。〈archein〉が、「活動」と関係する言葉であれば、意味は通るのですが、どう関係しているのか？

　アーレントがちゃんと説明していないので分かりにくいのですが、〈archein〉という動詞は、政治的文脈では、「支配する」という意味で使われ、それ以外の文脈では、「始める」とか「導く」の意味で使われます。アーレントは、典型的な政治的「行為 act」が「支配 rule」であることから、〈archein〉を、政治の本質である「活動」と結び付けたのでしょうが、「支配」についてちゃんと論じていないので、唐突な感じになっているわけです――第二六節で、〈archein〉の意味についてもう少し詳しく論じられています。この〈archein〉を含んでいる言葉に、〈monarchy（君主制）〉〈anarchy（無政府状態）〉〈oligarchy（寡頭制支配）〉などがあります。

〈archein〉の名詞形が〈archē〉です。これは「始まり」とか「起源」「第一原因」といった意味です。哲学の入門授業でよく、哲学とは〈archē〉を求めるものである、という言い方をします。これから派生した英語の接頭辞〈arch～〉は、「～長」とか「頂点に位置する」といった意味です。例えば、〈archangel（大天使）〉〈archbishop（大司教）〉とか。

それから、「活動＝行為する act」が「動かす set ~ into motion」という意味を持っているというのはいいとして、それと、ラテン語の〈agere〉のもとの意味がどう繋がっているのか分かりにくいですが、この第二四節の原文タイトルを見ると、多少繋がりが見えてきます。〈The Disclosure of the Agent in Speech and Action〉となっています。「行為者」の原語が〈agent〉です。この場合の〈agent〉は、言論と活動の主体という意味です。〈agent〉の動詞形が〈agere〉で、この〈agere〉の過去分詞形〈actus〉から英語の〈act〉が派生したわけです。〈agere〉にはいろいろな意味がありますが、その一つが「動かす」です。既存の状態に、新しい動きをもたらすというニュアンスが、［act—action］にあるということを、アーレントは示唆しているわけです。

人間は、その誕生によって、「始まり《イニチウム》」、新参者、創始者となるがゆえに、創始《イニシアティヴ》を引き受け、活動へと促される。「人間が造られたとき、それは『始まり』であり、その前にはだれもいなかった」とアウグスチヌスはその政治哲学の中でいった。この「始まり」は、世界の「始まり」と同じものではない。それは、「なにか」の「始まり」ではなく、「だれか」の「始まり」であり、この「だれか」その人が始める人なのである。人間の創造とともに、「始まり」の原理が世界の中にもちこまれたのである。これは、もちろん、自由の原理が創造されたのは人間が創造されたときであり、その前ではないということをいいかえたにすぎない。

〈archein〉 動詞
⇒ 政治的文脈では、「支配する」という意味で使われ、それ以外の文脈では、「始める」とか「導く」の意味で使われる。

※アーレントは、典型的な政治的「行為 act」が「支配 rule」であることから、〈archein〉を、政治の本質である「活動」と結び付けようとしたが、「支配」についてちゃんと論じていないので、ここでは、唐突な感じ。

・〈archein〉の英語化 ⇒ 〈monarchy（君主制）〉〈anarchy（無政府状態）〉〈oligarchy（寡頭制支配）〉など。
名詞形〈archē〉 ⇒ これは「始まり」「起源」「第一原因」といった意味。
これから派生した英語の接頭辞〈arch ～〉は、「～長」とか「頂点に位置する」といった意味。例えば、〈archangel（大天使）〉、〈archbishop（大司教）〉。

注（2）を見ると、アウグスティヌスからの引用は、『神の国』（四一三―四二六）の第一二巻第二〇章となっていますが、『神の国』にはいくつかの異なった版があって、版によって章立てが異なります。現在、日本で一番手に入りやすいと思われる岩波文庫の訳では、第一二巻第二一章の末尾の文に当たります。アウグスティヌスの元の文脈では、宇宙は無限に循環運動を続けており、人間の魂もその中で循環し続けているので、人間にとっての時間の「始まり」などない、とするストア派などの循環説に反駁し、「人間 homo」はある特定の時点に創造され、それ以前にはいなかったことを論証することが試みられています。その時点が、「始まり initium」です。普通に考えれば、この「人間」というのはアダムのことですが、アーレントは、それを、一人ひとりの人間が生まれることに伴う「始まり」、新たな活動による新たな関係性の始まり、という意味にずらして解釈しているわけです。

「この『始まり』は、世界の『始まり』と同じものではない」という部分には、注（3）が付いています。こちらは、『神の国』の第一一巻第三二章の記述を根拠にしています。『創世記』冒頭の有名な「はじめに神は天と地をつくられた」という記述です。アウグスティヌスのラテン語では、〈In principio fecit Deus caelum et terram〉となっています――カトリックの標準ラテン語聖書であるウルガタでも、〈in principio〉という表現が使われています。〈principle（原理）〉の語源に当たる〈principium〉が使われているわけです。「始まり」「起源」「基礎」「原理」といった意味で使われます。「人間」に関する「始まり」は、〈initium〉だけど、「世界」の「始まり」は、〈principium〉で表現されているので、「始まり」の意味が違うとアーレントは言いたいわけです。ただ、こちらもよく考えると、神による天地創造の話であって、アーレントの言っている「世界」の話ではないので、アウグスティヌスを引用する意味は本当のところあまりないわけです。論文でこういう強引な引用をしているのがバレたら、叱られますが、アーレントを叱るほど偉い人はいなかったのでしょう。

ただ、言いたいことが分からないわけではないですね。アーレントの言っている「世界」は、「物」の集合体にすぎず、それらの「物」は、手段＝目的連関によって規定されているので、〝自発的〟に何か新しいものを「創始する」ことはできません。「物」なのだから、当然です。それに対して、「人間」は、自らが「誰」であるか、自らのユニークさを、現前する他者たちに対して際立たせることで、新しいものを生み出すことができます。それが「自由の原理 principle of freedom」であるわけです。アーレントにとって、各「人間」をめぐる「始まり」は、「自由」を含意しているわけですね。

まだ、「始まり」の意味がすっきりしない感じがするかもしれませんが、次を見るとかなり分かりやすくなると思います。

すでに起こった事にたいしては期待できないようななにか新しいことが起こるというのが、「始まり」

の本性である。この人を驚かす意外性という性格は、どんな「始まり」にも、どんな始源にもそなわっている。たとえば、生命が非有機体から生まれたというのは、非有機体の過程から見ると、ほとんどありえないことである。同じように地球が宇宙の過程から生じ、人間の生命が動物の生命から進化してきたということも、ほとんど奇蹟に近い。このように、新しいことは、常に統計的法則とその蓋然性の圧倒的な予想に反して起こる。（…）そこで、人間が活動する能力をもつという事実は、本来は予想できないことも、人間には期待できるということ、つまり、人間は、ほとんど不可能な事柄をなしうるということを意味する。それができるのは、やはり、人間は一人一人が唯一の存在であり、したがって、人間が一人一人誕生するごとに、なにか新しいユニークなものが世界にもちこまれるためである。

それまでの物事の成り行きからすると、かなり起こりそうにないことがいきなり起こることが「始まり」の本質だというわけですね。人間の「活動」する能力というのは、それを自発的に行う、〈take initiative〉する能力であるわけですね。その「活動する能力」が、「ユニークさ」と結び付いているわけです。無論、各人の身体的特徴の〝ユニークさ〟ということではありません。それだったら、他の動物や植物も同じことです。人間はそれを他者に対してアピールすべく、「言語」と「行為」を通して働きかけるわけです。

## 「活動」と「言論」の違いとは？――「暴露 disclosure」

「始まり」としての活動が誕生という事実に対応し、出生という人間の条件の現実化であるとするならば、言論は、差異性の事実に対応し、同等者の間にあって差異ある唯一の存在として生きる、多数性という人間の条件の現実化である。

これまで「活動」と「言論」が並べて説明されてきましたが、ここではその違いが強調されていますね。「活動」が、「出生」時から各人に備わっている、「始める」能力を現実化する営みであるのに対し、「言論」は、同等者（equals）、つまり他の人間に対しての「差異＝区別」を現実化するわけです。もっと平たく言うと、「活動」は自分自身に焦点を当て、「言論」は他者との関係に焦点を当てているわけです。これだけだとまだすっきりしませんが、次の段落でもう少し詳しく説明されています。

活動と言論がこれほど密接に関連しているのは、この特殊に人間的な根源的行為が、すべての新参者に問いかけられる「あなたはだれか？」という問いにたいする答えを、同時に含んでいるにちがいないからである。たしかにこのような正体の暴露は、その人の言葉と行為の両方の中に暗示されている。しかし明らかに、言論と暴露の姻戚関係の方が、活動と暴露の姻戚関係よりもはるかに密接である、それは、活動と「始まり」の姻戚関係の方が、言論と「始まり」の姻戚関係よりも密接であるというのと対応する。もっとも、多くの活動――ほとんどの活動、といってもよいが――は言論の様式で行なわれるけれども。ともあれ、言論を伴わない活動は、その暴露的性格を失うだけではない。同じように、それは、いわばその主語を失う。人間に理解できない事柄を達成するのは、活動する人間ではなく、作業するロボットだからである。言論なき活動がもはや活動ではないというのは、そこにはもはや活動者《アクター》がいないからである。

余計にややこしくなった感じがしますが、整理すると、「活動」と「始まり」が密接に結び付いているのに対し、「言論」と密接に結び付いているのが、「暴露 disclosure」だということです。恐らくアーレントが言いたいのは、「活動」というのは何か新しいことをするという自発性の発露であるので、他者志向の「言論」よりも、「始まり」としての性格を強く持っているのに対し、「暴露」は他者に対してのアピールであり、他者との——物質的暴力を伴わない——人格的な関係がないと意味がないので、「活動」よりも「言論」との結び付きがより強いということでしょう。

ただ、「活動」がユニークさを追求するといっても、全く他者に理解できないようなユニークさになったら意味を失うので、「言論」を通して他者に理解できるような形に、「活動」の範囲を限定する必要があります。「言論」を伴わない「活動」は、「主語」を失うという文学的な表現がありますが、「主語」の原語は〈subject〉なので、「主体」と訳してもいいです。「言論」を全く伴わない〝活動〟なら、動物が芸をやっているのと変わりません。自分のやっていることを、他者にも理解可能な言葉＝ロゴスによって制御していないからです。そういう機械的な動きをしている存在が、行為主体（agent）だとは言えません。

## 人格的アイデンティティと、「関係の網の目 web of relationships」、「演じられる物語 enacted stories」

人びとは活動と言論において、自分がだれであるかを示し、そのユニークな人格的アイデンティティを積極的に明らかにし、こうして人間世界にその姿を現わす。しかしその人の肉体的アイデンティティの方は、別にその人の活動がなくても、肉体のユニークな形と声の中に現われる。その人が「なに」（“what”）であるか——その人が示したり隠したりできるその人の特質、天分、能力、欠陥——

の暴露とは対照的に、その人が「何者」（“who”）であるかということの暴露は、その人が語る言葉と行なう行為の方にすべて暗示されている。それを隠すことができるのは、完全な沈黙と完全な消極性だけである。しかし、その暴露は、それをある意図的な目的として行なうことはほとんど不可能である。人は自分の特質を所有し、それを自由に処理するのと同じ仕方でこの「正体《フー》」を扱うことはできないのである。それどころか、確実なのは、他人にはこれほどはっきりとまちがいなく現われる「正体《フー》」が、本人の眼にはまったく隠されたままになっているということである。ちょうどこれはギリシア宗教のダイモンの如きものである。ダイモンは、一人一人の人間に一生ずっととりついて、いつも背後からその人の肩を眺め、したがってその人が出会う人にだけ見えるのである。

“who”と“what”のせいで、何だか基礎的な日常語から深淵な存在論的真理を導き出す話のように見えますが、ポイントは意外と簡単です。“what”の方が、活動なしでも自然と暴露される「肉体的アイデンティティ physical identity」で、“who”の方が、「語る say」言葉と「行なう do」行為によって暴露される「人格的アイデンティティ personal identity」を指しているわけです。

少し分かりにくいのは、自分の特質（qualities）は自由に処理できるのに対し、“who”＝「人格的アイデンティティ」は、そうできないということです。先に細かいことを言っておきますと、「所有し、自由に処理する」という言い方は、まるで自分のものなので、どうにでも自由にできると言っているように聞こえますが、原文を見ると、そういう感じではありません。原文は、〈～ has and can dispose of ～〉です。ご承知のように、〈have〉には必ずしも「所有する」というような積極的な意味はないですし、〈dispose of〉は、「処理する」とか「処分する」という意味ですが、必ずしも、「全く制約なしにどうにでもできる」という意味合いはないです。〈of〉の後に、お金とか、自分の所有物とかが来るのであれば、そういう意味合いが出て来るのですが、自分自身の「特質」の場合はそう簡単に、思い通りに処理できません。自分の外見や能力はそう簡単にどうにかできるわけではありません。「特質」は、どちらかと言うと、「肉体的アイデンティティ」＝“what”の方に属するものでしょう。

そう考えると尚更、「特質」の方が自分の意志で、ある程度処理できて、「人格的アイデンティティ」の方は、自分の意志ではどうにもならないところがあるというのはどういうことか、ますます分かりにくくなりますね。普通の発想だと、対人関係における「現われ＝見かけ」は心がけ次第だけど、身体的な属性はどうにもならない、というところですが、その逆ですね。

そこに、古代ギリシアの「ダイモン」の話とか出て来るので余計に分からなくなります。プラトンによると、「ダイモン」というのは、神々と人間の中間に位置する霊的存在で、エロースも「ダイモン」の一種です。ソクラテスは、自分は、間違いを犯さないように導く「ダイモニオン（ダイモン的なもの）」の声を聞いたと述べています。ただし、重要なのは、ダイモンがどういう性質の存在かではなくて、「一生ずっととりついて、いつも背後からその人の肩を眺め」ている、というその位置です。背後にいるので、本人には見えず、他人からはよく見えるということです。

アーレントにとって、ある人の「人格的アイデンティティ」＝“who”は、自分が自分のことをどう思っているかではなく、他者にどう見えているかです。こういう風に見られたいと思って、言葉と行為で演技（act）しても、人はこっちが思ったように、私のことを見てくれません。役者（actor）が、自分がどう観客（the public）に見えているのか本当のところどう見えているか分からないように、行為＝活動主体（actor）は、自分が公衆（the public）にどう見えているのか本当のところ分からないわけです。

「人格」を意味する英語〈person〉の語源であるラテン語の〈persona〉は元々、演劇で使う「仮面」という意味でした。物体としての「仮面」は、顔から外して自分で見ることができますが、演劇中は外して見ることができませんし、「仮面」を被った自分が観客にどう見えているのかは分かりません。私の人格的アイデンティティは、最終的には、他者たちに対する「現われ」で決まります。そこが、アーレントの「人格」論の特徴です。

第二五節「関係の網の目と演じられる物語」では、こうした「人格」の間主観性をめぐる議論が掘り下げられています。「関係の網の目 web of relationships」と「演じられる物語 enacted stories」が関係付けられているところが、現代思想っぽい感じがしますね。

言論者であり行為者である人間は、たしかに、その「正体《フー》」をはっきりと示すし、それはだれの眼にも明らかなものである。ところが、それは奇妙にも触れてみることのできないもので、それを明瞭な言語で表現しようとしても、そういう努力はすべて打ち砕かれてしまう。その人が「だれ」(who)であるか述べようとする途端、私たちは、語彙そのものによって、彼が「なに」(what)であるかを述べる方向に迷いこんでしまうのである。つまり、その人が他の同じような人と必ず共通にもっている特質の描写にもつれこんでしまい、タイプとか、あるいは古い意味の「性格」の描写を始めてしまう。その結果、その人の特殊な唯一性は私たちからするりと逃げてしまう。

文学的で曖昧な表現ですが、アーレントの言いたいことの骨子は分かりますね。他者に対する「現われ」というのは、極めてはっきりしているのだけど、それを言語化しようとすると、するりと逃げてしまう、ということですね。何となく分かるけど、どうしてなのかちゃんと説明しにくいですね。

私なりに説明すると、それは、「現われ」によって構成される「正体」=人格的アイデンティティが、行為主体=役者の演技と、その都度の公衆の受け止め方、両者の関係性によって決まるからです。だから、その場での「現われ」に伴う様々な要因を、偶然的なもの、一時的なものとして捨象したうえで、その役者＝行為主体の〝アイデンティティ〟を固定的に描き出そうとすると、「現われ」によって左右されない、身体的な要因や、社会的ステータス、心理的傾向のようなもの（＝"what"）しか残らなくなってしまうわけです。しかし、そういうものは、結局のところ、その人固有のユニークなものではなく、他者と共通している特質です。初回にお話しした、パロールとエクリチュールの話に対応しています。ナマのパロールを言語によって捉えて、再現前化（represent）しようとすると、〝パロールらしさ〟がするっと逃げて行ってしまうわけです。

> 周知のように、哲学は人間の定義を求めようとして、いずれも失敗している。右の失敗は、この哲学上の失敗と密接に結びついているのである。哲学の場合、すべての定義は、人間とは「なに」（"what"）かについての判断なり解釈である。いいかえると、これは、人間が他の生きものと共有することができる特質についての判断なり解釈である。ところが、本来、動物と違う人間の特徴は、人間の「正体」（"who"）はどのようなものであるかという判断の中に見いだされるものである。しかし、このような哲学上の難問は別にしておこう。だが、それでもやはり、活動と言論の流れの中で示されるままに、ある人物の生き生きとした本質を、いわば言葉で定着させようとしてもできないのである。この不可能性は、人間事象の領域全体と大いに関係がある。というのは、私たちがなによりもまず活動し語る者として存在しているのは、この人間事象の領域だからである。ある種の事物は名称をつけることができるから、その本性を意のままに扱うことができる。ところが、活動と言論の中で示される人間の「正体《フー》」は言葉で表現できないために、人間事象をこのように取り扱うことは、原理上、不可能なのである。

先ほどの問題を、哲学的に「人間」を定義することの不可能性の問題へと敷衍しているわけです。"what"に対する答えが、「人間が他の生きものと共有することができる特質についての判断なり解釈」であるというのは言い過ぎ、もしくは説明不足ですが、彼女が言わんとしていることは分かりますね。「人間」という動物の客観的特性をいくら詳細に述べても、「活動」と「言論」を通してのみ「現われ」る"who"という最も肝心なものを捉えることはできない、というわけです。

「ある種の事物は名称をつけることができるから、その本性を意のままに扱うことができる」というのは当然、実体的に自在に処理できるということではなく、それらの事物の〝本性 nature〟は、名付けを通して規定されるので、概念的に自在に操作できる、ということです。ただ、名付けによって諸事物を構成する力が備わっているとしても、それでは"who"は捉え切れない、というわけです。アーレントにとって、「人間事象 human affairs」、つまり"who"に関わる問題は、一義的な定義から逃れていくものです。

## 〈interest〉と人と人の間

次に、各人がユニークである「人間」が、お互いにどのように結び付いているのか、哲学的に突っ込んで論じられています。

活動と言論は、人びとに向けられているのであるから、人びとの間で進行する。そして活動と言論は、行為者を暴露する能力を保持しているが、それは、たとえその内容が極めて「客観的」であって、人びとがその中を動く物の世界の問題に係わっている場合でも、やはり同じである。この物の世界というのは、物理的に人びとの間にある。そして、この物の世界から、人びとの特定の客観的な世界的利害が生じてくるのである。この利害《インタレスト》は、まったく文字通り、なにか「間にある」(inter-est) ものを形成する。つまり人びとの間にあって、人びとを関係づけ、人びとを結びつける何物かを形成する。ほとんどの活動と言論は、この介在者《イン・ビトウィン》に係わっている。もちろん、この介在者は、人びとの集団によってそれぞれ異なっている。要するに、ほとんどの言葉と行為は、活動し語る行為者を暴露すると同時に、それに加えて、世界のある客観的なリアリティに係わっているのである。しかし、言論と活動にとっては、主体のこのような暴露こそ、もっとも肝心なものであるから、利害や物理的な世界の介在者を通して行なう最も「客観的」な交りでさえ、この物理的な介在者とはまったく異なる介在者によって圧倒され、いわば制圧されている。この後者の介在者というのは、行為と言葉から成り立っており、その起源は、もっぱら、人びとがお互いに直接面と向き合って活動し、語ることにある。

先ず、「活動」と「言論」によって暴露される対象として、それらに参加している「行為者 agent」自身の場合と、「物の世界」の問題に関わる場合がある、ということが指摘されていますね。「物の世界」との関係で、〈interest〉という言葉の意味が分析されているわけです。

〈interest〉は、「利害」と訳されていますが、この言葉には、ご承知のように「関心」という意味もあります。「『間にある』(inter-est) ものを形成する」という説明が後に続いているところらすれば、「関心」と訳した方がよかったような気がします。ただ、日本語の「関心」は、主体の側の態度にだけ関わっていて、関心を持たれる対象には直接関係していないようなニュアンスもあるので、難しいところです。

この〈interest〉の話は、第一回目、この本の第一章にも出てきましたが、それは、ラテン語で、「生きる」が慣用的に「人びとの間にある inter homines esse」と表現されていた、という文脈でのことでした。つまり、人間自身が〈inter-esse（間にある）〉存在であることが話題になっていたわけですが、ここでは、

「物」が人と人の「間にある」ことが話題になっているわけです。〈interest〉とは、人と人の「間」にあり、人と人を「関係付け、結び付ける relate and bind ～ together」性質をもった〝もの〟だということですね。

この「間にあること（もの）」という意味での「利益＝関心」を、「介在者 in-between」と言い換えているわけです。これは前回、「物の世界」に関係して出てきた、「人間は、同じ椅子、同じテーブルに結びつけられているのであって、それによって、その人間の同一性、すなわち、そのアイデンティティを取り戻すことができる」という話と対応していると見ることができます。テーブルや椅子は、持続的に存在し続けていることによって、各人がそれとの位置関係で、各人が自分の立っている場所や記憶を確認する手がかりになりますし、そのことによって同時に、他の人と関心を共有することも可能になるわけです。私たちは、△△の場所に○○の形のテーブルがあって、それは□□色で、使い心地が◇◇で、▽▽の所有物であって……というようなことを、様々な「物」についてお互いに確認し合うことで、会話をし、共同行動を取っているわけです。比ゆ的にまとめて言うと、同じテーブルに同席することで、直接的に力を行使し合うのではなく、お互いの「間」に一定の距離を置いて、話し合いをする関係性が生じてくるわけです。

この「介在者」に二種類あるということですね。物理的な介在者と、「行為」と「言葉」から成る主観的な介在者です。この二番目の「介在者」が、少し分かりにくいですね。「物」の場合は、その「物」が人と人の「関心」を媒介していると理解すればいいわけですが、二番目の介在者というのは一体何なのか？　生身の人間なのか、別の何かか？　「介在者」という訳から、AさんとBさんの間を取り持つCさんがいるようにも聞こえますね。

「主体の暴露 disclosure of the subject」という言い方をしていることからすると、人間を指していることは確かですが、「行為と言葉から成り立っている consists of deeds and words」と断っていることから分かるように、生身の人間まるごとが「介在者」であるわけではなく、「行為」と「言葉」から現われてくる、各人の「主体（性）」が、「介在者」だと解釈すべきでしょう。つまり、「主体」が、各人の分身のような感じで立ち現われて、他の人の分身である別の「主体」と関わりを持っている、というようなイメージです。現代風な譬えを使えば、身体的接触を通して直接的に物理的影響を与え合うのではなく、ネット上の人格としてやりとりしているとか、映画『アバター』（二〇〇九）のように、自分自身とシンクロするアバターを通してコミュニケーションしているというような感じになるでしょう。アーレントは、人と人は、そういう分身のようなもの＝「主体」を、「介在者」として、関係を結んでいると見ているわけです。

ただ、ネット上のやりとりだとログが残りますし、アバターは実体化しているわけですが、ここでアーレントが言っている主体は、触知できない（not tangible）のだと言います――〈tangible〉は、第一義的には「触覚によって把握できる」という意味ですが、一般化して、「実体的な」とか「現実的な」といった意味でも使われます。物質的なメディア（媒体）を介することなく、その場ごとに、「行為」と「言葉」によって他者に対して「現われる」からです。

「網の目 web」

しかし、それが触知できないものであるにもかかわらず、この介在者は、私たちが共通して眼に見ている物の世界と同じリアリティをもっている。私たちはこのリアリティを人間関係の「網の目《ウェブ》」と呼び、そのなぜか触知できない質をこのような隠喩で示している。

人間関係の「網の目 web」が存続しているおかげで、主体＝介在者自体に実体がなくても、この「網の目」の中でリアリティを獲得すると言っているわけです。この場合の「リアリティ」というのは、先ほどお話しした、俳優の演じているキャラクターのようなものを考えればいいでしょう。人間関係の「網の目」の中で、各人がどのように見えるか、どういうキャラの人かは、ある程度間主観的に規定されている、ということです。その人をめぐる人間関係が視野に入っていれば、どういう人か分かるわけです。逆に言えば、そういう関係性の文脈がなかったら、各人を代理する「介在者」はリアリティをなくし、正体不明になってしまうわけです。

ここに出て来る〈web〉という言葉から、アーレントとインターネットを結び付けて論じる人がいます。ネット空間の中で、「介在者」が形成されるという面に注目すれば、確かにアーレントの議論と関係していると思います。しかし、ネットを通してのいろんな人とのコミュニケーションが、アーレントの言う「複数性」の確保に繋がる、というような形で、アーレントとネットを結び付けるのは見当外れでしょう。メディアを通して情報が多くの人に共有されるだけでは、「複数性」とは言えないからです。各人の個性が際立ち、リアリティを獲得するような関係の「網の目」が構築されていることが重要ですが、ネットで情報が拡がるだけでは、そういう「網の目」はできません。

因みにドイツ語版では、〈web〉の元の意味、つまり「蜘蛛の巣」あるいは「織物」という意味に対応する〈Gewebe〉という言葉が使われています。ドイツ語には、「織る」とか「紡ぐ」という意味の動詞〈weben〉があるので、それから派生した〈Gewebe〉は、「網の目」というよりは、「織り目」というニュアンスが強い言葉です。英語の〈web〉も、元は「織る」という意味の〈weave〉という動詞と同じ語源、当然、[weben-Gewebe]とも共通する語源から派生しているわけですが、綴りが結構変化しているせいで、「織る」との繋がりが見えにくくなっています。

たしかに、この網の目は、言論が存在する生きた肉体に結びつけられているのと同じように、物の客観的世界に拘束されている。しかし、その関係は、建物の有益な構造に添えられた単なる正面《ファサード》の関係、あるいは、マルクス主義的用語を用いれば、本質的には余分な上部構造の関係ではない。

「網の目」が「物の客観的世界」に拘束されているというのは、各人が他者の前の「現われる」に際しては、その場、つまり部屋、舞台、広場などの空間的特性、そこに置かれている椅子とかテーブルとかの様々な道具、行為主体＝役者が身に付けているもの、書物、マイク、ラジオ、テレビなどのメディア、そしてそれらに取り巻かれている行為主体自身と観衆の身体など、物質的なものの影響があるということです。ただし、それは〝現われ〟が単なる表面的なもの、物質的な実体（＝本体）を表象するにすぎないものではない、ということです。「現われ」には、「網の目」に依拠する独自のリアリティがあるわけです。

厳密にいえば、人間事象の領域は、人間が共生しているところではどこにも存在している人間関係の網の目から成り立っている。言論による「正体」の暴露と活動による新しい「始まり」の開始は、常に、すでに存在している網の目の中で行なわれる。そして言論と活動の直接的な結果も、この網の目の中で感じられるのである。（…）活動がほとんどその目的を達成しないのは、このように人間関係の網の目がすでに存在しているからであり、その網の目の中では、無数の意志と意図が葛藤を引き起こしているためである。しかし、活動だけが現実的であるこのような環境があればこそ、活動も、製作が触知できる物を生産するのと同じくらい自然に、意図のあるなしにかかわらず、物語を「生産する」ことができるのである。これらの物語は、やがて、文書や記念碑に記録されることもあろうし、使用対象物や芸術作品の形で眼に見えるようにもなり、次々と語り継がれて、いろいろな材料の中に組み込まれもしよう。

人間関係の「網の目 web」が存続しているおかげで、主体＝介在者自体に実体がなくでも、この「網の目」の中でリアリティを獲得する。
⇒「リアリティ」 ＝ 俳優の演じているキャラクターのようなもの。人間関係の「網の目」の中で、各人がどのように見えるか、どういうキャラの人かは、ある程度間主観的に規定されている、ということ。その人をめぐる人間関係が視野に入っていれば、どういう人か分かる。逆に言えば、そういう関係性の文脈がなかったら、各人を代理する「介在者」はリアリティをなくし、正体不明になってしまう。

※ここに出て来る〈web〉という言葉から、「アーレントとインターネットを結び付ける論」は“？”。アーレントの言う「複数性」の確保に繋がる、というような形で、アーレントとネットを結び付けるのは見当外れ。
↓
※メディアを通して情報が多くの人に共有されるだけでは、「複数性」とは言えない。
各人の個性が際立ち、リアリティを獲得するような関係の「網の目」が構築されていることが重要。ネットで情報が拡がるだけでは、そういう「網の目」はできない。

★ドイツ語版では、〈web〉の元の意味、つまり「蜘蛛の巣」あるいは「織物」という意味に対応する〈Gewebe〉という言葉を使用。ドイツ語には、「織る」とか「紡ぐ」という意味の動詞〈weben〉があるので、それから派生した〈Gewebe〉は、「網の目」というよりは、「織り目」というニュアンスが強い言葉。
★英語の〈web〉も、元は「織る」という意味の〈weave〉という動詞と同じ語源、当然、［weben-Gewebe］とも共通する語源から派生している。綴りが結構変化しているせいで、「織る」との繋がりが見えにくくなっている。

「網の目」があり、そこに参入しているおかげで、各人の身振りや発する言葉が、同じ「網の目」に属する人によって適切に解釈されることが可能になるわけです。その解釈可能性を担保する「網の目」の中で、各人の人生が「始まり」、アイデンティティが形成されていきます。私たちは、赤ん坊が家族の中でどのように育てられ、どういう学校生活を送り、どういう職業生活をどのくらいの期間送って、人生を終えていくかについての、おおよその物語的なパターンを持っていますが、それに即して、自分がみんなの中でどういう特徴を持った生き方をしているか位置付け、自己認識の基盤にしているわけです。社会学やコミュニタリアン系の社会学で、「物語的自己」という言い方をします。

## 「物語 story」と「歴史 history」

「物語 story」を「生産する produce」という言い方をすると、何だかどうにでも自分の好きなように自分の物語を紡ぎ出せるように聞こえますが、そんなことはありません。既存の「物語」の「網の目」があるので、各人の「活動」は思うようにその目的（purpose）を達成できないと述べられていますね。むしろ、「網の目」の中に身を置いている人たちは、否応なく、他者たちと向き合い、自らの「物語」を生み出すよう仕向けられるわけです。

このように、生から死に至る個体の生命は、いずれも最終的には、「始まり」と終りをもつ物語として語ることができる。それを語ることができるということは、「始まり」も終りもない大きな物語である歴史の前政治的、前歴史的な条件である。しかし、なぜ、人間生活は、それぞれ物語を語り、なぜ、歴史は、多くの活動者と言論者をその中に含み、しかも触知できる作者のいない人類の物語書となるのか。その理由は、物語と歴史がいずれも活動の結果だからである。歴史の大いなる未知は、近代の歴史哲学を悩ませてきた。それは、歴史が全体として考えられ、歴史の主体である人類というのは、結局、一つの抽象物にすぎず、活動的な行為者とはけっしてなりえないということが判ったとき現われた。しかし、それだけではない。これと同じ未知は、政治哲学が古代に始まって以来ずっとその悩みの種だったからである。

「物語story」と「歴史history」はいずれも、過去の出来事を語ることを意味するギリシア語の名詞〈historia〉から派生した言葉で、近代初期までほぼ同じ意味で使われていました。一八世紀以降、客観的な法則に従って発展する「歴史」という概念が生まれ、それが、虚実入り混じった「物語」と区別されるようになり、それに対応して〈story〉と〈history〉が使い分けられるようになりました。フランス語の〈histoire〉やドイツ語の〈Geschichte〉は、「物語」と「歴史」の二つの意味を持っています。「歴史」の発展法則の存在を疑問視するポストモダン系の思想では、しばしば、「歴史」というのが、「大きな物語」にすぎないこと、つまり近代人が理性的だと思っている仕方で描かれた、国家や世界の〝物語〟にすぎないことが強調されます。

「なぜ、人間生活は、それぞれ物語を語り、なぜ、歴史は、多くの活動者と言論者をその中に含み、しかも触知できる作者のいない人類の物語書となるのか」、という問いは抽象的すぎて何を問題にしているのかピンと来にくいですが、この問いの前提である物語や歴史が存在しない状態を想像してみればいいと思います。様々な出来事についての個々の記憶や記録はあるけれど、それらを筋立てて配置し、語り伝えていくということが行われない状態です。ロボットのように、規則的に自分に割り当てられた労働や仕事をこなし、他者と自分の違いを際立たせることに一切関心を持たない人々から成る社会があるとすれば、そここには、個人の生についての「物語」は必要ないでしょう。みんな日々同じような経験をしているのに、各人の人生の中で目立つポイントを強調して、それらを繋げて筋のある一つの〝物語〟にしても、ロボット人間たちの生活が改善されたり、社会全体の安定性が高まることはないでしょう。そういう個々人の「物語」がないとしたら、当然、「歴史」も生まれてこないでしょう。記憶や記録はあるわけだから、何か不具合が起こった時、それらを参照して、解決策を探すことはできるはずです。更に言えば、そこまで極端な状態を考えても、私たちは日常のほとんどを、自分はどういう人か、この人はどういう来歴の人かとかほとんど考えずに、ルーティン的にやるべきことをこなしながらすごしていますね。ましてや、国の歴史なんか、ニュースで「歴史問題」が出てくる時くらいしか、意識していません。世界史とか、地域の歴史とかだったら、尚更意識していないし、そういうレベルの歴史意識などほとんど持っていない人の方が圧倒的に多いでしょう。

そう考えると、「物語」や「歴史」が生成してくるというのは、不思議なことです。それに対するアーレントの答えは、それは人間が「活動」するからだというものです。人間が単に労働と仕事をし、消費するだけでなく、他者の前で自他の違いを際立たせ、自分が「誰か」明らかにしようと「活動」する存在だからこそ、「物語」が生まれてくるわけです。

そうした「物語」が集まって、全体の大きな物語としての「歴史」が構成されるわけですが、この歴史についてアーレントは、「歴史の大いなる未知」が「近代の歴史哲学」を悩ませてきたと述べたうえで、その「未知」の原因は、「歴史の主体である人類というのは、結局、一つの抽象物にすぎず、活動的な行為者とはけっしてなりえないということが判った」からである、と説明しています。無論、これだけでは、近代の歴史哲学に関心を持っていない人には何のことだか分かりませんね。

「歴史の大いなる未知 the great unknown in history」というのは、先ほど少しお話しした、「歴史」の発展法則にとって「未知」のことです。具体的にはヘーゲルやマルクスのような歴史哲学を念頭に置いているのだと思います。歴史の発展法則を明らかにしようとする歴史哲学が登場してきたのは、「歴史」を動かしている、進歩させている法則が何だか分からないからです。当然のことながら、「歴史」の発展法則など最初から想定していない、現代の平均的日本人にとっては、そういう法則を突き止めようとする哲学者の動機こそ理解しがたいものですが、古い政治・経済秩序が壊れて、〝歴史〟が大きく動いているように見える時代に生きていた彼らにとっては、一定の方向に向かって普遍的な法則に従って発展していく、「歴史」があるのはリアルなことであって、その原動力は何か、これから歴史は具体的にどういう方向に向かっていくのか、というのは極めて重要な問いであったわけです。

そうした「未知」に対してアーレントは、「歴史」というのは、単一の主体（subject）としての「人類mankind」を主語（subject）にした「物語」であるけれど、そういう単一の主体は実在しないので、その〝主体＝主語〟の歩みが分からないのは当然、という元も子もない解答を与えているわけです。彼女の立場からすれば、人類を単一の主体であるかのように見立てて、その発展過程を描こうとする、歴史哲学の発想は根本的におかしいわけです。「複数性」を重視し、「出生」があるごとに、「網の目」の中に「始まり」が生じる、ことを強調するアーレントの立場からすれば、無数の未知の主体が登場する場である、「歴史」の発展の経路、その「終わり＝目的」が決まっているかのように論じるのはナンセンスであるわけです。

## アーレントの歴史哲学

アーレントの歴史哲学観は、論文集『過去と未来の間』（一九六一、六八）に収められている論文「歴史の概念について」（一九五八）である程度まとまった形で呈示されています。また、アーレントのカント政治哲学講義を編集した政治哲学者のロナルド・ベイナー（一九五三― ）が、講義に対する解説論文の中で、彼女の歴史哲学についても分かりやすく解説しているので、関心があれば、私が訳した『カント政治哲学講義録』もご覧下さい。ただ、『人間の条件』のドイツ語版では、「歴史哲学」に関して結構突っ込んだ議論が展開されているので、そちらも見ておきましょう。三三〇頁の黒板を御覧下さい。

先ほど読み上げた箇所の内、「～大きな物語である歴史の前政治的、前歴史的な条件である」と、「歴史の大いなる未知～」に挟まれている部分は、ドイツ語版ではかなり長い文章になっています。

つまり、各人の人生の「物語 Geschichte」というものが先ずあって、それを集積してまとめたものが、メタファー的に「（人類の）歴史」と呼ばれているにすぎないと断っているわけです。言い換えると、〈Geschichte〉という言葉の本来の意味は、「物語」であって、「歴史」は、それをメタファー的に拡張した用法にすぎない、と言っているわけです。日本語にすると、全く違った単語になるので、日本語で考えている人間にとっては、「歴史」が「物語」のメタファーだと言われると、かえって混乱してしまいますね。「これと同じ未知は、政治哲学が古代に始まって以来～」以降の箇所は、英語版では、そのためプラトンが人間事象を軽蔑するに至った、というごく簡単なオチになっています。わけが分からないので、匙を投げた、ということですね。ドイツ語版では、ここにはプラトンの名前は直接出てきません。その代わり、近代の歴史哲学と政治哲学の関係についてかなり長々と論じられています（三三一頁から三三四頁の黒板）。

かなり難しいことを言っているように見えますが、見かけほど難しくはありません。まず、「狡猾になった自然あるいは精神 eine listig gewordene Natur oder Vernunft」というのは、カントやヘーゲルの歴史哲学の基本的なコンセプトです。カントは、個々の人間はエゴイストだけれど、エゴイストであるがゆえに、自分の安全のため、他者から悪く思われて攻撃されないよう、ルールに適った振る舞いをするようになる傾向があること、それが、歴史がより公正な社会を生みだす方向に進んで行く原動力になることを指摘し

Wenn wir von einer Geschichte der Menschheit oder überhaupt von der Geschichte einer Menschengruppe sprechen, deren Existenz im Ganzen nicht notwendigerweise von Geburt und Tod begrenzt ist, so gebrauchen wir eigentlich das Wort 〉Geschichte〈 im Sinne einer Metapher; denn zum Wesen der 》Geschichte《 der Menschheit gehört, daß sie selbst keinen von wißbaren Anfang und kein von erfahrbares Ende hat und so eigentlich nich mehr ist als der Rahmen, innerhalb dessen die unendlichen, erzählbaren Geschichten der Menschen gesammelt und niedergelegt werden. Aber daß jedes Menschenleben eine nur ihm eigene Geschichte zu erzählen hat und daß Geschichte schließlich zu einem unendlich erweitbaren Geschichtsbuch der Menschheit werden kann, in dem es eine Unzahl von 》Helden《 gibt und das doch keiner je verfaßt hat, hat seinen Grund darin, daß beide gleichermaßen das Resultat des Handelns sind.

人類の歴史、あるいはより一般的に、その全体としての存在が必ずしも誕生と死によって限界付けられていない人間集団の歴史について語る場合、私たちは、「物語＝歴史Geschichte」という言葉をメタファー的な意味で使用しているのである。というのは、人類の「歴史」の本質として、知ることのできる始まりも経験可能な終わりもなく、本来、人々の無数の語り得る物語（Geschichte）がそこに集積され、書き記されていく枠組み以上のものではない、ということが含まれているからである。しかし、あらゆる人の生が、それ独自の物語を語らねばならないこと、そして、歴史が最終的に、無数の「主人公」が存在するけれど、誰が著したのでもない、無限に拡張可能な歴史の本になり得ることの理由は、両者が同様に「活動」の帰結だということにある。

ました。このように、人間に生まれつき備わっている「本性 Natur」によって、人間自身が気づかないうちに、人間社会がより良き状態へと発展していくことが、「自然の狡知 List der Natur」です。カント自身はこの表現を使っていませんが、ヘーゲルが、「理性の狡知 List der Vernunft」という言い方をしたので、それに合わせて、カントにおける「自然の狡知」という言い方をすることがあります。「理性の狡知」というのは、「絶対精神」の自己展開としての世界史において、行為主体である人間たちの意図や予想を超えた歴史の理性的な発展が起こることです。アーレントは、近代の歴史哲学が、そういうかにもわざとらしい、亡霊のような虚構の存在を持ち出してくるのは、「歴史」を動かしているものが何なのか分からないという困惑があったからだ、と指摘しているわけです。

因みに、先ほど私が「徘徊する」と訳した〈geistern〉という動詞は、綴りから分かるように、「精神」または「霊」を意味する〈Geist〉から来た言葉です。「霊」がさまよっているイメージです。あと、〈Gespenst〉は、「ヨーロッパに妖怪が出る。共産主義という妖怪が Ein Gespenst geht um in Europa ─ das Gespenst des Kommunismus.」という『共産党宣言』（一八四八）冒頭のフレーズに出て来る言葉です。多分、そうしたことも念頭において、文学的に捻った文章を書いているのだと思います。

次のポイントは、最初の政治哲学、恐らく、プラトンの政治哲学が遭遇した「人間の間に生じて来る諸事象の全領域に対して本来的に責任がある者」をめぐる問題です。ここで「本来的に責任がある者 der eigentliche Verantwortliche」と呼ばれているのは、政治的な共同体を形成し、その中で様々な政治的問題を引き起こし、それらが一定のパターンで解決されるよう仕向けている根本原因、あるいはそのように人々を導いている〝誰か〟を指していると考えられます。人間の大きな集合体が、全体で示し合わせたように、あるいは誰かに導かれているかのように、一定の方向に動いているように見えるのはどうしてかという問題を、前近代の政治哲学と近代の歴史哲学は共有していたわけです。

Die gleiche Aporie, welche durch die Geschichtsphilosophie geistert und sie mit den Gespenstern einer listig gewordenen Natur (Kant) oder Vernunft, mit Welt- und Zeitgeistern bevölkert, die durch die Menschen hindurchhandeln, um sich selbst zu offernbaren, finden wir bereits in den Anfängen der politischen Philosophie, nur mit dem allerdings entscheidenden Unterschied, daß die Philosophie vor Entstehung des neuzeitlichen Geschichtsbewußtseins aus der Unmöglichkeit, den eigentlich Verantwortlichen für den Gesamtbereich der zwischen den Menschen sich ergebenden Angelegenheiten zu ermitteln, den Schluß zog, daß diese Angelegenheiten unmöglich von allzu großem Belang sein könnten. Nicht nur bedurfte es nicht der modernen Geschichtsphilosophie, um diese dem menschlichen Handeln anhaftenden Verlegenheiten zu entdecken, man möchte umgekehrt meinen, daß die ursprünglich politischen Impulse der neuzeitlichen Philosophie in eine Geschichtsphilosophie geführt haben, weil es scheinen könnte, daß man durch die Einführung des Begriffs einer Menschheitsgeschichte dieser ursprünglich politischen Verlegenheit Herr werden könnte. Denn die Verlegenheit selbst ist so elementarer Natur, daß sie sich bei dem Erzählen der unscheinbarsten, noch ganz und gar » unhistorischen « Geschichte meldet; sie liegt einfach darin, daß jede Abfolge von Geschenissen, wenn sie nur zeitlich verbunden ist und ganz gleich, wie zufällig und disparat die Veranlassungen jeweils gewesen sein mögen, immer noch genug Zusammenhang aufweist, um erzählbar zu sein und in dem Erzähltwerden einen Sinnzusammenhang zu ergeben. Auf die Frage aber, wer diesen Sinn wohl ersonnen hat, wird die Antwort immer › Niemand ‹ lauten, denn auch der Held der erzählten

Geschichte —— gesetzt, daß sie überhaupt einen eindeutig identifizierbaren Täter aufweist, der den Geschenisablauf erst einmal ins Rollen gebracht hat —— kann unter keinen Umständen in dem gleichen Sinn als Autor der Geschichte und ihres Sinns ausgesprochen werden wie etwa der Verfasser einer Novelle.

歴史哲学の中に霊のごとく徘徊し、狡猾になった自然（カント）あるいは理性の亡霊たち、人間を活動させることによって自らを顕わにする世界精神あるいは時代精神たちを、歴史哲学に住みつかせているアポリアと同じアポリアを、既に政治哲学の始まりにおいて見出すことができる。ただし、両者の間には決定的な違いもある。それは、近代の歴史哲学が登場する以前の哲学が、人間の間に生じて来る諸事象の全領域に対して本来的に責任がある者を明らかにすることができなかったがゆえに、これらの事象はさほど重大ではありえないと結論付けてしまったことである。人間の活動につきまとうこの困惑を発見するのに、近代の歴史哲学が必要とされたわけではなかった。否、それどころか、むしろ逆に、近代哲学の根源的に政治的インパクトが、歴史哲学に繋がったと見ることができよう。何故なら、人類史という概念を導入することによって、この根源的な政治的困惑を克服できるように見えたからだ。というのも、困惑自体が根本的な性質のものとなり、最もありそうにない、更に言えば全くもって「非歴史的」な物語において現われて来るようになったからである。端的に言えば、この困惑の本質は、あらゆる出来事の順序が――単に時間的に結合しているだけであり、その一つ一つが起こったきっかけがどれだけ偶然的で相互に分散していたとしても――常に十分な連関を示し、それゆえ語られることが可能であり、語られることを通して意味連関を生じさせることにある。しかし、誰がこの意味を思いついたのかという問いに対しては、「誰でもない」としか答えようがない。というのは、語られる歴史の――歴史が、出来事の流れが回転するようにきっかけを作った、一義的に同定可能な行為者を指し示しているという前提の下での――主人公であっても、いかなる状況であれ、小説の作者がそうであるのと同じ意味で、歴史とその意味の創造主＝著者（Autor）と命名することはできないからである。

「近代哲学の根源的に政治的インパクト」というのは恐らく、神学的世界観を打破して、個人の自我を中心に物事を把握する思考法を打ち出した、ということでしょう。神学という前提を取り去ると、国家がどうやって成立しているのか、どうして法や道徳が存在しているのか、経済はどうして回っているのか、社会に関する問題全般が説明不可能になります。そして清教徒革命とかフランス革命のような、革命の混乱が実際に起こりました。そういう諸々を「困惑Verlegenheit」と呼んでいるのだと思います。

そこでカントたちは、「歴史」のプロセスの中で、「人類」は次第により理性的な方向に向かって歩んで行くという筋書きの理論を構築しようとしたわけです。様々な過去の経験が社会の中に次第に蓄積され、それを人々が利用することでより賢くなっていくと想定したら、国家や法、経済、文化が生まれ、今日まで発展してきたことが説明できるような気がするし、これからも発展していくと期待できそうです。

ただし、実際の「歴史」を見ると、それほど整然と物事がいい方に進んでいるわけではなく、いろいろな不測の事態が起こって、それまでとは全く異なる方向に事態が進んだり、より野蛮な状態へと退行するかのように見えることもあります。文明の成果はしばしば失われます。そういうことを「非歴史的 un-historisch」と呼んでいるわけです。

しかし、更に不思議なことに、個々に見ていると、いろんな事件がバラバラに起こっているのだけれど、大きなスパンで俯瞰的に見ると、そこに大きな

「物語」があるように見えてきます。歴史を成り立たしめる「意味連関 Sinnzusammenhang」があるように思えて来る。

## 役者と合唱隊《コロス》

では、先ほどの続き、邦訳でいうと三〇〇頁のあたりの箇所に戻りましょう。

> プラトンが、人間事象《タ・トーン・アントロポーン・プラグマタ》つまり活動《プラクシス》の結果を、大真面目に扱うべきでないと考えたのは、このためであった。つまり人びとの活動は、舞台の背後の見えざる手によって操られる人形の身振りのように見え、したがって人間は、神の一種の玩具のように思われるのである。プラトンは、近代の歴史概念となんの繋がりもなかった。だから、その彼が、活動する人びとの背後にあって糸を引き、物語に責任をもつ舞台背後の活動者という隠喩を、最初に考えついたというのは注目すべきことである。このプラトンの神は、真の物語は、私たちが書く普通の物語と違って、作者をもたないという事実の象徴にすぎない。

先ほどドイツ語版に即して見たように、プラトンは、人々の活動の帰結として、一つの「物語」が生じて来ることを不思議に思い、それに仮に「神」という名を与えたというわけですね。注（9）に出ているように、『法律』に人間を神の玩具に見立てる話が出てきます。作者を持たない「物語」が紡ぎ出されていくことが、プラトンにとっては大きな謎だったわけです。

次の箇所（邦訳三〇三頁）で、活動と芸術作品、特に演劇との関係が論じられています。

活動と言論の特定の内容は、その一般的な意味とともに、芸術作品の中でさまざまな形で物化されている。芸術作品は、偉業や達成を称賛し、ある異常な出来事を変形し、圧縮して、その出来事の完全な意味を伝える。しかし、行為者と言論者を顕にするという、活動と言論に特殊な暴露的特質は、活動と言論の生きた流れと解きがたく結びついているから、この生きた流れは、一種の反復である模倣《ミメーシス》によってのみ、表現され、「物化され」る。アリストテレスによれば、模倣はすべての芸術に一般的に見られるが、実際にそれがふさわしいのは、ただドラマだけである。この「ドラマ」という言葉は、ギリシア語の動詞 dran「活動する」からきているが、これこそ、劇の演技《アクティング》が実際は活動《アクティング》の模倣であることを示している。しかし、模倣の要素はただ俳優《アクター》の演技に見られるだけではない。アリストテレスが正しく主張しているように、芝居を作り、書くことのうちにも模倣の要素がある。とはいうものの、ドラマが完全に生命を与えられるのは、やはり、それが劇場で演じられるときである。

「活動」と「言論」の意味を共同体の中で伝承していく役割を果たすのが、「芸術作品」で、両者を結ぶのが「模倣 mimēsis」という要因だということですね。前回少し触れたように、プラトンは『国家』で模倣しかしない詩人や芸術家は理想の国家にいらないという議論をしていたわけですが、アリストテレスの『詩学』ではむしろ、芸術を成り立たしめる基本原理として位置付けられています。ただし、岩波書店版のアリストテレス全集で『詩学』を訳している美学者の今道友信さん（一九二二―二〇一二）は、ギリシア語の「ミメーシス」は、単なる模倣というより、「再現する represent」という積極的要素も含んでいるので、文脈によって「再現」と訳しています。岩波文庫の訳者である、西洋古典学の松本仁助さん（一九二七― ）も「再現」という言葉を使っています。注（11）にもあるように、〈drama〉と〈dran〉の関係の語源的な話も、『詩学』に出てきます。

これまで見てきたアーレントの理屈からすると、「活動」や「言論」を通して公衆の目の前に現われる各人の〈who〉は、その場の関係性に依拠しているので、実体的に捉えることができないものです。しかし、それを模倣して作品化するとなると、「物化」が起こります。しかし、「演劇」には、その難点を補って、「役者 actor」の「演技 acting」を、現実の「行為＝活動主体 actor」の「活動 acting」に近づけるものがある、とアーレントは考えているようですね。

物語の筋を再演する俳優と語り手だけが、物語そのものの意味、いやむしろ、物語の中に姿を現わす「主人公」の意味を、完全に伝達することができるからである。これは、ギリシア悲劇の場合でいえば、物語の方向は、物語の普遍的意味とともに、合唱隊《コロス》によって明らかにされるということである。合唱隊《コロス》は模倣せず、その解説は純粋に詩的である。他方、物語における行為者の触知できないアイデンティティは、一般化できないものであり、物化できないものであるから、ただその活動を模倣して伝達することができるだけである。これは演劇がすぐれて政治的な芸術である理由でもある。人間生活の政治的分野を芸術に移すことのできるのは、ただ演劇だけだからである。同じ意味で、演劇の主体は、他人とさまざまな関係を取り結ぶ人間だけであり、このような芸術はただ演劇だけである。

最初の文から分かりにくいですが、「俳優と語り手 the actors and speakers」以外に誰がいるのか考えれば、アーレントの言いたいことが分かってきます。前の箇所との繋がりからすれば、芝居を作る作者が想定されていると考えられます。つまり、作者が物語の筋を作っただけでは、「主人公」の「意味」を完全に伝達できず、舞台の上で演じられる必要があるということですね。この場合の「意味」というのは、劇の物語の中での「主人公」の位置付けということでしょう。もし作者が書いた筋書だけで、主人公のアイデンティティが完全に規定される――アーレント自身の言い方では、「物化される」――のであれば、それは「言論」や「活動」による主体の"who"の暴露とは、似ても似つかぬものでしょう。「演劇」は、絵画や彫刻、文字で書かれた文学と違って、その場でのパフォーマンスの占める割合がかなり高いわけです。

その次に重要なのが、「役者」と「話し手」＝「コロス」の役割分担です。「コロス koros」というのは、〈chorus〉の語源ですが、現代的な意味での「合唱隊」とは違って、舞台上で、音楽的なリズムにのせて物語の筋を朗読したり、登場人物の行為についてコメントしたりする集団のことです。コロスは、観客の代理、あるいは、その劇世界において、主要登場人物を見守るポリス的共同体の住人を代表している、と見ることができます。コロス＝「公衆」の代理と考えると、公的領域での活動と似てきますね。

「合唱隊《コロス》は模倣せず、その解説は純粋に詩的である」、というのがちょっと分かりにくいですね。先ず、「詩的」というのは、「ポイエーシス的」、つまり「創造的」という意味だということを思い出して下さい。ただそうだとすると、作家が筋書を作っているのに、「合唱隊」の解説が「純粋に詩的」だというのは、どういうことか分からなくなりますね。恐らく、劇というのは、かつて現実に起こったことを模倣＝再現するものと想定されているけれど、コロスが語る言葉は、そういう性質のものとしてではなく、あたかも、世界＝舞台の中で新たに生み出されるものであるかのように演出される、ということでしょう。このコロスによる語りは、先ほど見た、誰も筋書を書いたわけでもないのに生成してくるように見える、「歴史＝物語＝意味連関」に対応していると見ることができます。

（役者によって演じられる）「物語」における行為者のアイデンティティが触知不可能で、一般化できず、「物化」を回避するというのは、ごく普通の演劇論として理解すればいいでしょう。各役がどのような性格を有するのかは、観客、あるいはそれを代表するコロスの目から見て、その役がその舞台でどのように「現われる」かであって、予め規定できないということです。創作された芸術作品でありながら、登場人物たちのアイデンティティが「物化」されにくく、複数のパースペクティヴからの解釈に開かれた「語り」によって進行していく「演劇」は、複数の活動主体の開かれた相互関係によって成り立つ「政治」を、全体的に模倣＝再現しているように見えるわけです。

## 「歴史」を作るのは誰だ？

第二六節「人間事象のもろさ」に入りましょう。最初に、どうような「強者」であっても、「人間事象」に関して、テーブルや椅子を作るのと同じような意味で、何かを「作る make」ことはできないというアーレント自身の見解を示したうえで、ではどうして、人々はそうした強力な指導者に期待し、全てはその人物にかかっているかのようなイメージを抱くのかについて論じられていきます。ヒントになるのが、「活動 act」という言葉の意味です。

つまりギリシア語とラテン語は、近代語と違って、「活動する」という事柄を表わすのに、まったく異なる、しかし相互に関連する二つの動詞をもっているということである。ギリシア語の二つの動詞 archein（「始める」、「導く」、「支配する」）と prattein（「通り抜ける」、「達成する」、「終わる」）は、それぞれ、ラテン語の動詞 agere（「動かす」、「導く」）と gerere（このもともとの意味は「担う」である）に相当する。これを見ると、活動というのは二つの部分に分かれているように思われる。すなわち、第一が、一人の人物が行なう「始まり」であり、第二が、人びとが大勢加わって、ある企てを「担い」、「終わらせ」、見通して、その企てを達成する過程である。これらの言葉は、ギリシア語とラテン語の場合、同じような仕方で相互に関連しているだけでなく、その使用法の歴史も大変似ている。事実、ギリシア語とラテン語、いずれの場合も、もともと活動の第二の部分である活動の達成だけを示す言葉―― prattein と gerere ――は、活動一般を指す言葉として受け入れられるようになったのにたいして、活動の始まりを指す言葉は、少なくとも政治的用語としては、意味が特殊化された。つまり、archein という言葉は、特殊に使われる場合、おもに「支配する」「導く」ということを意味するようになり、agere という言葉は、「動かす」というよりは「導く」ということを意味するようになった。

第二四節の〈archein〉の話が、ここでもう一度説明されているわけです。ごちゃごちゃしているので整理しておきましょう。「活動する」ことを意味する動詞は、ギリシア語にもラテン語にもそれぞれ二つあって、その二つは密接にリンクして使われていた、ということですね。ギリシア語では、［archein―prattein］のペア、ラテン語では、［agere―gerere］のペアです。いずれも元々は、最初の方が「始まる」系統の意味で、後の方が「担う―終わらせる」系統の意味で、二つ合わせて「活動」になっていた、とアーレントは言っているわけです。それがいつの間にか、最初の方抜きで、後者だけで、（アーレントの言う意味での）「活動」に相当することを意味するようになったので、「活動」に「始まり」の意味があることが見失われ、前者の方は、「活動」とはあまり関係なく、「支配する」とか「導く」という意味だけ持つようになってしまった。そのせいで、「支配」し、「導く」ことが、「活動」と関係ないかのように見えるようになった、と言いたいわけです。創始者＝指導者（the beginner and leader）が支配者（a ruler）に転嫁したわけです。

次のところで（邦訳では三〇八頁から三〇九頁にかけて）、「活動」は新しい関係を打ち立てるので、不可避的に、人間事象の領域における境界や制限を突き破っていく傾向があると述べられています。さらに次（三〇九頁から三一〇頁にかけて）では、前の節でもあったように、活動の意味は、それが終わった、

「物語」が形成された後に明らかになるものなので、予言することは不可能だと述べられていますね。「物語」を「作る」のは、「活動者」ではなくて、「歴史家」だというわけです。

たしかに、活動者自身が語る説明でも、まれには、意図や目的や動機について完全に信頼できる場合がある。しかし、そのような説明も、歴史家の手にかかると単に有益な原史料となるだけで、重要性と信頼性からいえば、歴史家の物語に太刀打ちできるものではない。物語作者が語る事柄は、少なくとも活動者が活動中であり、活動の結果にとらわれている限りは、必ず活動者自身から隠しておかなければならない。なぜなら、活動者にとって、自分の活動の意味はその活動に続く物語の中にはないからである。結局、物語とは活動が必ず生み出す結果であるとしても、物語を感じとり、それを「作る」のは活動者ではなく、物語作者なのである。

つまり、どのようなすごい指導者＝活動者であっても、その人物が歴史的な意味で何かを成し遂げたかどうかは、彼がやることを終えた後、「物語」を作る「物語作者」の見方によって決まってくるのであって、本人の力量とか、それに対するフォロワーの協力姿勢とかによるのではない、ということですね。「活動」するたびに、関係性が新たに組み替えられ、歴史的にどういう結果になるか予想付かないわけです。無論、ダムとか橋を作る、作らないという話なら、当人たちの力量や心構えだけの問題として考えていいかもしれませんが、アーレントの言っているのはそういうことではなく、「歴史」の中で意味を持つような「政治」的な出来事です。

このように結果を予言できないということは、活動と言論の暴露的性格に密接な繫がりをもっている。というのは、この活動と言論によって人間は自己自身を暴露するのであるが、その場合、その人は自分が何者であるのか知らないし、いかなる「正体《フー》」を暴露するか、前もって予測することもできないからである。

第二七節「ギリシア人の解決」に入りましょう。

## 「幸福 eudaimonia」に、「よく生きる」とは？

ここは、これまで確認して来たことの確認です。〈what〉は物的な性格なので、予めかなり決まっているけれど、〈who〉は、「現われ」に依存しているので予め、どういう風になるか、実際に「現われ」てみないと分からない、ということです。

そのうえで、〈who〉と、ギリシア語の「幸福 eudaimonia」概念の関係について論じられています。現代の政治哲学でも、功利主義的な正義の基準としての「幸福」、つまり「最大多数の最大幸福」について論じられますし、サンデルのアリストテレス評価でもしばしば、「幸福」の共同体論的含意に言及されますが、ここでアーレントが指摘しているのは、それらとはかなり異なった種類の問題です。その人が生きている間は、〈who〉が定まらないので、その人にとっての「幸福」が何なのか、最終的に確定できないということです。全体の幸福と正義とどちらが大事か論じる以前の問題として、個人にとっての「幸福」が確定できないわけです。

ともあれ「幸福《エウダイモニア》」という言葉は、普通の意味の仕合せとか喜びを意味しない。この言葉は翻訳でき

> ないし、説明することさえできない。たしかにこの言葉は無上の喜びという含みをもっているけれども、宗教的色彩はない。文字通りには、生涯各人にとりつく神霊《ダイモン》の幸福のようなものを意味する。ダイモンとは、その人に独特のアイデンティティであるが、ただ他人にのみ現われ、他人にだけ見える。したがって「幸福《エウダイモニア》」というのは、束の間の気分にすぎない喜びや、人生の一定の期間に現われるだけでそれ以外のときには姿を消す幸運などと異なり、生命そのものと同じように、永続した状態を指している。それは、変化もしなければ、変化をきたす能力ももたない。アリストテレスによれば、幸福《エウダイモン》であることと、これまでずっと幸福《エウダイモン》であったこととは、同じことであった。それはちょうど、生命が続く限り、「よく生きる《エウ・ゼーン》」ことと「よく生きた」こととが同じであるのと同様である。それは、人格の特質を変える状態あるいは活動力ではない。

〈eudaimonia〉というのは、英語の〈good〉あるいは〈well〉に相当する意味を持つ接頭辞の〈eu〉と、〈daimon〉と、抽象的な状態を指す接尾辞〈-ia〉から合成された語です。〈daimon〉と個人のアイデンティティの関係については、第二四節に出てきましたね。文字通りの意味として、〈eudaimonia〉は、「魂にとっての良き状態」ということになりそうです。こうした意味での〈eudaimonia〉については、プラトンの描いたソクラテスの対話編でもしばしばテーマになります。

アーレントは、〈eudaimonia〉を、第二四節の〈daimon〉とパラレルに、本人ではなく、他者の眼に現われる状態として捉えようとしているわけです。「永続した状態を指している」とか「変化もしなければ、変化をきたす能力もない」という表現からすると、生涯にわたって一定の値を保っているみたいですが、そういうことではありません。

そもそも、「良い eu」というのは誰の視点から見ての「良く」でしょうか？　当然、本人が満足して快適に感じている、現代的な意味で「幸福である」こととは関係ありません。他者たちから、「良く」見えるということです。他者というのは、先ほど出てきた「コロス」のようにポリスを代表して、その人物を見つめる他者たちです。それもこの場合は、瞬間的にそう見えるだけでなく、人生の物語全体を通して「良く」見えるか、という話です。だから、「これまでずっと幸福であった（ように見える）こと」と、現時点で「幸福である（ように見える）こと」が同じであるわけです。

そして、この「良く」は、その人の「生き方」の問題、どのように生きているように見えるかという問題です。「よく生きる live well」をギリシア語で〈eu dzēn〉と言うわけですが、サンデルの議論でよく出て来る「善き生 good life」は、これを名詞化した〈eudzēn〉から来ています。よく生きているかどうかは、本人の気持ちではなく、他者たちの眼から見て、「物語」の中で「よく」演じているかに依拠しています。物語全体の流れで、「良い生き方」か否かが決まってくるわけです。人生が終わるまで、その人の生の「本質」は分からない。瞬間的に上がり下がりするということはないわけです。功利主義で言っているような、各人の「快楽」とか「選好」とは関係ないわけです。こういう物語的な意味での「善き生」だから、英語にはうまく翻訳できない、と言っているわけですね。

三一三頁から三一八頁にかけて、「活動」が「製作（ポイエーシス）」に取り違えられがちであることが論じられています。取り違えられるのは、法作成、「立法」という問題があるからです。ソクラテス学派は、ポリスにおける政治と活動に反発して、立法によって理想の国家を作ろうとしたわけですが、アーレントは、それは「前政治的 prepolitical」な、製作的な行為であって、「活動」に基づく「政治」ではないと断言します。「前政治的」というのは、ポリスを創設する際には、ポリスの基本的な枠組みを誰かの意志によって決定することが必要になるけれど、それは、政治が行われるようになる前段階の話だということです。

〈eu - daimon - ia〉

⇒ 〈eu〉＝英語の〈good〉あるいは〈well〉に相当する意味を持つ接頭辞 ＋ 〈daimon〉＋抽象的な状態を指す接尾辞〈-ia〉から合成された語。
・〈daimon〉と個人のアイデンティティの関係については、二四節、参照。
・文字通りの意味として、〈eudaimonia〉は、「魂にとっての良き状態」ということ。
※プラトンの描いたソクラテスの対話編でもテーマに。
・アーレント
〈eudaimonia〉を本人ではなく、他者（＝〈daimon〉）の眼に現われる状態として捉えようとしている。

「良い eu」は、本人が満足して感じているという、現代的な意味で「幸福である」こととは関係ない。⇒ 他者たち（「コロス」のようにポリスを代表して、その人物を見つめる他者たち）から、「良く」見えるということ。

↓

瞬間的にそう見えるだけでなく、人生の物語全体を通して「良く」見えるか？

↓

この「良く」は、その人の「生き方」の問題。どのように生きているように見えるか。「よく生きる live well」をギリシア語で〈eu dzēn〉と言う。 ⇒ 物語的な意味での「善き生」だから、英語にはうまく翻訳できない。

※功利主義で言っているような、各人の「快楽」とか「選好」とは関係ない。

そのうえで、人々の公的領域での「共生 syzēn」を可能にする「ポリス」という枠組みが、各人の「物語」を「記憶」する役割を果たしているという議論が展開されます。よく引用される箇所です。

ペリクレス

ペリクレスは、ペロポンネソス戦争の戦没者を弔う有名な演説を行なったが、その演説の言葉を信じるならば、ポリスというのは、すべての海と陸を制圧して自分たちの冒険の舞台とした人びとの証人となるものであり、そのような人びとを称賛する言葉の扱い方を知っているホメロスやその他の詩人が別にいなくてもやってゆけるような保証を与えるものであった。つまりポリスというのは、活動した人びとが自分たちの行なった善い行為や悪い行為を、詩人たちの援助を受けることなく、永遠に記憶に留め、現在と将来にわたって称賛を呼びさますためのものであった。いいかえると、ポリスという形で共生している人びとの生活は、活動と言論という人間の活動力の中で最も空虚な活動力を不滅にし、活動と言論の結果である行為と物語という人工の「生産物」の中で最もはかなく触知できない生産物を不滅にするように思われたのである。ポリスという組織は、物理的にはその周りを城壁で守られ、外形的にはその法律によって保証されているが、後続する世代がそれを見分けがつかないほど変えてしまわない限りは、一種の組織された記憶である。

ここは、説明する必要はほとんどないですね。特定の詩人たちに頼らなくても、共同体全体として、人々の行為、活動と言論を「物語」として記憶していくための仕組みが、「ポリス」だというわけです。この物語化された記憶のおかげで、その人の死後も、その人格的アイデンティティが保持され、その人生が「良き」ものだったかどうか、評価されることが可能になるわけです。物質性を持たないものが、恒久性を得るわけです。

ただペリクレス（前四九五？―四二九）の演説が、戦没者を弔うためのものだったというのが気になりますね。アーレントは「活動」と「言論」を強調しているけれど、実際には、軍事力による他者征服の歴史に対する誇りと結び付いた戦死者に対する哀悼が、アテネの市民のアイデンティティを支えていたのではないか、アーレントははからずも、その真相を暴露してしまったのではないか、カルチュラル・スタディーズやポストコロニアル・スタディーズをやっている人なら、そう指摘することでしょう。靖国・護国神社的な仕組みを連想する人もいるでしょう。私も、アーレントのここでの論証には少し無理があるような気がします。因みにペリクレスというのは、雄弁家として有名なアテネの政治家であり、当時のアテナイで事実上の最高の官職であった「将軍」に一五年連続で選出されています。ペロポネソス戦争（前四三一―四〇四）というのは、ペルシア戦争（前四九九―四四九）の勝利後、同盟国に対して横暴になっていたアテネに対して、スパルタが挑戦する形で起こった戦争です。ペリクレスは籠城作戦を取ったけれど、うまく行かず、戦況が不利になっていく中で亡くなっています。最終的に勝利したのはスパルタです。

> 正確にいえば、ポリスというのは、ある一定の物理的場所を占める都市＝国家ではない。むしろ、それは、共に活動し、共に語ることから生まれる人びとの組織である。そして、このポリスの真の空間は、共に行動し、共に語るという目的のために共生する人びとの間に生まれるのであって、それらの人びとが、たまたまどこにいるかということとは無関係である。（…）この空間は、最も広い意味の出現《アピアランス》の空間である。すなわち、それは、私が他人の眼に現われ《アピアー》、他人が私の眼に現われる空間であり、人びとが単に他の生物や無生物のように存在するのではなく、その外形《アピアランス》をはっきりと示す空間である。

ここからアーレントが、「ポリス」を極めて非物質的な、つまり「現われ」とその「記憶」が組織化されたヴァーチャルな空間として捉えていることが分かります。そのヴァーチャルな空間が、各人にとって自分自身や物の存在の、間主観的な「リアリティ」を保証しているわけです。

## 「出現の空間 space of appearance」における「権力 power」とは？

第二八節「権力と出現の空間」に入りましょう。タイトルが示しているように、第二七節で描かれた「出現の空間 space of appearance」と、「権力 power」がどう関係しているか、という話です。アーレントは、「政治」を「出現の空間」の保証という観点から捉えようとしていますが、私たちの多くは、「政治」の本質を「権力」だとする見方に馴染んでいるので、アーレントの言っていることがどうもしっくり来ない。通常の意味での「権力」というのは、人が人を支配する生々しい関係です。

そのギャップを説明しようとしているわけです。邦訳の三二二頁でアーレントは、「権力」と「暴力 violence」を区別しています。「暴力」が物質的なもので、そのための道具を貯蔵することが可能であるのに対して、「権力」は、「言葉」と結び付いていて、「出現の空間」を守るものとして性格づけていますね。

ところで、権力が実現されるのは、ただ言葉と行為が分離せず、言葉が空虚でなく、行為が野獣的でなく、言葉が意図を隠すためでなく、リアリティを暴露するために用いられ、行為が関係を侵し破壊するのでなく、関係を樹立し新しいリアリティを創造するために用いられる場合だけである。

「言葉 word」から分離した「行為 deed」は、「活動」ではなく、単なる物理的な働きかけ、極端な場合には、物理的な暴力になってしまいます。また「言葉」も、他者に対してその人の人格的アイデンティティを顕わにする「言論」とは異なる仕方で用いられれば、野獣の叫びになったり、むしろ行為者の意図を隠し、関係性を崩壊させるように作用したりします。アーレントは、「権力」を「暴力」から引き離して、「活動」と結び付けようとしているみたいですね。

> 権力は、活動し語る人びとの間に現われる潜在的な出現の空間、すなわち公的領域を存続させるものである。権力という言葉そのものが、たとえば、ギリシア語の dynamis にしても、ラテン語の potentia にしても、ラテン語から派生したさまざまな近代語にしても、ドイツ語の Macht（これは mögen や möglich からきているのであって、machen からきているのではない）にしても、いずれも権力の「潜在能力的《ポテンシャル》」な性格を示している。権力《パワー》とは、常に潜在的能力《パワー・ポテンシャル》であって。実力《フォース》や体力《ストレングス》のような不変の、測定できる、信頼できる実体ではない、といっていいだろう。体力が独居にある個人の自然的特質であるのにたいし、権力は、人びとが共同で活動するとき人びとの間に生まれ、人びとが四散する瞬間に消えるものである。権力を実現することはできるが、それを完全に物質化するということはけっしてできない。

〈dynamis〉は、「力学」という意味の英語〈dynamics〉の語源になったギリシア語ですが、哲学史では、アリストテレスの〈dynamis／energeia〉の対概念で有名ですね。現在の英語の〈dynamics／energy〉とは全然違って、「可能態／現実態」という意味です。その〈dynamis〉が、英語の〈power〉、「権力」の意味でも使われていたわけです。〈potentia〉は綴りから分かるように、英語の〈potential〉の語源になった言葉で、元々は「力」「能力」「権力」など、英語の〈power〉に近い意味で使われていました。英語の

〈power〉の語源は、〈potentia〉の元になったラテン語の動詞〈posse〉です。〈posse〉は、英語で言うと、〈can〉あるいは〈be able to〉という意味です。「権力」という意味のドイツ語〈Macht〉は、綴りからすると、「作る」という意味の〈machen〉から派生したのではないかという気がしますが、実際にはアーレントが言うように、〈mögen〉という現代ドイツ語の助動詞の語源になった古いドイツ語から派生していきます。〈mögen〉は「〜してもよい」あるいは「〜かもしれない」という意味です。〈vermögen〉という形にすると、「〜する能力がある」という意味になります。〈möglich〉は、〈mögen〉から派生した形容詞で、〈possible〉の意味です——〈possible〉もラテン語の〈posse〉から派生した言葉です。

これらの語源学的考察を通してアーレントは、「権力」というのは、「潜在能力」的な性質のもので、常に物理的実体を持っているわけではないことを示唆しているわけです。当然、誰か特定の権力者が常備できるものではありません。しかも、人々が「共同で活動する act together」時に瞬間的に生じ、すぐに消えていくということですね。「現われ」のイメージに近いですね。

権力が発生する上で、欠くことのできない唯一の物質的要因は人びとの共生である。人びとが非常に密接に生活しているので活動の潜在能力が常に存在するところでのみ、権力は人びとと共に存続しうる。したがって、都市国家としてすべての西洋の政治組織の模範になってきた都市の創設は、実際、権力の最も重要な物質的前提条件である。活動の束の間の瞬間が過ぎ去っても人びとを結びつけておくもの（今日「組織」と呼ばれているもの）、そして同時に人びとの共生によって存続するもの、これが権力である。そして、いかなる理由であれ、自分を孤立させ、このような共生に加わらない人は、たとえその体力がどれほど強く、孤立の理由がどれほど正当なものであっても、権力を失い、無力となる。

**〈dynamis〉**

・ギリシア語、「力学」という意味の英語〈dynamics〉の語源。
・哲学史：アリストテレスの〈dynamis ／ energeia〉＝「可能態／現実態」≠現在の英語の〈dynamics ／ energy〉。

〈dynamis〉：英語の〈power〉、「権力」の意味。
〈potentia〉：英語の〈potential〉の語源になった言葉。元々は「力」「能力」「権力」など、英語の〈power〉に近い意味。英語の〈power〉の語源は、〈potentia〉の元になったラテン語の動詞〈posse〉⇒ 英語で言うと、〈can〉あるいは〈be able to〉に相当。

・「権力」：ドイツ語〈Macht〉：〈mögen〉という現代ドイツ語の助動詞の語源になった古いドイツ語から派生。
〈mögen〉は「～してもよい」あるいは「～かもしれない」という意味。

〈vermögen〉という形にすると、「～する能力がある」という意味。

〈möglich〉は、〈mögen〉から派生した形容詞＝英語〈possible〉の意味――〈possible〉もラテン語の〈posse〉から派生した言葉。

モンテスキュー

「権力」の物質的基盤が「共生」だという所が、独特ですね。「共生」を破壊するような形では、「権力」を使うことが不可能なわけです。『革命について』では、フランス革命の指導者シェイエス（一七四八―一八三六）の「憲法制定権力＝構成的権力 pouvoir constituent = constituent power」論を掘り下げて論じています。「憲法制定権力」論とは、「人民」が、「憲法 constitution」によって主権者としての法的地位を付与されている存在であると同時に、「憲法＝国家体制」それ自体を生み出す権力の主体でもあるとする議論です――カール・シュミット（一八八八―一九八五）は、「憲法制定権力」論が、人民の名による「独裁」に通じることを指摘していますが、これについては、拙著『カール・シュミット入門講義』（作品社）をご覧下さい。アーレントは、「憲法＝国家体制」の「構成 constitution」をめぐるシェイエスなどの議論を掘り下げる形で、市民たちの公的領域での活動から、自由な空間を生み出す「構成的権力」が自生的に立ちあがって来る可能性を示唆しています。

アーレントにとって、「権力」は、「共生―活動」の中から生まれてくる、「複数的」な性質のものであって、特定の誰かの意志によってどうにでもできるものではないわけです。

邦訳では三二五から三二七頁にかけて、「権力」の対極として、ごく少数の人が暴力装置を独占して他者を支配する「暴政 tyranny」について論じられています。アーレントの定義では、「暴政」とは、「無権力 powerlessness」と「実力 force」の結合です。三二六頁で、三権分立論の始祖として有名な――本当にそうなのかは、法思想史的に厳密に考えると疑問なのですが――モンテスキュー（一六八九―一七五五）の暴政論が紹介されています。モンテスキューは、比較文化論的な視点から「法」の成り立ちについて法・政治理論家で、『革命について』の「構成的権力」論の説明でも、モンテスキューの議論が参照されています。

モンテスキューが理解していたのは次のことである。すなわち、暴政というのは、孤立に――暴君の臣下からの孤立、恐怖と猜疑心による臣下相互の孤立に――依存しているから、けっして一つの統治形態などではなく、あらゆる政治組織形態の条件でもある、共に活動し語るという人間に不可欠な多数性の条件と対立している、これこそ暴政の顕著な特徴であると。暴政は、公的領域の特殊な分野だけでなく、その全領域で権力の発展を阻止する。いいかえれば、他の政治体がごく自然に権力を生みだすように、暴政はごく自然に無能力を生みだす。モンテスキューの解釈によれば、このために暴政だけは、政治体の理論において特別な場所に置かなければならないのである。すなわち暴政だけが、出現の空間である公的領域にともかく留まるのに必要な権力を発展させる能力を欠いているのである。それどころか暴政は、姿を現わした瞬間に自分自身を破壊する細菌を育成するのである。

これまでの議論を踏まえれば、ここの記述はかなりクリアでほとんど説明の必要はないでしょう。「無能力（impotence）を生み出す」というのが、何を指しているか少し分かりにくいですが、〈impotence〉が、〈potentia〉系統で、否定辞を冠した言葉であることからすると、「権力を生み出す能力がないこと」という意味でしょう。このようにモンテスキューの「暴政」論と対比する形で、アーレントは、「権力」が「公的領域」の上での「現われ」に依拠することを強調しているわけです。ただし注（30）を見れば分かるように、モンテスキューは『法の精神』（一七四八）の該当箇所で、「暴政 tyrannie」ではなく、「専制 despotisme」という言葉を使っています。アーレントは、モンテスキューは両者を区別していないような ので、「専制」を「暴政」に読み替えるという方針を表明しています。辞書的な意味としては、ほぼ日本語の訳語の印象通り、〈despotism〉が普通の意味での〝権力〟が一人あるいは特定の集団に集中している体制を意味し、〈tyranny〉は、法による裏付けなしに、暴力的に〝権力〟を奪取して、抑圧的に人々を支配しようとする僭主（tyrant）による支配体制を意味します。

## アーレントの政治観

邦訳では、三三〇から三三一頁にかけて、かなり抽象的な内容が続きますが、「政治」に対するアーレントの見方が、通常の理解されている意味でのアリストテレスのそれとは異なっていること、更には、現代のコミュニタリアンのそれと決定的に異なることが示されている箇所です。少し丁寧に見ておきましょう。

> 人間の行動《ビヘイヴィア》については、ギリシア人もすべての文明民族と同様、一方では動機や意図を、他方では目的や結果を考慮に入れて「道徳的基準」で判断した。しかしこのような人間の行動《ビヘイヴィア》と違って、活動《アクション》を判断できるのは、ただ偉大さという基準だけである。なぜなら、一般に受け入れられていることを打ち破り、異常なるものに到達するのは、活動の本性によるからである。その場合、一般の日常生活で真実であるとされるものがもはやそうでなくなるのは、存在するもの一切がユニークであり、唯一《スイ・ゲネリス》のものだからである。トゥキュディデスやペリクレスは、アテナイの栄光はそれが「よい行為と悪い行為の永遠の記憶《ムネーメイア・アイディア》を至るところに」残したことにあると見ていた。その場合、彼らは自分たちが日常行動の正常な基準を断ち切っていたことを十分に知っていた。デモクリトスの言葉によれば、政治の術とは、偉大で光輝く《タ・メガラ・カイ・ランプラ》ものをもたらす方法を人びとに教えるものである。

ツキジデス（前四六〇頃―三九五）は、アテネの歴史家でペロポネソス戦争の歴史を書いたことで知られています。デモクリトス（前四六〇―三七〇）は、ご承知のように、古代ギリシアの原子論で有名な哲学者です。ソクラテス以前の哲学者です。

一見難しい感じがしますが、ポイントは、「活動」に対する評価基準は、「異常さ」の域に達している「偉大さ greatness」であって、それは、日常の正常な道徳基準とは異なる、ということです。日本語で「偉大」というと、何となく、道徳的な善を大きくしたようなニュアンスがありますが、そうではないということですね。「善い行為」だけでなく、「悪い行為」の記憶も、ポリスの栄光に繋がるわけですから。「正常な基準 normal standards」を打ち破るような行為こそが「輝き」、それを教えるのが、「政治」だというのですから、現代の英語圏で、リベラル／コミュニタリアン論争のようなレベルで行われている議論と大分様相が異なりますね。どちらかと言うと、ニーチェの「善悪の彼岸」のような感じですね。

ツキジデス

デモクリトス

先ほどの箇所の内、「その場合、一般の日常生活で真実であるとされるものがもはやそうでなくなるのは、存在するもの一切がユニークであり、唯一のものだからである」というところが少し分かりにくいですね。活動の話をしていたはずなのに、「存在するもの一切がユニーク」だというのが唐突ですね。これは、訳の問題です。原文は、最初の「人間の行動については～」から、「唯一のものだからである」までが一文になっています――かなりの悪文です。「その場合、～」は、「異常なるもの」にかかる関係文になっています。「なぜなら～」という部分以降の原文は、こうなっています。次頁の黒板を見て下さい。

〈the extraordinary〉が「異常なるものの領域」のような意味合いになってい

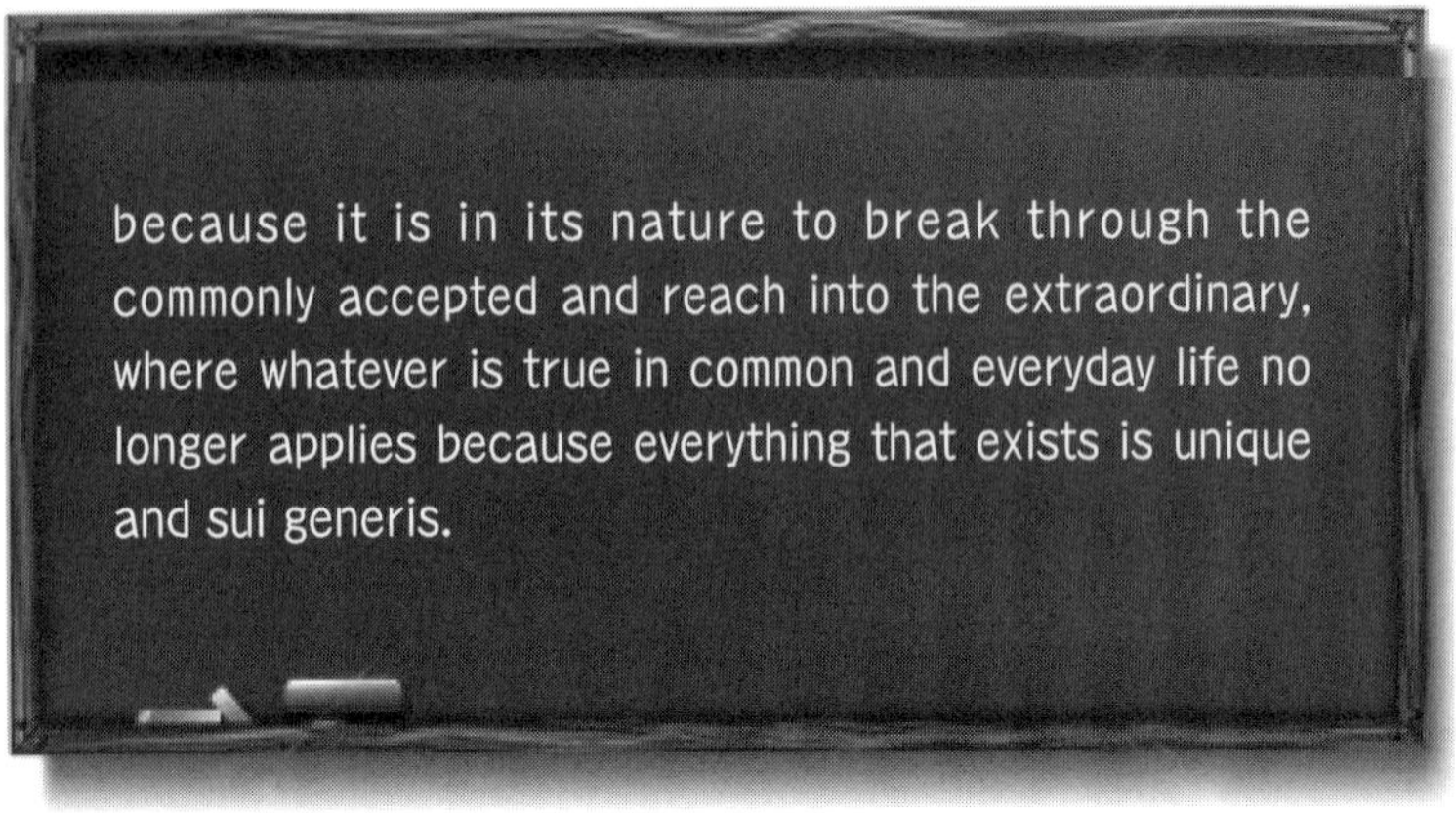
because it is in its nature to break through the commonly accepted and reach into the extraordinary, where whatever is true in common and everyday life no longer applies because everything that exists is unique and sui generis.

て、その領域の性質を〈where〉以下で説明しているわけです。あと、「唯一のもの」と訳されている〈sui generis〉は、「独自の(sui) ジャンル (genus) を成している」という意味のラテン語から取った言葉で、哲学的な文章で慣用句としてよく使われます。それを念頭に置いて訳し直すと、

> なぜなら、活動の本性には、一般に受け入れられていることを打ち破り、異常なるものの域にまで達するということが含まれており、そこでは、一般の日常生活で真実であるとされるものはもはや通用しない。そこに実在する一切がユニークであり、独自のもの《スイ・ゲネリス》だからである。

このように異常な偉大さを示すことに拘るというのは、まさに「演劇」ですね。先ほどの段落の末尾の文をご覧下さい。

> したがって、偉大さ、あるいは各行為の特殊な意味は、ただ演技そのものの中にのみ存在することができ、その動機づけや結果の中にはない。

さらっと書いていますが、アーレント流の政治哲学の特徴が出

ています。「動機付け」を重視するのは、カント系の倫理学の発想です。それに対して、「結果」を重視するのは、功利主義等の帰結主義と呼ばれる倫理学・政治哲学の発想です。「演技 performance」の中にのみ現われる「偉大さ」に焦点を当てる、アーレント流に理解した古代のポリスの「政治」はそのいずれでもありません。というより、私たちの常識的な〝政治〟理解からかけ離れたことを目指しています。そして、それをアーレント流のアリストテレス理解に、やや強引に繋げていきます。

## 〈energeia（エネルゲイア）〉と〈entelecheia（エンテレケイア）〉

このように、人間が達成できる最大のこととして、生きた行為と語られる言葉が固執されたからこそ、アリストテレスのエネルゲイア（現存性）という観念が概念化されたのである。そしてアリストテレスは、この観念によって、目的を追わず《アテレイス》、作品を残す《パル・アウタス・エルガ》ことなく、ただ演技そのもののうちにこそ完全な意味があるすべての活動力を指した。逆説的な「目的自体」がそのもともとの意味を引き出してくるのは、このような完全な現存性の経験からである。なぜなら、この場合、活動と言論の目的《テロス》は追求されておらず、活動力それ自体の中にあり、それゆえにこの活動力は、entelecheia となる。

先ほど出てきた「デュナミス」の対概念になっている「エネルゲイア」ですね。これを「現存在」と訳したのはまずいです。ハイデガー用語なので、現にここにいるものとしての自己の存在の意味を問う、あの「現存在」（≒私）を連想してしまいます。原文でも〈energeia〉の言い換えに使われているのは、〈actuality〉なので、ここは素直に、「現実態」と訳しておいた方がいいでしょう。

「生きた行為 the living deed」と「語られる言葉 the spoken word」が、人間が「達成 achieve」できる「最

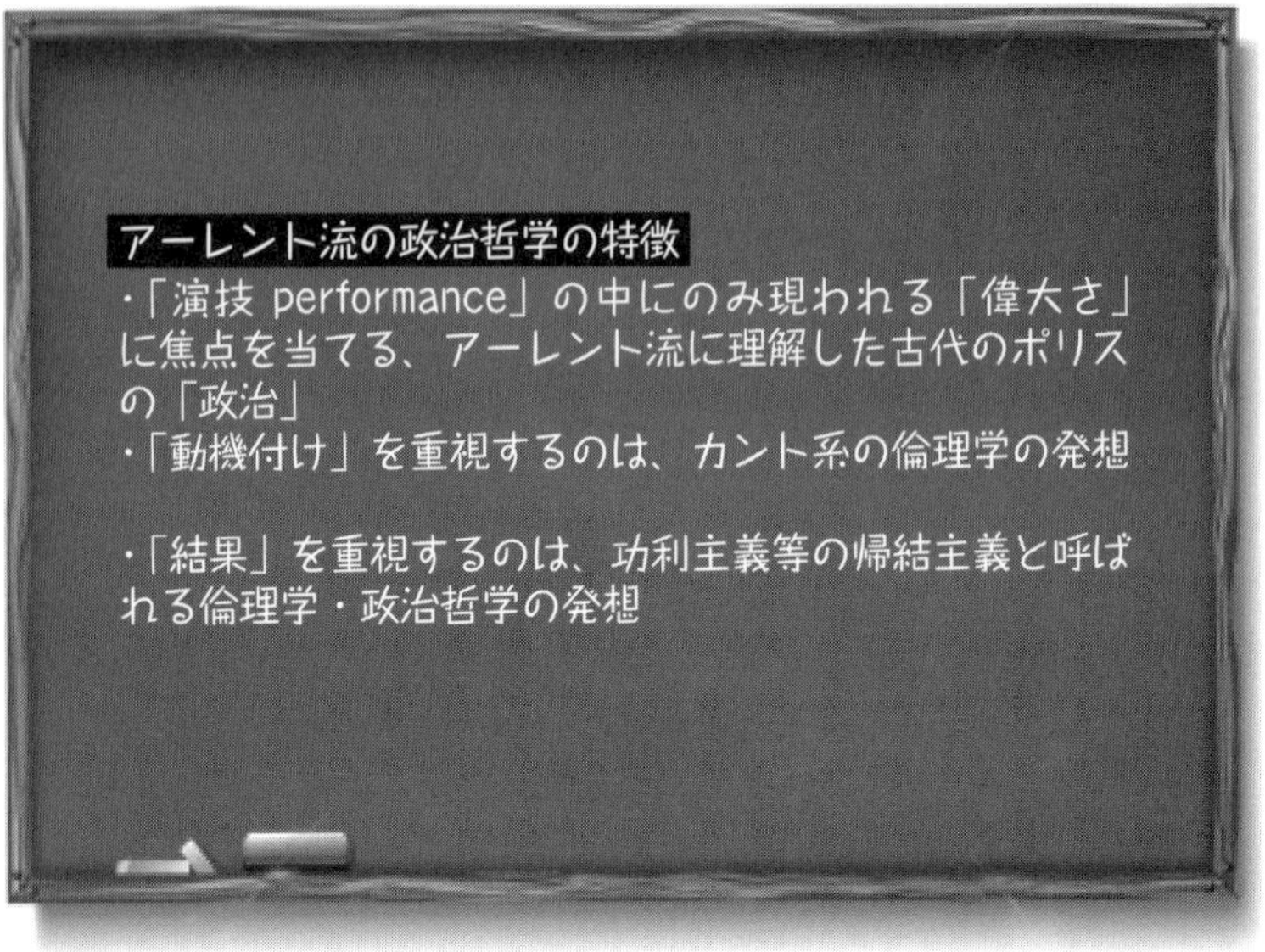
アーレント流の政治哲学の特徴
・「演技 performance」の中にのみ現われる「偉大さ」に焦点を当てる、アーレント流に理解した古代のポリスの「政治」
・「動機付け」を重視するのは、カント系の倫理学の発想
・「結果」を重視するのは、功利主義等の帰結主義と呼ばれる倫理学・政治哲学の発想

大のこと」だとさらりと述べられていますが、これが逆説的な言い方だということに気付いて下さい。通常の意味で「達成」されるということは、プロセスが終わったということですから、その時には既に「生きた行為」でも、「語られる言葉」でもありません。精々、その記憶が残っているだけです。あるいは、エクリチュール化され、死んだ文字になった、かつての〝生きた行為〟と〝語られる言葉〟があるだけです。「達成」される、つまり「目的＝終わり」に達するということは、「行為」と「言葉」から、〝生き生きした感じ＝現前性〟がなくなることです。そのようにして、目的とされていた何かが現実化された状態が、「エネルゲイア（現実態）」です。

しかし、その後に続く表現を見ると、どうもここでアーレントが「達成」と言っているのは、そういう「目的」に到達する、という意味ではなさそうです。アーレントの理解する「エネルゲイア」は、それまで「デュナミス（潜在態）」だったものが、完全に現実化し、目的が達成され、プロセスが終わってしまう、ということではないようです。

「目的を追わず、作品を残すことなく、ただ演技そのもののうちにこそ完全な意味がある～活動力」こそが、「エネルゲイア」であるわけです。つまり、「演技」の瞬間的な「輝き」が重要であって、意図的に特定の状態を「目的」として目指しているのではないわけです。

「目的を追わず」と訳されている〈ateleis〉は、「目的＝終わり」を意味する〈telos〉がない状態を指す言葉です。〈a-〉は「欠如」を意味する接頭辞です。この〈telos〉から、サンデルの講義を通じて有名になった〈teleology〉、「目的論」という言葉が生まれたわけです。初回にもお話ししたように、サンデルの言っている「目的論」は、共同体的な生には、みんなで達成すべき「目的 end」、到達すべき「終わり end」があるという議論です。それが「共通善」です。各人が、他者と関係なく、ばらばらに自分の幸福を追求しようと思ってもうまく行かない。それは、各人の生き方が、「共同体」という枠の中で規定されているからです。共同体的な秩序に適った生き方が「善き生」で、すべての人が「善き生」を生きることで、「目的」である「共通善」が現実化します。

各人の「善」の独立性を強調するリベラル派に対し、サンデルは、そうした「目的論」的思考を対置します。そうした目的論的思考を代表する哲学者としてアリストテレスを引き合いに出します。それは、常識的なアリストテレス理解です。一般的な理解として、アリストテレスは目的論的な政治哲学者とされています。「人間はポリス的動物」である、という有名な言葉は、目的論的に解釈されることが多いです。

アーレントは、そうした常識的なアリストテレス像の逆を主張しているわけです。「目的」を追わない「演技」を、「エネルゲイア」として重視していた、というわけですから。無論、サンデルたちが「善き生―共通善」と言っているものはかなり抽象的だし、サンデルはしばしば「開かれた共同体」観に基づくコミュニタリアニズムを標榜しているので、彼の「目的論」を実体的に捉える必要はない、アーレントとそんなに違わないのだ、という議論をすることはできるでしょう。しかしサンデルたちコミュニタリアンは、少なくとも、共同体的な価値が人々にきちんと共有された状態が、個人の価値観がばらばらに見える状態よりも、政治哲学的・倫理学的により好ましい状態だと見なし、それを目指しているのだから、一定の方向を志向しているのは間違いありません。他から際立った「現われ」や「演技」を、共同体的な「目的」への寄与と関係なしに評価するという発想は、サンデルたちコミュニタリアン、あるいは、共和政体へのコミットメントと自由を不可分に結び付けて考える「共和主義 republicanism」の議論からは出てきそうにありません。

「目的自体 end in itself」が「逆説的」だというのは、謎めいた感じの言い方ですが、前回もこの話が出てきたことを思い出して下さい。私たちの日常的思考では、「目的」が到達されるべき価値を持つのは、それが別の何かを達成するための「手段」になるからです。そうすると、「目的」は、それとは異なる別の「目的」に依存していることになります。勇気が大事なのは、それによって他者から尊敬を得られるからである、尊敬を得ることが大事なのは、それによって自尊心を得ることができるからである、自尊心が大事なのは、それによって自らの日々の仕事に精進できるからである……という風に、無限に続きます。「目的自体」というのは、それ以上の〝目的〟を必要としないで、それ自体で価値がある「目的」ということですから、通常の「目的」概念に反しています。

常識的にはそんな、究極の「目的」などないわけですが、アーレントは、「目的を追わず、作品を残すことなく、ただ演技そのもののうちにこそ完全な意味がある」「エネルゲイア」の状態を経験することを通して、人は、そういう究極の「目的」のイメージを獲得するのではないか、と示唆しているわけです。(目的を追わない)偉大なる演技の瞬間こそが、「目的自体」なのではないか、ということです。ややこしい言い回しですが、すぐれた芸術家であれば、そうした状態を体験しているのではないか、という気がしないでもないですね。

〈entelecheia（エンテレケイア）〉というのも、アリストテレスの用語、というより彼の造語で、通常の理解では、目的が完全に現実化された、完全現実態、言わば、「エネルゲイア」の最上級です。綴りから想像がつくように、〈telos〉に関係している言葉です。「～の内にある」という意味の接頭辞〈en-〉と〈telos〉と、英語の〈have〉に相当する動詞〈ekhein〉から合成されています。近代では、生物学者から転向した、ドイツの哲学者ドリーシュ（一八六七―一九四一）が、全ての生命現象に宿る活動力という意味で、この言葉を使っています。

アリストテレスの「エンテレケイア」というのは文字通りの意味としては、潜在的に観念としてしか存在しなかったものが完全に実体化した、目的が成就した状態ですが、アーレントは、いかなる「目的」連関からも外れて、「演技」そのものが際立っている状態こそが、［エンテレケイア＝目的自体の顕現］だと言っているわけです。

アリストテレスの「エンテレケイア」観らしきものは、『形而上学』のいくつかの箇所に見られますが、あまりちゃんとした定義は出てきません。一番定義らしいものは、第九巻の第八章に出てきます。教師は、生徒が現実に職に就いた時点で初めて、〈telos〉に到達したと言える、という記述があった後で、こう言っています。岩波の古い方のアリストテレス全集第一二巻の出隆さん（一八九二―一九六〇）の訳から引用しておきます。キーワードのところに原語をアルファベット化したものを挿入しておきます。

けだし、働き（ergon）は終り（telos）であり、そして現実態（energeia）は働きである、だからまた現実態という語も、働きという語から派生し、完全現実態（entelecheia）を目指しているのである。

曲者なのは、〈ergon〉という単語です。先ほどの「作品を残すこと（par'autas erga）なく」という表現の〈erga〉は、〈ergon〉の複数形です。〈ergon〉は、英語の〈work〉のように、出来上がった「作品」の意味にも、「働いている＝作用している」という状態の意味にも取れます。アーレントは、この箇所の〈ergon〉を「働いている」という意味に解釈しているのでしょう。そうすると、先ほどの箇所は、現実化した「作品」からの独立性を、「エンテレケイア」が含意しているように読めます。ギリシア語の多義性を利用して、独自の主張を展開するのは、ドイツやフランスの哲学者、とりわけハイデガーの得意技ですが、アーレントはそういうところはきっちり継承していると思います。

あと、アリストテレス自身が説明しているように、〈energeia〉も〈ergon〉から派生した言葉です。〈en ergô einai（ergon の状態にある）〉という表現の省略形です。先ほどの箇所のすぐ後に出てくる「作品 work」という言葉も、恐らく〈ergon〉という言葉です。

## 「人間の作品 ergon tou anthrōpou」

そして言論と活動の作品とは、過程を追い、それを消滅させるものでなく、過程の中にはめこまれているものである。演技こそ作品であり、現存性《エネルゲイア》である。このようにアリストテレスは、その政治哲学の中で、政治においてなにが中心問題となっているのかまだよく気がついている。すなわち、それは人間としての「人間の作品《エルゴン・トゥ・アントローポウ》」にほかならない。彼がこの「作品」を「よく生きること《エウゼン》」と定義したとすれば、彼は、ここでいう「作品」が仕事の産物ではなくて、ただ純粋な現存性においてのみ存在するということを明瞭に示したのである。

先ほどまでの話を踏まえれば、ここはさほど難しくないですね。「作品」と訳されているのは全て

〈work〉で、恐らくアーレントは〈ergon〉の意味で使っています。「人間の作品 ergon tou anthrōpou」は、「人間の働き」という意味にも取れるわけです。岩波文庫の高田三郎さん（一九〇二―一九四）による『ニコマコス倫理学』の訳では、「人間の機能（エルゴン）」と訳されています。それに枕詞のようにかかっている「人間としての qua man」という部分が、よく分かりませんね。『ニコマコス倫理学』第一巻第七章の該当箇所では、笛吹とか彫刻家とかその他のあらゆる技能者の機能とか働き（praxis）との対比で、「人間」についても、「人間の機能」なるものがあるのではないか、と述べられていますので、そのことを言っているのだと思います。こういうのは、原典を確かめないと、何のことだか分からないですね。

アリストテレスは、この文脈で、「人間の機能」をうまく果たせる能力を身に付けていることが徳＝卓越性（aretē）であり、実際にうまく果たせて、「幸福 eudaimonia」である状態が「善 agathon」だとしています。

因みに、インド出身の厚生経済学者で、ロールズ後のリベラルな正義論の第一人者になった観のあるアマルティア・セン（一九三三― ）とその共同研究者である政治哲学者・倫理学者のマーサ・ヌスバウム（一九四七― ）は、こうした意味での「機能 function」、つまり、自分の生きている社会の中で実際に何ができるか、どのような価値ある営みに従事することができるか、及び、各人にとってそうした「機能」のどれを得ることが可能であるかという意味での「潜在能力 capability」に、配分的正義論の照準を合わせるべきだと主張していますが、彼らは、そうした自らの「機能」論は、アリストテレスにまで遡るとしています。［ergon ＝ function］と考えれば、両者の関係が見えてきます。

あと細かいことですが、「ここでいう『作品』が仕事の産物ではなく〜」というところは、原文では、〈"work" here is no work product 〜〉となっていて、〈work〉という言葉の多義性を利用した言葉遊びをしています。アーレントは、〈work〉の「働き」「作品」「仕事」という三つの意味を使いわけながら、話を進めているわけです。

何らかの既成の状態に安住することなく、「演技」を通して輝くことを追求し続けることが、「人間」として目指すべき〝目的〟であり、そういう生き方こそが、アリストテレス＝アーレントにとっての「善き生」であるわけです。

こういう風にアーレントは、アリストテレスの「目的論」を、「目的それ自体」の輝きをめぐる美学のようなものへと変換してしまいます。彼女が、「活動」における「始まり」の意味を強調するのも、〈telos〉概念を、最終的に到達すべき「終わり」というイメージから引き離そうとしているのだと見ることができます。

第二九節「〈工作人〉と出現の空間」では、タイトルから予想される通り、「人間の作品＝働き」が輝くことのできる「出現の空間」が次第に衰退し、それと反比例するように、人間の生み出す「作品」が、人格的主体としての人間を超えたものであると信じて、生産活動に没入する「工作人」が次第に台頭してくる歴史的過程について論じられています。それを受けて第三〇節「労働運動」では、恒久性のある「物」を作り出す「仕事」よりも、生命維持を本質とする「労働」の方がより重視されるようになった、更なる転換について論じられています。

## 社会主義・労働運動・評議会

これまでの話から分かるように、アーレントは、「労働」を、公的＝政治的性格を欠いた営みと見ています。では、「労働」を〝政治〟の課題として掲げる社会主義・労働運動はどう評価すべきなのでしょうか。アーレントは微妙なスタンスを示しています。

〈労働する動物〉は自分を際立たせる能力を欠き、したがって活動と言論の能力を欠いている。この無能力は、古代と近代を通じ重大な奴隷反乱が驚くほど少なかったということによって確証されるように思われる。しかしそれに劣らず驚くべきことは、近代の政治において、労働運動が果たした突然の、そしてしばしば異常に生産的な役割である。一八四八年の諸革命から一九五六年のハンガリー革命まで、ヨーロッパの労働者階級は、人民の唯一の組織化された部分として、したがってその指導的な部分として、近年の歴史の最も栄光ある、おそらく最も期待される一章を綴ってきた。たしかに政治的欲求と経済的欲求、政治組織と労働組合、これら二つのものの境界線は極めて曖昧であったが、この二つのものを混同してはいけない。労働者階級の利益を擁護し、そのために闘争する労働組合は、労働者階級を最終的に近代社会へ編入し、とくに労働者階級の経済的保証、社会的名声、政治権力を著しく増大させる責務を担っている。労働組合は、けっして革命的ではなかった。労働組合が望んでいたのは、ただ社会が変化し、それとともにこの社会を代表している政治制度が変化することだけだったからである。そして労働者階級の政党は、多くの場合、利益政党であって、この点、他の社会階級を代表する政党となんら異ならなかった。自分を際立たせようとする努力は、めったにない、しかし決定的瞬間にだけ現われた。たとえば、革命の過程で、労働者階級が、たとえ公認の党の綱領やイデオロギーに指導されていなくても、近代的条件のもとで民主主義的政治を樹立することができるという自分なりの考えを突然明らかにしたような場合である。いいかえると、二つのものの境界線は、驚嘆な社会的・経済的要求の問題ではなく、もっぱら新しい統治形態の要求の問題にあった。

意外と労働運動を肯定的に評価していますね。一八四八年の諸革命というのは、フランスの二月革命に端を発し、欧州諸国に拡がった一連の革命運動のことです。ドイツでは三月革命と呼ばれます。運動の目標は、共和制の実現、祖国統一、民族自立などいろいろですが、フランスやドイツでは社会主義・労働者運動が一定の役割を果たしました。マルクスとエンゲルスの『共産党宣言』がロンドンで刊行されたのはほぼ同時期です。ハンガリー革命というのは、社会主義時代のハンガリーでソ連に従属する政府に人々が反発して起こした革命的動乱で、これをソ連が軍事力で弾圧し、ソ連の衛星国家に対する横暴を象徴する事件になりました。

アーレントは、労働組合それ自体は労働者の地位向上を目指していたけれど、必ずしも革命的な政治を行おうとしていなかった、と見ているわけです。また、労働者階級の政党である社会党や共産党も、単なる利益政党としか見ていないようですね。ここまで見てきたように、アーレントにとって社会・経済的な集団的利益に関わる問題は、「政治」的問題ではないわけです。

「自分を際立たせようとする努力は、めったにない、しかし決定的瞬間にだけ現われたA distinction appeared only in those rare and yet decisive moments〜」という表現がカギです。〈distinction〉は、まさにこの第五章のテーマです。公的領域で自らを際立たせるように現われることが、個人だけでなく、労働者という集合体にとっても、「政治」的に重要であるようです。というより、公／私の領域が明確に区分され、経済活動から完全に解放された市民が存在する古代ポリスのような政治体がないところでも、「現われ」の可能性は多少あると見ているように思えます。アーレントは「革命」のような政治的出来事を、それまで光が当たらないところにいた集団が、公的領域に現われて、政治的構成を変容させることだと見ているようですね。

あと、「公認の党の綱領やイデオロギーに指導されていなくても if not led by official party programs and ideologies」というフレーズが何となく示唆しているように、アーレントは、共産党のような組織化・官僚化された政党は信用していないようです。

労働者階級における二つの傾向、つまり労働組合運動と人民の政治的熱望というこの二つの傾向の歴史的運命は極めて対照的であった。なぜなら、労働組合、つまりただ近代社会の諸階級の一つとして存在する限りでの労働者階級は、次々と勝利を重ねてきたのにたいし、政治的な労働運動は、政党の綱領や経済的改革とは別個に自分自身の要求を思いきって提出するたびに敗北してきたからである。たとえばハンガリー革命の悲劇が世界に示したことは、ただ、あらゆる敗北、あらゆる外観にもかかわらず、このような政治的活力《エラン》はまだ死に絶えていないということだけであった。

ここでアーレントの言っている「人民の政治的熱望 the people's aspiration」というのは、文脈から分かるように、労働者の待遇の改善とか団体交渉権、社会保障などのような具体的利益の話ではなく、自らが「公的領域」に現われ、「活動」できるようになることを指しています。「労働者」という言葉を使っていますが、アーレントは、マルクスやエンゲルスのように「労働者」を階級として捉えているのではなく、それまで公的領域に参入することを許されなかった人々を象徴的に表わす言葉として使っているようですね。マルクス主義は、労働者政党の導きの下で労働者が階級として団結することの重要性を説きますが、アーレントはむしろ、そういう外部の組織による統制なしに、「人民＝民衆」の間に自発的に起こって来る、政治参加への願望に期待をかけているわけです。無論、組織化されていない運動でも、大抵は何らかの利益を要求するものなので、アーレントの言っているように、ちゃんと区別できるか疑問ですが。アーレント自身もそのことを分かっているので、歯切れが悪くなっているのだと思います。

しかし、労働者の事実上の解放がもたらした重要な側面効果の一つは、この住民の新しい部分全体が、

サン・キュロット

多かれ少なかれ突然に、公的領域への参加を認められ、公的に姿を現わしたことであった。しかし、労働者が、このように公的に姿を現わしたからといって、それは、彼らが同時に社会に加わることが認められ、社会の重要な経済行動でなにか指導的役割を果たしたということではない。彼らは依然として社会領域に吸収されず、いわば公的領域からさらわれることはなかったのである。しかし、人間事象の領域にただ姿を現わし、自分を他人から区別し、自分を際立たせるだけでも、決定的役割を果たす。そのことは、労働者が、歴史の舞台に登場したとき、自分たちの衣装として「半ズボンなし《サン＝キュロット》」を採用する必要を感じたという事実に、おそらく最もよく示されているだろう。それに因んで彼らは、フランス大革命で、自らサン＝キュロットと名乗りさえしたのである。この衣装によって、彼らは、自分たちを他の人びとから区別したのであり、この区別は、他のすべての人びとに向けられたものであった。

フランス革命の時に、貴族階級のズボンである「半ズボン culotte」をはかない階層である手工業者、小店主、賃労働者などが、敢えて自ら「サン＝キュロット Sans-culottes」と呼んだというのは世界史の教科書にも出て来る話ですね。通常は「半ズボン」をどうするとかいうのはトリヴィアルな話題にすぎないと思って軽く受け流すところですが、アーレントはそれを「公的領域」への「現われ」に際しての「区別 distinction」と見て重視しているわけですね。常識的に考えれば、衣装なんてただのパフォーマンスですが、アーレントの言っている意味での「政治」は、その「パフォーマンス＝演技」が重要になるわけです。無論、全然輝かない「演技」では意味がないでしょうが。

「社会的領域にさらわれる absorbed by the social realm」というのは、第二章で見たように、利害関係や組織に誘導されて、まるで巨大な生命体のように画一的に振る舞うようになる、ということでしょう。

一八四八年から一九一八年まで、政党ではなく評議会にもとづく議会制度という観念は、ほとんど労働者階級の独占物であった。しかし、ハンガリー革命では、この観念は、すでに人民全体の一致した要求になっていたのである。）労働運動は、そもそも最初からその内容と目的が多義的であった。その上、最も発達した経済をもつ西側世界では、労働者階級は社会の枢要部分となり、独自の社会的・経済的権力となった。またロシアやその他の非全体主義的条件のもとでも、住民全体が「首尾よく」労働社会に組み込まれた。このような事態が起こったところではどこでも、労働運動は、ただちに人民を代表する性格を失い、したがってその政治的役割を失ったのである。そして、交換市場さえ廃止されつつあるような状況の中では、近代を通じてこれほど顕著であった公的領域の衰退がその極に達したとしても不思議はないのである。

スターリン

フルシチョフ

この末尾の部分は、ソ連を念頭に置いているのは明らかですね。ソ連では、一九五三年に、全体主義の権化と見られていたスターリン（一八七八―一九五三）が亡くなって、フルシチョフ（一八九四―一九七一）の下でより穏健な路線へと転換したように見えた矢先、ハンガリーに武力介入したわけです。ハンガリー動乱の二年後に刊行された『人間の条件』に、ソ連に対する怒りが表現されている背景には、労働運動の「政治的」役割に対するアーレントの期待と幻滅があったわけです。

「交換市場でさえ廃止されつつあるような状況」というのは、基本的には事実の指摘ですが、前回見た、「交換市場」の「公共性」をめぐる議論も念頭に置かれていると思います。労働者が「政治」の舞台からすぐに退場しただけでなく、半公共的な場である「市場」における「現われ」の余地さえも奪われつつある、と言いたいのでしょう。

ここでは、「政党＝党派 party」ではなく、「評議会 council」に基づく議会制度という観念が重要です。『革命について』の最終章の最終節では、かなりのスペースを割いて「評議会」という存在を評価しています。アーレントは、「評議会」を、「政党」に〝導かれ〟る形で組織化された——民主主義を装った——統治の仕組みとしてではなく、新たに公的領域に登場しようとする人たちによって自発的に結成された政治的構成体として捉えているようです。「評議会」での「政治」を通して、新しい活動の空間が作られ、「複数性」が増殖していくことに期待したかったようです。しかし現実には、すぐに「ソ連」のようなことになってしまう。〈Soviet〉というのは、「評議会」という意味のロシア語です。第一次大戦後のドイツやハンガリーでは、ロシア革命に倣って、「評議会」という名称の組織が形成されました。人々の「現われ」の場としての「評議会」も、そこに政党＝党派が絡んでくると、複数性を喪失していき、人々は自分たちの利害が、党を中心とする官僚機構によって適宜処理されれば、それでいいと思うようになるわけです。

## イデアの政治

第三一節「活動の伝統的代替物としての製作」も、「政治」が、次第に「活動—現われ」という面からではなく、何かを作ることとして捉えられるようになることを論じています。最初に、非目的論的な営みである「活動」を中心とする様々な不確実性が伴う、特に「複数性」のために物事がどういう方向に進んでいくのか分からないので、それを嫌う人たちが、〝政治〟から「複数性」を取り除こうとするようになった、と述べられています。そういう人たちは、プラトンの理想の王国のように、少数のエリートがその他大勢を「支配」する形態を理想とするようになりました。

先ほど、ギリシア語の二つの動詞〈archein〉と〈prattein〉は一体となって、「活動」を意味していたという話がありましたが、両者が分離し、「活動」が「支配」へと変質するようになります。

> 理論面で見ると、活動から支配への逃亡の最も簡潔で最も基本的な説は、『政治家』に見られる。この著作でプラトンは、ギリシア人の理解では相互に結びついている活動の二つの様式、すなわち、「始める《アルケイン》」と「達成する《プラッティン》」の間に深淵をもうけている。プラトンが考えた問題は、創始者が自分の始めたことを完成するのに他人の助けを必要とせず、最後まで確実にその行為の完全な主人であるにはどうすればよいかということであった。活動の領域でこの孤立した主人の地位を確保するには、他人がもはや自分自身の動機と目的をもって自発的にこの企てに加わる必要がなく、命令をただ執行するのに利用されるだけであり、他方、企てを始めた創始者は活動そのものに巻き込まれない、こういう状態を作りだすだけでよい。このようにして、「始める《アルケイン》」ことと「活動する《プラッティン》」こととは、まったく異なる二つの活動力となり、創始者は「活動する《プラッティン》必要のまったくない、ただ執行する能力をもつ人びとを支配する《アルケイン》」支配者となった。

主人はやるべきことを決め、その実現に向けて人々に命令するだけで、自分で動く必要はない存在になるということですね。言葉の上では、「達成する」という意味の〈prattein〉が、「始める」という意味の〈archein〉とのペア関係を解消し、その結果として、〈archein〉は単なる「支配」の意味になり、〈prattein〉の方は、当初から持っていた「達成する」という意味に加えて、「活動する」という意味を単独で担うようになった、ということです。志水さんは「活動する」という言葉を当てていますが、原文では〈act〉なので、単に「行動する」とも訳せます。

こういう風に意味論的に説明しようとするとひどくややっこしく感じられますが、共同体の解体過程についてのごく一般的なイメージを思い浮かべれば分かりやすくなります。最初は、みんなで意見を言い合い、その内の誰かのアイデアが傑出しているかはっきりしたら、それに従って行動することにみんなで決定し、みんなで実行していたけれど、それだと面倒くさくて、緊急の事態に対応できないので、誰か偉い人に方針を決めてもらって、それを他の人が忠実に実行する仕組みができあがった。初めて決定する人と、実行する人が分離したせいで、意見を競い合わせること（＝活動）は、ほとんど必要なくなった。みんなで話し合って、みんなで実行するというかつてのやり方は、抽象的な理念のようなものになった。おおよそ、そういうプロセスが、言葉の意味の変遷に反映されている、とアーレントは言いたいわけです。

たしかに、僭主も、自分以外の人間をすべて公的領域から取り除こうとする。しかし、そのような僭主の努力よりも、プラトンの計画の方が、人間事象にもっと永続する秩序を与えるものであることは明らかである。プラトンの計画では、市民は、たしかに、公的問題を扱う際にそれぞれ一定の役割を保持している。しかし、そこには、実際、党派闘争はもとより内部的不一致の可能性さえなく、市民はまるで一人の人間のように「活動する」。つまり、肉体的外観は別として、支配のおかげで「多数者はあらゆる点で一つになる」のである。

ここは分かりやすいですね。プラトンを全体主義の元祖と見なす議論がありますが、それに近い考え方ですね。プラトンは、「複数性」を党派闘争の原因と見て、除去しようとしたわけです。市民たちが、王の命令の下に、「一人の人間 one man」のように「行為 act」するようになれば、面倒はないわけです。アーレントはここで直接言及していませんが、プラトンは『政治家』で、「政治家がもつべき専門技術」を「歩行動物飼養術」として特徴付けています。

あと、志水さんが「計画」と訳しているので、何だか計画経済批判が含意されているような印象を受けますが、原語は〈scheme〉です。現在だったら、「スキーム」というカタカナ語が定着しているので、そのまま「スキーム」と訳した方がいいでしょう。

アーレントは更に、この本の中でこれまで一貫して主張してきたプラトンのイデア説と、［デミウルゴス（職人）―製作］的な〝政治〟観との繋がりを、この問題に関連付ける形で再説します。

> プラトンは、仕事と製作に固有の固さを人間事象の領域に与えるために、活動を製作に置き代えようとしたのであるが、このような彼の願望は、彼の哲学の中核であるイデア説に触れると最も明白になる。プラトンが政治哲学に関心をもっていないような場合（たとえば『饗宴』その他）、彼はイデアを「前を最もよく照らすもの《エクパネスタトン》」として、したがって美なるものの変種として描いている。ただ『国家』においてのみ、イデアは、標準、尺度、行動規準に変形されている。これらの規準はすべて、ギリシア的意味における「善《グッド》」、すなわち「役に立つ《グッド・フォー》」あるいは適合性の観念の変種であり、その派生物である。イデア説を政治に適用しようと思えば、どうしてもこのような変形が必要であったのである。いいかえると、プラトンが、美なるものでなく善なるものこそ最高のイデアであると宣言する必要があると考えたのは、本質的に政治的目的からであり、人間事象からもろさの性格を除去するという目的からである。しかし、この善のイデアは、哲学者の最高のイデアではない。なぜなら哲学者とは、

存在の真の本質を観照しようとし、したがって人間事象の暗い洞窟を去ってイデアの明るい大空に向かおうとする者だからである。

これまで見てきたところでは、「イデア」は「デミウルゴス」が製作するための設計指針のようなものであることが強調されていましたが、ここでは、プラトンの『国家』以外の著作では、「イデア」は、「前を最もよく照らすもの shine forth most」、美的なものの変種として描かれていると断ったうえで、『国家』に限って、標準、尺度、行動規準の意味で使われていると述べていますね。「イデア」の本質を、「美」から「善」に、それも「役に立つ」という意味での「善（良）」に置き換えているわけですね。しかし、そうしたことによって、哲学者である王の性格付けに矛盾が生じてしまった、というのがここでのポイントです。

「洞窟を出た囚人」は、美しく光輝く「イデア」を求める哲学者なので、洞窟＝人間事象の世界にあまり住みたくないはずだけど、哲人王は、「善」の「イデア」に基づいて、囚人たちの住む洞窟を理想的な場に作り替えようとする「製作者」です。三五七頁を見ると、プラトンは、「イデア」を製作のための客観的な尺度のようなものとして扱うことによって、哲人王を疑似神格化することを回避している、と述べられています。一人だけ「イデア」を見た哲人だということにすると、啓示を受けた予言者みたいな感じになりますが、設計図通りに作る職人にはそういうカリスマ性は要らないからです。

このようなものの考え方からすれば、人間事象のテクニックを修得したある人物が、一つのモデルに従ってユートピア的な政治システムを組み立てるのは、ほとんど自明のこととなる。プラトンは、政体を作るための青写真を考案した最初の人であり、その後生まれたあらゆるユートピアに霊感を与えている。

「イデア」という設計図に従って「ユートピア」を「製作」することが「政治」の目的だとすると、当然、その設計図に従って支配する王は、他人と相談する必要はありません。「イデア」を知らない囚人の言い分を聞いていたら、いつまで経っても建設は進みません。〝政治〟から「活動」という要素は消え去ります。このように、政治の本質をユートピアの設計とする見方の起源をプラトンにあるとして、そこを批判する議論は、オーストリア出身の科学哲学者で、やはり全体主義批判としても知られるカール・ポパー（一九〇二―九四）に通じています。ポパーは、有名な『開かれた社会とその敵』（一九四五）の第一巻「プラトンの魔力」で、プラトンの「イデア」論を、ユートピア的目的を最初に設定して、それの建設に向けて社会全体を厳格に統制していく「ユートピア主義的社会工学」の起源として批判しています。政治体制を設計することに対する批判という意味では、やはりオーストリア出身の経済学者ハイエクの議論にも通じています――ハイエクの設計主義批判については、拙著『いまこそハイエクに学べ』（春秋社）をご覧下さい。

## 「過程 process」

次の第三二節「活動の過程的性格」では、「活動」が「過程 process」としての性格を持っていることを前提としたうえで、そうした「過程」的な見方が、近代の自然科学や歴史学にも浸透していることが指摘されています。この場合の「過程」というのは、始まった時点で「終わり」が完全に確定するわけではなく、一定の過程を経てそこに至るので、その間に不確定要因が生じること、及び、その進んでいった道筋をもはや後戻りすることはできない、という意味合いを含んだ言葉です。直前の第三一節で、「政治」においては、不確実要素の多い「活動」は、次第に「製作」に置き換え、という議論をしていたのに、その「活動」のある側面が、近代の新しい学問に浸透するというのは矛盾しているような感じがしますね。アーレントは次のように説明しています。

フォン・ブラウン

> 同じように、活動は不確かなものだから、これを取り除き、人間事象をそのもろさから救おうとする試みがなされた。つまり、人間事象は、あたかも人間による製作の計画的産物であり、またそうなりうるかのように扱われたのである。その結果はどうであったか。なによりもまず、人間なしにはけっして実現しないような新しい自発的な過程を始める能力、要するに人間の活動能力が、自然にたいする態度の中に導き入れられることになった。この自然にたいする態度というのは、近代の末期までは、ただ、自然法則を探ることであり、自然材料から対象物を作ることにすぎなかったのに。私たちがどの程度まで、文字通り、自然の中へ活動《アクト・イントゥネイチャー》し始めているかということは、おそらく最近ある科学者がたまたま述べた言葉の中に最もよく示されているだろう。彼はまったく真面目に次のように述べたのである。「基礎研究とは、私がなにを行なっているのか知らない事柄を行なっている場合である」

注（72）を見ると、ある自然科学者というのが、ロケット工学者のヴェルナー・フォン・ブラウン（一九一二—七七）であることが分かります。近年はあまりこの名前を聞かなくなりましたが、ナチス時代のドイツでV2ロケットの製作に成功し、戦後は西側初の人工衛星となったエクスプローラー一号の打ち上げに使われたジュピターCロケットを開発し、六〇年から七〇年までNASAのマーシャル宇宙飛行センターの所長を務めた人です。

この箇所を読んでもまだ釈然としませんが、先ず、「人間なしにはけっして実現しないような自発的な過程を始める能力」という言い方に注目して下さい。これは実験室とか工業施設の中で、物理学の法則や化学の法則を利用して、人為的に、自然界では通常起こらない現象を引き起こすということです。核反応を自動的に引き起こす原子力発電が一番分かりやすい例でしょう。プラスチックとかの人工的物質を作り出したり、特定の周波数の電磁波を発生させたりすること、私たちの生活の中で使われている科学技術のほとんどがこれに当たります。

これらの現象が生じる「過程」は、自然界の法則によって進行するので、人間が完全にコントロールすることができないわけですが、裏を返して言えば、科学技術の発展によってある程度はコントロールすることができるようになった、ということです。少なくともそのプロセスを「始める」ことはできるわけです。「自然」が人間の知恵を超えた不可思議な存在に見えた時代には、そんなことは思いもよりません。そういう時代には、「自分がなにを行なっているのか知らない事柄を行なっている」どころか、自然に対して文字通り、手も足も出なかったわけです。どうにかできるかもしれない、と思っているからこそ、基礎研究を「始める」わけです。

つまり、本来人間事象に関する営みである、［活動―過程］的な見方を、「自然過程」に持ち込むというのは、人間によって自然をコントロールしようとする企てが〝始まった〟ということです。始動させることはできるけれど、不確定要素があるのでどう進んで行くのか分からない、不可逆的な「過程」と見なしたうえで、その不確定要素を徐々に取り除いて、「製作」モードへと完全転換することを目指すわけです。もともとどうにもならなかったものを、人間の営みであるゆえにある程度はどうにかできる「活動」であるかのように見始めることが、完全制圧に向けての企ての序章になるわけです。

歴史に関しても、これと同じことが行われているとアーレントは言っているわけです。つまり先ず「歴史科学 historical sciences」――先ほど確認したように、「歴史」を「物語」と区別し、客観的法則に従って発展するものとして科学的に観察しようとするようになったのは近代になってからのことです――において、「歴史」を「過程」と見なす見方が生まれます。そして、その「過程」の不確実さ、と不可逆性を感じる。「歴史」の場合の方が、不可逆性が苦痛に感じられますね。歴史の悲劇とか、誤った歴史のコースをなかったことにできないわけですから。そういう認識の下で、前節で見たような、「計画」的思考が始まる、ということになるわけです。ややこしいですね。

なまじ人間は自由であるという能力をもつために、人間関係の網の目を生産し、それによって、紛糾の中に巻き込まれるように見える。その結果、人間は、自分の行なったことの作者であり、行為者であるというよりは、むしろその犠牲者であり、受難者のように見えるのである。いいかえると、人間が最も不自由に見える領域は、生命の必要に従属する労働でもなければ、所与の材料に依存する製作でもない。むしろほかならぬ自由を本質とする能力において、またその存在をただ人間にのみ負っている領域においてこそ、人間は最も不自由に見えるのである。

「人間関係の網の目」という言い方は両義的ですね。人間が作ったものだけれど、一人の人が全て計画的に作ったわけではないので、どこでどう繋がっているのか分からない。見通しが利かず、自分のやったことがどういう帰結を生むのか予測し切れない。人間関係の「網の目」は人間が作ったはずなのに、人間自身の思うようにはならない。それで「不自由」だと感じるようになるわけです。人間が「自由」に活動するがゆえに、自分でコントロールできない「網の目＝蜘蛛の巣」を作り出し、それに絡まってしまって不自由になっていく、というパラドックスです。その面倒なものをどうにかしたくなるわけです。

こういう思考の回路から、いろんな人間が絡んでいる政治を効率的なものに設計し直し、歴史を本来の正しい発展の方向へ誘導していくといった考え方が生まれてくる。そうした設計主義的な思考を、その根源にまで遡って批判する点で、アーレントはハイエクやポパーと似たような戦略を取っています。というより率直に言って、彼らの議論の方があっさりしていて、分かりやすく説得的です。アーレントは、プラトンにおける「活動」から「製作」へという図式で、近代の歴史哲学や設計主義の問題を説明しようとするので、かなり話がややこしくなっているわけです。

## 「許し forgiveness」と「復讐 vengeance」

第三三節のタイトルは「不可逆性と許しの力」です。いきなり宗教っぽくなりましたね。何故「許し forgiveness」が出てくるのかというと、「活動」が「不可逆的」だからです。アーレントによれば、「許し」というのは、当事者を自分の行為の帰結から解放してあげることです。「許す」側から見れば、自発的に自分の心を替え、新しいことを「始める」能力、自分と相手の間に新しい関係を打ち立てる能力を持っていることを示すということです。動物のように反応しているだけであれば、「まあいい」と思うことを忘れるということはあるかもしれませんが、許すということは、そこにそれまでの自分が置かれている立場とは違った意味付けを相手との関係性に新たに付与する行為です。

「許し」の対極にあるのが、「復讐 vengeance」だということですね。「復讐」というのは、相手のやった負の行為に対する単なる「反応 reaction」です。〈reaction〉という言葉は、〈re-〉の後にハイフンを入れて、〈re-action〉とすると「再・活動」というニュアンスが出ます。本当に自由な「活動」ではなくて、やられたことをそのまま反復しているだけみたいな感じになりますね。志水さんは、〈re-act〉を「反・活動」と訳しています。確かに、反応し合っているだけなら、「活動」はできません。「許し」というのは、そうした反応の連鎖を断ち切ることです。

あと、「許し」の代替物が「罰 punishment」だとしていますね。「許し」と「罰」は対極にあるように見えますが、アーレントに言わせると、無限の連鎖を終わりにする点は両者に共通しています。当然、法的刑罰のことではなくて、共同体的な関係を修復する営みとしての「罰」です。この意味で「罰する」ことが可能であることは、「許せる」ための条件で、その逆が真です。そうした許すことも罰することもできないのが、カント以来「根源悪 radical evil = das radikale Böse」と呼ばれてきたものだとしています。カントによれば、「根源悪」とは、人間の本性に内在する自己愛に従おうとする傾向で、道徳法則に従おうとする「自由意志」を妨害します。アーレントは、『全体主義の起源』以来、「根源悪」とは何かという問題に拘り続けます。

最終節第三四節「不可予言性と約束の力」では、「約束 promise」が論じられていますが、「約束」も先ほどの「許し」と同様に、他者との間に新しい関係を打ち立て、新しく始める能力として位置付けられています。「許し」が「不可逆性 irreversibility」を緩和するのに対し、「約束」は「不可予言性 unpredictability」を緩和します。これはどういうことか分かりますね。お互いを拘束し合うことによって、帰結をある程度予想可能にします。これは、法学の授業で、合意をベースとする近代法の存在意義として語られることです。人間が「活動」すれば、どうしても不確実性ゆえの危険が生まれてきますが、その不確実性を減少させ、「活動」を耐えられるものにするのが、「約束」です。

最後に、この章全体に関わる思想史的なコメントを付け足しておくと、アーレントは、プラトンのイデア論を、「製作」中心モードの政治観を生み出したものとして批判する一方で、アリストテレスの中に「活動」の本来の意味を見出そうとしているように見えます。ただし中庸の人としてのアリストテレスを評価しているわけではなく、脱目的論的な「始まり」の輝きを求める人としてのアリストテレスを評価しているようです。

## ■質疑応答

Q 三〇三頁の「模倣はすべての芸術に一般的に見られるが、実際にそれがふさわしいのは、ただドラマだけである」というところなのですが、何故演劇だけなんでしょうか。「現われ」の非物的、非目的論的性格についての先生のご説明からすると、役者さんのその日のコンディションや、お客さんの様子等、様々な影響によって左右され、完全に同じものが再現されることはないという「演劇」の特徴が関係しているのだと思うのですが、本当に演劇だけなのでしょうか。例えば絵画は、作品そのものは変わらないかもしれませんが、見ている側のコンディション、時間帯、それが置かれている環境によって、見る度に違ってきます。そのような意味では、それも模倣になるのではないかと思いました。

A 「現われ」の非物性、非目的＝終わり性という点だけに注目するのであれば、おっしゃる通りですが、あの箇所で問題なのは、「現われ」というよりは、「ポリス」との構造的類似性です。役者とコロス、観客の複数のパースペクティヴが交差しながら、そこで演じられていることに意味付けがされていき、「物語」が展開していく。その構図が、記憶の共同体であるポリスにおける、共通の物語の生成の過程に似ていることにアリストテレス、そしてアーレントが注目したわけです。

絵画観賞の場合、作品＝客体と、それを見る主体の関係がその度ごとに変容するということはあっても、その場で、複数の主体のまなざしが交差して、物語が形成されるということはありません。各主体は基本的に単独で作品に関わります。作品を前にして蘊蓄を披露し合っている人たちもいますが、あれは、芸術鑑賞にとって余計で無粋なことでしょう。その作品を見た人々の感想が世間的に流通したり、芸術批評の言説が互いに影響し合いながら変容していくということはありますが、そういうのは、「作品」そのものとは必ずしも関係ない、二次的な物語でしょう。

演劇において「模倣」される最も肝心なものは、公的領域を象徴する舞台の上での「複数性」です。

Q　アーレントは複数性を大事にしているということですね。複数性があるからこそ、個人の〈who〉が成立するということだったと思いますが、〈who〉というのがどうもよく分かりません。実体的な属性としての〈what〉と違って、その場ごとの「現われ」に依拠しているということは分かったのですが、それがどうしてその人のアイデンティティになるのでしょうか？

A　確かに分かりにくいところですが、先ず、〈what〉が他の多くの人と共通する属性の束を指しているのに対して、〈who〉の方は他者との「差異」を示していることを確認しておきましょう。同じことの裏返しのようにも思えるのですが、どことどこを強調すれば、他人との違いを際立たせることができるかは、眼の前にいる他人がどういう人であるかに依存します。〈what〉は常にほぼ同一であっても、〈who〉の表象の仕方は文脈依存的に変容します。

ただし、〈who〉が文脈に依存しているといっても、どのようにでも無限に変る可能性があるということとではありません。ポリスという記憶の共同体という枠があるからです。この共同体の物語の配役として、各人の〈who〉は現われるわけです。物語から自由に、自分だけで〈who〉を演出できるわけではありません。また、そもそもの話として、自らの〈what〉の拘束から完全に自由になることはできません。生身の自分とかけ離れた存在を、公衆に違和感を抱かせないよう演じることができない。二重の拘束を受けながら、その場ごとの自他の関係性によって、ちょっとずつ〈who〉の「現われ方」が違ってくるわけです。

Q 「活動」と「言論」が、「複数性」によって可能であるという話がありました。私のイメージでは、言語というのは、私たちの周囲の事物を整理・分類するための媒体です。他者に自分の見方を伝達する以前に、各人の中で物の見方は既に固まっているのではないでしょうか。そうでないと、コミュニケーションできないような気がします。日常的なコミュニケーションを通して、お互いの物の見方を調整しているとは思います。でも、それは「複数性」とは違うように思えます。

A 確かに個々の「物」の認識に関しては、おっしゃるように、複数性というより均一化するように調整していると思います。アーレントもそれは認めるのではないでしょうか。
ただ、先ほどお話しした〈who〉を、つまり、人と人の「間」での「現われ」を通して見えてくる人格的アイデンティティを認識しようとする際には、パースペクティヴの「複数性」が顕著になると思います。「人格」という物体が存在するわけではないですから。「あの人は○○な人だ」「いや、むしろ△△な人だ。何故かというと……」、というような、言葉の交換が行われ、様々なパースペクティヴからの性格付けが競合し、重ね合わされていく中で、その人の〈who〉が決まって来る、ということなのだと思います。
それは純粋な認識ではなくて、その相手を、自分の人間関係の〈web〉の中にどう位置付け、どういう風に接すべきかという意味での実践的な意味も持っています。物を整理し、名前を付け、言語体系全体の中で矛盾しないように意味を付与するのが意味論の問題だとすれば、これは、語用論（pragmatics）的な問題です。〈pragma〉というのは、「行為の結果」あるいは「事実」という意味のギリシア語で、〈prattein〉や〈praxis〉と同じ系統です。「活動 praxis」と結び付いた「言論」は、言語の複数的で非実体的な役割を代表していると言えるのではないでしょうか。「言語」は、人間事象の〈web〉を紡ぎ出していく場面では、「物」を名指す時とは異なる働き方をするわけです。

# ［講義］第六回　世界疎外——「第六章〈活動的生活〉と近代」を読む

## 「世界疎外」と近代、三つの出来事

第六章は最終章「〈活動的生活〉と近代」で、普通の本の構成だと結論部に当たるはずなのですが、アーレント研究ではさほど焦点が当てられません。比較的よく引用されるのは全体の内容紹介になっている第一章と、「公的領域／私的領域」の違いが強調されている第二章です。第六章は、タイトルからして何か近代批判のようなことをするのかという印象を受けますが、その印象通りだと、第二章の「社会的領域」批判と、『全体主義の起源』での議論から、何を言っているのか想像が付くような気がしますね。

最初の節、第三五節のタイトル「世界疎外」も、そういう連想を誘います。「疎外」というのは、初期マルクスが資本主義批判のために利用した概念で、いろんな人がそれに精神分析とか社会学の理論を接ぎ木して、機械的なシステムによって人間が管理される近代社会の非人間性を指摘するために使っています。アーレントが問題にしていることも、具体的にはそれと同じなのですが、当然彼女なりに、古典文献学的に捻った解釈をしています。

ここを読むうえで重要なのは、自己疎外ではなく、「世界疎外」というタイトルになっていることです。マルクスは、人間の類的本質である「労働」から疎外されるという意味での自己疎外を論じました。マルクス主義的な考え方をしない人でも、思想・哲学を勉強していれば、「疎外」と聞くと、自分の本来のあり方から疎外されていることを連想します。日常用語で「疎外」と言う時は、のけ者にされていることを指しますね。アーレントはそのいずれでもなく、人間が「世界」から疎外されている、「世界」と疎遠になっていることを論じているわけです。この場合の「世界」というのは、第三章と第四章で論じられている、「物」から成る「世界」のことです。

近代の入口には三つの大きな出来事が並んでおり、それが近代の性格を決定している。すなわち、第一に、アメリカの発見とそれに続く地球全体の探検。第二に、教会と修道院の財産を没収することによって個人的収用と社会的富の蓄積という二重の過程を出発させた宗教改革。第三に、望遠鏡の発明と地球の自然を宇宙の観点から考える新しい科学の発展。これらは、フランス革命以来知られているような意味で近代的な出来事だとはいえない。

「個人的収用 individual expropriation」というのは、変わった言い方ですね。「収用」というのは、誰かのものを取り上げることです。具体的には、個人が所有の主体として確立されること、及び、市場社会の中で自己の富を増大していくことを指していると考えればいいと思いますが、それを「収用」というのは、どういうわけか。恐らく第二章で言っていた、基本的には「家」に属するけれど、「共通世界」における各人の場所を指定するという意味で、半ば公的意味を持っていた「財産」という概念が消滅していくということが念頭に置かれているのではないか、と思います。第二章では、そうした意味での「財産」と、固有性がなく、同じ価値のものに代替可能な「富」が対置されていましたが、ここで蓄積されていると言われているのは、「社会的富 social wealth」ですね。「社会的富」というのは、GNPとかGDPのように数字化された豊かさのことでしょう。「財産＝固有性」というポリス的な概念が消滅して、個人に競争させることで、富の総量を増やす政策が取られるようになったことを示唆しているわけです。

教会と修道院の〝財産 possessions〟――〈property〉と使い分けているのだと思います――の没収（ex-propriation）というのは、具体的には、フランス革命時の反宗教政策のことを言っているのでしょう。教会や修道院の〈possessions〉は、ポリスの「財産」と同じ意味での「公的性格」は持っていなかったけれど、それでも私的に所有してはならないものの象徴ではあったわけです。私的な富獲得へのタブーがなくなっていくことを象徴しているとは言えるでしょう。

三番目に「新しい科学」が来るのはいいとして、それを、「望遠鏡」と「地球の自然を宇宙の観点から考える」ということで特徴付けるのは、変わっていますね。普通だったら、自然科学の法則を利用した自然の征服とか、機械による人間の能力の向上とか、生活の合理化とか言うところです。「望遠鏡」と「宇宙の観点 the viewpoint of the universe」と並べていることからすると、どうも「見る」ことと関係付けたいようですね。

それに「フランス革命以来知られているような意味」で「近代的」ではない、というのが気になります。アーレントは説明していませんが、ごく普通に考えれば、市民たちが宗教的偏見や封建的抑圧から解放され、権利の主体としての地位を付与され、経済的・政治的・倫理的な主体としての自己を確立するようになる、というようなことでしょう。アーレントとしては、そういう話をしたいわけではない、ということでしょう。

邦訳の四〇四頁から四〇五頁にかけて、「星を眺める以外は役に立たないもの」、つまり望遠鏡の発明は、先ほど挙げたことの内で最も注意を引かないものだったけど、それが「地球」の限界を発見することに繋がったと述べられています。

そして今、人間は、この地球の威厳のある外観と表面を、まるで自分の掌のようにくわしく知っている。しかし、利用可能な地球の空間が無限であると見えた途端、今度は周知のような地球の縮小が始まった。その結果、現代世界（それは近代の結果ではあるけれども、けっして近代世界と同じものではない）では、各人は、自分の国の住民であると同時に、地球の住民ともなっている。そこで、人びとは、今や地球大の連続した全体の中で生活している。距離の観念というのは、切れ目のない完全な連続体にもやはりそなわっているものであるが、この距離の観念さえスピードの攻撃の前に屈している。スピードが空間を征服したからである。なるほど、この征服過程にも超えられない限界がある。一つの物体は同時に異なる二つの場所に存在できないからである。しかし、スピードが空間を征服したために、距離が無意味なものになったことはたしかである。なぜなら、地球上のどの地点に到達する場合にも、人間生活の重要な時間的区切り——年、月、週でさえ——もはや必要ではないからである。

技術によって距離が次第に意味を失っているというのは、社会学的な近代化論でよく目にする議論です。これは、「プロローグ」に出てきた、宇宙飛行によって、人間の生を拘束していた条件が変化したということに対応しています。また、先ほどもお話しした、ポリスの中で市民たちは「財産」という形で自分に固有の場所を確保していたけれど、近代では、そういう空間的区分けと結び付いたアイデンティティが消失していった、という話とも対応しているように思えます。地球全体が一つの連続体になってしまい、人々の間の距離も意味をなくしつつあるわけですから。

手近なものとの係わり合いや関心から解放され、近くにある一切のものから身を引いて距離を置いたときにのみ、人間の観測能力が働くというのは、その能力の本性から来ている。自分と自分の周りの世界や地球との距離が大きければ大きいほど、人間は、それだけ一層よく観測し測定することができ、それだけ人間に残される世界と地球の空間は小さくなるだろう。地球が決定的に収縮したのは、航空機が発明され、その結果、人間が地球の表面を完全に去ることができたためである。この事実は、地球上の距離の縮小は、人間と地球との間に決定的な距離を置き、人間を地球の直接的な環境から遠ざける《エイリアネイト》という代償を支払ってのみ獲得できるという一般的現象の象徴のように思われる。

ルビで表示されている〈alienate〉という動詞に注目して下さい。この動詞の基本的な意味は、「よそよそしくする」「異質なものにする」です。その延長で、マルクス主義的な「疎外する」という意味でも使われます。アーレントは、人間と地球の間に生じた「距離 distance」という視点から、「疎外」を捉えようとしているわけです。地球から「距離」を取るというのは比ゆ的な表現ですが、具体的には、それまで地球に密着して生き、地球のあるがままの環境を当然のものとして見ていた人間が、地球を対象として突き離して見ることができるようになった、あるいは、そういう見方をせざるをえなくなった、ということでしょう。無論、実際にはたまに有人ロケットを打ち上げているだけで、ほとんどの人間はずっと地球の上にへばり付いたままですが、技術の発展によって地球全体、そして地球の様々の地点の映像を簡単に手に入れ、眺めることができるようになりました。地球を望遠鏡的な視点から見ることが可能になったわけです。それまで一体だったのに、パースペクティヴ的、心理的に距離が生じるという意味での「疎外」が起きているわけです。

これは一見マルクス主義の労働疎外とは無関係の話のようですが、マルクスの言っている疎外も、技術

〈alienate〉：動詞の基本的な意味は、「よそよそしくする」「異質なものにする」。

・マルクス主義　→　「疎外する」という意味。個人と個々の物との関係。
技術の発展によってそれまで人間の自分の肉体を使って直接接触していた“もの”との間に次第に距離が生じ、よそよそしくなることに起因。

・アーレント　→　人類と地球という次元。人間と地球の間に生じた「距離 distance」という視点から、「疎外」を捉える。地球から「距離」を取るというのは比ゆ的な表現。具体的には、それまで地球に密着して生き、地球のあるがままの環境を当然のものとして見ていた人間が、地球を対象として突き離して見ることができるようになったということ。

地球を望遠鏡的な視点から見ることが可能になったゆえ、それまで、人間と地球は、一体だったのに、パースペクティヴ的、心理的に距離が生じるという意味での「疎外」が起きている。

※「地球からの疎外」は「世界疎外」とイコールではない。が、人間と、それまでその住処であった場との間に距離が生じるという意味で、密接に関連。

の発展によってそれまで人間の自分の肉体を使って直接接触していた〝もの〟との間に次第に距離が生じ、よそよそしくなることに起因するわけですから、ちゃんと繋がっています。マルクスが、個人と個々の物との関係として描いたことを、アーレントは、人類と地球という次元で捉え直したわけです。この地球からの疎外は、この章のテーマである「世界疎外」とイコールではないけど、人間と、それまでその住処であった場との間に距離が生じるという意味で、密接に関連していると見ているようです。

## 疎外と宗教改革、「自我」中心の哲学

アーレントは更に、こうした意味での「疎外」を宗教改革と結び付けます。

宗教改革は、たしかに、これとはまったく異なる出来事であるが、結局のところ、同じような疎外《エイリアネーション》の現象を私たちに突きつけているのである。ついでにいえば、マックス・ウェーバーはこの疎外現象を「世界内的禁欲主義」の名のもとに新しい資本主義精神の内奥の源泉とさえ見た。ともあれ、この事実は暗合の一致であって、このような暗合の一致があるからこそ、歴史家は容易に幽霊とか悪魔とか時代精神《ツァイトガイスト》などを信じてしまうのである。人びとを非常に驚かせ混乱させるのは、まったく正反対なものの中に類似性があるということである。正反対なものというのは、この世界内的疎外は、その意図や内容からいえば、地球の発見や地球の専有に見られる地球からの疎外となにも関係がないからである。

〈innerworldly asceticism ＝ innerweltliche Askese〉を志水さんは、「世界内的禁欲主義」と訳していますが、ウェーバー業界では、「世俗内禁欲」と訳されることが多いです。これは『プロテスタンティズムの倫理

と資本主義の精神』に出てくる有名な表現で、中世においてはカトリック教会の修道士が、禁欲しながら修行の一環として労働に励んだのに対し、近代のプロテスタンティズム、特にカルヴィニズムにおいては、それが全ての信徒の義務と見なされるようになったということを示す概念です。

アーレントは、この「世俗内禁欲」を「疎外」に読み替えているわけですが、何故そう読み替えているのか分かりにくいですね。恐らく二つのことが念頭に置かれているのだと思います。一つは、「世俗内禁欲」の哲学的解釈です。ウェーバーは、「世俗内禁欲」を、信仰に基づく義務という見地から世界＝世俗における自らの欲望追求を抑制し、神の意図に合うように自己の生活を組織化するようになることと見なしています。ドイツ語で職業のことを〈Beruf〉と言いますが、これの元の意味は、「召命」、何らかの使命へと召喚されることです。カトリックでは金儲けはいやしいこととされましたが、カルヴィニズムでは、「職業＝召命」に専心して成果を挙げることは、神の栄光を示すことだと見なされました。そこからお金を貯めてそれを次の投資に回し、事業を拡げていくことは、自分のための欲望を神の栄光を表わすことだという考え方が生まれました。信仰心を持たない普通の商売人が世界＝世俗に蔓延する欲望の体系にどっぷり浸かっているとすれば、「職業＝召命」意識を持った事業者は、「世界＝世俗」と自分との間に「距離」を置き、そこに自分がどう関わるか反省的に把握しようとする。そのことをアーレントは、「世界疎外」と見ているわけです。

翻訳の四〇七頁に、「キリスト教信仰の非妥協的な超世界性（the uncompromising otherworldliness）を回復しようとするルターやカルヴァン」という表現がありますが、「世俗内禁欲」に従事した人たちは、「世界」から距離を取り、「世界」を神のために利用することによって、「世界」を超越するキリスト教本来のあり方を取り戻そうとしたわけですね。これは第二章に出てきた、キリスト教の「無世界性」の話と対応しています。

もう一つは、ピューリタン革命――ピューリタンは、英国のプロテスタントの一派です――などの市民革命を経て生まれてきた、市民社会では、ロックの労働＝所有論や、スミスの労働価値説のような論理に基づいて、「世界」の一部を「労働」によって自らのもの、「所有物」として「収用」するようになった、ということでしょう。「世界」を、搾取すべき対象と見なすようになった、ということです。そういう態度が、先ほどもお話しした、［財産→富］の変質に帰結するわけです。この場合も、「世界」と自分の間に「距離」が生じます。つまり信仰の観点から見ても、労働価値説の観点からも、自己と世界の間に距離が生じるわけです。

そういう風に理解した、経済的な「世俗内禁欲＝世界疎外」と、科学技術の力によって地球を、距離を置いて見ることができるようになったという意味での「疎外」が、直接的には関係なさそうに見えているにも関わらず、「一致」していることが哲学者や思想家たちにとって驚きだった、というわけです。志水さんは「暗合の一致」という難しそうな言い方で訳していますが、原語は〈coincidence〉という単純な言葉なので、単純に「意図せざる一致」くらいに軽く訳した方がいいでしょう。

邦訳の四一〇頁で、超越性や来世への信仰が消滅したことによって「近代」が始まったということ、しかし、それによって人間は再び「世界＝世俗＝この世」に「投げ返された threw back」のではなく、自分自身に「投げ返された」と述べられています――「世界」に「投げ返す」というのはハイデガー的な言い方ですね。先ほど見たアーレントの理屈からすれば、「世界」に対してはむしろ距離を取ることになったわけですから、当然そういうことになるでしょう。近代哲学は、この自分自身への「投げ返し」を出発点とした、というわけです。

近代哲学は、魂や人格や人間一般には関心を示さず、もっぱら、自我にたいして関心を注ぎ、世界や他人との経験をすべて人間の内部における経験に還元しようと試みてきた。これは、デカルト以来、近代哲学の最も一貫した傾向の一つであり、おそらく哲学にたいする近代の最も独創的な貢献でもある。資本主義の起源についてマックス・ウェーバーが行なった発見は偉大である。それは、世界について別に配慮したり世界を享受したりしなくても、厳密に現世的で大きな活動力が可能であり、むしろ、その活動力の最も深い動機は、自我についての恐れと配慮であるということを彼が立証したからにほかならない。マルクスの考えたような自己疎外ではなく、世界疎外こそ、近代の品質証明なのである。

デカルトの「自我」中心の哲学と、世俗内禁欲を結び付けているわけですが、ウェーバーが発見したという「自我についての恐れと配慮 worry and care about the self」がどういうことか説明がないので、すぐにはピンと来ないですね――厳密には、「自我」ではなくて、「自己」と訳すべきですが。恐らく、「恐れ」というのは、カルヴィニズムの誰が救われ、誰が滅びるかは、本人が何をするかに関係なく、既に予定されているという二重予定説のために、信徒たちが、自分が救われるかどうか「心配 worry」するということでしょう。「配慮 care」は、自分が神によって選ばれた者であることを証明すべく、自己の生活を規律し、労働に励み、実績をあげようとするということでしょう。ドイツ語版を見ると、「自己自身に対する関心 das Interesse an dem eigenen Selbst」と「魂の救いに対する心配 die Sorge um das Seelenheil」という表現になっています。

そうやって、「自己」に意識を集中することが、結果的に、「世界」から距離を取り、対象として利用しようとする姿勢に繋がった、とアーレントは言っているわけですね。そうした、ウェーバー的な「自己」=経済主体は、デカルト的自我のイメージと符合していると見ることができます。西欧近代哲学史では、デカルト的自我は通常、物質的世界を対象として客観的に把握する認識主体であると共に、それを自らの目標に合わせて改造しようとする行為主体でもあるものとして性格付けられることが多いです。

## 自己疎外と世界疎外、初期マルクス「木材盗伐法問題」

「マルクスの考えたような自己疎外（self-alienation）ではなく、世界疎外こそ、近代の品質証明なのである」という文がここで出て来るのがどうしてなのか、文脈的にしっくりこないですが、ごく単純にここに書かれていることだけから判断すると、近代人はデカルトやウェーバーの議論に見られるように、哲学的にも社会実践的にも「自己」に強く関心を持っていたので、自己自身から疎外されたわけではない、ということだと思います。無論、それだと、どうしようもなく素人っぽい発想ですね（笑）。自分のことを気にかけることと、自分が作り出した対象、自己を「外化 entäußern」したものとしての対象と疎遠になることは、全然矛盾しません。ただ、アーレントが少なくともここでは、マルクスの疎外論を本質的に否定したいのではなくて、単に言い回しを問題にしているだけなら、それほど目くじらを立てる話ではないかもしれません。「自己疎外」ではないという所に付いている注（4）を見ておきましょう。

> 青年マルクスの著作の中には、彼が資本主義経済における世界疎外の暗示にまったく気づいていなかったわけではないことを示すいくつかの個所がある。たとえば初期の一八四二年の論文“Debatten über das Holzdiebstahlsgesetz” (*Marx-Engels Gesamtausgabe* [Berlin, 1932], Part 1, Vol. I, pp. 266ff.) で彼は盗みを取り締まるある法律を批判している。彼がそれを批判したのは、単に所有者と盗人の形式的な対立が「人間的欲求」――木材を使う盗人はそれを売る所有者よりももっと緊急にそれを必要としているという事実――を考慮しておらず、したがって木材使用者と木材販売者とを木材所有者として

同等視することにより人間を非人間化しているからだけではなかった。木材そのものがその自然を奪われているからでもあった。人間を財産所有者としてしかみない法律は物をただ財産としてしか考えず、財産を使用物としてではなく、交換物としか考えない。交換に用いられるとき物は非自然化されるという考えは、おそらくアリストテレスによってマルクスに与えられたものである。

ここで参照されているのは、「木材盗伐法問題」という初期マルクス、労働問題に本格的に取り組む前の若きマルクスの論文です。文字通り、他人の所有地で盗伐することを禁止する法律をめぐる論文ですが、背景として、それまで入会地的な性格が強く、近くの住民が木切れを集めて利用していたような森林で、その所有者が法的に確定した後も、同じようなことをし続けていた人たちがいたということがあります。近代化の過程で不可避的に起こってくる問題です。マルクスはこの論文で、貧しい人たちに慣習的に認められた権利を無視し、単にその辺の転がっている小枝を集めているだけの人を罰するとはどういうことかと論じています。それが、マルクスの資本主義批判の原点になったと一般的に言われているわけですが、アーレントの解釈では、マルクスはそこに、木材の「非自然化」の問題も見て取っており、しかもそうした視点はアリストテレスに由来する、と言っているわけです。簡単に言うと、エコの話です。社会主義の下での工業化の推進を奨励する（というイメージの強い）マルクス主義は一般的にエコに冷たい、と言われていますが、細かく見ると、人間の生きる環境を大事にすべきだという議論もしているわけです。

この注の最後の部分で、マルクスの理想社会では、余計に世界疎外が進むはずだ、と指摘していますね。興味深いので見ておきましょう。

しかし、このような偶然の考察は、近代の極端な主観主義にしっかりと根をおろしたままであった彼の著作では二流の役割しか果たしていない。人びとが人類として生産する彼の理想社会では、世界疎外はそれ以前よりももっとはっきりと現われている。なぜならそこでは人びとは自分の個性、自分の特殊性を対象化する（vergegenständlichen）ことができ、その真の存在を確証し現実化することができるだろうからである。すなわち「われわれの生産はわれわれの存在がそれに反射して輝く鏡と同じようなものであろう」（"*Aus den Exzerptheften*" [1844-45], in *Gesammtausgabe*, Part I, Vol. III, pp. 546-47）

「偶然の」というのは、単発的で、マルクスのその後の思想に本質的に反映されていないということです。「近代の極端な主観主義 the modern age's extreme subjectivism」というのが先ほどの本文の理解のうえで重要です。つまり、マルクスも、デカルトのような哲学者や、プロテスタント的な主体（subject）と同様に、主体としての人間中心に考えていたので、自分たちが、自らを取り巻く「世界」あるいは「自然」――アーレント自身の用語法からすると、「自然」と「世界」はむしろ対立するはずですが、ここではマルクスの「主体＝主観」中心主義が問題なのでこだわらなくてもいいでしょう――から次第に隔離していることを問題視せず、肯定してしまったので、「世界疎外」が生じていることに気が付かなかったことを指摘しているわけです。そういう主観＝主体主義的な前提から、資本主義における労働者の〝疎外された現状〟を批判的に分析すると、人間が自己自身の本質から疎外されているという話にはなっても、「自然」＝「世界」から人間が疎外されている、という視点は出てこない、ということになるでしょう。そういうことまで含意して、「自己疎外」ではなくて、「世界疎外」だと言っているのであれば、それなりに理屈は通りますが、本文中の言い方からはそこまで読み取れないですね。

あと、マルクスの理想の社会＝共産主義社会で、自分の個性、自分の特殊性を「対象化」することのど

**「近代の極端な主観主義 the modern age's extreme subjectivism」**

マルクスも、デカルトのような哲学者や、プロテスタント的な主体（subject）と同様に、主体としての人間中心に考えていた　→　自分たちが、自らを取り巻く「世界」あるいは「自然」から次第に隔離していることを問題視せず、肯定してしまったので、「世界疎外」が生じていることに気が付かなかったことを指摘。

主観＝主体主義的な前提から、資本主義における労働者の“疎外された現状”を批判的に分析すると、人間が自己自身の本質から疎外されているという話にはなっても、「自然」≒「世界」から人間が疎外されている、という視点は出てこない。

こに問題があるのか、という気がしますが、引用に出てくる、人間の生産物を、「われわれの存在がそれに反射して輝く鏡 Spiegel ～, woraus unser Wesen sich entgegen leuchtet」という言い方がそこを理解するカギになります。説明するまでもないと思いますが、「鏡」というのは、そこに自分自身の個性が反映されていることのメタファーです。私たちが自分の欲望を充足すべく、自分の欲望に適合する物を作り出し、その物を消費することで満足する、という、脱自然化された「主体―対象」の循環的な構造が想定されていて、そこに「自然」という視点は入っていません。無論、対象を作る素材は「自然」から取ってこられるわけですが、単なる素材供給源でしかありません。生産する主体は、生産物が自己の分身になっていればそれで満足してしまいます。アーレントは、そういうエコロジー的な視点から、マルクスの主観主義の限界を示しているわけです。

## 「世界に対する気遣い」と世界疎外

本文に戻りましょう。今度はかなりマルクスに寄り添った議論をしています。

　土地を収用し、一定の集団から彼らが世界に占めていた場所を奪い、彼らを生命の急迫に曝すこと――これによって、富の原始的蓄積が行なわれ、同時に、この富を労働によって資本に転化する可能性がつくりだされた。これは、共に資本主義経済の勃興を促す条件となった。土地収用に始まり、土地収用によって支えられてきたこの発展が、結果として人間の生産性を大きく増大させるだろうということは、最初から、つまり産業革命の何世紀か前からはっきりしていた。文字通りその日暮しの新しい労働者階級は、生命の必要が強制する急迫のもとに直接立たされた。それだけではない。彼らは、同時に、世界にたいする配慮や世話からも遠ざけられたのである。実際、このような配慮や世話は、生命過程そのものから直接には生まれてこないものである。歴史上最初の自由な労働者階級が現われたとき、解放されたものはなんであったか。それは、豊かな自然の生物学的過程に本来そなわっている力、「労働力」であった。

　土地収用の話は、先ほど注で見た木材盗伐の問題とストレートに繋がっていますね。基本的に分かりやすい話に見えますが、気になるのは、「世界に対する配慮や世話からも遠ざけられた」という表現です。原文では、「文字通りその日暮しの新しい労働者階級は、〜」から、「実際、（…）生まれてこないものである」までが、一つの文になっています。ニュアンスが大事なので、原文がどうなっているか見ておきましょう。黒板を見てください。

「生命の必要」による急迫と、生命過程から直接生じるのではない「世界に対する配慮や世話」からの疎外が併置されているわけです。つまり、「世界」に対する「あらゆる配慮と世話 all cares and worries」は、

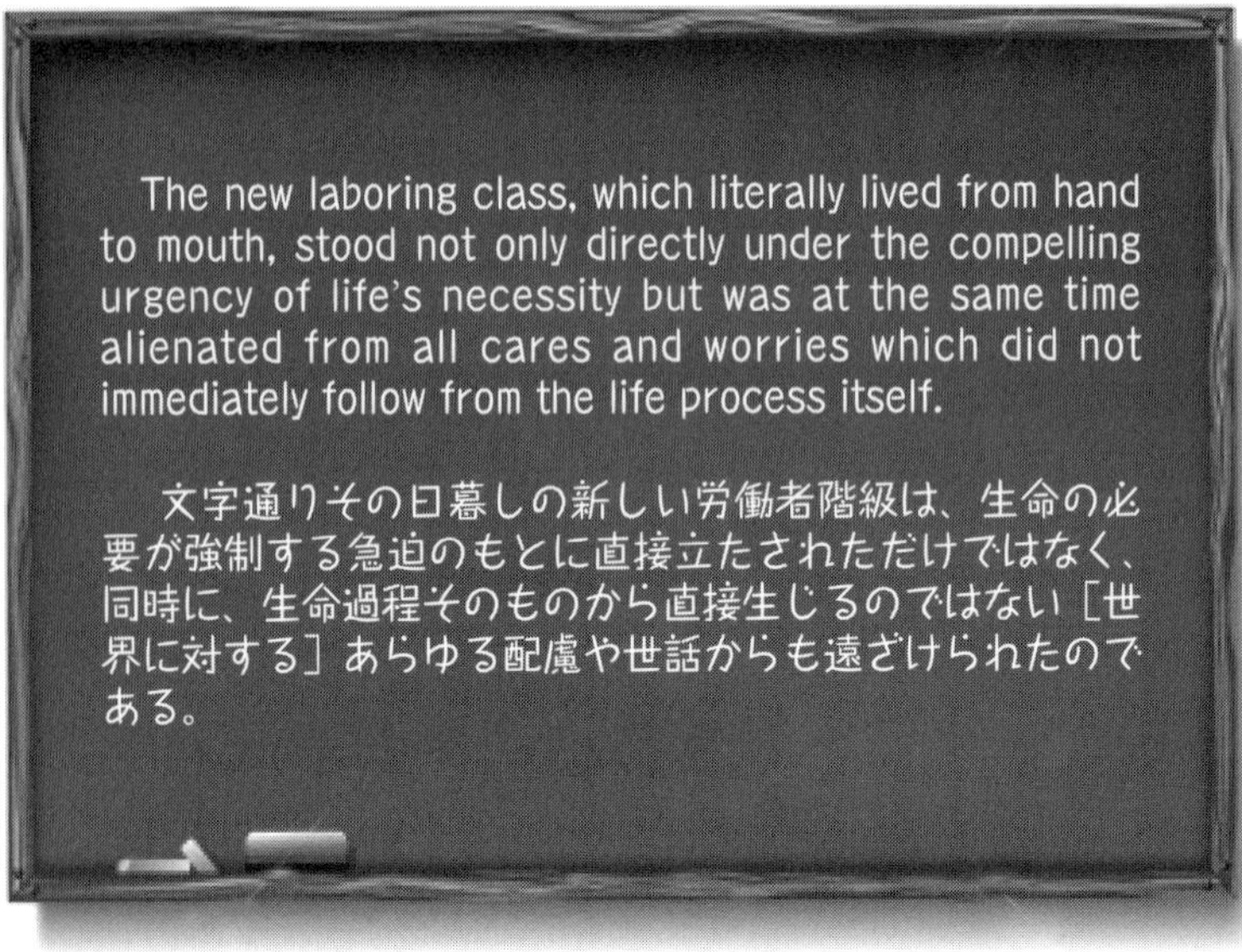

The new laboring class, which literally lived from hand to mouth, stood not only directly under the compelling urgency of life's necessity but was at the same time alienated from all cares and worries which did not immediately follow from the life process itself.
文字通りその日暮しの新しい労働者階級は、生命の必要が強制する急迫のもとに直接立たされただけではなく、同時に、生命過程そのものから直接生じるのではない［世界に対する］あらゆる配慮や世話からも遠ざけられたのである。

（労働の本質である）生命維持の営みとは直接的には関係しないこととして想定されているわけです。生命維持のために、自分が属する「世界」のことを気にしているだけではないとしたら、どういう風に「世界」に関わっているのか気になりますね。ドイツ語版では、「配慮と世話」を一語で表現して、〈Sorge um die Welt〉となっています。〈Sorge〉は、「世話する」とか「配慮する」という意味のほか、「調達する」「確実にする」「〜になるよう調整する」「心配する」「憂える」など、いろんな意味を持った言葉です。

ハイデガー用語である〈Sorge〉を念頭に置いているのではないかと思います。「気遣い」あるいは「関心」と訳されます。ハイデガーは、「世界内存在」としての現存在＝主体が、世界の内部で遭遇する他の存在者との関わり合いによって性格付けられながら存在していることを、〈Sorge〉と呼んでいます。「関心」と訳すと、何だか主体が自らの意志で積極的に対象に関わっているように見えますが、そうではなくて、そういう意志を持つ前に、自分のことを意識する前に、不可避的に関わっていることを指します。『存在と時間』（一九二七）の第一編第六章のメインテーマで、この章では、用具的なものへの関わりを示す〈Besorgen（配慮）〉、他の現存在への関わりを示す〈Fürsorge（待遇）〉、〈Sorge〉に対応するラテン語で「憂い」というニュアンスを強く持つ〈cura〉などが登場して、それらが日常の用法と関連付けられながら、ハイデガー流にアレンジされて解釈され、「現存在」と世界の関わりの諸相が描き出されていきます。〈Fürsorge〉は、普通の用法では、英語で言うとほぼ〈care〉に対応し、〈Besorgen〉は、「手に入れる」という意味です。日常語を分析して、かなり深読みの解釈を加えたり、対応するギリシア語やラテン語のこれまた深読みと関係付けたりして、強引に話を進めていくのは、ハイデガーの得意技です。

アーレントの言っている「世界に対する気遣い」というのは、生命力に由来する衝動〝以前〟から働いている、より根源的な「世界」への関わりというような意味合いでしょう。

労働者階級は、資本主義社会ではその日暮らしの生活で、追いこまれていて、「世界に対する気遣い」もできないような状況にあるけれど、彼らが封建社会の拘束、つまり特定の土地と領主への拘束から解き放たれて、「自由な労働者」として現われた時には、自然に潜在している生命的エネルギーとしての「労働力」が解放されたわけです。

> いいかえると、自然過程としての労働力の解放は、社会の一定の階級に限定されなかった。そして専有は欲求や欲望の満足とともに終わらなかった。したがって資本蓄積は、近代以前の富んだ帝国について よく知られているような停滞をもたらさず、それどころか、社会全体に広がり、富の流れを着実に増大させた。この過程は、実際マルクスがよく呼んでいたように、「社会の生命過程」である。この過程が富を生産する能力に匹敵するのは、わずかに、自然過程の繁殖力だけであろう。（…）しかし、

富を増大させるこの過程は、この過程のそもそもの出発点であった世界疎外の原理にやはり依然として従っている。つまり、この過程は、ただ世界の耐久性と安定性が干渉しない限り続くのであり、ただ、生産過程の最終生産物である世界の物が、全部、ますます加速するこの過程にフィードバックされる限り、続くのである。言葉をかえていえば、私たちの知っている富の蓄積過程は、生命過程によって刺激され、また逆に人間の生命を刺激するものであるから、世界と人間の世界性そのものを犠牲にする場合に、はじめて富の蓄積過程が可能になるのである。

ここは第三章、第四章の復習ですね。「富の蓄積」は、「労働」という形を取って現われる、生命力によって促進され、「世界」を構成している「物」の耐久性と安定性を掘り崩す形で進んでいきます。「世界」は、生命過程から引き出された「物」によって成り立っているわけですが、労働力を駆使した新しい生産体制は、それらの「物」を、すり減ったらすぐに取り替えてもいい〝もの〟に変換していきます。それによって、「世界」自体が痩せ細っていきます。

この疎外の第一段階の特徴は、だんだんと数を増していた「労働貧民」が陥った、過酷さ、不幸、物質的悲惨さであった。土地収用の結果、これらの「労働貧民」は家族と財産という二重の保護を奪われた。財産というのは、世界の中で家族が所有していた私的な分け前のことであり、近代に至るまで、個人の生命過程とその必要に従属する労働の活動力の住家となっていたものである。第二段階は、家族に代わって、今度は、社会が新しい生命過程の主体となったときに始まった。以前には家族の成員になることによって与えられていた保護が、今度は社会階級の構成員になることによって与えられるようになった。（…）そのうえ、社会は全体として、生命過程の「集団的主体」であって、古典経済学が必要とした「共産主義的虚構」のような抽象的実体ではなかった。以前、家族とは、私的に所有された世界の一片である財産のことであった。それと同じように、今度は、社会とは、集団的に所有されているとはいえ手で触れることのできる財産の一片、すなわち国民国家の領土のことであった。なるほど、国民国家は二〇世紀になって衰退するが、少なくともそれまでは、すべての階級にとって、家庭の代わりとなった。

労働者階級が、生産手段を持たない無産階級であるというのは、社会主義の文脈で散々言われてきたことですが、アーレントはそれを、家族にとっての「固有 proper」の場を与える「財産 property」を持たないこととして捉え直しているわけです。「社会」が「新しい生命過程の主体 subject of the new life process」になったというのは、第二章で問題になっていた「社会的領域の勃興」と基本的に同じことです。個人や家庭に固有の場が割り当てられるのではなく、「社会」全体が国土という大きな財産を持っているかのような状態になったわけです。そうなると、各人は自分に固有の場を失います。それは、「活動」のための基盤を失うということです。

邦訳の四一四頁から四一五頁にかけて、国民国家が家族の代替物となり、それに次いで地球の経済的・地理的縮小の影響で、地球全体が一つの社会になりつつあるけれど、それによって人々が新たな居場所を得ることはなく、「世界疎外」はますます進行している、と述べられていますね。

なぜなら、人びとは、自分の国に市民になるようには世界の市民になることはできず、社会に住む人間は、家族に住む人間が私有財産を所有するようには集団的に所有することができないからである。社会が勃興したために、同時に、公的領域と私的領域が衰退した。公的な共通世界が消滅したことは、

オルテガ

孤独な大衆人を形成するうえで決定的な要素となり、近代のイデオロギー的大衆運動の無世界的メンタリティを形成するという危険な役割を果たした。

「私有財産」の衰退が、「公的領域」や、それを基盤とした「共通世界」の衰退にまで繋がってくるわけですね。各人が「世界」の中で固有の場所を失い、そのためお互いの関係を仲介するものがなくなって、ばらばらになってしまうことが、「世界疎外」であるわけです。「孤独な大衆人 lonely mass man」というのは、アメリカの社会学者デイヴィッド・リースマン（一九〇九―二〇〇二）の著作『孤独な群衆 The Lonely Crowd』（一九五〇）のタイトルと、スペインの哲学者オルテガ（一八八三―一九五三）の著作『大衆の反逆 La rebelión de las masas』（一九三〇）に登場する「大衆人 hombre-masa = mass-man」を合わせた言い方でしょう。資本主義の拡大・深化によって、孤独な大衆が生み出されるというのは、大衆社会論の典型ですが、アーレントはそこに、「共通世界」の喪失という哲学的契機を見ているわけです。

## 「アルキメデスの点 Archimedean point」

第三六節のタイトルは「アルキメデスの点の発見」です。アルキメデス（前二八五―二一二）というと、有名な「我に足場を与えよ。されば地球をも動かさん」というフレーズを思い出しますが、「アルキメデスの点 Archimedean point」というのは、その足場のことです。当然、先ほどの、地球を、外から距離を置いて見るという話の続きです。アーレントは特に、ガリレオ（一五六四―一六四二）と望遠鏡の関係に注目し、ガリレオによってアルキメデスへ回帰が成し遂げられたことを示唆します。

アーレントは先ず、ガリレオ以前に既に、ニコラウス・クザーヌス（一四〇一―六四）やジョルダーノ・ブルーノ（一五四八―一六〇〇）による哲学的な宇宙論や、コペルニクス（一四七三―一五四三）の天文学的な地動説が存在していたことや、ケプラー（一五七一―一六三〇）によってより厳密な形で天体の運動法則が定式化されたことなどから、彼の業績がそれほど重視されない傾向があることを指摘します。そのうえで、それでもやはりガリレオが決定的に重要である理由を説明しています。クザーヌスは、ドイツ出身の聖職者・哲学者で、地球は他の星と同様に一つの星にすぎず、宇宙の中心ではないと示唆したことが知られています。その影響を受けたブルーノは、イタリアのドミニコ会の修道士で、それまで有限であると考えられていた宇宙が無限であると主張し、コペルニクスの地動説を支持しました。その宇宙観が異端と見なされて、審問を受け、刑死しています。

結局、ガリレオが行ない、それ以前のだれもが行ないえなかったことは、望遠鏡を使って、宇宙の秘密が「感覚的知覚の確実さをもって」人間に認識されるようにしたことであった。つまり、彼は、以前には永遠に人間のとどかぬ、せいぜい不確かな思弁や想像力にゆだねられていたものを、地上の被造物である人間が把握でき、人間の肉体的感覚がつかまえられる範囲の中に置いたのであった。

アルキメデス

ここは、分かりやすいですね。コペルニクスの地動説は哲学的思弁の域を出なかったけど、ガリレオはそれを望遠鏡によって可視化した、つまり哲学的な思弁の能力がない人が自らの眼でそれを確認することを可能にしたわけです。望遠鏡を発見したのは、ガリレオより一世代上のイタリアの医師で錬金術師でもあったデラ・ポルタ（一五三八―一六一五）あるいは、同時代のオランダのレンズ職人リッペルスハイ（一五七〇―一六一九）だとされていますが、ガリレオはそれを天体観察用に改造し、地動説の証明に使ったわけです。単なる思弁を、現実に検証する装置が生まれたことが決定的だったわけです。

ベラルミーノ枢機卿

このように、コペルニクスの思想体系とガリレオの発見とでは、その意味が違うのである。このことは、カトリック教会が極めてはっきりと理解していた。カトリック教会は、天文学者たちが地動説を数学的目的のための便利な仮説として用いていた間は、動かない太陽と動く地球という前ガリレオ的理論になんの反対も唱えなかったのである。ところが、ベラルミーノ枢機卿がガリレオに指摘したように、「仮説によって……現象を証明するということは、地球の実際の運動を実証するということと、まったく違う事柄である」。この言葉がいかに的を射たものであったかということは、ガリレオの発見が確証されると、学界の空気が突然変化したことから直接判断することができる。

ベラルミーノ枢機卿（一五四二―一六二一）は、イタリアのイエズス会出身の神学者で、地上の事柄に関する法王の権力の至上性についての論文も書いており、これに対してホッブズが『リヴァイアサン』で反論を加えています。異端審問を担当した枢機卿で、ガリレオに対する審問も彼が行ったのですが、ガリレオの発見の本質を、敵である彼はよく見抜いていたわけですね。

私たちの文脈で重要な点は、絶望と勝利感が、共に同じ出来事に含まれているということである。これを歴史的な見通しの中に置いてみれば、ガリレオの発見は、人間的思弁の最もあつかましい希望がかなえられる途端、最悪の恐れの方も同時に現実のものとなるということを事実をもって立証したかのようである。いいかえると、ガリレオの発見によって、人間の感覚、すなわち、リアリティを受けとめる人間の器官そのものが人間を裏切るのではないかという古代の恐れと、世界の蝶番《ちょうつがい》をはずすために地球の外部に支点を求めたアルキメデスの願いが、共に同時に現実のものになったかのようである。

「リアリティを受けとめる人間の器官そのものが人間を裏切るのではないかという古代の恐れ」が「現実のものになったかのようである」というのが少し分かりにくいですが、これは何か新しい事態が生じるということではなく、「リアリティを受けとめる人間の器官そのものが人間を裏切っている」かもしれない、つまり私たちが感じているリアリティは偽りかもしれない、という恐れが当たっていたことが、科学技術によって証明されてしまったということです。その端的な例が、人間の感覚により適合した天動説から、科学技術の助けがなければ確かめられない地動説への転換です。

「世界の蝶番をはずす unhinge the world」というのは文学的な感じがする表現ですね。これは恐らく、アルキメデスの科白《セリフ》の「地球を動かさん」という部分を、ドイツ語では「蝶番から外して地球を持ちあげる die Erde aus den Angeln heben」と訳すことが多いので、それを英訳した表現を使っているのではないかと思います。実際、ドイツ語版では、この表現を使っています。ただ、英語の〈unhinge〉には、持ちあげるという意味合いはないですし、蝶番を外される対象を、「地球」ではなくて、「世界」にすると意味深な感じになりますね。単純に蝶番から外してやってそのまま持ちあげるのではなくて、「世界」を一つに統合していた装置を外してバラバラにしてしまうように聞こえますね。深読みかもしれませんが、前節の生命過程によって「世界」が浸食されていくという話を念頭に置くと、そういうニュアンスがあるようにも思えてきます。あと、ドイツ語の〈aus den Angeln heben〉には、「根底から覆す」という意味があります。「世界 die Welt」を目的語にした、〈die Welt aus den Angeln heben〉は、「世界を根本的に変革する」という意味になります。

では、アルキメデスの願いが実現して、地球を動かせるようになるというのは具体的にどういうことかというと、

今日、人間は、物理学の分野でいろいろなことをしている。たとえば、普通、太陽にだけ見られるエネルギー過程を解放し、宇宙進化の過程を試験管の中で始め、望遠鏡の助けを借りて宇宙空間に浸透し、二十億光年あるいは六十億光年の限界に迫り、地上の自然界では知られていないエネルギーを生産しコントロールする機械を作り、原子加速装置で光速に近いスピードを得、自然には発見されない元素を作り、宇宙放射線の使用によって作りだされる放射能微粒子を地球上にばらまいている、等々。しかし、私たちが物理学でなにをしようと、要するに、私たちは常に地球の外部にある宇宙の一点から自然を操作しているのである。もちろん、私たちは、アルキメデスが立ちたいと願った地点に実際に立っているわけではないし、依然として人間の条件によって地球に拘束されている。しかし、私たちは、地球の上に立ち、地球の自然の内部にいながら、地球を地球の外のアルキメデスの点から自由に扱う方法を発見したのである。

自然界の法則を利用して、通常地球上では起こり得ないようなこと、少し前まで奇蹟でしかなかった現象を生じさせることを、「地球の上に立ち、地球の自然の内部にいながら、地球を地球の外のアルキメデ

スの点から自由に扱う方法」と呼んでいるわけですね。地球の表面で起こる現象を部分的に超越し、それをある程度コントロールできるようになったということです。

邦訳の四二四頁から四二七頁にかけて、そうした「アルキメデス」の点を獲得できた理由として、宇宙を数学的に把握する視点が生まれてきたことが述べられていますね。これは科学史でよく聞く話ですし、新カント学派やフッサールにとって重要なテーマなので、アーレントが関心を持ってもおかしくないのですが、「世界疎外」の文脈で重要なのは、数学が空間から解放されて、人間の精神的営みの知になったという指摘です。「幾何学 geometry」というのは、語の作りが示しているように、元々は、土地を測量する術（ge ＋ metria）を意味していたのですが、近代数学における幾何学はもはや現実の空間の測量ではなく、人間の精神によって構築された空間の性質を探究する学になりました。人間は自らが数学的に構築した空間を基準に、現実の空間を把握するようになったわけです。

デカルトの解析幾何学は、空間と延長、自然と世界の「延長するもの《レス・エクスタンサ》」を扱ったとき、「その関係がいかに複雑であろうと常に代数式で表現されなければならないように」した。こうして、数学は、本来人間でないものをすべて人間の精神構造に等しいパターンに還元し翻訳するのに成功した。しかも、この同じ解析幾何学が「逆に数にかんする真理は……空間によって完全に表現できる」ことを証明したとき、一つの物理科学が展開されていたわけであり、この科学を完成させるには、ただ純粋数学の原理があれば、それでよかった。この科学によって、人間は危険をおかして、宇宙の中へ移動することができ、そこでは、自分以外の何者とも出会うことはないと確信し、人間の中にある精神のパターンに還元できないものはなにもないと確信できたのである。今や、「現象が救われる」のは、その現象を数学的秩序に還元することができる場合だけであった。

「延長するもの」のルビが「レス・エクスタンサ」となっていますが、〈res extensa〉という綴りなので、「レス・エクステンサ」とすべきでしょう。「延長 extension」というのは、「考えるもの res cogitans」である「精神」と区別される「物体」の本性に関わる、デカルト哲学の用語で、空間を占めているということです。「精神」の場合は、「考える」がゆえに物として存在していると言えるけれど、「物体」の場合は、空間を占めているがゆえに物として存在していると言えるということです。どうして「延長」という妙な言い方をするのかと言うと、単なる「点」ではなく、少なくとも、一つの方向に「拡がっている extensa = extended」、ということです。

　デカルトは、人間の「精神」の働きに対応するように構築された解析幾何学によって、拡がりを持った様々な物体が存在する空間、自然を把握することを企てたわけですね。解析幾何学というのは、我々が中高の数学で習ったように、[$y=ax^2+b$]のような数式によって、空間上の図形の位置関係を表示することで、位置、距離、傾きなどを測る数学の分野です。こうした解析幾何学による空間把握は、より大きな視野で見れば、数学を中心にして自然科学全般を構築し、それを技術的に応用することで、「自然」を支配しようとする、壮大なプロジェクトの核に位置していると見ることができます。科学史や社会思想史で、デカルトの解析幾何学はそのように位置付けられることが多いです。デカルト自身がそういう壮大な構想を抱いていたかは別として、少なくとも、数学を主要なツールにする物理学や化学が、人間が自然を支配するための道具として利用されるようになったのは間違いありません。比ゆ的に言うと、人間は、自然の全てを、自分自身で描いた――自分自身を原点とする――座標軸の中で把握することに成功しつつあります。

　そして人間の精神は、十分な距離をとって局外に立つならば、精神自体のパターンとシンボルに従って、多くの多種多様な具体的なものを眺め、取り扱うことができる。これは、もはや精神の眼に啓示される理想形式ではない。それは、肉体の眼はもとより精神の眼をも現象からそむけた結果であり、距離に本来そなわっている力によってすべての現象を縮小した結果である。

「精神の眼に啓示される理想形式」というのは、三角形とか円とか点とかの、純粋な形では実在しない、理念的な形象のことです。当然実在するものは、そういう、きれいな幾何学的な形で存在するわけではありません。人間が、具体的なものを、解析幾何学で捉えようとする場合、あたかもそれらを遠くから見ているかのように、縮小していきます。縮小して写し取ると、ごちゃごちゃした部分がなくなって、幾何学的形象のように見えてきます。距離を取って観察することは、ある意味、現象の細部を省略して、解析幾何学の分析にうまく当てはまるよう、加工して処理することを含意しているわけです。計算的理性が自然に存在する物の細部を切り捨てて、自分に都合いいように処理するというのは、フランクフルト学派のアドルノやホルクハイマーも示唆していることです。「理性」の数学的性質を批判するというのは、ハイデガー、初期フランクフルト学派、アーレントなどの共通テーマでした。

第三七節「宇宙科学対自然科学」では、第四章でも触れられていた、近代科学が、地球の自然を破壊する危険を冒してまで、「宇宙過程 cosmic processes」を引き込もうとしているというテーマについて論じられています。これは、「生命過程」のエネルギーを、人工的世界に取り込み、「オートメーション」を生み出したことによって、「世界」の解体を促進しつつあるという話の次の段階です。「宇宙過程」の力を、地球に取り込むことが可能になったのは、先ほど見たように、「アルキメデスの点」に立って、外部の視点から「距離」を取って地球を眺めることが可能になったからです。

実際、地球物理学ではなく天体物理学が、また「自然」科学ではなく「宇宙」科学が、地球と自然の最後の秘密に到達できたというのは、まったく理にかなっている。宇宙の観点から見ると、地球は特殊な事例にすぎず、そのようなものとして理解できる。それはちょうど、このような観点に立てば、物質とエネルギーの間に決定的な相違はなく、二つとも「まったく同一の基本的本質の異なる形式にすぎない」ということと同じである。

これは、相対性理論が天体物理学の発展と連動して生まれてきたことを指しているのだと思います。人間は、天体の運動を観測することを通して、地球の中だけを見ていたら発見できないような法則、核物理学の諸法則を見出し、それを応用することで、地球の中の物質のバランスを変えてしまったわけです。質量をエネルギーに転換することによって、巨大なエネルギーを放出する技術です。望遠鏡によって天体を観測したガリレオや、その仕事の後継者であるニュートン（一六四二―一七二七）が、物理学の創始者になったことは、その後の物理学が、宇宙的視点から「地球」を管理することを志向するようになることを既に暗示していたわけです。

## デカルト＝ガリレオの新しい知

第三八節「デカルト的懐疑の勃興」では、デカルトの方法的懐疑が単に近代哲学の原点になっただけでなく、私たちの物の見方を根本的に変えてしまうきっかけになったことについて掘り下げて論じられています。

近代哲学は、デカルトの「すべて疑うべし《デ・オムニブス・ドゥビタンドゥム》」、すなわち懐疑で始まった。しかし、ここでいう懐疑とは、思考の誤りや幻覚を防ごうとする人間精神に本来そなわっている自制心でもなく、ある時代の道徳や偏見に反対する懐疑主義でもなく、さらに、科学的調査や哲学的思弁における批判的方法ですらなかった。デカルトの懐疑は、その範囲がもっとはるかに広く、その意図があまりに根本的であって、そのような具体的内容では決定できないほどのものである。懐疑は、近代の哲学と思想において中心的地位を占めている。それはちょうど、近代以前には、ギリシア人のいう「驚き《タウマゼイン》」――あるがままのものすべてにたいする驚き――が長い間哲学と思想の中心を占めていたのと対照的である。デカルトはこの近代的懐疑を概念化した最初の人であった。そしてこの懐疑は、彼以降、すべての思想を動かす、聞こえないけれども自明の原動力となり、すべての思考の見えないけれどもその中心の軸となった。プラトンやアリストテレスから近代に至るまで、最大で本物の概念哲学とは、要するに驚きを明確に表現したものにすぎなかった。それと同じように、デカルト以来の近代哲学とは、懐疑を明確に表現したものであり、懐疑を水源としてそこから流れでているさまざまな水脈にすぎない。

ギリシアの哲学が「驚き thaumazein」と共に始まったというのは、哲学史でよく聞く話です。プラトンが『テアイテトス』で、「驚き」が「哲学＝愛知」の始まりだと述べたのがその起源だとされています。アリストテレスも『形而上学』で同じようなことを言っています。これと、近代哲学の原点に位置するとされる、疑えるものは全て疑うというデカルトの方法的懐疑は、通常は同じことの違う側面くらいにしか理解されませんが、アーレントは「驚き wonder」と「疑い doubt」ははっきり対立していることを強調しているわけです。「驚き」はあるがままのものをそのまま受け止めることから出発するわけですが、「疑い」は、自分があると思っているものが本当に「ある」のか、というところから出発するわけです。

アーレントは、そうしたデカルト的懐疑は、ガリレオの発見と連動している、と指摘します。これは、科学哲学史で一般的に言われていることですが、アーレントの場合、第三六節、第三七節で見たように、望遠鏡での観察と推論によって人間の感覚が信頼できないことを証明してしまったことが重要になってきます。目に見える通りに「ある」のではないことが、ガリレオの仕事によって実証されたわけです。

しかし、実際に物理的な世界観を変えたのは、理性ではなくて、望遠鏡という人工の器具であった。つまり新しい知識は、観照、観察、思弁によってもたらされたのではなく、製作を事とする〈工作人〉が積極的に割り込んできた結果、得られたものであった。いいかえれば、それ以前人間は、自分が肉体と精神の眼で眺めたものに忠実でありさえすれば、リアリティと真実は、おのずから感覚と理性にその姿を現わすであろうと信じていたが、結局、その間、人間はずっと欺かれていたことになる。かつては、感覚的真理が合理的真理と対置され、感覚の劣った真理受容能力が理性のすぐれた真理受容能力と対置されていた。しかしこの対置も、今や、この挑戦の前に精彩を失った。

デカルト＝ガリレオの新しい知は、二重の意味で、プラトン＝アリストテレスのそれと対立しているわけです。先ず、古代の哲学的知はあるがままのものに対する「驚き」から発するのに対し、近代の知は、それを信用せずに、機械装置によってリアリティと真実（truth）を明らかにしようとする。その機械装置を使うという意味において、「観照」や「思弁」を中心とする哲学的アプローチを重視した、古代の知識人たちとは異なっているわけです。

理性と理性への信仰は唯一つの感覚知覚に依存しているのではない。そのような知覚がそれぞれ幻覚である場があるからである。そうではなく、この理性信仰は、共通感覚《コモン・センス》〈常識〉という第六番目の最高の感覚によって結びつけられ支配された五感全体こそ、人間をその周りのリアリティに適合させるものであるということをはっきりと仮定してはじめて、成り立つものである。

ここで「共通感覚 common sense」が出てきます。ギリシア語の〈koinē aísthēsis〉、その翻訳であるラテン語の〈sensus communis〉に由来する概念で、五感を統合して、知覚の「対象」を統一的に把握するという意味と、同じ共同体、あるいは人類という共同体に属する他者たちと同じように知覚し、判断するという二重の意味を持っています。中村雄二郎さん（一九二五―二〇一七）の『共通感覚論』（二〇〇〇）でこの概念の哲学史的位置付けについて詳しく解説されています。カントも『判断力批判』で、二重の意味を持つこの概念の重要性を指摘しています。アーレントも後に、「カント政治哲学講義」で、カントの政治哲学を理解するうえで、「共通感覚」がカギになることを強調しています――詳しくは拙訳『カント政治哲学講義録』をご覧下さい。『人間の条件』において既に「共通感覚」に注目しているわけです。あと、英語の〈common sense〉には、「常識」というより一般化された意味もありますが、英語圏の政治哲学では、この意味と、共通感覚を仲介する、「良識」とか「賢明さ」という意味合いで使われることもあります。普遍的合理性と対置される、その共同体の生き方や慣習、慣例に根ざした知ということです。

こういうことが、今になってようやく発見されたのであった。もし人間の眼が、何世代にもわたってこれほど多くの人をだまし、太陽が地球の周りを廻ると信じさせるほどのものならば、精神の眼という隠喩さえ、もはや成り立たない。なぜならこの隠喩は、感覚の反対物として用いられたときでさえ、究極的には、肉体の視覚にたいする信頼を暗黙の前提にしていたからである。

細かく説明していないので分かりにくいですが、ポイントは、私たちが「理性」を信頼することができるのは、五感を統合し、リアリティを構成する「共通感覚」があるからだということが、近代知の発展過程の中で改めて明らかになった、ということです。自分自身の理性を信頼したくても、理性の判断の元になる知覚情報が根本的に誤っていたら、どうしようもありません。実際、個々の知覚情報が誤っていると明らかになることは、日常生活でもしょっちゅうあります。それでも理性の判断が信頼できるのは、それぞれの感覚の誤差を補正して、対象の統一的なイメージを与えてくれ、なおかつ他人の認識とも適合するように調整してくれる「共通感覚」があるおかげだと言えます。「共通感覚」は、個々の感性的知覚と、理性の間を媒介する働きをしていると言ってもいいかもしれません。しかし、天動説の問題がまさにそうであるように、望遠鏡のような精密器具を導入して観察すると、「共通感覚」の判断さえもが間違っていることが判明するかもしれません。みんなの感覚が丸ごと欺かれていたわけです。観察によって確認された事実と、それまでの常識との対立から、私たちが普段いかに「共通感覚」に依存しているかが判明するわけです。

デカルト的懐疑の顕著な特徴は、その普遍的性格にあり、思考も経験も、一切のものがこの懐疑を免れえないという点にある。(…)この懐疑の普遍性は、感覚の証拠能力から理性の証拠能力へと広がり、さらに信仰の証拠能力へと広がる。それは、この懐疑が究極的には自己証明の能力を欠いているからである。本来、思考というものは、常にそれだけで本質的に明らかであるもの、つまり考え手にとってだけではなく、万人にとって明らかであるものを出発点としていたのである。デカルト的懐疑は、

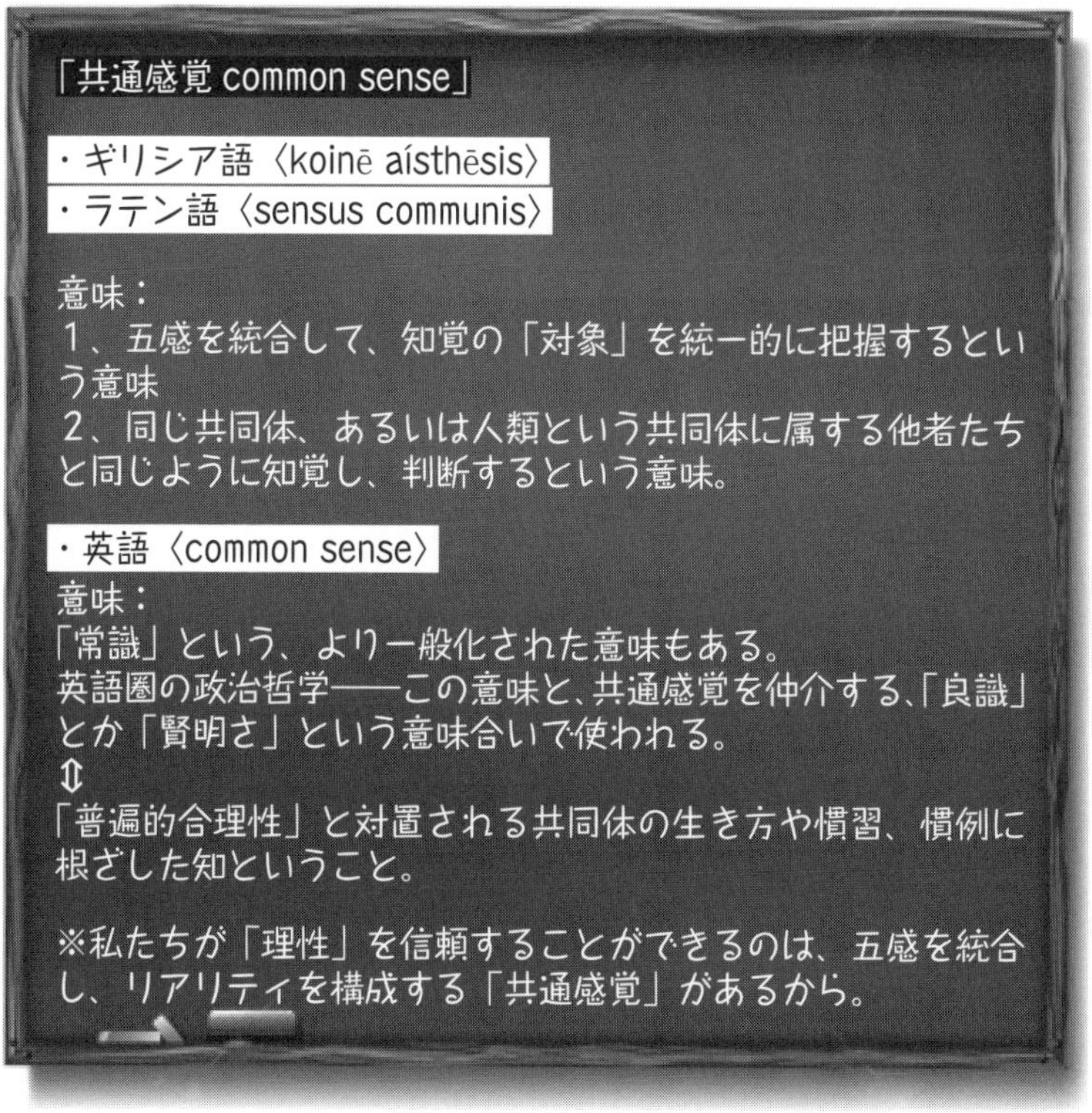

「共通感覚 common sense」
・ギリシア語〈koinē aísthēsis〉
・ラテン語〈sensus communis〉
意味：
1、五感を統合して、知覚の「対象」を統一的に把握するという意味
2、同じ共同体、あるいは人類という共同体に属する他者たちと同じように知覚し、判断するという意味。
・英語〈common sense〉
意味：
「常識」という、より一般化された意味もある。
英語圏の政治哲学――この意味と、共通感覚を仲介する、「良識」とか「賢明さ」という意味合いで使われる。
⇕
「普遍的合理性」と対置される共同体の生き方や慣習、慣例に根ざした知ということ。
※私たちが「理性」を信頼することができるのは、五感を統合し、リアリティを構成する「共通感覚」があるから。

ただ人間悟性は必ずしもすべての真理を明らかにしないとか、人間の視覚はすべてのものを見ることができないのではないかというふうに疑うだけではない。それは、ただ眼に見えるというだけではリアリティの証拠にならないのと同じで、ただ人間の悟性が理解できるというだけでは真理の論証とはならないという点を問題にしていた。この懐疑は、そもそも真理のようなものが存在するかどうかを疑っているのである。

「方法」としてのデカルト的懐疑が全てのものを疑うというのは教科書的によく知られている

話ですが、ここでアーレントが言っている「デカルト的懐疑」は、「方法」というより、一度始動したらもはや「私」自身にもコントロールすることが不可能な、人間精神の自己解体運動のような感じですね。

それまでは眼に見ることができ、理解することができるものはリアルであったわけですが、そうした「私」の自己確信に由来する「リアリティ」は、全て括弧に入れられてしまいます。「私」に対して生き生きと現前していることさえ「リアリティ」の証拠にならないとしたら、何が証拠になるのか？　どんな証拠を見つけてきても、それは現にいろんなものを知覚し、認識している「私」にとっての〝証拠〟にすぎないわけですから、これ以上遡ることのできない究極の証拠にはなり得ません。「デカルト的懐疑」にいったん「巻き込まれると、もはやこの精神の袋小路を原理的に乗り越えることはできなくなります。

近代の科学者たちは、自らの感覚と悟性ではなく、実験と器具によって自然の真理を明らかにしようと試みるようになります。

このような大きな課題は、一人の人間によっては解決できるものではなく、人類最良の人びとが集団的努力を払ってはじめて解決できるものであった。そこで、行動の規則と新しい判断の基準が定められた。かつて真理というものは、「理論《セオリー》」〈観照〉の中にあった。そして、この「理論」というのは、ギリシア人以来、自分の眼の前で展開するリアリティに関心をもち、そのリアリティを眺める人の観照という意味であった。しかし今や、成功の問題がそれに取って代わり、理論の実験が「実践的」問題になった。つまり、その実験が有効か、有効でないか、ということが問題になった。理論は仮説となり、仮説の成功が真理となった。しかし、この極めて重要な成功の基準は、特定の科学的発見に結びついている技術の発展や実践的考察とは関係がない。成功の基準は、応用可能性とはまったく別個に、近代科学の本質と進歩そのものの中に本来的に含まれているのである。

第一回で見たように〈theory〉の語源であるギリシア語〈theōria〉は、元々「見ること」を意味する言葉です。「理論＝観照」というのは、アーレントが言うように、眼の前にあるリアリティをじっくり眺める営みだったわけですが、いつの間にか、「見る」というより、「実験」のための「仮説」を提供するものになり、その「実験」が「成功 success」するか否かに焦点が移ってきました。「理論＝観照」から、「実践 practice」へのシフトです――〈practice〉も、「活動する」ことを意味するギリシア語の〈prattein〉から派生した言葉です。このシフトは、先ほど見たデカルト的懐疑と関係しています。つまり、人間の眼も理性ももはや信用できないので、それに代わって、「実験」が「成功」するかどうかが「真／偽」の基準になったわけです。「実験」によって確かめられるリアリティは、私たちの知覚によって直接把握できないことも多いけれど、それはどうでもいいわけです。

「成功の基準は、応用可能性とはまったく別個に、近代科学の本質と進歩そのものの中に本来的に含まれているのである」というのがやや分かりにくいですが、これは、近代科学は一体となって規定の方向へ「進歩」していくようプログラムされていて、その「進歩」のコースにのっているかどうかで成功か否かが決まっている、ということなのではないかと思います。数学とか物理学を思い浮かべればいいでしょう。これらの体系志向の科学では、個々の仮説や命題がどこかで役に立つかどうかではなく、体系全体と整合性があって、そこからきちんとつじつまの合う形で導き出せるかが重要です。ごく簡単に言えば、行き当たりばったりのご都合主義ではないということです。

デカルトにとって、有名な「われ思う、ゆえにわれあり《コギト・エルゴ・スム》」は、思考そのものの自己確実性から生まれたものではない。もしそうなら、思考は、人間にとって新しい威厳と意味を獲得していたであろうか

> ら。そうではなく、この言葉は、「われ疑う、ゆえにわれあり《ドゥビト・エルゴ・スム》」の単なる一般化であった。いいかえると、デカルトは、なにかを疑っている私は、その疑っているという過程に私の意識の中で気がついているという単なる論理的確実性から、次のような結論を下したのであった。人間自身の精神の中で進行しているこの過程は、それ自身の確かさをもっており、内省における調査の対象になりうると。

「思考の自己確実性 self-certainty of thought」と「論理的確実性 logical certainty」の違いが難しそうですね。前者が、へんな言い方になりますが、人間の思考が、自らにとって確実なものは確実だ、と確信して疑わない状態、というより疑問など入る余地のない状態だとすれば、後者は、自分自身とは独立に存在する、何らかの客観的な論理、基準に従って、自分の考えている内容を確かめたうえで、確実だと信じるに至る状態だと考えればいいでしょう。無論、その「論理」というのも、思考の中から生み出されてきたのではないか、と考え始めるとややこしいことになって来ますが、ここでのアーレントの記述では、少なくとも、私個人の思考とは独立の「論理」がどこかにあるということが想定されている、もっと正確に言えば、「考えている私」（＝デカルト的自我）がそういうものの存在を想定していることが、デカルトの記述（についてのアーレントの解釈）の中で想定されているのではないか、と思います。

この場合は、疑い得るものは全て疑ったうえで、疑い得ないものが残るとすれば、それは真に確実なものである、という基本命題が、私の感情とか心理に依存することなく、客観的に成立しているものとして、想定されているわけです。その命題の指示に従って、疑えるものを疑うことが、ここで「内省 introspection」と呼ばれているものです。

肝心なのは、デカルト的自我は、「私がそう思うからそうなのだ」、と自己充足的に断言することができず、常に自分の外に、（自分自身が存在しているかどうかという判断を含めて）自分の思考を根拠付ける基準を求めざるを得ない、ということです。このことは、私の理性的な直観をそのまま信用することができない自然科学において、「実験」し、その成功／不成功を確認するという手順が重視されることと対応しています。

## 「共通感覚 common sense」Ⅱ——内省vs.世界

第三九節のタイトルは、「内省と共通感覚の喪失」ですが、この「内省」は、当然、先ほど出てきた、自己自身の確かさの根拠を探し求める思考の働きです。「内省」に沈潜していくことが、「共通感覚」の掘り崩しに繋がるというのがこの節のテーマです。

> デカルト的内省は、たしかに巧みな解決法であり、そのためにこの哲学は、近代の精神的・知的発展に非常に重要なものとなった。それは、第一に、この哲学が、世界の物をすべて意識の流れと意識過程に浸してしまう手段として、非リアリティの悪夢を用いたからである。たとえば、内省によって意識の中に現われる「眺められる木」は、もはや視覚と触覚によって与えられる木ではなく、それに固有の不変かつ同一の形をもつ実体そのものではない。この「眺められる木」は、単に記憶されている物とか、まったく想像上の物と同じ次元で、意識の対象の中に投げ入れられ、加工される。その結果、それは、この過程そのもの、すなわち、意識の本質的部分となる。そして、この意識というのは、絶えず動いている流れとしてのみ知られているものなのである。このようにして、客観的リアリティは、精神の主観的状態の中に、あるいはむしろ、主観的な心的過程の中に、融解してしまう。これこそ、結局は、物質をエネルギーに融解し、対象物を原子発生の回転の中に融解することに、私たちの精神を最も馴れさせたものなのである。

「客観的リアリティ」が「精神の主観的状態 subjective states of mind」あるいは「主観的な心的過程 subjective mental processes」の中に「融解 dissolution」するというのは、先ほどいらいの「理性」あるいは「思考」が自らを信じられなくなったという話の逆のような感じがしますが、ここで言われているのは、自然界に存在する〃もの〃それ自体をそのまま捉えるということではなく、「主観」の中に「私」が理解できるような形に加工して取り込んでしまうということです。いったんバラして、私の中でもう一度組み立て直すことを、〈dissolution〉と言っているわけです。厳密に言えば、〈dissolution〉というのは、液体に溶かし込むこと、溶解の意味なので、固体が液体になる「融解」とは違うのですが、アーレント自身が適当な使い方をしているようなので、拘る必要はないでしょう。

デカルト的内省は、対象を自らの意識の中に取り込んでしまうわけですが、それは、知覚できるようになるということではありません。物質がエネルギーに〃融解〃したり、対象物が原子発生の回転の中に〃融解〃したりする様子が、知覚で把握できるわけではありません。意識の中でそういう風にイメージ処理するわけです。その事物が本当はどういう様相を呈しているか分からず、疑えるけれど、私の意識の中にあるその事物のイメージは、まさにありのままのイメージであって、そういうイメージが少なくともその瞬間に存在すること自体は疑い得ないわけです。デカルト的内省は、そういう風に反転する形で、意識の中の事物のイメージ、表象を肯定することができるわけです。

第二に、むしろこの方が近代初期には重要であったが、普遍的懐疑を防いで確かさを得ようとするデカルト的方法は、新しい物理学から引き出された最も明白な結論と完全に一致していた。その結論というのは、人間は、なるほど、与えられ啓示されたものとしての真理を知ることはできないが、少なくとも、自分で作るものは知ることができるというものである。実際、この態度は、近代になって、最も広く受け入れられるものとなった。

この場合の自分で「作る」というのは、直接的には、物理学の法則に基づいて物理学的世界像を構築するというのと同じように、事物の理想的モデルを作ることでしょう。そのモデルは人間自身が作ったものだから、人間はその基本的構造を理解できるはず、ということになります。この理屈は、私たちが対象を認識できるのは、対象が私たち自身によって構成されたからだというカントの認識論の論理と対応しています。

デカルト的理性は、次のような「暗黙の仮定」にしっかりと支えられている。すなわち、「精神は、精神が生みだし、ある意味で、精神の内部に留まっているものだけを知ることができる」。そこで、このデカルト的理性の最高の理想は、近代が理解しているような数学的知識でなければならない。つまり、精神の外部に与えられる理想形式ではなく、精神が生みだす形式にかんする知識でなければならない。この場合、精神以外の対象物が感覚を刺激する――あるいはむしろ、いらだたせる――必要さえない。ホワイトヘッドがこの理論を「後退する共通感覚の結果」と呼んでいるのも、もっともである。共通感覚《コモン・センス》というのは、ちょうど視覚が人間を眼に見える世界に適合させたように、かつては、まったく私的な感覚作用をもつにすぎない他のすべての感覚を共通世界に適合させていた感覚である。ところが、この共通感覚は、今や、世界となんの関係もない内部的能力になったのである。この感覚が共通と呼ばれたのは、単にそれがたまたま万人に共通であるからにすぎなかった。しかし今や、人びとが共有しているのは世界ではなく、自分たちの精神の構造である。しかし厳密にいえば、精神の構造も、共有することはできない。推理能力はだれでも同じだというのは、ただ偶然そうなっているにすぎないからである。

ホワイトヘッド（一八六一―一九四七）はイギリスの数学者・哲学者で、ラッセル（一八七二―一九七〇）と共著で、数学基礎論を体系的に展開した『プリンキピア・マテマティカ』（一九一〇―一三）を出したことや、「プロセス哲学」を提唱したことで知られています。彼は、精神が自分が作り出した論理形式の中でだけ思考することを正当化しようとするデカルト的理性が、「共通感覚」を衰退させると言っているわけです。注（43）を見ると、ヴィーコ（一六六八―一七四四）もデカルトにおける「共通感覚」の不在を批判したと述べられていますね。ヴィーコはイタリアの哲学者・修辞学者・法学者で、数学のような論理に基づく知だけが確実であるとするデカルト派に反発し、「歴史」もまた「数学」と同様に人間によって作られたものであるので、人間が知ることができるとして、歴史的知の確実性を主張しました。彼は、習慣や経験に基づく「賢慮 prudentia」や、修辞学的な技法を重視しました。人間が知ることができるものは人間が作ったものである、という前提をデカルト派と共有しながら、数学とは異なる領域にモデルを求めたのが面白いところです。この注で、「共通感覚」の重要性を説いたヴィーコの論文として、〈De nostri temporis studiorum ratione〉（一七〇九）が挙げられていますが、これは岩波文庫に『学問の方法』という邦訳タイトルで入っています。該当する議論は、注にあるように、第三章に相当する所に出ています。

ヴィーコ

本文に戻りましょう。「共通感覚」がそれまで「共通世界」と結び付いていた、というのがここでのアーレントの議論のポイントです。ここまで見てきたように、「共通世界」は人間によって「製作」され「世界」を物ではなく、一連の生成として捉えるた「物」から構成されていて、人々の認識に共通の「客観性」を与えているわけです。「共通世界」があるおかげで、人々はお互いのパースペクティヴが異なっていても、同じものについて語っていると確認することができます。アーレントは、それが「共通感覚」の「共同体感覚」としての側面と結び付いていた、と言っているわけです。個人が内面において、他者たちの認識と合うように調整するだけでなく、「世界」がそれを証明してくれていたわけです。

しかし「内省」を中心とするデカルト的な知は、自らの論理によって作り出されたものしか信用せず、なおかつ、人間が共有しているのは、数学的論理を中心とする「精神構造 the structure of their minds」だけだという前提に立っているので、「共通世界」が出てきようがないわけです。各人の内面の中での抽象的な思考のみが普遍的であるとするデカルト的な知においては、感覚の共有とか、「賢慮」のような曖昧なものは排除されてしまうわけです。無論、アーレントあるいはヴィーコの立場から、「共通世界」は人間が作った物から成り立っているので、人間が知ることができるはず、と言うこともできるわけですが、そういうものが実際に実在し、なおかつ、人間によって理性的に構築されたものであるということは証明できません。数学だったら、たとえ他人が構築した体系でも、各人が自らの理性の中でその構築過程を再現できる──と信じることができる──わけですが、「共通世界」については同じようにいきません。

そのため「共通感覚」は、その現実的基盤（とされてきたもの）を失って、単なる「内部的能力 inner faculty」、つまり各人の内面で働く、協調しようとする主観的努力にすぎないものになってしまうわけです。ホッブズにおいてそうであったようにデカルトにおいても、人間の本質は計算する能力と見なされるようになります。

ここに至って〈理性的動物〉という古い人間の定義は、恐ろしいほど正確なものとなる。動物的な五感を万人に共通する世界に適合させる感覚とは共通感覚のことであったが、この感覚を奪われた人間とは、所詮、推理することのできる、そして「結果を計算する」ことのできる動物以上のものではないのだから。

第二章でも見たように、〈animal rationale(理性的動物)〉の〈ratio〉は元々「計算」という意味です。「理性的動物」というフレーズとして使われる時は、〈ratio〉の元の意味が「計算」だったことはそれほど意識されませんが、デカルトやホッブズは明らかに、数学的な推論こそが、「理性」の本質だと考えています。『リヴァイアサン』の中に、ラテン語の〈ratio〉が「推理 reason」という意味に転用されるようになったことを述べていることを指摘し、その二つの意味に対応する英単語〈ratiocination〉を意図的に使っている箇所があります。〈ratiocination〉は、「推理」「推論」の意味で使われます。

動物にない人間らしい能力として、かつては、「計算的理性」と並んで、自分の五感を「共通世界」、及びそこに現われている他の諸人格と同調させる「共通感覚」が想定されたけど、ホッブズやデカルトは、後者を切り捨てて、全ての現象を個人の内面における「推論＝計算」によって再構成する方向へ進んで行ったわけです。第四〇節「思考と近代的世界観」では、先ほどのように、人間の精神活動の中心を数学的な「推論」にしたことが、「世界観」の形成にどのような影響を与えたか、改めて総括的な考察が行われています。最初に四五一頁から四五三頁にかけて、物理的な現象を数学的なパターンに変換したうえで理解するようになった、ということが述べられています。これは、これまでの話の要約ですが、四五四頁では、そこから悪循環の構造が生まれていると述べられています。つまり、科学者は実験を準備するために仮説を立てるのだけど、その仮説を実証するために実験を用いている、という循環構造です。もちろん、単純な相互依存関係ではなく、実験によって分かったことを仮説にフィードバックし、バージョンアップ

「共通感覚」＋「共通世界」――人間によって「製作」された「物」から構成されていて、人々の認識に共通の「客観性」を与えている。「共通世界」があるおかげで、人々はお互いのパースペクティヴが異なっていても、同じものについて語っていると確認することができる。

■アーレントは、「共通世界」の存在が「共通感覚」の「共同体感覚」としての側面と結び付いていたと見る。個人が内面において、他者たちの認識と合うように調整するだけでなく、「世界」がそれを証明してくれていたとする。

⇕

「内省」を中心とするデカルト的な知――自らの論理によって作り出されたものしか信用せず、なおかつ、人間が共有しているのは、数学的論理を中心とする「精神構造 the structure of their minds」だけだという前提に立っているので、「共通世界」が出てきようがない。各人の内面の中での抽象的な思考のみが普遍的であるとするデカルト的な知においては、感覚の共有とか、「賢慮」のような曖昧なものは排除されてしまう。

⇓

そのため「共通感覚」は、その現実的基盤（とされてきたもの）を失って、単なる「内部的能力 inner faculty」、つまり各人の内面で働く、協調しようとする主観的努力にすぎないものになってしまう。
ホッブズ、デカルトにおいても、人間の本質は計算する能力と見なされるようになる。

した仮説に基づいてより精密な実験を行ったり、他分野での発見や発明の影響もあったりするので、全体として発展していく様相を呈しているわけですが、根底において循環構造になっているのではないかという疑いは払拭しきれません。これは科学哲学で延々と議論され続けているテーマです。アーレントは、科学者は「仮説的自然 a hypothetical nature」を扱っていると述べています。

いいかえると、実験の世界は、常に人工的なリアリティとなりうるようにみえる。そしてそのために、なるほど、製作し活動する人間の力、世界さえ創造する人間の力は、増大したであろう。実際、今日人間の創造力は、かつて夢とか幻想の中で精いっぱい想像されたものをはるかに超えているだろう。しかし残念なことに、そのおかげで今ふたたび人間は、以前よりもっと強力に自分自身の精神の牢獄の中に閉じ込められ、人間自身が作り出したパターンの枠の中に閉じ込められているのである。以前なら人間は、自分自身でないもののリアリティを経験することができた。しかし、今日、それと同じ経験をしようとする途端、自然と宇宙は「人間を逃れ去る」だろう。そして現代科学が扱っている宇宙というのは、実験の中に現われる自然の行動に合わせて解釈され、作業上のリアリティに技術的に翻訳できる原理そのものに合わせて解釈されている。

ポイントは「自分自身でないもののリアリティ the reality of what he himself is not」を「経験」できなくなった、ということです。「自分自身でないもの」というのは、自分の意識で表象したのではないもの、自分の精神の外部に実在するものということです。具体的には、神とか、あるがままの自然と宇宙、他者の人格などでしょう。無論、外部に存在するものを「経験」したというのは、精神がそう感じているだけであって、客観的根拠などないと言ってしまえば、それまでですが、少なくともデカルト的内省が蔓延する以前の人間は、自分の「外部」にある〝何か〟を経験することは可能であると確信を持つことはできたわけです。簡単に言うと、神や宇宙は実在していたわけです。しかし、いったん、いかなるものも精神によって対象として加工された形でしか認識できない、対象を超えたところに何があるのかは確かめようがない、という考え方が広まると、そうした〝経験〟は不可能になります。私たちは、あたかも「精神」という「牢獄」に閉じ込められたかのような状態に置かれることになる。お釈迦様の手の平から飛び出したつもりでも、実際には飛び出すことができないことをその度に気付かされる孫悟空みたいになるわけです。どれだけ〝外〟へ出ても、その〝外〟自体が、私によって作り出されたものであることが判明するわけです。

## 第一の転倒――「思考 thinking」と「行為 doing」

第四一節「観照と活動の転倒」に入りましょう。タイトル通り、「観照的生活」と「活動的生活」のヒエラルキーの順位が転倒したことが話題になっています。「活動」の方が優位に立つことになります。ただし、この場合の〝活動〟というのは、アーレントの言っている本来の意味での「活動」ではなく、「実践」とか「行動」に近い意味です。「観照」するのではなく、とにかく何かやってみる、という感じです。この転倒は、「アルキメデスの点」の発見とそれに伴うデカルト的懐疑の勃興と密接に関連している、ということですね。

少し復習しておきましょう。第一章、三〇頁から三一頁にかけて、ソクラテス学派によって「観照的生活」が発見されて以来、西欧思想史では、「観照的生活」が根源的なもので、「活動的生活」はその派生物と見なされるようになった、と述べられていますね。マルクスやニーチェがそのヒエラルキーを転倒したけど、両者の二項対立図式は残ったとも述べられていますね。

（…）観照と活動の転倒の背後にある基本的経験は、たしかに、人間の知識欲は、彼が自分の手の独創性を信じた後にのみ満たされるということであった。肝心な点は、真理や知識がもはや重要でないということではなく、真理や知識をもたらすのは観照ではなく、ただ「活動」だけであるということであった。ついに自然から――というより宇宙から――その秘密を奪い取ったのは、望遠鏡という器具であり、人間の手の仕事であった。この最初の活動的な調査が成果をあげた以上、行為を信じ、観照あるいは観察を信じない理由は、ますます説得力をもつようになった。存在と現象が袂を分かち、真理がもはや眺める人の精神の眼に姿を現わし、自らを明らかにし、暴露するとは考えられなくなった後に、はじめて、偽りの現象の背後にある真理を追求する本当の必要が起こってきた。実際、受動的な観察や単なる観照くらい、知識を得、真理に近づくのに信用のおけないものはなかった。確信をもつためには確実にしなければならず、知るためには行なわなければならなかった。

活動にカギ括弧が付いていることに注意して下さい。本来の「活動」ではなく、「手の仕事」によって調査・探究するということです。真理や知識を求める営みなので、純粋な「製作」ではなく、科学者同士の間のコミュニケーションも行われているので、本来の意味での「活動」に近いところもありますが、他者の人格に対する働きかけではなく、自然に対する機械的アプローチが主になるわけですから、かなり本来の「活動」とは異なります。傍点が付いている「行為」は、原語ではイタリックの〈doing〉です。「活動」というより、「〜すること」が、「観照」あるいは「観察」、すなわち「見ること」に取って代わったわけです。後者が受動的態度であるのに対して、前者は能動的な態度です。黙っていても真理が勝手に姿を現わしてくれるわけではないことが〝分かった〟ので、人間の方から対象に対して積極的に動いて、どういうリアクションがかえってくるか機械装置によって確かめる、実験する、というプラグマティズム的な態度が、近代人の「真理」観の支配的なモードになります。

「真理」が精神の眼の前に「姿を現わし appear」、「自らを明らかにし、暴露する reveal and disclose itself」というのは、ハイデガー的な言い回しです。ハイデガーは、「存在」がその姿の大部分を隠していて、何らかの状況でその隠ぺい性を解除すること、自己を顕わすことを「真理」と捉えます。彼はそのことを、「真理」を意味するギリシア語〈aletheia〉が、隠蔽されている状態を意味する〈letheia〉に、否定辞〈a-〉を加えた言葉で、「非隠蔽性」を意味することから、独自の「真理」観を展開しています。ハイデガーにとって「現われ」は、「存在」それ自体と一体不可分ですが、デカルト的科学観の下では、単なる「仮象」にすぎません。

それ以来、科学的真理と哲学的真理は訣別している。すなわち科学的真理は永遠である必要はない。それどころか、人間の理性に理解でき、それにふさわしいものである必要さえない。人間精神が大胆になって、近代精神のこの含意と完全に直面できるまでには何世代もの科学者が必要であった。自然と宇宙は神的創造者の産物であり、他方、人間精神は人間が作ったものしか理解できないとすると、人間は自然についてなにも理解できない。たしかに人間は、創意工夫によって、自然過程が造り出したものを発見できるし、それを模倣することさえできるであろう。しかしそのことは、自然過程が造り出したものの意味が人間に判るということではない。そもそも、それは理解できるものである必要はないのである。

アーレントの言いたいことが非常にクリアに表現されていますが、科学的真理が「人間の理性に理解でき、それにふさわしいものである必要さえない」というのは、言い過ぎの感じがしますね。少なくとも先端の理論家は一応理解しているわけですから。実際には、〝真理〟観が違うというより、現代の自然科学では、自分たちが探究している現象の本質は何か、それが理解できるとはどういうことかといった問いなしで、進んでいるということだと思います。我々の多くは、そういうのは、自然科学の仕事ではなく、哲学の仕事だと思っているわけですが、アーレントはそういう、最初から割り切った分業的発想を問題にしているのかもしれません。

アイヒマン

実際、一七世紀に起こった変化は、観照と行為の伝統的順位がただ転倒されたという以上に、もっと根源的なものであった。厳密にいえば、この転倒はただ思考と行為の関係に係わっていたにすぎない。他方、真理を眺めるというもともとの意味での観照は完全に取り除かれた。思考と観照は同じものではないのである。伝統的に、思考というのは、真理の観照を導く最も直接的で重要な方法だと考えられていた。

先ほどは「観照 contemplation」と「行為 doing」の対立だと言っていたのに、実は、「観照」というのは対立の一方の極の本当のキャプテンではなくて、本当のキャプテンは「思考 thinking」だと言っているわけです。こういうところが、アーレントが、記述に明晰さを重視する、分析哲学系の人から好まれない理由です。「思考」と言っていますが、当然、日常的な意味で「考えること」一般を指しているわけではないでしょう。「真理」を探究する方向に突き詰めて考えていくことを指している、と見るべきでしょう。

ただ、アーレントは、通常の意味での「考えること」の本質も、実は、「真理」の探究にあると示唆したいのではないかと思います。アーレントが、『イェルサレムのアイヒマン』（一九六三）で、アイヒマン（一九〇六―六二）がユダヤ人虐殺に関する任務を淡々と執行できたのは、「思考の欠如 thoughtlessness」によると分析したのは有名な話です。アーレントの死後刊行された遺作『精神の生活』の第一部のタイトルが「思考 Thinking」です。第二部タイトルが「意志 Willing」で、第三部は「判断 Judging」になるはずでしたが、アーレントの急死で第三部は書かれていません。「カント政治哲学講義」が内容的に、同じテーマを扱っているのではないかとされています。

本文に戻りましょう。四六〇頁を見ると、転倒は実際には「思考」のみに関わり、「思考」が「行為」の侍女になった、と述べられています。中世において、哲学≠思考が神学に仕えたのと同じようなものだということですね。新たな主人になった「行為」は、学問的には、自然科学を指すと考えればいいでしょう。

## 第二の転倒――魂と肉体の関係

この転倒の根本的性格は、それとしばしば混同され、プラトン以来西洋の思想史を支配しているもう一つ別の種類の転倒によって、どういうわけか曖昧にされている。プラトンの『国家』に出てくる洞窟の寓話をギリシア史の光に照らして読めば、プラトンが哲学者たちに要求している「転換《ペリアゴーゲー》」が、実際にはホメロス的世界秩序の転倒に等しいことがすぐわかるだろう。「洞窟」つまり地界に位置しているのは、ホメロスのハデスの場合のような死後の生活ではなく、地上における普通の生活である。つまり魂は肉体の影ではなく、むしろ肉体のほうが魂の影なのである。ホメロスは、ハデスにおける死後の魂の生命なき存在は、感覚のない幽霊のような動作をするものとして描いた。ところがプラトンの場合、そのような動作は、むしろ大空に見える永遠のイデアを眺めるために人間存在の洞窟を去るということをしない人びとの無感覚な行為に固有のものとされているのである。

まどろっこしい書き方をしているので、「思考（観照）／行為」の転倒と、何の転倒が混同されているのか分かりにくいですね。先ず、プラトンの『国家』に出て来る「転換 periagōgē」は、「洞窟の比ゆ」に関係しています。いったん洞窟から解放されて、イデアの光を見た囚人は仲間にも真実を見せてやろうとして殺されますが、そこをうまく「転換」するよう誘導するのが、政治家の役割だと述べられています。ここで何が「転換」されたのかについては、ハイデガーが「プラトンの真理の本質について」（一九三一／三二、四〇）という論文で詳しく論じています。簡単に言うと、「洞窟の比ゆ」の記述の中で、「隠れなきもの＝アレテイア」という意味での「真理」が、イデアの光によって保証される正しさというような意味合いの真理、近代哲学や科学で想定されているような意味での真理へとシフトしている、という話です。当然アーレントはそれを下敷きにして、自らの解釈を展開しようとしているわけです。

そこで、「洞窟」とは何の比ゆなのかという話ですが、ホメロス的な世界観、つまりソクラテス＝プラトン以前のギリシアの世界観であれば、地下の「洞窟」はハデスが支配する「死後の世界」であったが、プラトン以降は、「肉体を伴った生活を送る地上」が「洞窟」、つまり非本来的な世界と見なされるようになった、とアーレントは言っているわけです。どうしてハデスの話が出てきたのか唐突な感じもしますが、恐らくアーレントは、元々ギリシア神話にあった、地下の「洞窟」に死者や巨神族が囚われているというイメージを、プラトンが換骨奪胎して使っていると言いたいのだと思います。どうしてこの換骨奪胎に言及する必要があったのかというと、それに伴って、洞窟の中に囚われているもののイメージが入れ替わっ

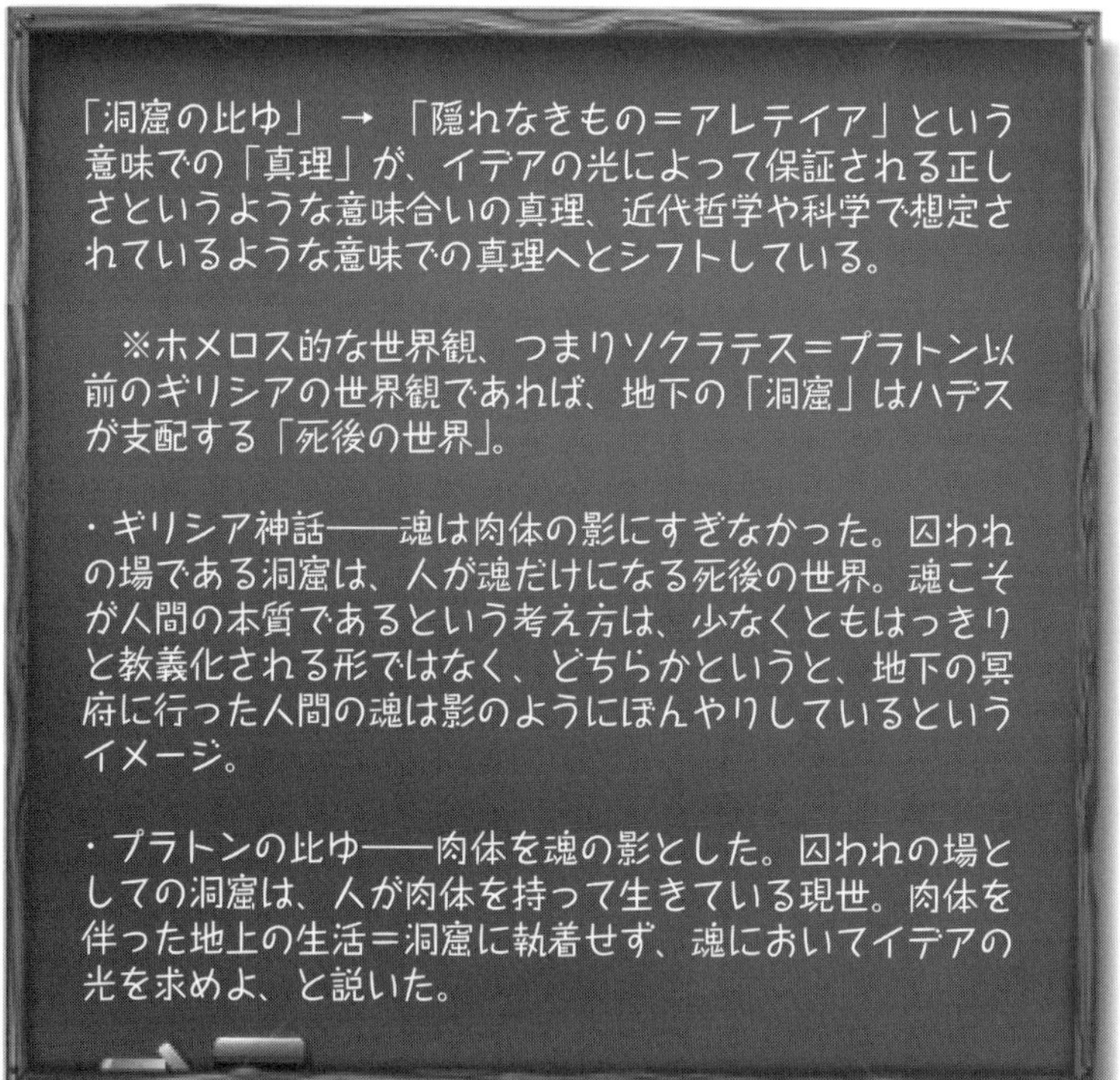
「洞窟の比ゆ」 → 「隠れなきもの＝アレテイア」という意味での「真理」が、イデアの光によって保証される正しさというような意味合いの真理、近代哲学や科学で想定されているような意味での真理へとシフトしている。
※ホメロス的な世界観、つまりソクラテス＝プラトン以前のギリシアの世界観であれば、地下の「洞窟」はハデスが支配する「死後の世界」。
・ギリシア神話――魂は肉体の影にすぎなかった。囚われの場である洞窟は、人が魂だけになる死後の世界。魂こそが人間の本質であるという考え方は、少なくともはっきりと教義化される形ではなく、どちらかというと、地下の冥府に行った人間の魂は影のようにぼんやりしているというイメージ。
・プラトンの比ゆ――肉体を魂の影とした。囚われの場としての洞窟は、人が肉体を持って生きている現世。肉体を伴った地上の生活＝洞窟に執着せず、魂においてイデアの光を求めよ、と説いた。

たように見えるからです。肉体と魂の関係の逆転です。ギリシア神話では、囚われの場である洞窟は、人が魂だけになる死後の世界でしたが、プラトンの比ゆでは、囚われの場としての洞窟は、人が肉体を持って生きている現世です。ギリシア神話の世界観では、魂こそが人間の本質であるという考え方は、少なくともはっきりと教義化される形ではなく、どちらかというと、地下の冥府に行った人間の魂は影のようにぼんやりしているという話の方が目立ちます。ギリシア神話では、魂は肉体の影にすぎなかったけれど、プラトンは、肉体を魂の影にしてしまいました。肉体を伴った地上の生活＝洞窟に執着せず、魂においてイデアの光を求めよ、と説いたわけです。

つまり、もう一つの転倒というのは、魂と肉体の関係の転倒です。四六一頁に出ているように、この転倒が原因になって、「観念論と唯物論、超越論と内在論、実在論と名目論、快楽主義と禁欲主義等々」といった一連の転倒が引き起こされました。アーレントは、「このような観念体系がすべて転倒可能」と述べています。これは現代の二項対立批判の文脈でよく言われていることです。現実を強引に二つに分けているので、実際にはこっちの方がより本質的だという論拠を挙げることが常に可能であるわけです。

アーレントが言っている「思考／行為」の転倒も、この手の二項対立の一種であるような気がしますが、そうではないというのが一番重要なポイントです。

私たちがここで扱っている転倒、すなわちガリレオの発見が引き起こした精神的結果は、これまでもしばしば伝統的な転倒の観点から解釈され、したがって西洋の観念の歴史に欠くことのできない一部分として解釈されてきた。しかし、これはまったく異なる性格のものである。客観的真理は人間に与えられるものではなく、人間はただ自分の作るものだけを知ることができるという確信は、懐疑論の結果ではなく、立証できる発見の結果だからである。したがって、それは断念を導かず、従来に倍する活動力か、さもなくば絶望を導く。近代哲学は、内省によって、人間が自分の感覚を感じる内部感覚としての意識を発見し、それだけがリアリティの唯一の保証であるとしたが、他方、世界を失った。しかし、この近代哲学の世界喪失は、世界と世界を共有する他人にたいする哲学者たちの古くからある懐疑と異なるものであり、その差はただ単に程度の問題だけではない。今や哲学者たちは、偽りに満ちた滅亡する世界に別れを告げ、それとは別の、真理に満ちた永遠の世界にもはや向かおうとはしない。彼らはこの二つの世界から共に身をひいて自分自身の中にひきこもるのである。

「客観的真理は人間に与えられるものではなく、人間はただ自分の作るものだけを知ることができるという確信は、懐疑論の結果ではなく、立証できる発見の結果だからである」という文が理解のカギになるのですが、一見しただけでは、どうしてこの文が、その前の文の「まったく異なる性格のものである」という箇所の理由の説明になっているようには見えませんね。それで分かりにくくなっているのですが、原文を見ると、〈since〉とか〈because〉などの理由の接続詞あるいはそれに類するものは付いていません。直接の理由を示していると思うとかえって分からなくなるので、「からである」の「から」を取って、単独の文として考えてみましょう。

観念論／唯物論等の二項対立は、どちらがより本質的かをめぐる哲学的な対立です。物質がより本質であると考える場合でも、内省を通してそう判定するわけです。それに対して、デカルトの懐疑とガリレオの発見によってもたらされた「転倒」というのは、理性的な「思考」に基づいて「行為」するという哲学的な態度が、「行為」の帰結として〝立証〟された〝現実〟――〝現実〟として〝立証〟されるということは、その「行為」によるアプローチの適切さが認められるということでもあります――のイメージに即して後追い的に「思考」するという実践中心の態度へと転換したということです。本質／非本質の中身が転倒するのではなくて、「私」の外界への関わり方が転倒するわけです。

マルクス主義系の言説では、観念論／唯物論の対立と、思考／行為（実践）の対立が重ね合わせられて語られることが多いのですが、アーレントは、両者は次元が違うので分けて考えるべきだと言っているわけです。

後者の「転倒」の帰結として、人間が「（共通）世界」を喪失することになったというのは、この章でこれまで述べられてきたことですが、「この近代哲学の世界喪失は、世界と世界を共有する他人にたいする哲学者たちの古くからある懐疑と異なる」、という点が目新しいですね。この話は、先ほどのプラトンの話と関係しています。つまり、この世界を「偽りに満ちた滅亡する世界」と見なし、「真理に満ちた永遠の世界」へと移行しようとする、精神優位の二項対立思考です。プラトンのイデア論や、魂における救いをめぐるキリスト教的言説がその典型でしょう。その場合だと、イデア的な世界へ逃げ込める希望があるわけですが、デカルト＝ガリレオ・ショックを受けて、共通感覚を通しての「世界」との接点も失った近代人には、そういう魂の逃げ場はありません。確実なのは、「考える物」としての「私」の実在に関する推論だけです。だから、自分の内に引きこもるしかない。この側面から考えれば、プラトン的な二項対立における転倒と、無関係ではないのですが、アーレントがあまり丁寧に説明していないので、分かりにくくなっているわけです。

## 「工作人」的な態度と「過程の科学」としての自然科学

次の第四二節「〈活動的生活〉内部の転倒と〈工作人〉の勝利」は、転倒がもたらした帰結についての更なる説明になっています。「行為」が「思考（観照）」を支配するようになったことの具体的な中身として、「工作人」的な態度が優勢になったことがテーマになっています。

〈活動的生活〉内部の活動力のうちで、以前観照が占めていた地位にまず最初引き上げられたのは、〈工作人〉の特権である製作の活動力であった。このことは、近代革命を導いたのが器具であり、したがって道具の作り手としての人間であった以上、まったく当然であった。それ以来、科学上の進歩は、いずれも、もっと洗練された新しい道具や器具の製作と密接に結びついていた。

実験を通して自然に働きかけ、そのリアクションを確かめる作業がメインになれば、当然、実験のための道具、あるいは、実験の結果を応用した道具を「製作する」ことが重視されるようになります。科学的探究に従事する人たちは、思考する人、あるいは活動する人である以上に、「工作人」であるわけです。

生産性と創造性は、近代初頭、最高の理想となり、偶像とさえなったが、この二つのものは、建設者、製作者としての人間である〈工作人〉の標準に本来含まれているものである。しかし、この能力にかんする近代的解釈には、もう一つの、おそらくもっと重要な要素が認められる。「なぜ」と「なに」から「いかに」への移動は、知識の本当の対象がもはや物や永遠の運動ではなく、過程でなければならないということを意味している。(…)こうして、自然は一個の過程となった。自然は、ただ人間の創意、つまり〈工作人〉の創意性によって、実験の中で繰り返し再生することのできる過程においてのみ知ることができるからである。そして、それぞれ特定の自然物が重要性をもち、意味をもつのは、ただそれらが総合的な過程においてそれぞれの機能を果たしているからにすぎない。今や、見られるのは、存在の概念ではなく、過程の概念である。姿を現わしてそれ自身を暴露するのは存在の本性であるが、眼に見えず、その存在をある現象の表出から推論しうるだけのものは過程の本性である。

また「過程 process」の話が出てきましたね。「世界」を構成する「物」の恒久性と、生命過程や宇宙過程の流動性が対立関係にあることが強調され、生産「過程」がそれらの過程の力を取り込むことが、「世界」の衰退に繋がることが示唆されてきました。第五章の第三一節「活動の過程的性格」では、活動がユートピア的な目的を実現するための手段と化し、生産「過程」的な性格を強めたことと、自然科学が「過程の科学 sciences of process」になったこととの間にパラレルな関係があることが指摘されました。

ここで改めて、自然科学が「過程の科学」になったことと、生命過程や宇宙過程を生産過程に取り込むこととの間にどういう関係があるか、「工作人」という視点から整理されているわけです。それまでの「自然」観では、永遠不変のものであり、人間は、それをもっぱら驚嘆をもって「観照」することしかできなかった。しかし、そうした「観照」によるアプローチが放棄され、人間と自然との関係が不安定化するにつれ、「自然」はもっぱら――人間の眼から見て――変貌し続ける「過程」と見なされるようになります。「永遠の運動 eternal motion」と、「過程」は語感的に同じことのように聞こえますが、前者は、神の定めた法則に従って永遠に同じ軌道を回り続ける運動であるのに対し、後者は、どういうところに帰着するか分からない不確定を持っています。その不確定性は、部分的に人間の自然に対する関わり方の不安定性にも起因します。「工作人」は、そういう宇宙的な「過程」を、実験の中で再現するわけです。

実験の中で生じる「過程」は、人間が実験機器によってコントロールしているので、自然の過程とは違うような気もしますが、恐らくアーレントは、（人間の眼から見て）本当の姿が分からない不確定性という視点から両者を結び付けて考えているのでしょう。実験の「過程」において、「存在」そのものを見ることはできません。個々の自然物の相互連関は、人為的に作り出された実験「過程」の中での役割としてしか認知されません。これは、人間は自らが構成した「対象」としてしか〝物〟を認識することができず、

「物」それ自体は認識できない、というカントの認識論の構図を、科学全体へと拡張したような話ですね。あるいは、「存在」それ自体が忘却され、自然界の個々の「存在者」は、「用具―生産」的な連関の中でもっぱら機能的・効率的に把握されるようになったとする後期ハイデガーの現代技術批判の図式が反映されているのかもしれません。

先ほど引用した箇所の最後の二つの文は、原文では、「存在」と「過程」がそれぞれ大文字表記になっています。〈Being〉と〈Process〉。その「存在」が「姿を現わしてそれ自身を暴露する」と言っているわけですから、これは明らかにハイデガー理論の応用です。注（61）から分かるように、「プロセス（過程）」にはホワイトヘッドのプロセス哲学の考え方が反映していると考えられます。両者からの影響があるわけですが、文脈的にハイデガー寄りになっていますね。

実験に見られる、こうした自然過程の再現過程を、「製作過程 fabrication process」に積極的に応用するところに、近代の「工作人」の特徴があります。

この過程は、もともと、「生産物において消滅する」製作過程であって、〈工作人〉の経験にもとづいていた。そしてその〈工作人〉は、すべての物は実際に存在する前には必ず生産過程が先行していることを知っていたのである。
たしかに、このように製作過程に固執し、このようにすべての物を製作過程の結果として考えようとする態度は、〈工作人〉とその経験領域に極めて特徴的なことである。しかし、近代が、生産物そのものにたいする関心を一切犠牲にしてまで過程だけを強調したことは、まったく新しい事態である。

ポイントは二つあります。一つは、「生産物において消滅する」「過程」は、恒久的なものではありませんし、絶対的な経路でもありません。製作の仕方は変動し得るわけですから。そういう流動性を持った、「過程」が個々の「物」に先行することを、前近代の「工作人」たちは知っていた。これが一つ。

もう一つは、前近代の〈工作人〉は、「生産物」という「目的」のための「手段」として「製作過程」を理解していたけど、近代になってから台頭した新たな「工作人」はその序列を転倒させた。「過程」を引き起こすこと自体が重要で、「生産物」は副次的になるわけです。これは資本主義の生産過程の自己増殖のようなことを念頭に置くと分かりやすくなりそうですが、アーレント自身は、科学者が「知るために作る」からだと説明しています。つまり、実験主導で「過程」が生み出されている、ということです。科学者のイニシアティヴだけで、「製作過程」優位になるというのは常識的には考えにくい感じがしますが、科学者の「過程」産出に、資本主義的生産過程が追随していると考えれば、それほどおかしなことではないかもしれません。

そうやって、自然科学において「過程」中心の考え方が強まっていき、「自然」そのものにアクセスできないという諦めが強まっていった帰結として、人間が作ったもの＝人間が認識できるものに目を向けようとするヴィーコ的な知の方向性が生まれてきたとアーレントは示唆します。

デカルト的懐疑から引き出される結論のうちで最も考えられるものの一つは、自然を理解する試みを放棄することであり、一般的に、人間が作らなかった物について知ろうとする試みを放棄して、その代わり、人間がいるからこそ存在するものに関心を向けるということであった。実際、ヴィーコは、この種の議論によって、注意を自然科学から歴史に向けたのである。彼の考えでは、歴史は人間が確実な知識を得ることのできる唯一の分野であったが、その理由はまさにここでは人間の活動力の産物だけが扱われるからであった。近代になって歴史と歴史意識の発見を促した最大の衝動は、人間の偉

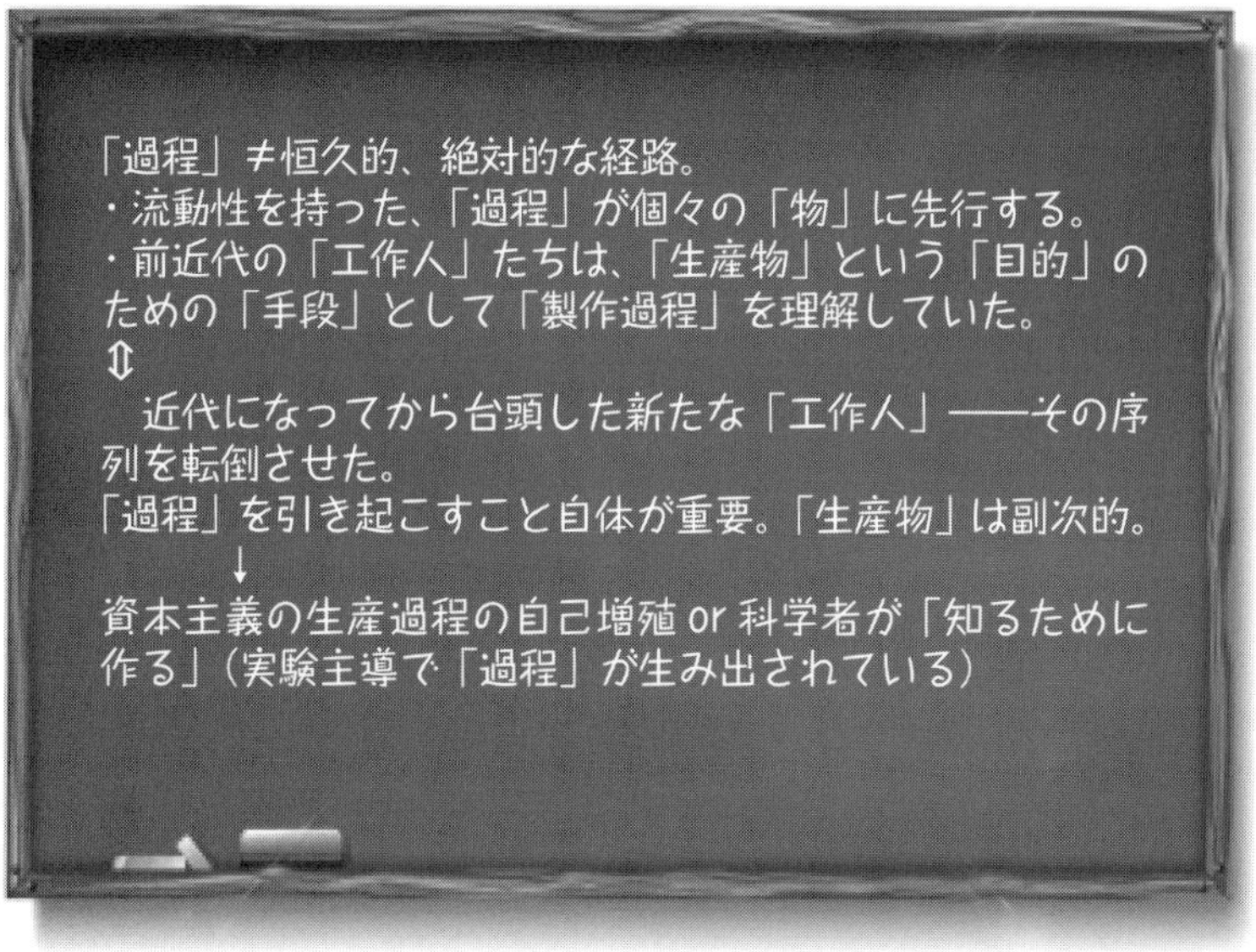
「過程」≠恒久的、絶対的な経路。
・流動性を持った、「過程」が個々の「物」に先行する。
・前近代の「工作人」たちは、「生産物」という「目的」のための「手段」として「製作過程」を理解していた。
⇕
近代になってから台頭した新たな「工作人」──その序列を転倒させた。
「過程」を引き起こすこと自体が重要。「生産物」は副次的。
↓
資本主義の生産過程の自己増殖 or 科学者が「知るために作る」（実験主導で「過程」が生み出されている）

大さや人間の行為と受難にたいする新しい熱意でもなければ、人間存在の意味は人類の物語の中に発見できるという信念でもなく、実に、人工の対象物に向きあうときだけしか通用しないように見える人間理性にたいする絶望であった。

歴史と歴史意識の発見は、ヴィーコのような人文主義者によるデカルト主義に対する反発と考えるのが一般的ですが、アーレントはその根底においては、自然を認識することができない人間の理性の限界についての深い諦めがあった、と見ているわけです。その意味で、両者は表裏一体であったわけです。

四六九頁から四七一頁にかけて、「コモンウェルスとか国家と呼ばれる（…）人工的動物」を作ることを、政治哲学の新しい課題にしようとしたホッブズの試みも、［デカルト的懐疑→工作人］の発想と深く結び付いていると述べられています。これは分かりやすいですね。「製作と計算の概念」を政治哲学に持ち込んだわけです。四七〇頁では、そこには「過程」という考え方も絡んでいることが指摘されています。

すでに見てきたように、自然科学は、自然物が生じてくる「製作」の過程を人工的条件のもとで模倣しようとする試み、つまり実験を通して、過程の概念を取り入れた。そして、この概念は、ここで見られるように、人間事象の領域における行為の原理としてもうまく役立つし、あるいはその方がもっと役に立つのである。なぜならこの場合、内省によって情熱の中に発見される内部生命の過程は、かの「人工的人間」、「大リヴァイアサン」の「自動的」生命を創造する標準や規則になりうるからである。

「自然物が生じてくる『製作』の過程」という言い方がひっかかりますが、この「製作」の原語は〈"making"〉です。つまり、自然物が生じてくる過程を、それらが神あるいは自然界の法則によって「作られている」と擬人的に見立てたうえで、その「過程」を実験という形で「模倣」しようとしたわけです。それを更に、ホッブズたちが人間事象に応用して新しい哲学を構築しようとしたわけですが、人間の何を「過程」と見なしたのかというと、内省によって各人の「情熱の中に発見される内部生命の過程 the processes of inner life, found in the passions」です。〈passion〉は最近では、「情念」と訳されることが多いですね。何か難しいことを言っていそうですが、簡単に言うと、高校の教科書にも出てくる、「自己保存」しようとする情念が、どうすれば一番うまく自己保存という目的を達成できるか模索する試行錯誤の「過程」です。『リヴァイアサン』を細かく読むと、恐怖とか復讐、仁愛、羨望などいろんな情念が出てくるのですが、ここでは、自己保存を中心に考えていいでしょう。ホッブズは「内省」によって見出した、情念の運動の「過程」からの類推で、「リヴァイアサン」という巨大な人口生命体が生まれてくる過程を描き出したわけです。

ホッブズは、自己保存をめぐる製作と計算によって情念を抑え込んでしまう、極めて合理主義的な政治哲学の体系を構築したわけですが、四七一頁から四七二頁にかけて、この哲学は根本的な欠陥を抱えていたことが指摘されています。それは、人間的事象の領域には、計算的理性によっては予期できない出来事が起きるけれど、そういう非合理的なものに合理主義は対応できない、というわけです。自然科学の場合のように、「過程」を暫定的にでも制御することは無理なわけです。

## 「世界疎外」の原因

近代の世界疎外は、非常に根源的なものであって、人間の活動力のうちで最も世界的なものである仕事と物化、物の製作と世界の建設にまで拡大している。これこそ、近代の態度と評価が伝統的な態度と評価とは異なる点であり、この違いは、観照と活動、思考と行為の単なる転倒が示す以上にもっと鋭い。観照との決裂は、以前観照者としての人間が占めていた地位に製作者としての人間が昇格したために起こったのではなく、実に、過程の概念を製作の中に持ち込んだために起こったのである。これにくらべれば、かつて政治活動が占めていた地位を今度は製作が占めるようになったという、〈活動的生活〉内部のヒエラルキー的順位の新たな配置などは、小さな意味しかもたない。

ややこしい言い回しになっていますが、要は、「製作」が「政治活動」に取って代わったことよりも、「製作」の中に「過程」が持ち込まれたことが「世界疎外」の原因だと言っているわけです。これまで見てきたように、「過程」というのは人間が思うようにコントロールできないものですし、「過程」が生活の中に浸透してくると、人間の方が「過程」に引きずられ、そのリズムに合わせるようになります。「過程」の持っている不安定さによって、「世界」が不安定化してしまうわけです。

四七三頁から四七四頁にかけて、プラトンやアリストテレスにも実は「仕事」を「活動」より上に置こうとする傾向があり、それは、「観照」と「仕事」の間に一定の繋がりがあって、両者が対立関係にあるとは考えられていなかったからである、という趣旨のことが述べられていますね。「観照」と「活動」は対立的に捉えられがちだけど、「観照」と「製作」はそうでもない、というわけです。その理由はどうも、例の「デミウルゴス＝職人」と、「（設計図としての）イデア」の特殊な結び付きにあるようです。

歴史的に見ると、この観照は、ソクラテス学派においてはじめて描かれているのであるが、その源泉は、少なくとも二つある。第一に、この観照は、存在の奇蹟にたいするあの衝撃的な「驚き《タウマゼイン》」こそすべての哲学の始まりであるという、アリストテレスが引用しているプラトンの有名な主張と明らかに一貫して結びついている。このプラトンの主張は、ソクラテスが弟子に与えた、おそらく最も印象的な経験の直接的結果であって、そういうことは、極めてありそうなことだと私には思える。（…）実際、「観照《テオーリア》」というのは「驚き《タウマゼイン》」の別の表現にすぎない。哲学者が最終的に到達する真理の観照は、彼が最初に抱いた、哲学的に洗練された言葉のない驚きだからである。

先ず、「観照」は、「存在」の奇蹟に対する素朴な「驚き」だということですね。単純に驚いて見入っている感じですね。「存在」について考えたり、討論したりし始める以前の、素朴な立場で、「見る」ことです。

しかし、この問題には第二の側面がある。それはプラトンのイデア説の中に、またその内容と同時にその用語法や例証の中に、最もはっきりと示されている。その例証というのは職人の経験に見られるものである。職人は、対象物を作るとき基準とすべきモデルの形を内部の眼に浮かべる。プラトンによれば、このモデルは、職人の技術によってただ模倣されるだけで、創造されるものではなく、人間精神が生みだすものではなく、かえって人間精神に与えられるものである。そのようなものとしてこのモデルは、一定の永続性と卓越性をもっているが、この永続性と卓越性は、それが人間の手の仕事によって物化されるとき、現実化されるのではなく逆に損われる。つまり仕事は、単なる観照の対象となっている限りは永遠なものとして留まっているようなあるものの卓越性を滅びやすいものとし、損うのである。したがって、仕事と製作を導くモデルであるプラトン的イデアにたいしてとるべき適切な態度は、それをあるがままにしておき、精神内部の眼に現われるがままにしておくことである。人間は仕事の能力を断念し、なにもしないでいさえすれば、そのようなイデアを眺めることができ、したがってその永遠性に加わることができる。

プラトンは、「イデア」は、職人にとっての製作のためのモデルのようなものだと見なしながら、その一方で、それを現実化しようなどとせず、ただ「観照」しているだけの方がいいという態度を取っていた、というわけですね。矛盾しているような感じがしますが、これは、（アーレントが理解する）プラトンが、職人と自分たち哲学者では「イデア」に対して異なった態度を取るべき、というスタンスを取っているのだとすれば、矛盾はしません。つまり、本来、「イデア」というのはそれを物化しようとすると、その本質が損なわれてしまうので、距離を置いて「観照」すべきだけれど、職人たちはそれが仕事なので、イデアを元に製作するということをやらざるを得ない。哲学者は、そうした「仕事」に直接携わっていないので、「イデア」を純粋に「観照」できる特権的な立場にあるわけです。無論、哲学者が「観照」の対象とする「イデア」は、職人の仕事のモデルになっている「イデア」よりも、様々なイデアのヒエラルキーの中で、より本質的な上位の層に属するものでしょう。

哲学の伝統において、支配的になったのはこの第二の種類の観照である。したがって、もともと不動の状態というのは、言葉を発しない驚きの場合には、忘我の付随的で意図しない結果にすぎなかったのであるが、それが今や〈観照的生活〉の条件となり、顕著な特徴となる。人間を圧倒して不動状態に投げ入れるのは、もはや驚きではない。むしろ観照状態に到達するには、活動力、すなわち製作の活動力を意識的に中絶しなければならないのである。（…）哲学者は、〈工作人〉が哲学者の呼び声に耳をとめて武器を棄てるよう望んでいたかのようである。そして、〈工作人〉が最も欲しがっている永続と不死は、行為によっては実現されず、むしろ美しく永遠なるものは作ることができないと悟るときにのみ実現される。

哲学者は、職人の仕事を観察することを通して、「イデア」という考えに至ったわけですから、その意味で「工作人」的な視点を全面的に捨て去ることはできません。というより、それほど難しく考えなくても、誰かが「仕事」をして「物」を作ってくれなかったら、哲学者も生きていけませんし、「世界」に参加して、抽象的な議論をすることさえできません。哲学者は、「工作人」に依存する一方で、「工作人」的な態度が人間事象の領域を完全に支配することがないよう抑止しないといけない、という微妙な立場にあったわけです。

近代は、あらゆる種類の活動力を凌駕するこの観照の優越性に挑戦した。しかし、その結果、ただ製作と観照の既成秩序がひっくり返されただけであったなら、それは依然として伝統的な枠組みの中に留まっていたことであろう。しかし実際には、この枠組みは無理やり広げられたのである。なぜなら、製作を理解する場合の重点が、生産物や永続的な指導のモデルから製作過程へと移り、さらに、物とはなんであり、いかなる種類の物を生産することができるかという問題から、物はいかにして、いかなる手段や過程を通じて生まれ、再生産できるかという問題へと完全に移行したからである。

哲学者の「観照」的な態度によって「製作」モードを抑えきれなくなっただけならまだよかったけれど、「製作」の重点が変わってしまった、というわけですね。どう変わったかというと、モデルとしてのイデアに導かれながら、それを再現することを目指して作るという態度から、とにかく「製作過程 fabrication」を継続・拡大するという態度へと転換したわけです。そうなってくると、もはや「イデア」を「観照」するという哲学者的態度や、世界を基盤とした人間事象の領域を維持しようとする活動＝行為主体的態度で、その「過程」を制御することなどできません。

## 幸福の原理［快楽の総計―苦痛《マイナス》の総計］と「最高善」としての生命

それで、余計者をあっさりと押しのけた「工作人」が大勝利したという話になるのかと思うと、第四二節のタイトルは「〈工作人〉の敗北と幸福の原理」です。「幸福の原理」とは、功利主義的な考え方のことです。

「工作人」が敗北してどうなったのかと言うと、これまでの話から十分想像できるように、「生命過程」としての「労働」が、「仕事」に代わって「活動的生活」の最上位を占めるに至ります。どうしてそうなったかというと、前節で出てきたように、重点が「なに what」から「いかに how」へ、「物自体 the thing itself」から「製作過程」へと移ったせいで、行動の指標となる「固定した永続的な標準や尺度 fixed and permanent standards and measurements」が奪われてしまったからです。それは、全ての「価値」の相対化、更には「無価値化」を意味します。ニーチェは、近代においては「全ての価値の転換 Umwertung aller Werte」が起こっていると言っていますが、それよりも根源的な変化が起こったことをアーレントは示唆しているわけです。

マルクス主義でしばしば問題にされる、「使用価値 use value」に対する「交換価値 exchange value」の決定的勝利もその表われと見ることができます。「イデア」に基づいて作り出される「物」に価値があるのではなく、「過程」を維持・拡大することにこそ〝価値〟があると見られるようになり、結果として、その「過程」で多く流通している〝もの〟に高値が付くわけです。

〈工作人〉の世界観の本質である有用性の原理に欠陥のあることがすぐ発見され、そこで、「最大多数の最大幸福」の原理がそれにただちに取って代わったが、おそらくこのときのすばやさほど、〈工作人〉が自己主張に完敗したことを明白に示すものはほかにあるまい。なるほど、人間は自分自身で作ったものだけを知ることができるというこの時代の信条は、外見上は、〈工作人〉の完全な勝利にとって明らかに幸先よい印であった。しかし、この信条がもっと近代的な過程の原理によって覆され、完全に壊滅したのは明らかであった。そしてこの過程の概念とカテゴリーは〈工作人〉の欲求や理想とまったく別のものである。なぜなら、なるほど有用性の原理の引証点は、明らかに、物を生産するために物質を用いる人間であるけれども、その原理は依然として、人間を取り囲み、人間がその中を動く使用対象物の世界を前提にしてるからである。ところが、今や、人間と世界のこのような関係はもはや保証されておらず、世界の物をまずその有用性から考えるということもなく、むしろ世界の物はそれを生みだした生産過程の多かれ少なかれ偶発的な結果とみなされる。（…）このような文脈の中で効用の原理をともかく維持しようとするなら、それをなによりもまず使用対象物や使用に結びつけることはできず、むしろ生産過程に結びつけることになる。というのは今や生産性を刺激するのを助け、苦痛や努力を和らげるものが有用だからである。いいかえると、尺度の最終的標準は、もはや効用や使用ではまったくなく、「幸福」であり、物の生産や消費の中で経験される苦痛と快楽の総計である。

真中辺りの「なぜなら、なるほど（…）使用対象物の世界を前提にしてるからである」という文の前後との繋がりが分かりにくいですが、これは〈工作人〉の依拠する「有用性」の原理が、「世界」を前提にしているので、「過程」中心の思考とは異質だという話です。

「有用性」と「効用」という二つの訳語が当てられていますが、いずれも〈utility〉です。恐らく邦訳の訳者である志水さんは、〈工作人〉と結び付いている文脈で「有用性」、功利主義の文脈で「効用」と訳し分けたのでしょう。あと、「使用」の原語は〈use〉もしくは〈usage〉で、当然、〈utility〉と意味的に繋がっています。「工作人」を動かしている「有用性」の原理、古典派経済学とマルクス主義の共通の概念である「使用価値」、功利主義の原理である「効用（功利性）」は通常は言葉で繋がっているだけで、全く別の概念と考えられがちですが、アーレントは三者の必然的な繋がりを指摘しているわけです。

しつこい言い回しになっていますが、ここで言われていること全体の骨子は比較的クリアですね。「工作人」は、永遠のイデアに代わって、自らにとっての「有用性」を「製作」の目的かつ基準にしようとしたけれど、先ほどから出てきたように、「物」よりも「生産過程」の方が重視されるようになったため、

「有用性」の原理が空洞化することになってしまった。

それに代わって、［快楽の総計 ―《マイナス》 苦痛の総計 =《イコール》 幸福］とする、功利主義的な考え方が支配的になったと言っているわけです。ということはつまり、功利主義で言う「効用」は、「物」の客観的効用ではなく、「過程」から生じてくる流動的なものだということになります。

> ベンサムによる「苦痛と快楽の計算」の発明は、一見数学的方法を道徳科学に取り入れたという長所と、完全に内省に存する原理を発見したというそれ以上の魅力とを結びつけた。彼のいう「幸福」とは、快楽の総計から苦痛を差し引いたものである。これは、それ自身の活動力を意識しているデカルト的意識と同じように、感覚作用を感じとり、世界の対象物と無関係のままでいる内部感覚である。その上ベンサムは、万人が共有しているものは、世界ではなく、計算の同一性や苦痛と快楽を受ける場合の同一性に現われる人間本性の同一性であるという仮定を基本にしている。

ポイントになるのは、「世界の対象物と無関係のまま」と、「内省」あるいは「内部感覚」という部分です。これは先ほどのホッブズと同じ図式です。「内部感覚 inner sense」に基づいて「内省」が行われるので両者は一体の関係にあると見ていいでしょう。ベンサムは快楽計算や、快楽／苦痛は、万人に共通だと想定したけれど、それは「世界」と関係ないわけです。

この箇所の後でアーレントは、功利主義と古代のストア派やエピクロス主義等の快楽主義の違いを述べています。四八四頁から四八五頁にかけてポイントが要約されています。

> 古代の場合には、苦痛や快楽もまだその世界的意味を十分に保持していたのである。古代の世界疎外

は、ストイシズムに始まってエピクロス主義、快楽主義《ヘドニズム》、犬儒主義《シニシズム》に至るまで、さまざまな変種があった。しかしいずれも世界にたいする深い不信に支えられ、世界への係わりや世界が加える苦痛や困難から、自己がただ自己だけに曝される安全な内部領域へ引きこもりたいという激しい衝動に突き動かされていた。これにたいして、近代においてそれに対応する世界疎外は、ピューリタニズムに始まって、感覚論やベンサムの快楽主義に至るまで、人間そのものにたいする同じように深い不信に支えられていた。これらの思想は、人間感覚はリアリティを正しく受け入れることができず、人間理性は真理を正しく受け入れることができないだろうという懐疑に突き動かされ、したがって人間本性は欠陥があるどころか堕落さえしているという確信に突き動かされていた。

古代の場合、「世界」への係わりが辛い、苦痛なので、内面に引きこもってしまったわけです。その意味で、「世界」の存在が強く意識されていたわけです。それに対して、近代人の場合は、最初から人間は「世界」と関係がない、つまり「世界」の「リアリティ」を受け止める能力さえないということが前提になったわけです。人間本性自体に欠陥がある以上、内面に引きこもっても、本当の意味で安心できない。安心できないから、快楽と苦痛を計算することが可能である、というアーレントから見て極めて不自然な想定によって、道徳を救おうとする発想に至ったわけです。

このような議論の背後に隠れて、あるいは、他のもっと興味の薄いさまざまなエゴイズムの神聖視や自己利益の強力な浸透力――そうしたものは一八世紀と一九世紀初期には陳腐になるほど流行していた――の背後に隠れて、もう一つ別の原理が見られる。その原理は実際、苦痛＝快楽計算以上にはるかに大きな能力をもつ原理となっている。それは生命そのものの原理である。苦痛と快楽、恐怖と欲望が、このようなすべての観念体系の中で実現すると考えられているものは、けっして幸福ではなく、個体の生命の促進、あるいは、人類生存の保証である。

つまり、功利主義で「幸福」と言われているのは、人間に固有の能力とか道徳性とかに由来するものではなく、「生命過程」の現われにすぎないわけです。各個体の生命が促進され、それによって人類全体の生存により大きな保証が与えられるような行為は、個体に快をもたらします。だから、良しとされる。個体の生命活動を萎えさせ、人類の生存にマイナスであれば、個体にとって苦であり、悪と見なされる。結局、人間という生物の生命力が増進し、繁殖しさえすれば、それでいいわけです。観照どころか、活動や仕事など、人間固有の能力は一切関係ありません。

［功利主義＝生命原理の単純な肯定］と見るのはアーレントの極論のように思えるかもしれませんが、功利主義を批判する現代の哲学的議論でも、これと似たような趣旨のものがあります。例えば、各人の快楽の度合いを平均一〇分の一に減らすことと引き換えに、人類の人口を二〇倍に増やすことができるとすれば、快楽の総量が二倍になるので、そうすることは功利主義的に正当化されるのではないか、という逆説的な設問を突きつける議論があります――現状において、各人の幸福の平均値がプラスの値になっていることが前提ですが。そういう風に考えると、功利主義の本質は、生命過程の単純な肯定にすぎないようにも思えてきます。第四四節「最高善としての生命」では、まさにこの点が論じられます。

なるほど、〈工作人〉の敗北については、最初に物理学が天文物理学になり、自然科学が「宇宙」科学になったという点から説明できよう。しかしまだ説明できないままになっている問題は、なぜこの

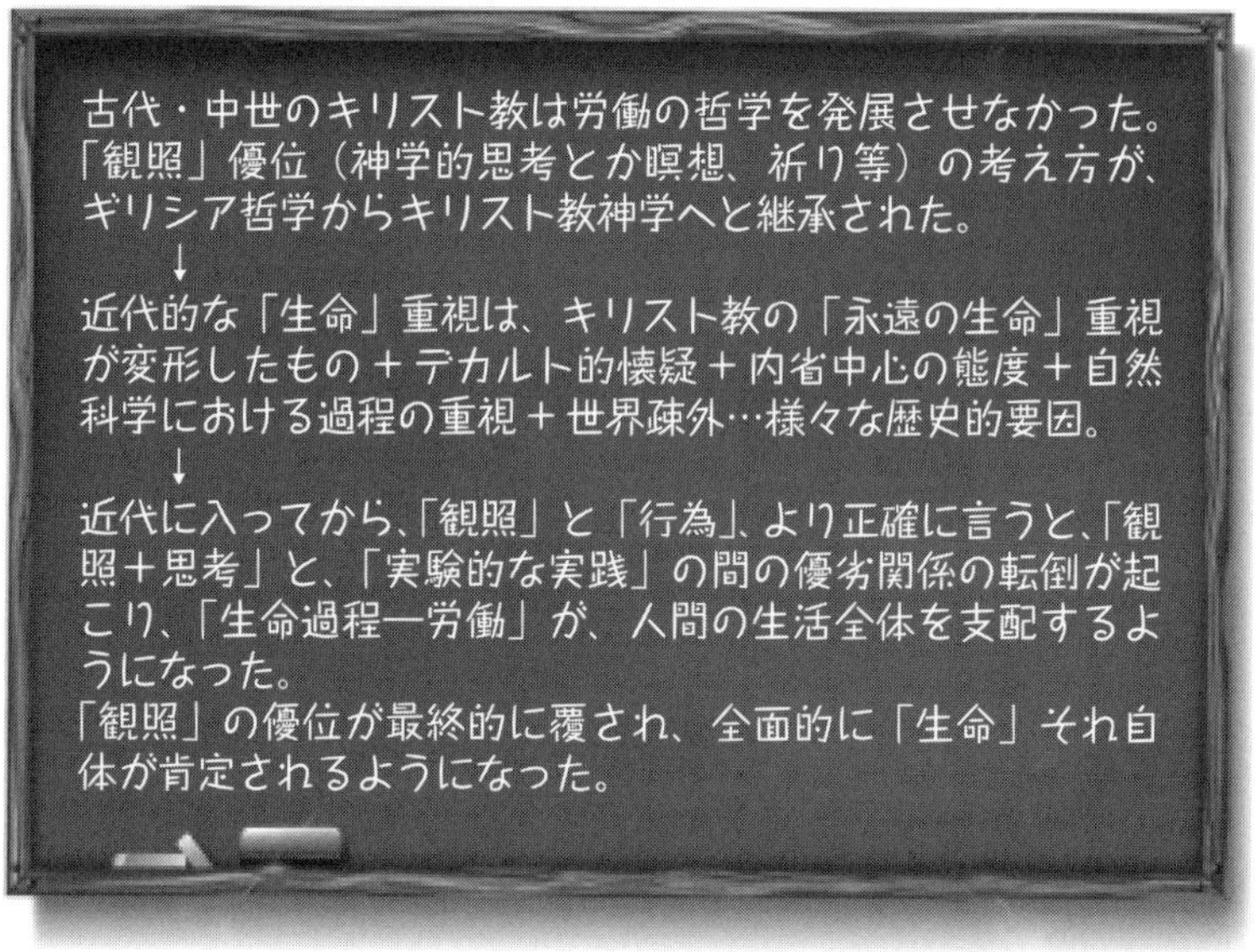
古代・中世のキリスト教は労働の哲学を発展させなかった。
「観照」優位（神学的思考とか瞑想、祈り等）の考え方が、
ギリシア哲学からキリスト教神学へと継承された。
↓
近代的な「生命」重視は、キリスト教の「永遠の生命」重視
が変形したもの＋デカルト的懐疑＋内省中心の態度＋自然
科学における過程の重視＋世界疎外…様々な歴史的要因。
↓
近代に入ってから、「観照」と「行為」、より正確に言うと、「観
照＋思考」と、「実験的な実践」の間の優劣関係の転倒が起
こり、「生命過程―労働」が、人間の生活全体を支配するよ
うになった。
「観照」の優位が最終的に覆され、全面的に「生命」それ自
体が肯定されるようになった。

> 敗北が〈労働する動物〉の勝利に終わったかということである。〈活動的生活〉の勃興と共に、人間能力の最高位に昇格することになったのが、ほかならぬ労働の活動力であったのはなぜか。別の表現を使えば、さまざまな人間能力を含む多様な人間の条件の中で、他の考慮を一切無視したのが、ほかならぬ生命であったのはなぜか。

最後の「他の考慮を一切無視したのが」というフレーズが引っかかりますが、これは単純な誤訳です。「無視した」の原語は〈overruled〉なので、ここは「圧倒した」と訳すべきです――〈overlook〉と勘違いしたのかもしれません。「生命」が、他の考慮を「圧倒した」というのは、永遠のイデアの輝きとか、物の耐久性とかよりも、「生命」それ自体が大事だという考え方が支配的になり、それが功利主義を生み出した、というようなことだと思います。

四八九頁以降、キリスト教における「生命」重視の思想が、それを促進したと述べられています。意

外な感じがしますね。キリスト教で重視される「生命」は、永遠の生命であって、生物学的生命とは異なるので、次元が異なる話をしているような気もしますが、アーレントによれば、キリスト教が「永遠の生命」を強調したせいで、「世界」の永続性や政治的生活が重視されなくなったこと、地上での生活も魂の永遠の生命の最初の段階として位置付けられるようになったことを指摘しています。人間にはみな「永遠の生命」があり、地上での生活は、その永遠の生の中で「神」に近づくための準備期間だということになれば、耐久性にすぐれた人の役に立つ「物」を作ることや、自己の卓越性を同胞に示すのはどうでもいいこと、というより、魂の生活の妨げになるので、拘るべきではないことと見なされるようになります。そう考えれば、近代的な「生命」重視は、キリスト教の「永遠の生命」重視が変形したものだと見なすアーレントの議論も、全くの見当外れではないでしょう。

## そして、「世界」を獲得できなかった――「〈労働する動物〉の勝利」

キリスト教が生命の神聖さを強調した結果、〈活動的生活〉内部における古代人の区別や明確な仕切りが均質化される傾向が生まれた。つまり、労働、仕事、活動は、等しく現在の生命の必要に従属するものと見られるようになったのである。それと同時に、生物学的過程そのものを維持するのに必要な一切のもの、つまり労働の活動力が、かつて古代人の抱いていた軽蔑の念から解放されることになった。奴隷が軽蔑されていたのは、彼らがいかなる犠牲を払ってでも生き残りたいために生命の必要にのみ仕え、主人の強制に服していたからである。しかしこのような奴隷にたいする古くからの軽蔑は、キリスト教時代になるともう存続できなかった。

奴隷に対する蔑視は、「労働」を「仕事」や「活動」の下位に置く考え方と結び付いていたわけですが、キリスト教はその前提を解体してしまったわけです。ただし、アーレントはそれが「労働」重視に直結したとまでは言っていません。四九三頁から四九四頁にかけて、古代・中世のキリスト教は労働の哲学を発展させなかったことを指摘しています。「観照」優位の考え方が、ギリシア哲学からキリスト教神学にも継承されたことが、その発展を妨げた可能性を示唆していますね。キリスト教における「観照」とは、神学的思考とか瞑想、祈り等によって、神に近づこうとする態度を指すのでしょう。それが防波堤になっていたわけです。しかし、これまで見てきたような、デカルト的懐疑と内省中心の態度、自然科学における過程の重視、世界疎外など様々な歴史的要因によって、「観照」の優位が最終的に覆され、全面的に「生命」それ自体が肯定されるようになった、ということになるのでしょう。

このように西欧近代は、キリスト教から「生命」尊重の思想を継承したわけですが、当然、「生命」概念の中身はかなり変質しています。キリスト教の信仰自体は廃れて、「生命の不死 immortality of life」はもはや問題にならなくなる一方で、「生命」を「最高善 the highest good」とし、「生命」の増進のためにオートメーションを導入したり、宇宙過程を引き入れたりすることが行われるようになったわけです。

いずれにせよ私たちが確実にいえる唯一のことは、キリスト教による生命と世界の転倒が、その後に起こった行為と観照の転倒と重ね合わされたとき、それが近代の発展全体の出発点となったということである。〈活動的生活〉は、〈観照的生活〉という原理を失ったときになってはじめて、まったく文字通り活動的生活となった。そしてこの活動的生活がその唯一の原理として生命に結びつけられていたからこそ、生命そのもの、つまり人間が労働を通じて行なう自然との新陳代謝が、活動的となり、生命の繁殖力を完全に解放することができたのであった。

ややこしい言い回しになっていますが、これまでの話から何を言いたいか分かりますね。キリスト教のおかげで、「世界」よりも、各人の「生命」が重視されるようになりました。これによって、「世界」の持続を前提としていた「仕事」や、本来の意味での「活動」の地位が低下し、生命維持の営みである「労働」の価値が上昇します。その時点ではまだ、キリスト教の中で「観照」を重視する考え方があったので、「労働」の全面勝利にはならなかった。しかし、近代に入ってから、「観照」と「行為」、より正確に言うと、「観照＋思考」と、「実験的な実践」の間の優劣関係の転倒が起こり、「生命過程―労働」が、人間の生活全体を支配するようになった、という流れです。ここで、「生命」と結び付いた「活動的生活」と呼ばれているのは当然、労働や仕事も含む、広い意味での〝活動的生活〟です。最終の第四五節のタイトルは、「〈労働する動物〉の勝利」です。近代人は、来世を失った代償として、〝世界〟を獲得したわけではなく、自分自身の内面に投げ返されただけだ、と述べられていますね。内部志向的な内省を通して見出されるのは、何か高尚なものではなく、「生命」それ自体です。

内省において近代人が経験できた最高のものは、精神が計算するという空虚な過程であり、精神が精神を相手にする戯れであった。そこに残された唯一の内容は、食欲と欲望にすぎなかった。そして近代人は、この肉体の無分別な衝動を情熱だと誤解し、それは明らかに「推理する」ことができない、つまり計算することができないものであるから、「非理性的」なものと考えたのである。今や、古代における政治体、中世における個体の生命と同じように、潜在的に不死でありうる唯一のものは、生命そのものであり、種としてのヒトの永遠の生命過程であった。

潜在的に不死なものとして人間の生の中心に位置付けられるものが、［古代における政治体↓中世における個体（個人）の霊的生命↓近代におけるヒトの永遠の生命過程］と推移してきた、というわけですね。生命過程はもっぱら、ヒトという種の繁栄を衝動的に志向するだけで、理性に従って永続的に価値のあるものを築こうとはしないわけです。

邦訳の五〇一頁から五〇三頁にかけて、私たちは依然として作ること、製作すること、建設することに固執しているけれど、実際に物を作る能力は衰退し、芸術家に限定されたものになりつつあり、それに付随して「世界」を経験する機会がなくなりつつある、と述べられています。「活動」についても、「過程」を解放する、つまり自然過程の力を人間事象の領域に引き入れ、新しいことを引き起こすという側面に限定して言えば残っているが、それは「科学者」たちだけの特権である、と述べられています。

## 孤独──「世界」を経験し、最も充実して〈active〉になること

科学者たちの活動は、宇宙の立場から自然の中へと活動するものであり、人間関係の網の目の中へと活動するものではない以上、活動の暴露的性格を欠いており、さらに物語を生みだして、それを歴史とする能力をも欠いている。本来これらの性格や能力こそ、人間存在に意味を与え、それを照らす源泉そのものを形成するのである。この実存的に最も重要な側面においても、活動は特権的な少数者の経験となっている。そして当然のことながら、活動することの意味をまだ知っているこれらの少数者は、芸術家よりも数が少なく、その経験は、世界の本当の経験、世界にたいする本当の愛よりもさらにまれである。

「物語」の中での各自のアイデンティティの「暴露」ということが重要で、それなしではいかに新しいことを〝始め〟ても、本来の「活動」とは言えないわけです。「活動することの意味をまだ知っている特権的な少数者」というのは、文脈からして科学者のことではないでしょう。恐らく、古代のポリスのような「活動」を現代において実践しようとする、ごく少数の思想家や活動家、例えば、第五章に出てくるような、組織化されない「評議会」による民主主義を現実化しようとしているような人のことを指しているのだと思います。いずれにしても、活動や仕事を通じて「世界」を経験できる人たちは少数派になってしまったわけです。

最後に思考についていえば、私たちは前近代と近代の伝統に従って、〈活動的生活〉を考察する場合にそれを取り除いておいた。ともあれ、この思考も、人びとが政治的自由の中に生きているところでは、まだ可能であり、疑いもなく現存している。しかし、一般に思想家のいわゆる象牙の塔の自立性が云々されているにもかかわらず、残念ながら、思考ほどもろい人間能力はほかになく、実際、暴政の条件のもとでは思考することよりもむしろ活動することの方がはるかに容易なくらいである。生きた経験としての思考は、これまでずっと、ただ少数者にのみ知られている経験であると考えられてきた。しかし、これはおそらくまちがいだろう。そしてこれらの少数者の数が現代でもそれほど減ってはいないと信じてもさしつかえないだろう。この問題は、世界の将来には関係がなく、関係があるとしても限られたものである。しかし、人間の将来にとっては関連がなくはない。活動的であることの経験だけが、また純粋な活動力の尺度だけが〈活動的生活〉内部のさまざまな活動力に用いられるものであるとするならば、思考は当然それらの活動力よりもすぐれているであろう。この点でなんらかの経験をしている人なら、カトーの次のような言葉がいかに正しかったか判るであろう。「なにもし

① For if no other test but the experience of being active, no other measure but the extent of sheer activity were to be applied to the various activities within the vita activa, it might well be that thinking as such would surpass them all.

〈活動的生活〉の中の様々の活動力を吟味する基準が、能動＝活動的であるという経験だけ、つまり純然たる活動力の大きさしか尺度がないとすれば、思考は当然それらの活動力全てを超えているだろう。

② Denn hätten wir die verschiedenen Tätigkeiten der Vita active lediglich von der Frage her betrachtet, welche von ihnen die 》tätigste《 ist und in welcher sich die Erfahrung des Tätigseins am reinsten ausspricht, dann hätte sich vermutlich ergeben, daß das reine Denken alle Tätigkeiten an sicherem Tätigsein übertrifft.

そこで〈活動的生活〉の様々な活動力を、どれが最も「活動的」であるか、その内のどれが活動しているという経験を最も純粋に表示しているという、という問いの面から観察するのであれば、恐らく、純粋な思考こそ、確実に活動しているという点で、全ての活動力を超えている、という結論になるだろう。

ないときこそ最も活動的であり、独りだけでいるときこそ、最も独りでない」。

「思考」についての評価は微妙ですね。アーレントは、「思考」は、「世界」を支えている労働、仕事、活動から相対的に独立していて、それらよりもすぐれていると言っているわけですが、その一方で、「思考」はもろく、暴政の下では存続するのが困難であるとも述べていますね。第四一節では、「思考」と「行為」の関係が転倒したとも述べていましたね。「思考」の力が根強いと言っているのか、それとも「世界」の諸条件に依拠しているので、かなりもろいと言っているのか分からないですね。恐らくアーレント自身の見解がはっきり定まっていないのだと思います。先ほどもお話ししたように、『精神の生活』の第一部で、「思考」とはそもそも何であるかが改めて論じられることになります。

「活動的であることの経験だけが、また純粋な活動力の尺度だけが〈活動的生活〉内部のさまざまな活動力に用いられるものであるとするならば、思考は当然それらの活動力よりもすぐれているであろう」という文が分かりにくいですね。黒板①の原文を見ると、いくつか単語が抜けていることが分かります。

これでもまだ分かりにくいのですが、活動的な諸力の優劣を決める客観的基準はなく、どの程度強烈に「活動している」と各自が感じるかが問題だとすれば、「思考」の方がそれらより上だ、ということになりそうだ、と言っているわけですね。どういう意味で、「上」なのか、これだけだとよく分かりませんが、黒板②のドイツ語版と比較すると、かなりクリアになります。

「思考」が「活動的生活」の一部であるかどうか位置付けがはっきりしませんが、少なくとも、「純粋な思考」は、「確実に活動している」と言える点で、労働、仕事、活動を上回っているわけです。何をもって「確実に活動している」と言えるのか、それこそ基準がないので比べようがないですが、恐らく、身体を動かさず、人と話さず、思考に没頭している時、人は自分が最も充実して〈active〉になっていると感じることができる、ということでしょう。無論、そうした「純粋に思考している」状態があればという前提での話です。哲学者とか思想家、文学者でないと、なかなかそうした状態にならないような気がしてしまいますね。しかも、英語でもドイツ語でも仮定法になっていることから分かるように、確信をもって言っているわけではありません。そうであってほしいという彼女の希望なのでしょう。

その後のカトーの引用も分かりにくいですね。カトーというのは、執政官も務めたローマの政治家で、第二次ポエニ戦争に従軍し、カルタゴを滅亡させるべきことを頑強に主張した大カトー（前二三四－一四九）のことです。大カトーと呼ばれているのは、彼の曾孫でやはりローマの政治家であるストア派の哲学者である小カトー（前九五－四六）と区別するためです。この台詞はキケロの『国家論 De re publica』（前五四～五一）に引用されていて、アーレントもそこから引用してきたようです。

大カトー

小カトー

この『国家論』というテクストはかなりややこしい構造になっています。キケロ自身の共和政体論を直接論じるというよりは、このテクストが書かれる五十数年前、前一二九年に行われた、ローマの有力な政治家、軍人、哲学者たちの討論を再現するという形で構成されています。登場人物は実在の人物ですが、その時点ではキケロ自身は生まれてもいないので、当然、大部分はフィクションでしょう。登場人物たちに、自分の思いを代弁させているわけです。討論の中心人物は、第三次ポエニ戦争でカルタゴを最終的に滅亡させた、スキピオ・アエミリヌス（前一八五～一二九）、小スキピオ、あるいは小アフリカヌスとも呼ばれる人物です。第二次ポエニ戦争で、ハンニバル（前二四七－一八三／

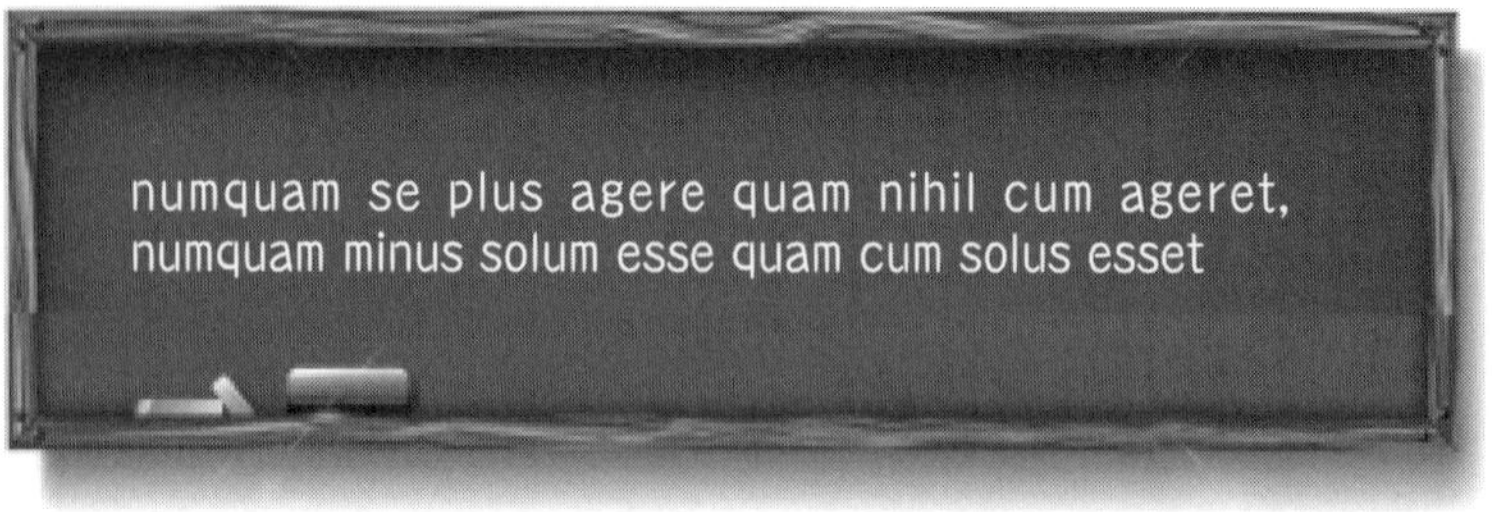
numquam se plus agere quam nihil cum ageret,
numquam minus solum esse quam cum solus esset

一八二）を破ったので有名な大スキピオ（前二三六―一八三頃）の妻の甥で、大スキピオの長男の養子に入ったので、義理の孫でもあります。

　黒板にあるアーレントが引用している問題の台詞は、中心人物である小スキピオが、祖父大スキピオの口癖であった、と大カトーから教えてもらったものです。［大スキピオ→大カトー→小スキピオ→他の対話参加者］という伝言ゲームを、キケロが文学的に再現し、それからアーレントが――典拠を示さないで――引用するという物凄く複雑な関係になっているわけです（笑）。ということは、これは大カトーではなく、大スキピオの台詞とすべきです。これまで何度かお話ししてきましたが、こうした文献学的なことについては、アーレントは結構雑です。大スキピオと大カトーがほぼ同年代で、対カルタゴの戦争で共に戦ったものの、戦争後、英雄として勢力を増していった大スキピオを、大カトーが汚職の疑いで弾劾し、失脚させるという微妙な関係にあります。

　この台詞の元の文脈での意味ですが、これは「活動」という言葉を使わないで簡単に訳すと、あっけないくらい分かりやすくなります。

　岩波書店のキケロ選集第八巻に収められている岡道男さん（一九三一―二〇〇〇）による訳（「国家について」）では、次のようになっています。

　　何もしていないときほど多くのことをしているときはなく、一人でいるときほど孤独でないときはない。

大スキピオは、〈agere〉を「活動」という哲学的な意味ではなく、単に「何かをする」という意味で使っているわけです。じっと一人で何もしないでいる時の方が、深く物事を考えているので、多くのことをしていると言える、ということです。「一人でいるときほど孤独でないときはない」というのは、その後の小スキピオの台詞から、大勢の人に取り囲まれて、孤立していると感じるよりは、一人の方が孤独感はない、という意味だと分かります。動かないで、思考している時の方が、人はより生産的になれる、という、ある意味よく聞く話です。その平凡な話からアーレントは、哲学的教訓を読み取ろうとしたわけです。

■質疑応答

Q　第五章まで、政治的な「活動」の意義がかなり強調されている感じでしたが、第六章では、かなり抑えられた記述になっていると思います。第六章を私なりに読んだ限りでは、ガリレオによる実証的な転換がかなり決定的で、近代の特徴がそこで始まったということです。観照と活動力の序列が転倒し、製作が圧倒的に優勢になって、それ以前の世界には引き返せなくなったという認識を示しています。でも、科学者の共同体や功利主義に注目したりしながら、政治的な活動が復活する可能性を模索しているように見えます。そのような見方でよいのでしょうか。

A　おっしゃる通り、この最後の章を素直に読む限り、政治的な活動の余地が復活する可能性がそれほど大きいとは見ていないようです。先ほどの科学者たちの「活動」についてのくだりを読むと、科学に期待しているようにも見えますが、それは「過程」を利用する創意という面での評価であって、本格的に期待しているようには見えません。念のため、五〇二頁から五〇三頁にかけての記述を確認しておきましょう。

もちろん、科学者はこれまで一般に社会の中で最も非実際的で非政治的な人びとであると考えられてきた。しかし、結局のところ、このような人びとこそ、活動の仕方を知り、とくに協調して活動する仕方を知っている残された唯一の人びとであるというのは、皮肉といえないこともない。実際、科学者が自然征服のために一七世紀に創設し、その中で自分たちの道徳的標準と道徳通念を発展させてきた初期の組織は、近代のあらゆる変遷にも耐えて生き残ってきただけでなく、すべての歴史の中で最も潜在能力のある権力発生集団の一つとなっている。

今から見ると楽観的すぎる感じがしますが、アーレントは学者のコミュニティの中で、研究推進のための専門内外の協力関係が構築され、情報が共有され、研究のための倫理も自主的に発展し、維持されていることを、ポリスにおける政治的活動に準じるものと見ているわけです。ただし、その後に先ほどの、「科学者たちの活動は、宇宙の立場から自然の中へと活動するものであり、人間関係の網の目の中へと活動するものではない以上〜」が続きます。つまり、政治的活動に似たようなことはしているものの、その目指しているところが違うわけです。

またアーレントは、科学による統治を目指す功利主義を、政治的な「活動」とは認めていません。功利主義というのは、各人の幸福の総和の増減を問題にしますが、各人が行為主体として自分のアイデンティティを暴露できるか否かというような形而上学的な次元の問題に立ち入りません。少なくともベンサム流の本家の功利主義では、権利や正義、自由などに固有の位置は与えられません。それだとまずそうなので、少しは権利や正義を取り入れようとしたのがミルです。アーレント流に言えば、功利主義は、「生命」過程に過度に依存する「製作」の論理であって、「活動」とは程遠いものです。

アーレントは「活動」の可能性について、それほど楽観的ではないと思います。哲学者である彼女は最終的には、「思考」に希望を託したいのかもしれませんが、「思考」はこの「世界」の中で単独では生き残れません。

Q　前半に出てきた、活動と観照の関係、特に観照が公的領域に属するのかどうかについての解答が後半に書いてありますね。「タウマゼイン＝驚き」と観照が表裏一体の関係として描かれ、観察の延長で観照が説明されていて、分かりやすかったです。プラトンの『国家』に基づいて、ミメーシス的な製作の原点に「観照」があるのだという議論もよく分かったのですが、そうした「観照」に端を発する「製作」が、功利主義における快楽重視にどう繋がっていくのか、話が複雑になって、理解しきれませんでした。

A　ギリシアの哲学者たちにとっての「観照」というのは、単純に「イデア」を見て驚くだけのことです。存在をそのまま受け止めていたわけです。それに対して、近代の科学者たちは、発見した「イデア」を手がかりにして、自然過程を解明し、その力を自分たちの生活改善に生かそうとしたわけです。より快適になるために、「見る」ようになったわけです。当然、素朴に「見る」のではなく、自分たちの欲望に合わせて「見る」わけです。自然の力を計画的・組織的に利用することなど考えられなかった時代には、哲学者的な「驚き」をもって「見る」ことと、職人的な「製作」のために「見る」ことの間の緊張関係は顕在化しにくかったわけです。近代に入って、後者の見方が圧倒的に優勢になり、「自然」法則の解明の先頭に立つ自然科学者たちが、職人的な視点から「自然」を見るようになった結果、哲学者的な「見方」は衰退していきました。

それによって人間が自然を支配するようになったかのような様相を呈したわけですが、アーレントの見方では、人間の生活の中に「自然過程」が深く浸透してきたせいで、人間の永住的な住処としての「世界」が壊れ、各人は生命サイクルに従って、オートメーション的に生きることを余儀なくされているわけです。簡単に言うと、映画『マトリックス』の世界です。各人の内なる生物的欲求に従属し、それに忠実に生きることを、是とする〝思想〟が功利主義である。アーレントはそう見ているわけです。本来の意味での「観照」と、それと結び付いた「思考」が衰退し、何ものにも邪魔されることがなくなった、職人的な「見方」が暴走し、人間自身の足場までも解体するに至った。そういう風にアーレントは考えているのでしょう。

## ［後書きに代えて］――アーレント・ブームは、はたして〝アーレント的〟か？

二〇一三年秋に映画『ハンナ・アーレント』が公開されて、世の中では、二〇一〇年のサンデル・ブームとまではいかないものの、ちょっとしたアーレント・ブームが起こっている。映画を観た人たちの多くは、反対の嵐にもかかわらず信念を貫くアーレントの姿に感動した、との感想を述べている。

端的に言って、私は、この手の安易な〝感動〟によるブームが大嫌いである。社会の風潮に真っ向から逆らい、迫害を受けながらも、自らの「思想」や「理論」を主張し続けた思想家は数多くいる――当然のことながら、ネット上で凡庸極まりない自説や根拠のない妄想を拡散させて、〝思想家〟ぶっているような輩の戯言は、「思想」と呼ぶに値しない。アーレント以上に苦しい状況に置かれた思想家は彼女の同世代にもたくさんいる。全体主義の経験を経て彼女が至った、ある意味極めてアンチ・ヒューマニズム的な「人間」観を理解することなく、映画の中でフィクションを交えて描き出される、生き方とか言論人としての姿勢に感動するのは無意味である。

そういうこともあって、個人的な趣味――私は基本的に高級そうな感じの映画は趣味として観に行かないことにしている――としてはあまりこの映画を観る気がしなかったのだが、一応アーレント研究をしている立場上、一度は観ておかないといけないと感じていた。ただ、文化不毛の地に住んでいると、地元の映画館ではやっていないので、なかなか観に行く機会がない。東京や関西にはしょっちゅう行っているのだが、『アーレント』を上映しているミニ・シアターに行くためにわざわざ予定調整する気にはなれなかった。

三月末に地元のミニ・シアターで上映していることが分かった――二月にも上映していたようであるが、私は気付かなかった――ので観に行ったが、そこで映画の中身とは関係のない珍事に出くわした。終演一〇分くらい前に、何故か小柄な女性が入ってきた。暗いので顔は分からない。私が座っていた最後列の一番端の席の脇に来て、座りたそうにしているので、少し体をそらし、中へ入れてやろうとしたら、何を思ったか、私の膝の上にそのまま座ろうと、腰を下ろしてくる。気持ちが悪いので、横の席に押しやったが、すごく不快な思いをした。ちょうど、にわかアーレント・ファンたちが感動したという最後の演説のシーンだった。こういうおかしいのが徘徊しているので、（文化不毛地域の）ミニ文化施設はイヤである。

映画そのものは、予想していたよりはずっと面白かった。絶えず抽象的な議論をすることによって仲間意識を確認しようとするドイツ系知識人の生態がよく描かれていたような気がする。ただ、いくつか物足りないところもあった。

一つは、登場するユダヤ系ドイツ人たちがみな極めて流暢に英語を話し、アメリカ文化に完全に馴染んでいるように見えたことである。ドイツ人やオーストリア人は、母国語であるドイツ語が英語に近いこともあって、ネイティヴとほとんど区別できないくらい流暢に話せるようになる人が多いが、それでも、しゃべるのが苦手で、英語圏での生活に疎外感を覚える人がいないわけではない――アーレント自身もアメリカに来た当初は英語を話せなかったし、晩年に至ってもさほど流暢になっていたわけではない。また、英語を使いこなせるようになっても、ドイツ語で哲学や文学を学んだ人たちにとって、母国語での思考と英語での思考の間にはギャップがある。極めて流暢に英語を話しているドイツ人が、母国語に戻ってホッとした感じになって、生き生きと語り出すことがしばしばある。加えて、本国で非ドイツ人であると見なされ、亡命者になったアーレントやブリュッヒャーたちにとって、ドイツ語が母国語であり続けるというのは、アイロニカルな事態であったはずだ。

どれだけうまく英語を話せるようになっても、ドイツとアメリカは結構ライフスタイルや価値観が違うので、いつまで経っても居心地の悪さを感じる人たちもいる。ドイツの精神文化に深く馴染んだユダヤ系の知識人というかなり特殊なアイデンティティを持つ人たちが、ナチスによる迫害のため、否応なくアメリカに亡命しているのだから、何年経っても文化的ギャップに苦しんでいる感じが、幾人かの登場人物のたたずまいにどことなくにじみ出ていた方が、もっとリアルになったのではないかという気がする。

より根本的な問題として、ドイツ語にしろ英語にしろ、アーレントをはじめとする登場人物たちはみな、プライベートな会話でも自分の考えをはっきりとした口調で――まるで演説でもするかのように――明晰に表明しているが、「思想家」というのはそういうものなのだろうか、と感じる。直感的に思い浮かんできたイメージにしっくりくる言葉をなかなか見出せず悶々とし、言葉にしたらしたで、そこに何か抜け落ちたものがある感じがして、更に悶々とし続けるのが「思想家」ではないか、という気がする。あの映画の登場人物たちには、そうした迷いがあまり見られない。アーレントは悩んでいるが、それは人間関係についての悩みであって、「思想」と「言葉」のギャップをめぐる悩みではないように、私には思えた。

ただ、〝ドイツ映画〟である以上、致し方ないことかもしれない。何でも正確に言語化しなければ気がすまないドイツ人は、映画やテレビ・ドラマの中でも――あるいは、映画やテレビ・ドラマの中でこそ――「思想」を全て言語化しようとする傾向がある。現実のドイツ人は結構もたもたとしゃべることもあるのだが、ドイツの映画やドラマでは、そういう場面はあまり見かけない。登場人物は、皆てきぱきと自己主張する。日本の映画でよく見かける、何を言いたいのかよく分からない、もたもたした感じのやりとりは我慢できないのだろう。サブタイトルが、〈Ihr Denken veränderte die Welt（彼女の思考が世界を変えた）〉という大仰なものになっているのは、いかにもドイツ的という感じがする。アーレントが「思想」を語る場面が重要なのであって、微妙な文化的背景のようなものは、どうでもよかったのかもしれない。

もう一つの違和感は、ハイデガーの描き方である。私は、別にハイデガー信者ではないし、哲学が神聖な営みだと思っているわけでもないので、ハイデガーをいかにも好色で俗物そうなオヤジに描くこと自体が悪いとは思わない。しかし、単純にハイデガーを俗物化してしまうと、教壇でいかにも思わせぶりの陳腐な台詞を吐くハイデガーのどこに、若きアーレントが惹きつけられたのか分からなくなる。あの映画で描かれているハイデガーに惹きつけられたのだとしたら、日本の大学にもたまにいる、高名な大学教授に憧れる、おバカな自分探しちゃんとしか思えない。

ひょっとしたら、実際そうだったのかもしれないが、そのおバカな自分探しちゃんが、現在の「思想家アーレント」とどう繋がっているのか想像できない。有名なハイデガーとの恋愛関係を一応入れておかないといけないという配慮から、無様なハイデガー像を挿入したのだろうが、前後の脈絡の関係なしに挿入したせいで、アーレントの精神形成史上の位置付けが不明確になっている。

あと、細かいことだが、アイヒマン裁判のレポートの件で、アーレントが迫害されたことを強調しようとして、イスラエル政府のエージェントを登場させたりするのはやりすぎである。また、『イェルサレムのアイヒマン』の刊行以降、アーレントはシカゴ大学やニュースクール・フォー・ソーシャル・リサーチの大学院で教授を歴任しており、アカデミックなキャリアの面ではむしろ成功している。理解されなかった、疎まれた、という側面だけを一面的に強調されると、学者としてのアーレントを見ている私としては、しらけてしまう。

アーレントとハンス・ヨナスなどとの議論がやたらと饒舌でわざとらしい感じがするのに対して、リアルな記録映像で登場するアイヒマンの方が「役者」に見えた。「悪の陳腐さ banality of evil」という有名な表現を聞くと、日本人の多くは「陳腐」という日本語の語感から、こそこそとして、臆病で卑屈で根性のない小役人を連想するだろうが、法廷に立っているアイヒマンは、死刑に処されると分かっているにもかかわらず、ものすごく淡々と質問に答えている。ナチス政権から与えられた「官僚」としての役割を演じ続けているのである。

アイヒマンの淡々とした態度があまりにも決まっていて、映画のストーリー展開の他のどの俳優よりもうまくはまっているように思えたので、YouTube 上で公開されているアイヒマン裁判の記録（Eichmann trial で検索すればすぐ見つかる）をチェックしてみたが、彼は終始あの調子で語り続けている。「悪の陳腐さ」というのは、単なる卑屈さではない。ずっと根深いものである。私には、アイヒマンこそ、あの映画の影の主役ではないかと思えた。

そうした細部の描写でいろいろ気になることがあったのだが、観終わった後で、一つ重要なことに気が付いた。この映画を観る人は、誰の視点に同化し、感情移入するのだろうか？　おおまかに言って、三通りの視点が考えられる。①アーレント、②アイヒマン、③アーレントをアイヒマンの味方だと言って非難する人たち。どれか一つが〝正解〟だというわけではない。ただ、極めてはっきりしていることがある。何の疑いもなく、①に同化して〝感動〟してしまう人は、アーレントの思想と全く無縁である。というより、何かのきっかけで気に食わない思想家に出くわしたら、真っ先に、③の人物たちのような振る舞いに及ぶ人たちだろう。

こういう質問を設定すると、したり顔で、「いや、第四の選択肢がある。それは、この映画の中でさえ表象され得なかった、声を奪われた人たちだ。そういうことに思い至らない仲正は浅薄だ。やはり深い思想を語れる人間ではない」、と叫びたがる、カルチュラル・スタディーズをちょっとかじったアホが湧いて出そうな気がする。映画そのものを観なくても、すぐに思い付けるこの手のことをツイッターでツブヤいて悦に入っているような奴には、付ける薬がない。①に単純に同化する人たちよりも、もっとタチが悪い。

そういうことを考えていると、にわかアーレント・ブームがずるずると続いていることが憂鬱になる。そして、『人間の条件』の入門・解説書の後書きでこういうことを書くと、アーレントを自分たちと同じ人情家と勘違いしている輩――例えば、先ほど例として挙げたような輩――がまたまた、しょうもないことを言い出すことが十分に予想できる。本当に憂鬱である。

二〇一四年四月二八日　金沢大学角間キャンパスにて

# もっと『人間の条件』を究めたい人のための読書案内

アーレント／
佐藤和夫訳
『精神の生活』
上・下
岩波書店

晩年のアーレントの未完の著作。「活動的生活」の内部構造の変容を論じた『人間の条件』では十分に語り切れなかった「観想的生活 vita contemplativa」へのアプローチが試みられている。第一部「思考」では、「存在」と「現象」を媒介するものとしての「思考」の位置付けをめぐるソクラテス、アリストテレス、カント、ヘーゲル、カフカ、ハイデガー、ウィトゲンシュタインの議論に独自の解釈を加えながら、「時間」の中での「思考」の位置という問題系を導き出している。第二部「意志」では、アリストテレス、アウグスティヌス、アクィナス、スコトゥス、カント、ヘーゲル、ニーチェ、ハイデガーにまで至る西欧哲学の「意志」論の根底にある共通の問題意識を再発見したうえで、純粋な自由意志が直面する深淵の存在を指摘する。第二部の後半もしくは第三部として予定されていた「判断」は、アーレントの急死のため実際に書かれることはなかった。

アーレント／仲正昌樹訳『カント政治哲学講義録』明月堂書店

一九七〇年にニュースクール・フォー・ソーシャル・リサーチで行われたアーレントの講義録。『精神の生活』第三部に相当する内容ではないかとされている。一つの著作としてまとまった形で展開されることのなかったカントの「政治哲学」が、［注視者―想像力―共通感覚］というテーマ系に即して再構成されている。『判断力批判』の「共通感覚」論を、共同体感覚論として政治哲学的に解釈しているところに特徴がある。『全体主義の起源』以降のアーレントの仕事全体を貫く、政治的・歴史的想像力に対する関心を、ニーチェの永劫回帰の思想と関連付けて論じた編者ロナルド・ベイナーによる解釈論文も付録として収められている。

アリストテレス／山本光雄訳『政治学』岩波書店

アーレントの「ポリス」観のベースになっている、アリストテレスの政治哲学が体系的に提示されている書。人間を政治（ポリス）的動物として捉えたうえで、ポリス（国家）の存在する目的、家とポリスの関係、財産の位置付け、市民の徳、国制の諸形態、市民教育等、政治の諸相について総合的に論じられている。哲人王の統治を理想とするプラトンの『国家』とは一線を画し、現実のポリスに即した「政治」論として企図されている。正義や卓越性、幸福について論じた『ニコマコス倫理学』と、相互補完的な関係にある。『政治学』と『ニコマコス倫理学』は、ロールズの『正義論』の第三部やサンデルの「善き生―共通善」論の理論的源泉でもあり、リベラル・コミュニタリアン論争に展開する現代の政治哲学の中心課題をきちんと理解しようとすれば、避けて通れないテクスト。

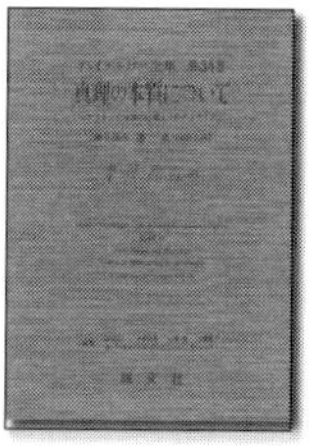

ハイデガー／細川亮一＋イーリス・ブフハイム訳『真理の本質について（ハイデガー全集第34巻）』創文社

プラトン解釈という形で提示されるハイデガーの「真理＝アレテイア」論。『国家』の中の「洞窟の比ゆ」と、『テアイテトス』における［知（エピステーメー）―虚偽―ドクサ］をめぐる問答に、独自の解釈を加えながら巧妙に論を進めていく。比ゆの物語の進行過程で「イデア」と「真理」の意味が変容していることを指摘し、ギリシア人にとって「真理」の本来の意味は、「アレテイア（隠れなきもの）」であったという結論を導き出す。この著作で探究される、前プラトン的な「真理」観は、中期以降のハイデガーの「存在」観や「自然」観と密接に結び付いている。『人間の条件』で提示されている、アーレントの独特の「イデア」観や「自然」観を掘り下げて理解する手がかりになる。「洞窟の比ゆ」に関係する部分を改訂した論文や、テーマ的に関連する論文が、論文集『道標（全集第九巻）』に収められている。

Lars Rensmann & Samir Gandesha (ed.): *Arendt and Adorno. Political and Philosophical Investigations*, Stanford University Press

同年代の、アメリカに亡命したユダヤ系ドイツ人であり、全体主義批判、近代合理主義批判、解釈学的手法、ハイデガーとベンヤミンからの影響、ハーバマスへの影響など、極めて多くの共通項があるにもかかわらず、関連付けて論じられることがほとんどなかったアーレントとアドルノの思想的関係をめぐる論文集。セイラ・ベンハビブやダナ・ヴィラなどが寄稿しており、ベンヤミン受容、「同一性」、主体、法等、二人の哲学者に関心を持つ研究者にとって極めて興味深いテーマが取り上げられている。ケンブリッジ・ユニヴァーシティ・プレスからは、アーレントとシュトラウスを比較する論集《Hannah Arendt and Leo Strauss》が刊行されている。

**【著者紹介】**

**仲正昌樹** (なかまさ・まさき)

1963 年広島生まれ。東京大学総合文化研究科地域文化研究専攻博士課程修了（学術博士）。現在、金沢大学法学類教授。

専門は、法哲学、政治思想史、ドイツ文学。古典を最も分かりやすく読み解くことで定評がある。また、近年は、ベンヤミンを題材とした『純粋言語を巡る物語―バベルの塔Ⅰ―』（あごうさとし作・演出）などで、ドラマトゥルクを担当。演劇などを通じて精力的に思想を紹介している。

・最近の主な著作に、『今こそアーレントを読み直す』（講談社現代新書）、『いまこそロールズに学べ』（春秋社）、『＜ネ申＞の民主主義』（明月堂書店）、『＜法と自由＞講義』（作品社）
・最近の主な編・共著に、『政治思想の知恵』、『現代社会思想の海図』（ともに法律文化社）
・最近の主な翻訳に、ハンナ・アーレント著 ロナルド・ベイナー編『完訳カント政治哲学講義録』（明月堂書店）

ハンナ・アーレント「人間の条件」入門講義

2014年6月15日第1刷発行
2019年9月15日第7刷発行

著　者　仲正昌樹

発行者　和田肇
発行所　株式会社作品社
〒102-0072　東京都千代田区飯田橋2-7-4
Tel 03-3262-9753 Fax 03-3262-9757
http://www.sakuhinsha.com
振替口座 00160-3-27183

装　幀　小川惟久
本文組版　有限会社閏月社
印刷・製本　シナノ印刷(株)

Printed in Japan

ISBN978-4-86182-479-1 C0010